Maria Kuwilsky

Autopoietiken im Medium Literatur als Gedächtnis von Gegenwart und Zeit

LITERATUR KULTUR THEORIE

herausgegeben
von
Sabina Becker, Christoph Bode, Hans-Edwin Friedrich,
Oliver Jahraus und Christoph Reinfandt

Band 14

ERGON VERLAG

Maria Kuwilsky

Autopoietiken im Medium Literatur als Gedächtnis von Gegenwart und Zeit

Beobachtungen von Arno Schmidt, Uwe Johnson, Walter Kempowski und Peter Kurzeck

ERGON VERLAG

Zugl.: München, Univ., Diss., 2011

Umschlagabbildung: Hans-Joachim Kuwilsky
Titel: *Traumskizze*,1985
Material: Blei, Tinte, Goldölkreide auf Karton, 19,8 x 13 cm

Bibliografische Information der Deutschen Nationalbibliothek
Die Deutsche Nationalbibliothek verzeichnet diese Publikation in der Deutschen Nationalbibliografie; detaillierte bibliografische Daten sind im Internet über http://dnb.d-nb.de abrufbar.

Gedruckt auf alterungsbeständigem Papier.
Umschlaggestaltung: Jan von Hugo
Satz: Matthias Wies, Ergon-Verlag GmbH

www.ergon-verlag.de

ISSN 1869-9030
ISBN 978-3-89913-986-0

Danksagung

Ich danke meinem Betreuer Prof. Dr. Oliver Jahraus für sein Vertrauen und seine konstruktiven Hinweise, meinem Betreuer Prof. Dr. Sven Hanuschek und Prof. Dr. Tobias Döring insbesondere für die herausfordernde und angenehme Gesprächsrunde während meiner Disputation. Mein Dank gilt außerdem Prof. Dr. Christian Kohlroß, der mich seit Beginn und über die Jahre meines Studiums mit seinem Rat unterstützt hat.

Ich danke dem Internationalen Promotionsstudiengang Literaturwissenschaft der Ludwig-Maximilians-Universität München für die finanzielle Unterstützung bei Konferenzaufenthalten und die beständige Möglichkeit, sich in diesem internationalen und interdisziplinären Forum auszutauschen.

Ich danke der Konrad-Adenauer-Stiftung für die großzügige Förderung meines Promotionsvorhabens, ohne die mir ein konzentriertes und kontinuierliches Erarbeiten der Dissertation in dieser Form nicht möglich gewesen wäre.

Ich danke dem Stroemfeld-Verlag und Peter Kurzeck für die Möglichkeit, mit ihm und seinem Schreiben Zeit zu verbringen. Die Woche im Literaturhaus, in der ich bei der Texterfassung seines neuen Romans mitwirken durfte und die Treffen in Heidelberg, München und natürlich in Flensburg gehören zu den eindrücklichsten Erfahrungen, die ich mit Literatur verbinde.

Ich danke Dr. Boris Drenkov, Rebekka Frank, Dr. des. Diana Mantel, Dr. des. Fani Paraforou, Michael Preis, Dr. des. Slávka Rude-Porubska, Isabelle Schulz und Anita Vrzina für den leidenschaftlichen Austausch, die Positionen und Perspektiven und die Unterstützung während der letzten Jahre.

Ich danke meinen Geschwistern Anna, Hans und Karl, meiner lieben Großmutter Anna Maria und besonders meiner Mutter Christa, die mich während meines ersten, dreimonatigen Schreibaufenthaltes und so manches andere Mal beherbergt hat. Die schönen Aufenthalte und Korrekturphasen sind für mich ebenso unvergesslich wie der bedingungslose Rückhalt in allen Lebenslagen. Mein besonderer Dank gilt auch meinem Vater Hans-Joachim, der mich in meiner Begeisterung für Literatur und Philosophie früh bestärkt hat. Der beständige fachliche Dialog mit ihm zu den dringlichen Fragen meiner Arbeit hat mir das Solitäre, das ein Dissertationsprojekt für gewöhnlich mit sich bringt, auf weiten Strecken erleichtert.

Schließlich danke ich, natürlich, Attila Sirman.

Inhalt

1. Überlegungen zu Literatur (in) der Gegenwart und Zeit

Ziel dieser Arbeit ist es, einen literaturwissenschaftlichen Interpretationsansatz zu entwickeln, der Beobachtungen von Gegenwart und Zeit im Literaturmedium zu extrapolieren in der Lage ist. Auf der Grundlage systemtheoretischer Überlegungen luhmannscher Prägung wird hierfür das Gedächtnis als zentrale Sinnfigur herausgearbeitet. Durch eine systemtheoretische Ausrichtung kann das Gedächtnis als Funktionsbegriff gewendet werden, der Gegenwart und Zeit im Interpretationsmedium Literatur beobachtbar macht.[1] Vorausgesetzt wird dabei, dass Zeit als Dimension von Sinn begriffen wird. Sinn braucht wiederum Zeit, um sich zu bilden. Der Zeitpunkt, in dem sich Sinn bildet, wird durchaus als Gegenwart vorausgesetzt. Weil Sinn als Medium jedoch nur anhand spezifischer Formen beobachtet werden kann, Gegenwart aber maßgeblich an Sinnbildung beteiligt ist, werden Gegenwart und Zeit als gekoppelte Konstituenten konzipiert, die sich im Medium Literatur als Gedächtnisform beobachten lassen. Um das paradigmatisch Gegenwärtige von Literatur jenseits zeitlicher oder historischer Bestimmungen in den Blick nehmen zu können und es zudem als textkonstitutives Prinzip literarischen Erzählens auszuweisen, müssen zunächst einige theoretische Vorkehrungen getroffen werden, die eine Definition paradigmatisch gegenwärtiger Literatur erlauben.

Diese Arbeit versteht sich damit nicht als Beitrag zur literaturwissenschaftlichen Debatte um Fragen ästhetischer oder historischer Darstellungsmodi von Gegenwart und Zeit in literarischen Texten, wie sie insbesondere mit Blick auf die Romanciers der klassischen Moderne gegen Ende des 19. beziehungsweise Anfang des 20. Jahrhunderts betrieben wird.[2] Vielmehr versucht sie eine historische

---

1 Als Funktionsbegriff werden in dieser Arbeit zwei Begriffe bestimmt: das Gedächtnis und die *Autopoietik*. Ausschlaggebend ist dabei, dass die Begriffe eine oder mehrere Funktionen gleichzeitig erfüllen können. Beobachtet werden kann zwar stets nur ein Funktionswert, dennoch können zahlreiche andere Werte zeitgleich vorausgesetzt werden. Es handelt sich um Zuordnungskategorien, die für die Beobachtung von Beobachtung genutzt werden können. Vgl. zur historischen Begriffsverwendung: Schulthess, Peter, *Relation und Funktion. Eine systematische und entwicklungsgeschichtliche Untersuchung zur theoretischen Philosophie Kants*, Berlin u.a. 1981.

2 Vgl. Bohrer, Karl Heinz, „Zeit und Imagination. Das absolute Präsens der Literatur", in: *Das absolute Präsens. Die Semantik ästhetischer Zeit*, Frankfurt a. M. 1994, 143-183. Bohrer liefert einen prägnanten Aufriss über die vernunftorientierte Philosophie, bzw. Geschichtstheorie seit Hegel, die vor allem durch die vorherrschende Perspektive der Verzeitlichung geprägt ist und stellt ihr die „neuere Ästhetik" gegenüber, die über Literarisches nicht nur in „Begriffen der historischen Zeit" (148) nachdenkt. Seine These zu diesem Verhältnis lautet: „In dem Maße, in dem das theoretische Interesse an ästhetischen Phänomenen zunimmt, verliert sich die geschichtsphilosophisch-utopische Perspektive oder sie nimmt die Form einer vordergründig sich aus dem gelehrten Diskurs ergebenden Rhetorik an." (149). Das absolute Präsens, bei dem es unter anderem um die „Stimmung eines Aus-der-Zeit-

Deduktion von vornherein zu vermeiden, um auf einen Kollisionskurs zu verzichten, der vorprogrammiert wäre, wenn literarische Texte, die sich nicht der klassischen Moderne zurechnen lassen, mit historischen oder ästhetischen Darstellungsmodi in Konkurrenz treten müssten, die etwa der *Recherche*, *Ulysses* oder dem *Zauberberg* auf den Leib geschneidert wurden.[3]

Herausfallens" geht, (153) bzw. um eine „absolute präsentische Dauer, ohne Vergangenheit, ohne Zukunft, wobei die Dauer als Zeitphase nicht bemerkt wird" (160), führt Bohrer mit einem Blick auf Tiecks Märchenerzählung *Der blonde Eckbert* ein (153). Die „Versetzung realer Geschehnisabläufe in das fortwährende Präsens einer imaginativen Stimmung, sowohl produktions- als auch rezeptions-ästhetisch" (154), mit der das absolute Präsens in verschiedenen Zusammenhängen der Romantik verdeutlicht wird, veranschaulicht Bohrer schließlich mit „einem Blick auf die beherrschende Form der repräsentativen Romanciers der klassischen Moderne" (158). Dabei interessiert sich Bohrer insbesondere für den „auserlesenen Augenblick[...] durch das Zeichen der „Epiphanie" (161), das er als Augenblicks-Metapher innerhalb der Literatur als gemeinsame Konstante der klassischen Moderne extrapoliert (Vgl. 176). Entscheidend ist in diesem Zusammenhang die historische Rahmung, innerhalb der „die kontemplative Struktur der unter dem Gesetz des absoluten Präsens stehenden klassischen Moderne" (159) ihren Höhepunkt bereits erreicht hat. Bohrers Diagnose, „die Beschwörung der Geschichte im historischen Roman des 20. Jahrhunderts [sei, MK] in dem Maße illusionistisch dekorativ, als sie die Geschichte als letztes Substitut für die verlorene Metaphysik und Religion einsetzt" (159), setzt voraus, dass die gleichen Untersuchungskriterien für jüngere Literatur angesetzt werden, die sich insbesondere anhand von Romanuntersuchungen der klassischen Moderne als fruchtbar erwiesen haben. Diese Arbeit schließt sich also einerseits folgender Prognose Bohrers an: „Verglichen mit der Tiefendimension der modernen Dichtung des Typs Virginia Woolf, Robert Musil, Beckett oder Kafka bleiben solche Zeitromane buchstäblich der Wiederholung zeitlicher Oberflächen verhaftet" (159). Andererseits nimmt sie genau diese Argumentation zum Anlass, Kategorien zu entwickeln, die sich an der Tiefendimension jener Texte orientieren, die für diese Arbeit in den Blick genommen werden.

3 Zu nennen ist hier vor allem das Erzählverfahren der „mémoire involontaire", das Bohrer in seinem Beitrag zum absoluten Präsens etwa als „subjektive und objektive Beziehungsfigur der […] vorherrschenden Zeitform kontemplativer reiner Gegenwart" ausweist. Ebd. Der Begriff geht auf die berühmte Madeleine-Episode aus Marcel Prousts *À la recherche du temps perdu* hervor, in der die Sinneswahrnehmung eine unwillkürliche Erinnerung evoziert. Vgl. hierzu ebenfalls Bohrer, *Plötzlichkeit. Zum Augenblick des ästhetischen Augenblicks*, Frankfurt. a. M. 1981. Im Zusammenhang mit *Ulysses* von James Joyce und dem „stream of consciousness" sei auf den Sammelband *Zeit und Roman* verwiesen, insbes. auf den Beitrag von: Senn, Fritz, „Alltägliche Zeiterfahrung bei James Joyce" in: *Zeit und Roman. Zeiterfahrung im historischen Wandel und ästhetischer Paradigmenwechsel vom sechzehnten Jahrhundert bis zur Postmoderne*, hg. von Martin Middeke, Würzburg 2002. 275-297. Als dritter Aspekt sei hier auf den Zeitroman im doppelten Sinne verwiesen, wie Thomas Mann seinen Roman *Der Zauberberg* in seiner Einführung bezeichnete: „Es ist ein Zeitroman im doppelten Sinn: einmal historisch, indem er das innere Bild einer Epoche, der europäischen Vorkriegszeit, zu entwerfen versucht, dann aber, weil die reine Zeit selbst sein Gegenstand ist, den er nicht nur als die Erfahrung seines Helden, sondern auch in und durch sich selbst behandelt. Das Buch ist selbst das, wovon es erzählt; denn indem es die hermetische Verzauberung seines jungen Helden ins Zeitlose schildert, strebt es selbst durch seine künstlerischen Mittel die Aufhebung der Zeit an durch den Versuch, der musikalisch ideellen Gesamtwelt, die es umfasst, in jedem Augenblick volle Präsenz zu verleihen und ein magisches ‚nunc stans' herzustellen." Mann, Thomas, „Einführung in den Zauberberg. Für Studenten der Universität Princeton", in: *Mann, Thomas. Schriften und Reden zur Literatur, Kunst und Philosophie Bd. 2*, hg. von Hans Bürgin. Frankfurt a. M. 1968, 326-338, hier 334.

Die Berücksichtigung solcher Darstellungsmodi, deren Erfolg und Leistungsfähigkeit mit dieser Arbeit keinesfalls angezweifelt werden sollen, würde den Blick auf literarische Texte und mediale Formen, die ab der Mitte des 20. Jahrhunderts erschienen sind und die für diese Arbeit in den Blick genommen werden, nachteilig kontaminieren. Dieses Argument greift zwar auf eine historische Perspektivierung zurück, allerdings um die Systematik dieser Arbeit stärker zu konturieren. Sie geht systematisch vor. Am Anfang steht deshalb die Frage, unter welchen Bedingungen Zeit im Literaturmedium beobachtet werden kann und wie Gegenwart daran beteiligt ist. Dabei werden die Letzteinheiten der theoretischen Argumentationsschritte eingeführt und mit der angezeigten Komplexität ausgestattet. Von dort aus werden die Argumentationsschritte aneinander angeschlossen und als Sukzession dargestellt, um in einem ersten Schritt von interpretativen Gedächtnisformen von Gegenwart und Zeit und in einem zweiten Schritt von paradigmatisch gegenwärtiger Literatur ausgehen zu können. Um das Gedächtnis radikal als Eigenschaft prozessierender Systeme für die Interpretation literarischer Textsammlungen nutzen zu können, bedarf es eines komplexen theoretischen Aufbaus, der Rückbindungsmöglichkeiten zwischen Ausgangs- und Zielpunkt an jeder Argumentationsstelle ermöglicht. Gegenwart beziehungsweise Gegenwärtigkeit werden hierfür nicht nur in den Kontext historiografischer Modelle gestellt, oder durch historisierende Verfahren als Punkt auf dem Zeitpfeil beziehungsweise flüchtiges Moment im Umschlagspunkt zwischen Vergangenheit und Zukunft gefasst. Entsprechend sind auch die Kriterien, nach welchen Literatur in Literaturgeschichte übergeht, nur bedingt von Interesse. Letztlich soll ein Beschreibungsinventar für die Interpretation solcher Textkorpora entwickelt werden, die Gegenwart und Zeit stets gekoppelt und auf verschiedenen Ebenen ihrer spezifischen Mediendifferenzierung präsentieren und sich mit ihrem Erzählprinzip durch ein hohes Maß an Gegenwärtigkeit auszeichnen. In den Blick genommen werden gerade solche Literaturformen, die ihre Bezüge zu Gegenwart und Zeit nicht nur vermittels spezifischer Prosaformen unterhalten, sondern auch jenseits ihrer Textgrenzen Interpretationsmöglichkeiten bieten, die für literaturwissenschaftliche Untersuchungen fruchtbar gemacht werden können. Dies gilt insbesondere für die Textkorpora, die Arno Schmidt, Uwe Johnson und Walter Kempowski zugerechnet werden, und darüber hinaus geradezu paradigmatisch für Peter Kurzeck.[4]

---

4 Der Forschungsstand des jeweiligen Textkorpus wird im dritten Kapitel dieser Arbeit berücksichtigt. Hier sei lediglich auf folgende Beiträge verwiesen: Weniger, Robert, *Framing a novellist. Arno Schmidt criticism 1970-1994,* Rochester, 1996; Riedel, Nicolai, *Uwe Johnson Bibliographie. 1959-1998,* Stuttgart 1999; sowie ders. „Internationale Uwe-Johnson-Bibliographie Supplement 1: 1999-2005. Nachträge und Ergänzungen.“, in: *Internationales Uwe-Johnson-Forum Bd.10.* Frankfurt a. M. u.a.2006. 175-219.; Carla A. Damiano/Jörg Drews/Doris Plöschberger (Hg.), *„Was das nun wieder soll?“ Von „Im Block“ bis „Letzte Grüße“. Zu Werk und Leben Walter Kempowskis,* Göttingen: Wallstein, 2005. insbes. der Beitrag von Volker Hage, „Vom Ende der Kindheit. Walter Kempowski als Zeuge und Chronist des Luftkriegs.“ 59-78; Magenau, Jörg, „Die Suche nach der verlorenen Zeit. Peter

Bei der Bestimmung und Wahl der Untersuchungsgegenstände wird auf den medialen Charakter von Literatur abgestellt, der das technische Vermittlungsmedium – das Buch – durchaus integriert, sich jedoch keineswegs darauf beschränkt. Im Rückgriff auf den Literaturbegriff von Oliver Jahraus, der den medialen Charakter von Literatur „nicht trotz, sondern gerade wegen der Konkurrenz mit den sogenannten ‚neuen' Medien!"[5] begründet und Literatur als paradigmatisches Interpretationsmedium konzeptualisiert, werden für diese Arbeit Textsammlungen in den Blick genommen, die aufgrund ihrer spezifischen Medialität ein hohes Interpretationspotenzial in Aussicht stellen.

Die Wahl der vier Textsammlungen gründet zum einen im jeweiligen Spannungsverhältnis zu Gegenwart und Zeit, das im dritten Kapitel veranschaulicht werden soll, und das eine Bestimmung dieser Textkorpora als interpretative Gedächtnisformen ermöglicht. Zum anderem ergibt sich die Wahl mit einem Blick auf die Interpretationstendenz, die sich in der Forschung zu Arno Schmidt, Uwe Johnson, Walter Kempowski und Peter Kurzeck abzeichnet. Zwar wird immer wieder darauf hingewiesen, dass Kurzschlüsse zwischen Textinterpretationen und unterstellten Intentionen des jeweiligen Autors nicht zulässig sind. Dennoch werden etwa Arno Schmidts *Berechnungen*, Uwe Johnsons *Begleitumstände* oder Walter Kempowskis *Tagebücher* nach wie vor in ein hierarchisches Gefälle zu anderen Texten mit fiktionalem Prädikat gebracht, um nach *unterstellten* Vorgaben der Autorinstanz Interpretationen anzustellen.[6] Diese werden wiederum auffallend konsequent mit zeitgeschichtlichen Ereignissen, politischen Hintergründen und ästhetischen Aspekten von Gegenwarts- und Zeitdarstellungen, beziehungsweise der Möglichkeit des Erinnerns und Bewahrens im Sinne eines Gedächtnisses korreliert. Dabei zeichnen sich Korrelationen zwischen Textkorpus, dem Bezug zum zugehörigen Eigennamen (dem Autor) und dem Merkmalkatalog des Chronisten ab.[7]

Einen Erklärungsrahmen findet diese Forschungstendenz, wenn man den Begriff des Chronisten hinzuzieht; ein Begriff, der im Literaturbetrieb des 20. Jahrhunderts einem Bedeutungswandel unterzogen wurde und der aufgrund eben dieser Bezugsmöglichkeiten zu Zeitzeugen- und Autorschaft, Erinnern und Vergessen, Gegenwart und Zeit beziehungsweise Gedächtnis als Ausgangspunkt der vier Text-

---

Kurzecks Romane *Kein Frühling* und *Keiner stirbt,* in: *Deutschsprachige Literatur der 70er und 80er Jahre,* hg. von Delaber, Walter und Schütz, Erhard, Darmstadt1997, 236-253.

5 Jahraus, Oliver, *Literatur als Medium. Sinnkonstitution und Subjekterfahrung zwischen Bewußtsein und Kommunikation.* Habil.-Schr. Weilerswist, 2003, hier 13.

6 Vgl. hierzu jene Textsorten der drei Autoren, die nicht mit dem Prädikat der Fiktion versehen sind, also nicht als literarische Texte gehandhabt werden. So zum Beispiel Erzähltheoretisches von Schmidt, Arno. *Berechnungen II.* Bargfelder Ausgabe III, 1995. Vgl. auch die Poetikdozentur: Johnson, Uwe, *Begleitumstände. Frankfurter Vorlesungen,* Frankfurt a. M. 1980, sowie etwa: Kempowski, Walter. *Sirius. Eine Art Tagebuch.* München 1990.

7 Zu solchen Bezugsmöglichkeiten trägt eine spezifische Verwendung des Chronisten-Begriffs insbesondere in der Erzähltheorie bei, wie ein Blick auf die einschlägige erzähltheoretische Einführung in Kapitel 3.2 verdeutlichen wird. Vgl. Martinez, Matías/Scheffel, Michael, *Einführung in die Erzähltheorie.* 5. Auflage. München 2003. bes. 121.

korpora gewählt wird. Denn am Begriff des Chronisten zeichnet sich ein Funktionswandel ab, der für die Interpretation ganzer Textkorpora mit ihren Bezugsmöglichkeiten zum unterstellten Autor genutzt werden kann. Während der Chronist als objektiver Geschichtsschreiber undenkbar geworden ist, ist er seit der zweiten Hälfte des 20. Jahrhunderts in der Lage, sozusagen unter umgekehrten Vorzeichen Karriere zu machen.[8] Nimmt man die theoretischen Implikationen in den Blick, die zum Statusverlust des Chronisten-Begriffs geführt haben, um ihn zudem von unterstellten ontologischen Eigenwerten zu befreien, bilden seine charakteristischen Merkmale im Umkehrschluss einen fruchtbaren Bezugsrahmen, in dem Verhältnisbestimmungen von Chronist und Chronik in literarischen Textsammlungen nicht mehr von unterstellten Autorintentionen kontaminiert werden müssen.[9]

Während sich die Interpretationstendenzen der ersten drei Textkorpora vor dem Hintergrund der umfang- und traditionsreichen Forschungsliteratur auch skizzenhaft veranschaulichen lassen, möchte ich mit Blick auf Peter Kurzeck, zu dessen Texten und medialen Formen verhältnismäßig wenige Forschungsbeiträge vorliegen, drei einschlägige Beispiele anführen, mit denen die angedeutete Forschungstendenz deutlich werden soll. Die Beiträge zu Peter Kurzeck sind überschaubar und weisen in ihren thematischen Annährungen Gemeinsamkeiten auf – verhandelt werden fast ausschließlich die Begriffsfelder Zeit, Vergegenwärtigung und der spezifische Vorgang des Erzählens als Erinnerungsbewegung.[10] Auch das

---

8 Die Umdeutungen des Chronisten-Begriffes werden in Kapitel 3.2 ausführlich dargelegt. Den Ausgangspunkt bilden dabei die folgenden Beiträge: White, Hayden, „The Historical Text as Literary Artifact" in: ders. *Tropics of Discourse. Essays in Cultural Criticism.* Baltimore 1986, 81.-101. Vgl. auch: White, Hayden, *Metahistory. The Historical Imagination in Nineteenth-Century Europe*, Baltimore 1973.

9 Von Interesse sind für diese Arbeit vor allem textuelle Verfahren, die Subjektbezüge, Authentizität oder Autorprojektionen eröffnen, und zwar sowohl auf der Produktions- als auch auf Rezeptionsseite, bei denen es sich – das wird im Laufe des zweiten Kapitels verdeutlicht werden – ohnehin um zwei Seiten derselben Form handelt. In dieser Arbeit geht es um den Autor als Ordnungsinstanz, der als Kommunikationseffekt des Interpretationsprozesses genutzt werden soll. Vergleiche zu textuellen Verfahren der Selbstauthentifizierung, bzw. zum Verhältnis von Autorität und Authentizität: Wiefarn, Markus, *Authentifizierungen. Studien zu Formen der Text- und Selbstidentifikation* (=Literatur Kultur Theorie, Bd. 3), hg. von Sabina Becker/ Christoph Bode/Hans-Edwin Friedrich/Oliver Jahraus/Christoph Reinfandt, Würzburg 2010. Wiefarn liefert mit seinen Studien zur Text- und Selbstidentifikation eine konzise Authentifizierungspraxis literarischer Texte, die ausgehend von den historischen Fundamenten hermeneutisch appliziert und philosophisch reformuliert werden und deren Fortschreibung in ausgewählten Autobiografien der Neuen Subjektivität Gestalt annimmt.

10 So ist etwa der letzte Beitrag von Werner Jung in seinem Essay-Band *Zeitschichten und Zeitgeschichten,* in dem er in großen Schritten das Verhältnis von Zeit und Literatur in historischer Perspektive in den Blick nimmt, mit Peter Kurzeck betitelt: Jung, Werner: „Immer weiter die Zeit aufschreiben. Über Peter Kurzeck und einige andere." in: ders.: *Zeitschichten und Zeitgeschichten,* Bielefeld 2008. 156-186. Vgl. auch Vogel, Ursula: „Die ehemalige Gegenwart. Zu Peter Kurzecks Wahrnehmungs- und Erinnerungsarbeit am alltäglichen Wahnsinn." in: *Neue Generation – Neues Erzählen. Deutsche Prosa-Literatur der achtziger Jahre,* hg. von Delaber, Walter/ Jung, Werner und Pergande, Ingrid, Opladen 1993, 45-55.

Verhältnis von Erzähler-Ich und Autor-Ich, beziehungsweise „faktischer und fiktionaler Sphäre" – wie es Beate Tröger formuliert – nimmt eine zentrale Rolle bei den Betrachtungen der kurzeckschen Texte ein.[11] Tröger konstatiert beispielsweise programmatisch, dass eine

> literaturwissenschaftliche Betrachtung autobiographischen Schreibens [...] zunächst eine Akzeptanz der Opposition von Faktizität und Fiktion und eine Trennung von Text und Autor voraus[setzt, MK]. Im Fall von Kurzeck ist eine strikte Absage an biographische Perspektivierungen der Interpretation jedoch nicht haltbar, da über die Trennung von fiktivem Text und biographischen Realia nicht entschieden werden kann.[12]

Zwar weist Tröger in einer beigefügten Fußnote auf die Problematik des Autorbegriffs hin, indem sie den Sammelband *Die Rückkehr des Autors* anführt.[13] Sie beendet die Perspektivierung jedoch mit folgendem Argument:

> Die in der Einleitung getroffene Feststellung, dass die Theoriedebatte um den Autor und die literaturwissenschaftliche Praxis nebeneinander herlaufen, soll hier zumindest als Problem benannt werden, auch wenn ich immer wieder auf die reale Person Peter Kurzeck Bezug nehmen werde, da eine enge Verschränkung mit dem fiktiven Erzähler-Ich Peter Kurzeck auszumachen ist.[14]

Auch Christian Riedel, dessen Beitrag ich als zweites Beispiel anführen möchte, räumt ein, „[d]ie Instanzen Autor und Erzähler [seien, MK] selbstverständlich voneinander zu unterscheiden, [ließen] sich bei Kurzeck jedoch [...] kaum wirklich konsequent und durchgängig voneinander trennen."[15] Riedel bezieht sich dabei jedoch nicht etwa auf theoretische Implikationen, sondern auf den Beitrag von Beate Tröger, indem er den weiterführenden Hinweis in einer Fußnote setzt, sie gehe „detailliert auf das Wechselverhältnis von biographischen Details und literarischer Fiktion ein".[16] Tröger geht zwar durchaus auf ein solches Wechselverhältnis ein, allerdings ohne im Vorhinein entsprechende Unterscheidungskriterien eingeführt zu haben. Mit der darauffolgenden Aussage Riedels, „Kurzecks Biographie und die Lebensumstände des gleichnamigen Erzählers decken sich komplett"[17], wird das Themenfeld etwaiger Kurzschlüsse zwischen Erzähler-Identität und der biografischen Person Peter Kurzeck verlassen.

---

11 Tröger, Beate, „Gehen, um zu schreiben. Peter Kurzecks autobiographisches Romanprojekt", in: *Unterwegs. Zur Poetik des Vagabundentums im 20. Jahrhundert,* hg. von Brittmacher, Hans Richard und Klause, Magnus, Köln, 2008, 261-276, hier 262.

12 Ebd., hier 261f.

13 Vgl. Jannidis, Fotis/Lauer, Gerhard/Martínez, Matias/Winko, Simone (hg.): *Rückkehr des Autors. Zur Erneuerung eines umstrittenen Begriffs*, Tübingen 1999.

14 Ebd.

15 Riedel, Christian, „'Sowieso verlauf ich mich gern!' – Gehen, Fehl-Gehen und Umwege als strukturgebendes Element bei Peter Kurzeck", in: *Irrwege. Zu Ästhetik und Hermeneutik des Fehlgehens,* Studien zur historischen Poetik 5, hg. von Däumer, Matthias, Maren Lickhardt u. a., Heidelberg 2010, 233-251., hier 234.

16 Ebd.

17 Ebd.

In der zugehörigen Fußnote findet sich im Beitrag von Riedel schließlich das dritte Beispiel, das die Interpretationstendenz im Zusammenhang mit dem Textkorpus von Peter Kurzeck als Vorgriff auf die Beobachtungen dieser Arbeit verdeutlichen soll. Denn Riedel bezieht sich bei seiner vergleichenden Aussage auf den bereits angeführten Beitrag von Werner Jung, der ebenfalls – so Riedel – „von einem unverhohlenen autobiographischen Erzählen“[18] ausgeht. Bei Jung lässt sich jedoch gar nicht unterscheiden, ob er sich in seinem Beitrag über Peter Kurzeck auf einen Erzähler innerhalb literarischer Texte oder auf eine unterstellte Begründungsinstanz bezieht:

> Da schreibt geradezu ein Zeitversessener; er schreibt um sein Leben, weil er sein Leben verschriftlichen möchte – erzählen muß. Immer schon ist es so gewesen und geht es anhaltend so weiter, daß Kurzeck so etwas wie eine ‚Selberlebensbeschreibung' liefert, natürlich unter Einschluß von Welt und Wirklichkeit.[19]

Nach einer daran angeschlossenen Auflistung der bisher erschienenen Romane Kurzecks, kommt Jung zu dem Schluss, dass „das Erzähler-Ich identisch mit Peter Kurzeck“[20] ist. Doch auch wenn es sich bei dem Beitrag von Werner Jung um einen Essay handelt und die Beiträge von Beate Tröger und Christian Riedel keine theoretischen Explikationen im Zusammenhang mit den Texten Kurzecks anstreben, zeichnet sich eine Interpretationstendenz ab, die trotz vordergründiger Vermeidungsabsichten, gerade nicht zwischen Erzähler-Identität und Autor-Identität unterscheidet. Im Gegenteil: Identitätszuweisungen werden in aller Deutlichkeit formuliert und als Grundlage der Interpretation ausgerichtet. Das ordnende Prinzip, das in allen drei Fällen zur Darstellung der kurzeckschen Texte gewählt wird, ist – ganz gleich, ob es um den Erzähler oder den Autor geht – Peter Kurzeck.

Ein Grund für diese Ausrichtung mag darin liegen, dass sich – wie in einigen literarischen Texten Walter Kempowskis – der Eigenname des Autors mit dem des Erzählers deckt.[21] Es gibt zwar durchaus Beschreibungsmodelle, die Unterscheidungen zwischen fiktionalen, autobiografischen und etwa autofiktionalen Texten erlauben.[22] Im Hinblick auf Texte von Walter Kempowski oder Peter Kurzeck zeigt

---

18 Ebd.

19 Jung, Werner, *Zeitschichten und Zeitgeschichten,* hier 175.

20 Ebd.

21 Vgl. Walter Kempowski, *Tadellöser & Wolff. Ein bürgerlicher Roman.* München 1971. In diesem dritten Band der *Deutschen Chronik* deckt sich der Eigenname des Erzählers erstmalig mit dem des Autors. Die vorigen zwei Bände erzählten zwar auch von der Familie Kempowski. Eine Identifizierung mit einem Ich-Erzähler ist jedoch nicht möglich.

22 Zu nennen ist hier vor allem: Winko, Simone/Janidis, Fotis/Lauer, Gerhard (hg.), *Grenzen der Literatur. Zum Begriff und Phänomen des Literarischen,* Berlin u. a., 2009. In diesem Zusammenhang vor allem der Beitrag von Frank Zipfel: „Autofiktion. Zwischen den Grenzen von Faktualität, Fiktionalität und Literarität?“, in: ders., 287-315. Dieser Arbeit wird ein Realitätskonzept zugrunde gelegt (Kapitel 2.6), das es erlaubt, Textsorten nicht nach Kriterien der Fiktionalität oder nach Qualitätsunterschieden von Realität zu unterscheiden. Kommunikationen auf der Basis von Schrift werden über das jeweilige Maß bestimmt, mit dem sie Sinn zur Verfügung stellen und gleichzeitig verschleiern (Kapitel 2.7). Durch die

sich jedoch, dass solche Unterscheidungen nur bestimmte Textsorten eines durchaus als zusammengehörig identifizierbaren Korpus berücksichtigen.

Vor dem Hintergrund dieser Überlegungen wird die Frage virulent, in welchem Verhältnis die unterschiedlichen Textsorten zu der ihr zugerechneten Ordnungsinstanz stehen, wie also Textelemente, die sich mit dem vorliegenden Begriffs-Repertoire nicht einordnen lassen, in einen sinnvollen Interpretationszusammenhang gebracht werden können, ohne dass dabei eine unhintergehbare Begründungsinstanz angenommen werden muss. Interessant ist nämlich – und das gilt für einen beachtlichen Teil der zu untersuchenden Textkorpora –, dass eine unterstellte Autorinstanz in einem ersten Schritt ausgeschlossen wird, um sie dann in einem zweiten für die Interpretation zu nutzen. Gerade daran zeigt sich die Definitionsbedürftigkeit, die mit dem Verhältnis von einzelnem Text, Textkorpus und zugerechneter Ordnungsinstanz angezeigt ist. Diese Interpretationspraxis, die mit Studien zu Arno Schmidt, Uwe Johnson und Walter Kempowski skizzenhaft deutlich werden soll, wird als Anlass genommen, ihr einen Interpretationsansatz vorzuschlagen und entgegenzuhalten, der auf ontologische Fundierungen von Autorschaft verzichtet und gerade dadurch eine Interpretationspraxis in Aussicht stellt, die den Chronisten als ordnenden Bezugspunkt bestimmbarer Textsammlungen anschlussfähig macht. Dafür wird der Eigenname des Autors als Zurechnungskategorie des jeweiligen Textkorpus gewählt und als Funktionsbegriff gewendet, allerdings nicht im Sinne einer unterstellten Begründungsinstanz mit einem unhintergehbaren Bewusstsein, sondern als aposteriorische Zurechnungskategorie, die in den Dienst einer Interpretationspraxis gestellt werden kann.

Einführung des Funktionsbegriffs der *Autopoietik* können alle Texte und medialen Formen eines Korpus in einen sinnvollen Interpretationszusammenhang gestellt werden (Kapitel 3.1), ohne dass dafür ein spezifisches Konzept von Autobiografie, Autofiktion oder Fiktionalität zurate gezogen werden müsste. Aus theorietechnischen Gründen, wonach Realität stets als Resultat ihrer Konstruktion gefasst wird, steht diese Arbeit jenem Autobiografiebegriff am nächsten, den Bernd Scheffer entwickelte: Scheffer, Bernd, *Interpretation als Lebensroman. Zu einer konstruktivistischen Literaturtheorie,* Frankfurt a. M. 1992. Insbesondere das Kapitel „Das fortlaufende Ende der literarischen Autobiographie“. 245-266. Scheffer betrachtet literarische Autobiografien als diskursive Konstruktionen, die im klassischen Sinne ein „Refugium konventioneller literarischer Verfahrensweisen“ bedeuten (250). Eine zentrale Frage in diesem Kontext betrifft die Frage, welche Funktion eine Unterscheidung zwischen autobiografischen und literarischen Texten erfüllt. In dieser Arbeit wird die These vertreten, dass sich solche Unterscheidungen insbesondere dann auf Interpretationsbemühungen einschränkend auswirken, wenn durch sie bestimmte Textsorten eines Korpus ausgeschlossen werden müssen, deren Integration wechselseitige Interpretationsleistungen in Aussicht stellt. Ebenfalls nahe stehen dieser Arbeit die Positionen von Jacques Derrida und Paul de Man, die sich mit Autobiografie-Konzeptionen befassten. Da sie im Kapitel Walter Kempowski (3.3.3) in die Interpretation integriert werden, sei hier nur auf die entsprechenden Beiträge verwiesen: Vgl.: Derrida, Jacques, „Otobiographien – Die Lehre Nietzsches und die Politik des Eigennamens“, in: ders./Kittler, Friedrich A. (Hg.): *Nietzsche – Politik des Eigennamens: Wie man abschafft, wovon man spricht*, Berlin 2000, 7-64, sowie: de Man, Paul, "Autobiography as De-facement" in: ders., *The Rhetoric of Romanticism*, New York 1984, 67-82.

Die Integration ausgewählter systemtheoretisch geprägter Implikationen erlaubt es, Literatur als Kommunikationsprozess zu betrachten, der sich autologisch, beziehungsweise autopoietisch hervorbringt und erhält. Die spezifische Medialität erfordert wiederum Unterscheidungskriterien, die es ermöglichen, literarische Formen von anderen zu unterscheiden. Indem die Begründungsproblematik des Subjekts nicht negiert wird, sondern in einem Beobachtungskonzept aufgeht, das Subjektkonstitution als Sinneffekt von Kommunikation für Interpretationen nutzbar macht, lassen sich Eigennamen als Zurechnungskategorie von Textsammlungen für Interpretationen nutzen, weil sie zum einen eine Konstante des jeweiligen Korpus bilden und sie zum anderen als Projektionsfläche für Interpretation genutzt werden können. Die Textsammlungen werden durch das Konzept der *Autopoietik* funktionalisiert.

Bevor die Vorgehensweise dieser Arbeit expliziert wird, sei ein Aspekt vorweggenommen, der sich auf das Verhältnis von Gegenwart und Zeit bezieht. Denn diese Arbeit betrachtet ganz bewusst Textkorpora, deren Ereignisketten sowohl als Ereignisse einer Geschichte im zeitgeschichtlichen beziehungsweise im sukzessiven Sinne einer Ereigniskette ausgelegt werden können.[23] Zugleich sind Ereignisse im Sinne ihrer spezifischen Medialität von Interesse, die sich im Augenblick ihres Ereignens der Beobachtung entziehen.[24] Gleiches gilt für das Verhältnis von Gegenwart und Zeit, das an dieser Stelle nur angekündigt werden kann.[25] Das Interpretationspotenzial spezifischer Texte, beziehungsweise eines Korpus hängt davon ab, wie Gegenwart und Zeit im Literaturmedium prozessieren und unter welchen Bedingungen dieser Prozess beobachtet werden kann.

Um diese Kopplung von Gegenwart und Zeit zu verdeutlichen, eignet sich eine Aussage Martin Heideggers, die Jacques Derrida seiner Notiz über eine Fußnote in *Sein und Zeit* voranstellt: „Am bedrängendsten zeigt sich uns das Weitreichende des Anwesens dann, wenn wir bedenken, daß auch und gerade das Abwesen

---

23 Dies bezieht sich vor allem auf systemtheoretische Unterscheidungskriterien, die im zweiten Kapitel eingeführt werden. Vgl. hierzu exemplarisch: Luhmann, Niklas, „Weltzeit und Systemgeschichte. Über Beziehungen zwischen Zeithorizonten und sozialen Strukturen gesellschaftlicher Systeme“, in: *Soziologische Aufklärung 2. Aufsätze zur Theorie der Gesellschaft*, hg. v. Peter Christian Ludz, Opladen 1975, 103-133; Baecker, Dirk, „Unbekannte Zukunft, irritierende Gegenwart. [Unveröffentl. Ms. 2008]; Nassehi, Armin, *Die Zeit der Gesellschaft. Auf dem Weg zu einer soziologischen Theorie der Zeit,* Wiesbaden 2008; Rosa, Hartmut, *Beschleunigung. Die Veränderung der Zeitstrukturen in der Moderne,* Frankfurt. a. M. 2005; Theunissen, Michael, *Negative Theologie der Zeit,* Frankfurt a.M. 1991.

24 Vgl. hierzu etwa Derrida, Jacques, *Eine gewisse unmögliche Möglichkeit vom Ereignis zu sprechen,* Berlin 2001; Mersch, Dieter, „Performativität und Ereignis. Überlegungen zur Revision des Performanz-Konzepts der Sprache“ in: *Rhetorik. Figuration und Performanz,* hg. von Jürgen Fohrmann, Stuttgart 2004, 502-535; ders., „Zur Struktur des ästhetischen Ereignisses“, in: *Zur Phänomenologie der ästhetischen Erfahrung,* hg. von Anna Blume, Freiburg u. a. 2005. 44-64.; sowie ders., *Ereignis und Aura. Untersuchungen zu einer Ästhetik des Performativen,* Frankfurt a. M. 2002.

25 Vgl. Gumbrecht, Hans Ulrich, *Unsere breite Gegenwart,* Frankfurt a. M. 2010, sowie ders.: *Diesseits der Hermeneutik. Die Produktion von Präsenz,* Frankfurt. a. M. 2004.

durch ein bisweilen ins Unheimliche gesteigertes Anwesen bestimmt bleibt."[26] Ausgehend vom „ungeheuren Recht" der Gegenwart, wie es Hegel im Anschluss an Aristoteles formuliert, spürt Derrida wiederum Heideggers Auseinandersetzung mit Hegels Zeitbegriff nach. Ein Ausgangspunkt ist dabei Heideggers

> Bestimmung des Sinnes von Sein als *parousia* bzw. *ousia*, was ontologisch-temporal ‚Anwesenheit' bedeutet. Seiendes ist in seinem Sein als ‚Anwesenheit' gefasst, das heißt es ist mit Rücksicht auf einen bestimmten Zeitmodus, die ‚*Gegenwart*', verstanden.[27]

Mit Derridas Frage, wie sich Sein und Zeit *anders* denken ließen, als von einer Gegenwart aus, einer „Gegenwart in Form eines gegebenen *allgemeinen Jetzt*, dem keine *Erfahrung*, so will es die Bestimmung, je sich entzöge?"[28], schlägt er vor,

> das zu denken, was *anders* nicht sein *noch* gedacht werden konnte. Im Denken der Unmöglichkeit des „anders", in diesem *nicht anders* wird ein Unterschied sichtbar, ereignet sich ein Wanken und De-zentrieren, das aber nicht mehr Setzung eines anderen Zentrums ist. Ein anderes Zentrum wäre ein anderes Jetzt, wohingegen diese Entstellung es nicht auf eine *Abwesenheit*, das heißt auf keine andere Anwesenheit abgesehen hat.[29]

In Bezug auf den Zeitmodus von Gegenwart bedeutet dieser Gedanke, dass Gegenwart nicht anders *sein* oder gedacht werden kann, als es die Möglichkeiten der Synchronisierung zulassen. Weil Gegenwart, im Gegensatz zu Vergangenheit oder Zukunft, nicht synchronisiert werden kann, weil sie immer schon synchron ist und nur von ihr aus alles Asynchrone als synchron gedacht werden kann, muss sie als nichtsynchronisierbare Größe gefasst werden, die nicht auf ein *Anderes* verweist – denn das wäre nichts anderes, als eine weitere Gegenwart, die ein negatives Komplement als *Anderes* hervorbrächte. Das Anwesende des Nichtsynchronisierbaren muss als Gegenwart auf eine solche Weise verfügbar gemacht werden, dass es den Status der Gegenwärtigkeit durch den Akt der Vergegenwärtigung – zumindest dem Anschein nach – nicht verliert.

Es sind solche Verfahren, die diese Arbeit in den Blick zu nehmen sucht, indem sie mit dem Ziel des Denkens der Unmöglichkeit des *Anderen* vor Augen, nicht versuchen, eine andere Gegenwart zu setzen, sondern mit Hilfe des zu entwickelnden Funktionsbegriffs der *Autopoietik* als Gedächtnis von Gegenwart und Zeit, Textkorpora auf ihren Bezug zu Gegenwart und Zeit zu befragen, die das „ungeheure Recht" der Gegenwart in Form von literarischen Texten sinnhaft verfügbar machen. Während diese Überlegung in einem rein erkenntnistheoreti-

---

[26] Martin Heidegger in *Sein und Zeit.* Zitiert nach Derrida, Jaques, „Ousia und gramme. Notiz über eine Fußnote in *Sein und Zeit,* in: *Die Différance. Ausgewählte Texte,* hg. von Peter Engelmann. Stuttgart, 2008, 249-261. Vgl. auch Heidegger, Martin, *Sein und Zeit,* 19. Auflage, Tübingen, 2006.

[27] Ebd., hier 250. Vgl. auch Heidegger, *Sein und Zeit,* hier 25. Schreibweise und Hervorhebung aller Zitate geben das Original wieder. Gesondert gekennzeichnet werden nur Abweichungen.

[28] Ebd., hier 256.

[29] Ebd., hier 257.

schen Zusammenhang an ihren eigenen Voraussetzungen scheitern würde, bietet der literaturwissenschaftlich ausgerichtete Argumentationsrahmen einen Handlungsspielraum, insbesondere wenn es darum geht, paradoxale oder aporetische Denkfiguren über die Vielfalt literarischer Verfahren aus dem Bereich des *Anderen* als Setzung, in einen Bereich des Möglichen im Sinne eines *Als Ob*[30] in literarischen Texten zu überführen.

Diese Arbeit geht in zwei Schritten vor. In einem ersten Schritt werden die notwendigen Maßnahmen vorgenommen, um Gegenwart und Zeit als Gedächtnis im Literaturmedium beobachten zu können. Ein leistungsfähiges Beobachtungskonzept ist für diese Arbeit von fundamentaler Bedeutung. Denn wie grundlegend der Einfluss einer spezifischen Beobachtungsexposition gerade für eine Argumentationslinie ist, die Zeit in jedweder Weise zum Gegenstand macht, wird ersichtlich, wenn man sich ein ontologisches Verständnis von Zeit vor Augen hält. Eine ontologisch verstandene Annahme von Zeit, die nach dem Sein fragt, geht davon aus, dass etwas ist – ganz gleich, ob es sich dabei um etwas Veränderliches oder um etwas Unveränderliches handelt. Solche Setzungen verleihen insofern ein bestimmtes Maß an Sicherheit, als man vom Seienden der Zeit abstrahieren kann, um sich in ihr auf andere Gegenstände zu konzentrieren. Auf diese Weise kann man, wie es Luhmann auf den Punkt bringt,

> eine der Zeit (tempus) entzogene Zeit (aeternitas) annehmen und entsprechend (zeitabhängiges) Schicksal und (zeitlose) Ordnung unterscheiden. Oder man geht von einem (einteilungsfähigen) Begriff der Bewegung aus, nur um zu erkennen, daß die Zeit nicht einfach Bewegung oder Prozeß oder dialektischer Prozeß ist. Offenbar hat das, was man identifizieren kann, nämlich die Bewegung, eine andere Seite, die sich der Bezeichnung entzieht. Aber die Frage danach verdeckt man sich mit der Unterscheidung bewegt/unbewegt. Erst heute beginnt man danach zu fragen, was in der Thematisierung von Zeit abwesend bleibt.[31]

Bereits hier zeigt sich die Konsequenz, die folgt, wenn man Zeit ontologisch fixiert. Zum einen soll damit verdeutlicht werden, dass für diese Arbeit jene Zeitaspekte von Bedeutung sind, die aufgrund ihrer Abwesenheit in anderer, hier literarischer Form als anwesend erscheinen. Von ontologischen Fundierungen wird deshalb abgesehen.[32]

---

30 In diesem Zusammenhang sei lediglich auf Hans Vaihinger verwiesen, der 1911 mit seiner *Philosophie des Als Ob* eine Grundlegung des sogenannten Fiktionalismus vorgelegt hat. Vgl. Vaihinger, Hans, *Philosophie des Als Ob. System der theoretischen, praktischen und religiösen Fiktionen der Menschheit auf Grund eines idealistischen Positivismus. Mit einem Anhang über Kant und Nietzsche,* neu hg. von Esther von Krosigk, Edition Classic, Saarbrücken 2007. In der vorliegenden Arbeit geht es jedoch nicht um die Entwicklung oder Nachzeichnung eines philosophischen Standpunktes, sondern um die Untersuchung literarischer Verfahren, die sich vergleichende Konjunktionen zunutze machen.

31 Luhmann, Niklas, *Gesellschaft der Gesellschaft,* Bd. 2, Frankfurt a.M., 900.

32 Dennoch wird, nicht zuletzt aus Gründen der Textverständlichkeit, auf eine ontologische Redeweise nicht verzichtet. Sie lässt sich, im Gegenteil, als sprachliches Indiz nutzen, das

Dass sich ein Hang zu ontologischen Beschreibungsmodellen im Zusammenhang mit einschlägigen Zeitbetrachtungen dennoch nach wie vor erhält, wird im ersten Schritt des ersten Hauptteils skizzenhaft konturiert (2.1). Hierfür werden die *Bekenntnisse* von Augustinus in einen Zusammenhang mit dem epistemologischen Problem der Beobachterkontamination gebracht, wobei die heisenbergsche Unschärferelation als Kontrastfolie gewählt wird. Diese thematische Rahmung bildet den idealen Ausgangspunkt, um den Vorteil des systemtheoretischen Beschreibungsinventars zu veranschaulichen (2.2). Indem Zeit als Sinndimension eingeführt wird, können diverse Unterscheidungskriterien bestimmt werden, die es ermöglichen, Zeit in der Zeit zu unterscheiden. Die Einführung der begrifflichen Komplexität, die notwendig ist, um überhaupt Selektionsmöglichkeiten zur Verfügung zu haben, wird zunächst für das allgemeine Sinnmedium vorgenommen (2.3). Entsprechend werden Temporalisierungsmöglichkeiten für die Reduktion von Komplexität eingeführt, die im Hinblick auf Beobachtungen von Zeit im Sinnmedium Selektionsleistungen in Aussicht stellen. Neben Unterscheidungsmöglichkeiten von Vorher/Nachher, Konstanz/Veränderung, der Matrix von Vergangenheit, Gegenwart und Zukunft und deren Relativierungsmöglichkeiten, betrifft dies vor allem das Verhältnis von Struktur und Prozess, beziehungsweise Redundanz und Varietät, in deren Umschlagspunkt Ereignis und Information, beziehungsweise Gegenwart verortet werden.[33]

Die Einführung des Gedächtnisses als Systemerfordernis und Funktionsbegriff bildet den ersten Knotenpunkt, an dem die eingeführten Unterscheidungskriterien gebündelt werden können (2.4). Denn die Form des Gedächtnisses, das in dieser Arbeit nicht als Behältnis von Vergangenem, oder gar als individuelles Bewusstsein zu verstehen ist, ist ein kommunikatives Ereignis, dass sich selbst entwirft. Indem sich ein Gedächtnis in einer Gegenwart hervorbringt, sich dabei beobachtet, legitimiert und inklusive Vergangenheit und Zukunft in ein Verhältnis zu bereits vorangegangenen Gedächtnissen setzt, resultiert es aus seinem spezifischen Verhältnis zur Gegenwart. Das Gedächtnis lässt sich deshalb als Funktionsbegriff nutzen, der – wie ein Kippbild – entweder als Resultat oder als sich ereignende Kommunikation in den Blick genommen werden kann. Zwar kann dabei weder ein isoliertes Ereignis noch die jeweils vorausgesetzte Gegenwart kommuniziert werden, ohne dass sich das Ereignis bereits ereignet hätte, beziehungsweise die Gegenwart den Status ihrer Gegenwärtigkeit verloren hätte. Entscheidend ist jedoch, dass Ereignis und Gegenwart Konstituenten des Gedächtnisses sind, die am Kommunikationsprozess maßgeblich beteiligt sind. Da sich Kommunikation

---

die Beobachtungsblindheit ausstellt, die jeder Beobachtung auf der je eigenen, so auch der vorliegenden, attestiert werden muss. Vgl. Jahraus, *Literatur als Medium*, 79.

[33] Die systematische Vorgehensweise der einzelnen Theorieschritte wird durch Zwischenüberschriften akzentuiert, die im laufenden Text ankündigen, welche Unterscheidung als nächstes eingeführt wird. Zur besseren Übersicht des Gesamtprojekts werden diese nicht im Inhaltsverzeichnis aufgelistet.

beobachten lässt, wird es darum gehen, die Medialität von Literatur so auszurichten, dass das Literaturmedium als Beobachtung beobachtbar wird.

Durch den Import der Medium/Form-Differenz, die in Anlehnung an Jahraus entlang der strukturellen Kopplung von Bewusstsein und Kommunikation eingeführt wird, erfolgt eine erste Hinwendung zum Literaturmedium, in dem Gedächtnisentwürfe dabei beobachtet werden können, wie sie beobachten (2.5). Um jedoch Beschreibungsmöglichkeiten zu erhalten, die das Gedächtnis als Systemerfordernis und Funktionsbegriff – also als zentrale Sinnfigur – in den Dienst literaturwissenschaftlicher Beobachtungen stellen können, bedarf es insbesondere eines Realitätskonzepts, das Verhältnisbestimmungen wissenschaftlicher Objektivierbarkeit ermöglicht und das eingeführte Beobachtungskonzept dahingehend ausstattet, dass Zeit nicht nur als Bedingung von Sinn funktionalisiert werden kann, sondern auch als Ablaufkategorie, die sinnhaft gebildet werden muss, um ihrerseits temporalisiert werden zu können (2.6).

Im Anschluss daran wird Literatur als Interpretationsmedium ausgewiesen, das Kommunikationen geradezu paradigmatisch prozessiert und aufgrund seiner spezifischen Medialität relativ zeitunabhängig für Interpretationen anschlussfähig sein kann. Durch komplementäre Aufrüstungen zwischen dem Prozess der Sinnbildung und dem Vorgang der Zeichenkonstitution, die durch den Import eines triadischen Zeichenbegriffs und eine technisch mediale Ausrichtung des Literaturbegriffs erlangt werden können, lässt sich schließlich der Interpretationsbegriff nach Jahraus zuspitzen, der als Differenz von Text und Rezeption funktionalisiert wird (2.7). Indem das Literaturmedium auf der Basis von Schrift als interpretative Form/Form-Differenzierung konzeptualisiert wird, sind die notwendigen theoretischen Voraussetzungen eingeführt, um Literatur als beobachtbare Beobachtung von Gegenwart und Zeit in Funktion zu setzen (2.8).

Als Hinwendung zu den interpretativen Gedächtnisformen von Gegenwärtigkeit und Zeit, wie sie im dritten Kapitel herausgearbeitet werden, bleibt zu fragen, wie sich Gegenwartsliteratur definieren lässt, ohne damit einen unmarkierten Bereich vorauszusetzen, der als Komplement von Literaturgeschichte stillschweigend in Kauf genommen wird (2.9). Um zu verdeutlichen, dass es in dieser Arbeit auf verschiedenen Ebenen der Mediendifferenzierung um das Verhältnis von Gegenwart und Zeit geht, werden deshalb sowohl historisierende Eingrenzungsmöglichkeiten von Gegenwartsliteratur berücksichtigt, als auch Definitionsmöglichkeiten, die das paradigmatisch Gegenwärtige von Literatur betreffen. Analog zum Gedächtnis verfährt auch diese Arbeit rekursiv, sie ist also auf vorangegangene Kommunikationen angewiesen, speist sich jedoch aus ihrem spezifischen Verhältnis zu Zeit und Gegenwart.

Während das Gedächtnis die erste Gelenkstelle dieser Arbeit bildet, die systemtheoretische und medientheoretische Implikationen in ihrem Verhältnis zur Gegenwart und Zeit zu bündeln vermag, bildet die Figur des Paradigmas die zweite Gelenkstelle. Das Paradigma wird als Miniatur-Theorem der Arbeit konzeptualisiert. Es bildet ein Relais zwischen dem literaturtheoretischen Sujet des ersten Hauptteils und der theoretischen Zuspitzung des zweiten Hauptteils, für den die entwickelten Funktionsbegriffe – das Gedächtnis und die *Autopoietik* – zusammengeführt und ihrerseits in Funktion genommen werden. Vorausgesetzt wird, dass Sinn autopoietisch prozessiert und dass Literatur Sinn auf der Basis von Schrift wiederum paradigmatisch kommuniziert. Vor dem Hintergrund des gewählten Theorieinventars, das sukzessive eingeführt und damit an dieser Stelle nur bedingt vorweggenommen werden kann, lässt sich eine *Autopoietik* nach Maßgabe des Paradigmas als Zurechnungskategorie spezifischer Textkorpora nutzen, deren Einzelelemente ihre Zugehörigkeit zum Ensemble aussetzen und zugleich dergestalt ausstellen, dass nicht mehr zwischen ihrer Besonderheit und zwischen dem Charakter des Beispiels unterschieden werden kann.

Die Überlegungen des zweiten Kapitels werden als Hinführung und Vorbereitung auf die Untersuchung der *Autopoietiken* um eine praxisorientierte Unterscheidung erweitert, die das Verhältnis von Gegenwart und Zeit in ihrem Bezug zum Literaturmedium betrifft. Während der Zeitbegriff als Einheit der Differenz von Konstanz und Veränderung, Vergangenheit und Zukunft, Vorher und Nachher oder auch als Aktualität und Inaktualität eingeführt wird, lässt sich Gegenwart gerade nicht als Zeitbestimmung einführen. Nimmt man Literatur als Gedächtnis von Gegenwart und Zeit in den Blick, kann man zwar davon ausgehen, dass Gegenwart maßgeblich an Zeit beteiligt ist. Geht es aber wie in dieser Arbeit darum, das paradigmatisch Gegenwärtige von Literatur zu bestimmen, bedarf es nicht weiterer gegenwartsrelativer Mehrfachmodalisierungen, die immer auch Ergebnis ihrer eigenen Praxis sind. Vielmehr müssen literarische Erzählverfahren und *Praktiken* bestimmbar gemacht werden, die sich durch paradigmatisch gegenwartsbasierte Merkmale auszeichnen. Und weil jede Differenz Zeit benötigt, um sich zu konstituieren, wird auch praktisch zwischen der Zeit unterschieden, die benötigt wird, um Objektivierungen von Zeit zu handhaben (*Beobachtungszeit*), und der sogenannten *Zeitlichkeit des Systems*; jener Zeit also, die sich durch die Operativität der Zeit selbst hervorbringt. [34] Diese Unterscheidung wird zwar bereits zu Beginn der Arbeit eingeführt. Ihre praxisorientierte Ausrichtung erhält sie jedoch erst, nachdem das Gedächtnis als Systemerfordernis und Bobachtung von Gegenwart und Zeit im Medium Literatur ausgewiesen werden kann. Dann lässt sich Gegenwart als pure Operativität verstehen, die jedes Gedächtnis überhaupt erst entwirft. Da das Gedächtnis von Gegenwart und Zeit auch Gedächtnis reiner Operativität und Praxis ist, es jedoch immer nur als Ergebnis seiner eigenen Praxis in den Blick genommen werden kann, werden die *Autopoietiken* im dritten Kapitel als Gedächtnis auf die jeweiligen Erzählverfahren hin befragt, die ein besonderes Maß an Operativität beziehungsweise Gegenwart und Gegenwär-

[34] Vgl. Nassehi, Armin, *Die Zeit der Gesellschaft. Auf dem Weg zu einer soziologischen Theorie der Zeit*, 2. Auflage, Wiesbaden 2008, 26.

tigkeit in Aussicht stellen. Denn je mehr ungleichzeitige Gegenwarten in Form von Sinn (Gedächtnis als Praxis) in einen kohärenten Bezugsrahmen gebracht werden können (*Autopoietik*), desto wahrscheinlicher erscheint es, die zugrunde liegenden literarischen Verfahren auf ihre Praxis, ihre Operativität und damit auf ihre Gegenwärtigkeit hin befragen zu können.

Erweisen soll sich dieser Interpretationsansatz zunächst mit den skizzenhaften Beobachtungen von Arno Schmidt, Uwe Johnson und Walter Kempowski, die vor dem Hintergrund des Chronisten-Begriffes auf ihr jeweiliges Verhältnis von Textkorpus und ordnender Zurechnungskategorie hin untersucht werden (3.3). Das tatsächliche Interpretationspotenzial zeigt sich jedoch erst mit dem letzten Kapitel, das sich ausschließlich Peter Kurzeck widmet (3.5). Dafür gibt es verschiedene Gründe. Zum einen zielen die bewusst selektiv gehaltenen Beobachtungen zu Arno Schmidt, Uwe Johnson und Walter Kempowski unter dem ebenfalls selektiv gehaltenen Rückgriff auf einschlägige Forschungsbeiträge darauf ab, neue Sichtweisen auf und Bezugsmöglichkeiten innerhalb des jeweiligen Textkorpus in ihrem Verhältnis zu Gegenwart und Zeit zutage zu fördern, obwohl gerade diese Autoren schon mit zahlreichen und umfangreichen literaturwissenschaftlichen Studien bedacht werden. Zum anderen soll mit dem umfangreichen letzten Kapitel zu Peter Kurzeck, dessen bisheriges Werk am wenigsten erforscht ist, gezeigt werden, dass der vorgeschlagene Interpretationsansatz notwendig ist, um die Komplexität literarischer Texte und medialer Formen, wie sie mit Peter Kurzeck vorliegen, in einem ersten Schritt ohne interptretative Bevorzugung bestimmter Textsorten gleichberechtigt handhaben zu können und diese in einem zweiten Schritt in den Dienst weiterer Interpretationen zu stellen. Denn während mit den ersten drei *Autopoietiken* immer wieder Aspekte von Gegenwart, Zeit, Operativität und Gegenwärtigkeit identifiziert werden können, präsentiert sich die *Autopoietik* Peter Kurzeck auf allen Ebenen ihrer Mediendifferenzierung als gegenwärtiges Gedächtnis reiner Operativität und inszeniert jedes Erzählelement als Praxis des Ensembles.

2. Maßnahmen zur Beobachtung von Gegenwart und Zeit im Literaturmedium

2.1 Der Hang zum ontologischen Bekenntnis – von Augustinus zu Heisenberg

> Die Zirkularität ist nicht eliminiert, sie ist in Gebrauch genommen, ist entfaltet, ist enttautologisiert.[1]

Überlegungen über Zeit erfordern Vorkehrungen. Als Ausgangspunkt solcher Vorkehrungen, der in diesem Zusammenhang häufig gewählt wird, dient die von Augustinus in seinen *Bekenntnissen* ausgelegte Frage nach dem Sein von Zeit:

> Was ist denn die Zeit? Wer kann das leicht und schnell erklären? Wer kann das auch nur in Gedanken erfassen, um es dann in Worten zu erklären? Und doch sprechen wir in unseren Alltagsreden von nichts Vertrauterem und Bekannterem als der Zeit. Wenn wir über Zeit sprechen, wissen wir, was das ist; wir wissen auch, wenn ein anderer darüber zu uns spricht. Was also ist die Zeit? Wenn mich niemand danach fragt, weiß ich es; wenn ich es jemandem auf seine Frage hin erklären will, weiß ich es nicht.[2]

Ein Blick auf die Häufigkeit, mit der dieses Zitat in geisteswissenschaftlichen Beiträgen über das Thema Zeit als Exposition gewählt wird, reicht aus, um die Behauptung plausibel zu machen, dass dieser Satz aus den *Bekenntnissen*, deren Einfluss zu keinem Zeitpunkt dieser Argumentation geschmälert werden soll, zu einem Topos in Zeitbetrachtungen geworden ist. So beginnt etwa Norbert Elias in seinem Beitrag *Über die Zeit* mit einem solchen Verweis, ohne die entsprechende Quelle anzugeben. Er spricht lediglich von einem klugen alten Mann, der dies einst sagte.[3] Doch worin gründet die Besonderheit der augustinschen Formulierung, die ihr zu vorerst zeitlosen Gültigkeit verholfen hat? Auch mit einem Blick auf die *Zeitlektüren* Kai von Eikels, die mit dem Nebentitel *Ansätze zu einer Kybernetik der Erzählung* versehen, ihren Ausgangspunkt bei eben diesem Zitat nehmen, indem von einem Bekenntnis der Verlegenheit[4] die Rede ist, drängt sich der Verdacht auf, dass es in der langen Tradition besagter Zitation nicht nur um ein er- oder besser bekennendes Nicht-Erklären-Können geht. Vielmehr geht es, so die Annahme, um eine vorweggenommene Relativierung des jeweiligen Forschungs-

---

1 Luhmann, *Soziale Systeme,* hier 649.

2 Augustinus, Aurelius, *Bekenntnisse,* über. und hg. von Kurt Flsch/Burkhard Mojsisch, Stuttgart 1993, hier XIV.17, 314.

3 Vgl. Elias, Norbert, *Über die Zeit,* Frankfurt a. M., 1984. hier 7: „'Wenn man mich nicht fragt, was Zeit ist, weiß ich es', sagte einst ein kluger alter Mann, ‚wenn man mich fragt, weiß ich es nicht.'".

4 van Eikels, Kai, *Zeitlektüren. Ansätze zu einer Kybernetik der Erzählung,* Würzburg 2002, hier 14.

interesses, mit der eingeräumt wird, dass man, wenn es um die Frage der Zeit geht, im Grunde nur und gleichzeitig nicht scheitern kann, weil eine endgültige Antwort ohnehin nicht zu erwarten sei. So heißt es bei van Eikels:

> Die Zeitphilosophie hat seit Augustinus wenig anderes getan, als in der Verlegenheit, die auf die Frage nach der Zeit entsteht, einige Verschiebungen, Umwertungen oder Differenzen zu markieren. Von Kant bis zu Husserl hat sie das Spektrum möglicher (verlegener) Reaktionen erkundet. Augustinus eigene Reaktion macht dabei weiterhin nachdenklich, denn sie verrät nicht allein eine Unbeholfenheit des Angesprochenen, sie zeigt auch, wie voraussetzungsvoll und vorbestimmend *diese* Frage für Jahrhunderte gewesen ist: *Was ist* Zeit?[5]

Dieser Argumentation folgend geht es also darum, dass sich der Gegenstand im Augenblick seiner Befragung entzieht. Dennoch erscheint die Formulierung van Eikels, die Zeitphilosophie habe seither „wenig anderes getan", etwas voreilig, weil eine Alternative – sofern das Diktum der ebenfalls eingeräumten Undefinierbarkeit von Zeit gilt – wohl kaum denkbar ist. Die von Kant bis Husserl angedeuteten Verschiebungen, Umwertungen oder Differenzen, die seit Augustinus auf die Frage nach der Zeit entstanden sind, kommen an dieser Stelle eher als verspätete Einsichten einer schon längst definierten Erkenntnis daher, die nicht auf die theoretischen Errungenschaften Kants oder Husserls abzielen, sondern diese geradezu als Nebenprodukte des augustinschen Denkens ausstellen. Dabei werden die Einflüsse, die das Denken von Kant oder Husserl auf folgende Zeitbetrachtungen ausgeübt haben, nicht geschmälert. Dennoch rücken bei dieser Argumentation die *Bekenntnisse* in den Mittelpunkt des Interesses, die Verfehlung bekennen und dadurch mit dem erstmalig Verfehlten immer schon verbunden sind:

> Das Bekenntnis impliziert eine Wiederholung wie jedes Erzählen-von etwas. Und doch handelt es sich nicht bloß um eine Wiederholung, sondern um den Versuch, in der Nähe dessen zu *bleiben*, was das erste Mal verfehlt hat (und im weiteren immer verfehlt haben wird). Dieser Versuch *gelingt* in gewisser Weise – trotz, oder gerade in der Verlegenheit. Die Verlegenheit, die bekannt wird, legt ein Zeugnis dieses Gelingens ab.[6]

Van Eikels liest das berühmte Augustinus-Zitat also als kanonische Vorkehrung der zeitphilosophischen Tradition, die er als Bekenntnis des Verfehlens nicht nur ausstellt, sondern die er auf diese Weise als eigene Vorkehrung – man möchte fast sagen Bekenntnis – zu wenden vermag; ein entscheidender Schritt, auf den es in diesem Zusammenhang besonders ankommt, weil er in seiner autoperformativen Konsequenz nicht ausgestellt wird. Eine geradezu paradigmatische Folge solcher Argumentationslinien ist, dass ein beachtliches Maß an Einigkeit darüber herrscht, dass Augustinus mit seinem Diktum auch vor dem Hintergrund der Theoriebildung des 20. und 21. Jahrhunderts Recht behält. Dabei wird doch die Frage umso dringlicher, warum nicht nur für historisch dimensionierte Zeitbetrachtungen im-

---

5 Ebd., hier 12.
6 Ebd., hier 14.

mer wieder ein Postulat bemüht wird, das sich an aporetischem Gehalt kaum überbieten lässt? Auch in diesem Zusammenhang wird zweifelsfrei darauf zurückgegriffen; allerdings, um einen anderen Argumentationsweg einzuschlagen.

Die Allmacht Gottes ist aus den *Bekenntnissen* nicht wegzudenken.[7] Dabei mag diese Allmacht zu den heutigen Zeitvorstellungen nicht so recht passen, die sich von einer ewigen Heilsgewissheit über die subjektbedingte Eigenzeit zu einer asynchronen Weltgesellschaft mit scheinbar unzählig synchronisierbaren Systemzeiten entwickelt haben. Bei Augustinus wird das Bekenntnis, *Ich weiß nicht, was ich nicht weiß*, zum Programm. Denn das vom Menschen nicht Gewusste ist dem Verständnis Gottes vorbehalten. Diese – aus heutiger Sicht – subjektgeprägte Abgrenzung gegenüber der Heilsgewissheit Gottes macht den Text beispielsweise für eine durch Kants transzendentale Subjektphilosophie geprägte Lektüre anschlussfähig.[8] Die dabei integrierte Akzeptanz des Nicht-Wissen-Könnens, die – ebenfalls aus heutiger Sicht – auch als Umgang mit Differenz einhergehen muss, gründet bei Augustinus in seiner bedingungslosen Ergebenheit gegenüber Gott. Aus heutiger Sicht ist die Undefinierbarkeit eines Gegenstandes – ähnlich wie bei Augustinus – jedoch kein Hindernis mehr, mit ihm in Form von Differenzen oder Aporien zu operieren; das Gegenteil ist der Fall. Allein die Vorzeichen haben sich gewandelt und sind, etwa in Form von differenzorientierten Wendungen, die in Einheiten der Differenz gedacht werden, zur Bedingung der Möglichkeit des zu untersuchenden Gegenstandes geworden. Diese veränderten Vorzeichen dürfen aber nicht bloß als negatives Komplement gedacht werden, sondern müssen ihrerseits und entsprechend ihres zugenommenen Komplexitätsgrades auf ihre Unterscheidungsmöglichkeiten hin untersucht werden. Mit der Definitionsbedürftigkeit der Vorzeichen lässt sich nicht nur die Anschlussfähigkeit der *Bekenntnisse* an zeitgenössische Fragestellungen erklären, sondern auch die Hypothese aufstellen, dass die eingangs zitierte Aussage in den *Bekenntnissen* eine historische

---

7 „Auch gehst du nicht in der Zeit den Zeiten voran, sonst gingest du nicht allen Zeiten voran. Aber du gehst allem Vergangenen voran durch die Erhabenheit deiner immer gegenwärtigen Ewigkeit: du überragst alles Zukünftige, denn es ist zukünftig, und wenn es gekommen sein wird, wird es vergangen sein, du aber bist immer du selbst und deine Jahre nehmen nicht ab. Deine Jahre gehen nicht und kommen nicht, während diese unsere Jahre gehen und kommen, damit so alle kommen. Deine Jahre stehen alle und sind zugleich. Weil sie stehen, verdrängen nicht die kommenden die gehenden, denn sie gehen nicht. Diese unsere Jahre hingegen werden erst alle sein, wenn sie nicht mehr sind. Deine Jahre sind wie ein Tag. Und dein Tag ist nicht der heutige Tag, sondern ist das Heute, weil dein heutiger Tag nicht dem morgigen weicht und nicht dem gestrigen folgt. Heute ist deine Ewigkeit." Augustinus, *Bekenntnisse,* XIII.16, hier 313.

8 Dies vor allem im Hinblick auf die Bestimmung einer transzendentalen Subjektivität als sogenannte kopernikanische Wende. Während transzendente Gegenstände (Gott/Seele) jenseits des menschlichen Erfahrungshorizontes angenommen werden, sie also nicht Gegenstand gültiger Erkenntnis sein können, existieren transzendentale Vorstellungen von Begriffen des Verstandes a priori. Sie liegen vor jeder Form der Erfahrung und gründen im Subjekt selbst. Vgl. hierzu Zima, Peter, *Geschichte des Subjekts. Subjektivität und Identität zwischen Moderne und Postmoderne* (=UTB 2176), Tübingen u. a. 2000.

und eine systematische Auffassung von Zeit zugleich ermöglicht. Je nachdem, auf welcher der beiden Perspektiven die Präferenz liegt, hat dies Konsequenzen für den Fortgang des Argumentationsverlaufs, weil die jeweils andere Perspektive stets ein- oder ausgeblendet werden muss. In diesem Zusammenhang drängt sich der Verdacht auf, dass das besagte Zitat deshalb so anschlussfähig ist, weil in ihm das epistemologische Problem der Beobachterkontamination auf paradigmatische Weise zum Ausdruck kommt. Dies lässt sich mit Blick auf die heisenbergsche Unschärferelation, die insbesondere das Denken des 20. Jahrhunderts geprägt hat, ausgezeichnet konturieren.

Im Kern geht es dabei um die Einsicht, dass Teilchen niemals gleichzeitig auf ihren Ort und ihren Impuls hin untersucht werden können. „Mit anderen Worten:", so bringt es Stephen Hawking auf den Punkt: „Je genauer man die Position des Teilchens zu messen versucht, desto ungenauer lässt sich seine Geschwindigkeit messen, und umgekehrt."[9] Jede dieser beiden Größen unterliegt einer Unschärfe, die sich immer dann verstärkt, wenn die jeweils andere in den Fokus genommen wird. Die auf der Unschärferelation aufbauende Quantenmechanik konzentriert sich aber nicht auf getrennt voneinander beobachtbare Orte oder Energien von Teilchen, sondern berücksichtigt einen kombinierbaren Zustand der beiden Komponenten, den so genannten Quantenzustand.[10] Das Ziel der Quantenmechanik besteht nicht mehr darin, Ergebnisse einer Beobachtung exakt vorhersehen zu können, sondern eine ganze Serie möglicher Ergebnisse in Betracht zu ziehen: „Die Quantenmechanik führt also zwangsläufig ein Element der Unvorhersehbarkeit oder Zufälligkeit in die Wissenschaft ein"[11]; eine Vorstellung, gegen die sich selbst Einstein mit den Worten: „Gott würfelt nicht"[12] richtete. Stephen Hawking spricht von der Heisenbergschen Unschärferelation als einer fundamentalen Eigenschaft der Welt, deren Bedeutung, insbesondere aus philosophischer Sicht, noch nicht gänzlich erfasst worden sei.[13] Zwar geht er nicht weiter auf diese Behauptung ein. Die Wortwahl der sich daran anschließenden Feststellung, mit der er einen universalen Beobachter aus jeder weiteren Argumentation ausschließt, impliziert jedoch die entscheidende Absage an jegliche Heilsgewissheit, mit der Augustinus rechnete:

> Nur für ein übernatürliches Wesen, das den gegenwärtigen Zustand des Universums beobachten kann, ohne auf ihn einzuwirken, könnten Naturgesetze erkennbar sein, die alle Ereignisse vollständig determinieren. Doch solche Modelle des Universums sind ohne großes Interesse für uns normale Sterbliche.[14]

---

9 Hawking, Stephen, *Eine kurze Geschichte der Zeit*, Hamburg 2006, hier 75.
10 Vgl. Hawking, *Geschichte der Zeit*, 76.
11 Ebd.
12 Ebd.
13 Ebd., hier 75.
14 Ebd.

Bemerkenswert an diesem Ausschnitt ist, dass Hawking ein übernatürliches Wesen ausschließt, das er mit diesem Hinweis überhaupt erst in den Sinnzusammenhang eingeführt hat.[15] Vor dem Hintergrund des thematischen Konzepts der Einführung in die Quantenmechanik mag der Verweis darauf, welche Rolle Gott dabei einnimmt, zunächst ein wenig verwundern. Hawkings Argumentation ähnelt dabei der von van Eikels, der für sein kybernetisch ausgerichtetes Vorhaben den Anfangspunkt bei der augustinschen Aussage nimmt, für den Gott als einziger Universalbeobachter in Frage kommt. Es entsteht der Eindruck, dass der endgültige Abschied von einem mit der Unschärferelation unverzichtbar gewordenen Universalbeobachter nicht so recht vollzogen werden will – und das, obwohl sich das Theoriedesign moderner und hypermoderner Zeitauffassungen stets dadurch auszuzeichnen versucht. Diese Tendenz, einen historischen Ausgangspunkt zu wählen, um sich durch dessen Setzung von ihm zu distanzieren, scheint einerseits die Trennlinien von historisch und systematisch perspektivierten Zeitbetrachtungen etwas zu lockern. Andererseits drängt sich damit die Frage nach der Tiefenschärfe veränderter Vorzeichen auf. Vielleicht ist die Kontingenz zu dem geworden, was für Augustinus die Heilsgewissheit war? Denn wenn ein Beobachter nie außerhalb dessen angesiedelt sein kann, was er beobachtet und die Differenz, der Zufall, die Kontingenz immer schon als unhintergehbares Moment mitgedacht werden müssen, dann gibt es hierfür zwar keine Allmachtsvorstellung im göttlichen Sinne mehr, die Ohnmacht gegenüber der Kontingenz und das damit verbundene Bedürfnis, sie berechenbarer zu machen, bleibt aber die gleiche.

Interessant wird es nun, wenn man zunächst Zeit als unbeobachtbaren Beobachtungsgegenstand voraussetzt, dessen Verhaltensmöglichkeiten denen von Teilchen ähneln. Der Quantenmechanik zufolge nehmen Teilchen keinen bestimmten Ort ein. Ihr Verhalten ähnelt dem von Wellen, weshalb sie stets mit einer errechenbaren „Wahrscheinlichkeitsverteilung verschmiert“ sind.[16] Die gedanklichen Konsequenzen dieses Vergleichs zeigen sich wiederum im Verhältnis von einer als real angenommenen Welt und deren Beobachtung: „Die Theorie der Quantenmechanik beruht auf einer völlig neuen Mathematik, die nicht mehr die reale Welt als Teilchen- und Wellenphänomen beschreibt; nur unsere Beobachtungen der Welt lassen sich in dieser Form beschreiben.“[17] Die Quantenmechanik ist also, und hierbei ergibt sich eine fruchtbare Schnittstelle mit Überlegungen aus der operativen Systemtheorie, nur mittels Beobachtungen von Beobachtungen möglich: „Beobachtungen können nur auf Beobachtungen einwirken, [...] können, mit anderen Worten, nur Informationen verarbeiten; aber

[15] Natürlich sind die hier angeführten Passagen aus ihrem jeweiligen Kontext gerissen; eine Tatsache, die überaus erwünscht ist. Denn damit wird die Frage nach den Bedingungen und Möglichkeiten des Beobachtens bereits vorweggenommen.

[16] Hawking, *Geschichte der Zeit,* hier 77.

[17] Ebd.

nicht Dinge der Umwelt berühren [...]. Auch für beobachtete Systeme gibt es auf der Ebene ihres Operierens keinen Umweltkontakt."[18]

Das selektive Zusammendenken der quantenmechanischen Unschärferelation mit der viel zitierten Passage aus den *Bekenntnissen* verdeutlicht, dass sich ein Hang zu ontologisch orientierten Fundierungen von Zeit gerade im Verweis auf Augustinus als Quasibekenntnis ausdrückt und hartnäckig erhält. Dies soll zum Anlass genommen werden, das immer wiederkehrende Seinsschema zugunsten eines Zeitschemas zurückzustellen und damit die Frage, *was nun die Zeit sei*, auf die Frage umzustellen, *wie Zeit überhaupt beobachtet werden kann.*

2.2 Der Vorteil ordentlicher Beobachtungen

Die Unterscheidung Beobachtung/Operation ersetzt in der Systemtheorie die transzendentalphilosophische Unterscheidung Denken/Sein, beziehungsweise in der Nachfolge transzendental/empirisch.[19] Damit wird die Begründungsproblematik, die sich mit dem Subjekt traditionell ergibt, nicht negiert, sondern insofern gewendet, als „das Subjekt als aposteriorische Zurechnungskategorie"[20] fungiert und nicht mehr als apriorisch aporetische Begründungsinstanz:

> Es wird davon ausgegangen, daß das Erkennen nicht mehr im Erkannten, sondern nur noch in der Eigenqualität des Prozesses selbst fundiert werden kann. Erkennen ist nicht mehr Erkennen einer Wirklichkeit, sondern Konstruktion, die nach internen Vorgaben des Prozesses selbst validiert wird. Die Idee, daß das Erkannte einen ontologischen Eigenwert unabhängig vom Erkennen besitzt, wird radikal zurückgewiesen.[21]

Wie bereits im vorigen Abschnitt dargelegt, ist der Verzicht auf die Annahme ontologischer Eigenwerte für diese Arbeit maßgeblich. Um das spezifisch systemtheoretische Beobachtungskonzept als Grundpfeiler der literaturtheoretisch orientierten Untersuchung literarischer Zeit zu fundieren, bedarf es einiger Begriffsklärungen; allen voran aber der Annahme, dass es Systeme gibt:

> Als Ausgangspunkt jeder systemtheoretischen Analyse hat [...] die *Differenz von System und Umwelt* zu dienen. Systeme sind nicht nur gelegentlich und nicht nur adaptiv, sie sind strukturell an ihrer Umwelt orientiert und könnten ohne Umwelt nicht bestehen. Sie konstituieren und sie erhalten sich durch Erzeugung und Erfahrung einer Differenz zur Umwelt, und sie benutzen ihre Grenze zur Regulierung dieser Differenz.[22]

Die Systemannahme verlangt also eine Differenz, die das System hervorbringt. Diese Operation wird als Unterscheidung vorgenommen, die jeweils eine Seite der Unterscheidung bezeichnet. Wenn man beispielsweise einen bestimmten Ge-

---

18 Luhmann, *Gesellschaft der Gesellschaft*, hier 65.
19 Luhmann, Niklas, *Die Wissenschaft der Gesellschaft*, Frankfurt a. M. 1992, hier 514.
20 Jahraus, *Literatur als Medium*, hier 189.
21 Ebd., hier 190.
22 Luhmann, Niklas, *Soziale Systeme*, Frankfurt 1984, hier 30 und 35.

genstand bezeichnet, dann unterscheidet man ihn von allen nicht bezeichneten Gegenständen, die als nicht bezeichnete Seite der Unterscheidung dennoch Teil der Operation sind. Aus den beiden Komponenten des Unterscheidens und des Bezeichnens setzt sich die Operation des Beobachtens zusammen. Mit einer Beobachtung kann also immer nur eine Seite der Unterscheidung bezeichnet werden. Die andere Seite der Unterscheidung, beziehungsweise die Einheit der Differenz der Beobachtung bleibt für die Beobachtung selbst unbeobachtbar; sie ist ihr blinder Fleck. Das bedeutet auch, dass sich eine Beobachtung während des Beobachtens nicht selbst beobachten kann. Gleichwohl ist es möglich, die Unterscheidung einer Beobachtung, die ihr blinder Fleck ist, über eine daran angeschlossene Unterscheidung zweiter Ordnung zu bezeichnen:

> Zwar ist auch der Beobachter zweiter Ordnung an den eigenen blinden Fleck gebunden, sonst könnte er nicht beobachten. Der blinde Fleck ist sozusagen sein Apriori. Wenn er aber einen anderen Beobachter beobachtet, kann er *dessen* blinden Fleck, *dessen* Apriori, *dessen* „latente Strukturen" beobachten. Und indem er das tut [...], ist auch er der Beobachtung des Beobachtens ausgesetzt.[23]

Die Beobachtung zweiter Ordnung kann also zumindest das Unvermögen der ersten Beobachtung bezeichnen. Daraus ergeben sich Reflexionsmöglichkeiten, die es erlauben, die kontingenten Konstruktionen der eigenen Beobachtung und die des Beobachtungsstandpunktes in Erwägung zu ziehen. Bedenkt man, dass Operationen grundsätzlich Handhabungen von Unterscheidungen und Beobachtungen zweiter Ordnung sind, weil sie auch der autoreflexiven Frage nachgehen, wie sie beobachten, dann zeigt sich gerade für Beobachtungsbestrebungen von Zeit ein produktives Potenzial, das sich mit dem Konzept dieses allgemeinen Beobachtungsbegriffs ergibt.[24] Denn Beobachter, Beobachtung und Beobachtungsgegenstand werden als gleichursprünglich begriffen. Der systemtheoretische Beobachtungsbegriff Luhmanns löst die häufig als einseitig verstandene Operation des Beobachtens vom Subjekt zunächst durch die Annahme ab, dass alle Systeme, also autopoietische und allopoietische Systeme gleichermaßen über Beobachtungen prozessieren. Luhmann modifiziert den von den chilenischen Biologen und Neurophysiologen Maturana und Varela benutzten Begriff der Autopoiesis, der die Selbstproduktionsmechanismen von Lebewesen beschreibt, indem er ihn allgemein und einheitlich für die Beschreibung sozialer und psychischer Systeme anwendet. Während allopoietische Systeme, wie etwa das Thermostat, nur operieren, wenn die entsprechenden Systemvoraussetzungen durch menschliches Handeln geschaffen wurden, operieren soziale und psychische Systeme im Medium Sinn. Sie sind in der Lage, sich selbst zu beschreiben, indem sie die systeminterne System/Umwelt-Differenz reproduzieren können:

23 Luhmann, Niklas/Fuchs, Peter, *Reden und Schweigen*, Frankfurt a. M. 1989, hier 10 f.

24 Vgl. Luhmann, Soziale Systeme, 63.

> Als autopoietische Systeme wollen wir Systeme bezeichnen, die die Elemente, aus denen sie bestehen, durch die Elemente, aus denen sie bestehen, selbst produzieren und reproduzieren. Alles, was solche Systeme als Einheit verwenden, ihre Elemente, ihre Prozesse, ihre Strukturen und sich selbst, wird durch eben solche Einheiten im System erst bestimmt. Oder anders gesagt: Es gibt weder Input von Einheit in das System, noch Output von Einheit aus dem System. Das heißt nicht, dass keine Beziehungen zur Umwelt bestehen, aber diese Beziehungen stehen auf anderen Realitätsebenen.[25]

Die operationale Geschlossenheit autopoietischer Systeme, die sich durch den rekursiven, selbst erzeugenden und selbst erhaltenden Prozess ergibt, wird als Bedingung für Offenheit verstanden. Biologische, psychische und soziale Systeme bringen „[...] ihre je eigene Weise der Autopoiesis auf verschiedene Weise zustande."[26] Biologische Systeme reproduzieren sich, indem sie energetisch und materiell offen, zugleich aber organisationell geschlossen sind. Bewusstseins- beziehungsweise psychische Systeme, deren Elemente Gedanken/Vorstellungen sind, reproduzieren sich selbst, indem sie in einem fortlaufenden Prozess wiederum ihre Komponenten hervorbringen. Da Gedanken und Vorstellungen als Ereignisse begriffen werden, die zu einem ständigen Verfall neigen, definiert Luhmann die Autopoiesis des Bewusstseins als das „[...] Fortspinnen mehr oder minder klarer Gedanken".[27] Dabei ist das Bewusstseinssystem, wie jedes System, auf die Einflüsse seiner Umwelt angewiesen, damit Autopoiesis überhaupt stattfinden kann. Mit Bewusstseinssystemen muss eine qualitativ neue, emergente Ordnungsebene mit in die Betrachtung aufgenommen werden. Emergenz bezeichnet allgemein die Eigenschaft von Systemen, strukturelle Komplexität zu entwickeln (Ausdifferenzierung). Phänomene, die nicht mehr nur auf die Eigenschaften ihrer Elemente rückführbar sind – also in diesem Fall auf die materiellen, energetischen Komponenten des biologischen Systems – bilden also eine emergente Ordnung.

Die Autopoiesis sozialer Systeme prozessiert im Medium Sinn über Kommunikation. Die Elemente sozialer Systeme sind also Kommunikation, die auf psychische, neuronale und organische Zustände angewiesen sind. Dabei bildet das Soziale wiederum eine emergente Ordnungsebene gegenüber der biologischen und psychischen Emergenz. Ein Mensch versammelt beispielsweise viele Systemarten, die sich außerhalb des Sozialen befinden. Autopoietische Systeme operieren zwar autonom und bleiben füreinander Umwelt, dennoch sind sie aufeinander angewiesen: sie sind also strukturell gekoppelt:

> So sind alle Kommunikationssysteme selbstverständlich an Bewußtsein gekoppelt. Ohne Bewußtsein keine Kommunikation. Aber das heißt gerade nicht, daß Bewußtseinsvorgänge [...] als solche schon Elemente eines Kommunikationsprozesses sein könnten. Das Kommunikationssystem bleibt [...] ein operativ geschlossenes selbstreferentielles System. Strukturelle Kopplung bedeutet andererseits und vor allem, daß die Umwelt-

---

[25] Luhmann, Niklas, „Die Autopoiesis des Bewusstseins", in: *Soziale Welt 36*, Zeitschrift für sozialwissenschaftliche Forschung und Praxis, Göttingen 1985, 402-446, hier 403.

[26] Ebd., hier 406.

[27] Ebd.

kopplung der Kommunikationssysteme auf Bewußtseinssysteme beschränkt ist und daß es keinen direkten (nicht über Bewußtsein vermittelten) physikalischen, chemischen oder biologischen Einwirkungen ausgesetzt ist.[28]

Da die Voraussetzung für Kommunikation erst mit der Beteiligung von mindestens zwei Bewusstseinssystemen erfüllt ist, nimmt das psychische System, das außerhalb des sozialen Systems zu denken ist, eine besondere Rolle ein, weil sich „Kommunikation nur durch das Bewußtsein reizen lässt."[29] Der Zugriff eines Systems auf seine Umwelt ist nicht möglich, weil jede Operation innerhalb des Systems stattfindet. Auch Systemreizungen werden also stets innerhalb des Systems verarbeitet und hervorgebracht. Die Letzteinheiten[30] psychischer Systeme sind Gedanken und Vorstellungen, die durch ihre strukturelle Kopplung mit Kommunikation in der Lage sind, soziale Systeme zu reizen. Als Kommunikation kann eine Reizung aber nur durch eine Aktualisierung von Möglichkeiten prozessieren, wodurch sie immer schon Operation des sozialen Systems ist. Durch die subjektlose Kommunikationskonzeption, die eine systematische Parallelität von Kommunikation und Bewusstsein voraussetzt, weil Kommunikation ohne Bewusstsein und Bewusstsein nicht ohne Kommunikation gefasst werden kann, stellt die strukturelle Kopplung von Bewusstsein und Kommunikation eine Letztbegründungsfigur dar, die das jeweils Andere der Kopplung konstitutiv voraussetzt. Insofern können auch kommunikationstheoretische Fundierungen für Bewusstsein angenommen werden. Auf diese Weise kann Bewusstsein als System konzipiert werden, das autopoietisch prozessiert, operational geschlossen ist und dessen Prozessualität ereignisbasiert ist, sich also zeitlich vollzieht.[31]

---

[28] Luhmann, *Wissenschaft der Gesellschaft*, hier 281.

[29] Luhmann, Niklas, „Wie ist Bewußtsein an Kommunikation beteiligt?", in: *Materialität der Kommunikation*, hg. von Hans Ulrich Gumbrecht und K. Ludwig Pfeiffer. Frankfurt a. M. 1988, 884-905, hier 893.

[30] „Die Suche nach einer Letzteinheit in der Medien- (und in der gesamten Kultur-) wissenschaft [...] ähnelt fast den Beobachtungen der Quantenphysiker, die nach Atomen, Elektronen, Neuronen und Positronen nunmehr bei Quarks, Neutrinos und Superstrings gelandet sind. Als einzig logisch mögliche Letzteinheit im kulturwissenschaftlichen Kontext erscheint mithin nicht das Zeichen (oder andere Basiskategorien), sondern die Differenz (etwa von Bezeichnendem und Bezeichnetem, von sex und gender usw.). Noch radikaler und logisch noch konsequenter wäre die Letzteinheit dann nicht einmal mehr die Differenz als Akt der Setzung selbst (etwa die Differenz „System/Umwelt"), sondern nur noch die Barre als das imaginäre, unsichtbare und logisch nicht begreifbare In-Between der Differenz (also das „/")". Weber, Stefan, „Einführung: (Basis-) Theorien für die Medienwissenschaft", in: *Theorien der Medien. Von der Kulturkritik bis zum Konstruktivismus*, hg. v. ders., Stuttgart, 2003, hier 20.

[31] Vgl. hierzu auch Jahraus. *Literatur als Medium*, 228f., so zum Beispiel folgende Textstelle: „Von struktureller Kopplung kann gesprochen werden, wenn ein Beobachter zunächst sieht, wie in einem System Ereignisse im Prozeß der Selbstproduktion so produziert werden, daß diese im anderen System wiederum jeweils systemspezifisch ko-produziert werden, sodann, daß diese Ko-Produktion wiederum im anderen System als Eigenproduktion abläuft, und schließlich, daß Produktion und Ko-Produktion jeweils wechselseitig austauschbar sind, sofern man das zeitliche Verhältnis der Produktionsverzögerung umkehrt".

Kommunikation ist an drei Voraussetzungen geknüpft. Zunächst bedarf es einer Selektion der verschiedenen Informationsmöglichkeiten. Die ausgewählte Information muss über einen bestimmten Weg mitgeteilt werden, also etwa mündlich, schriftlich, mimisch oder dergleichen mehr. Schließlich muss das Kommunizierte auf eine bestimmte Weise verstanden werden. Nur die Kombination von Information, Mitteilung und Verstehen bildet Kommunikation.[32] Soziale Systeme bestehen, solange sie kommunizieren. Um Kommunikationen in sozialen Systemen handhabbar und damit anschlussfähig zu machen, werden sie als Handlungen begriffen, die spezifischen Instanzen zugeordnet werden können. Die Identität einer Handlung, das heißt ihre Handhabung, konstituiert sich aus ihrer jeweiligen Zurechnung. Aufgefasst werden Kommunikationen als Mitteilungshandlungen, bei denen die beiden übrigen Komponenten (Information und Verstehen) für die Zurechnung der Selektion erst einmal eine nachrangige Rolle spielen. Entscheidend ist dabei, dass sich die Handlungszuweisung aus dem Verstehen der selegierten Information ergibt, die als Handlungsmitteilung verstanden wird.[33] Die potenzielle Relativität des Beobachterstandpunktes, also die Gleichursprünglichkeit von Beobachtungsinstanz, Beobachtetem und Beobachtung, ermöglicht nicht nur die prompte Infragestellung getroffener Handlungszuweisungen, sondern macht eine Reflexionspraxis wahrscheinlich, die sich aus angeschlossenen Handlungszuweisungen höherer Ordnungsebenen speist. Eine solche Reflexionspraxis, die im nachfolgenden Abschnitt konturiert wird, ist insbesondere für solche Beobachtungen konstitutiv, deren Anliegen es ist, Zeit in der Zeit zu unterscheiden.

2.3 Zeit im Sinn

Als erste Annährung an Beobachtungsmöglichkeiten von Zeit in der Zeit möchte ich eine Formulierung von Luhmann hervorheben, mit der er in einem sehr frühen Aufsatz das Zeitbewusstsein als „eine – wie auch immer ausformulierte – Ant-

---

[32] Vgl. Kneer, Georg/Nassehi, Armin, *Niklas Luhmanns Theorie sozialer Systeme. Eine Einführung,* 4. Aufl., München 2000, 95, sowie Luhmann, *Soziale Systeme,* 191-241.

[33] „Die Zeitgebundenheit der Operation Kommunikation bezieht sich auf den Zeitpunkt des Verstehens auf Grund der Beobachtung einer Differenz von Information und Mitteilung. Erst das Verstehen generiert nachträglich Kommunikation. (Wir brauchen diese Festlegung, um schriftliche Kommunikation und auch Kommunikation mittels Geld einbeziehen zu können.) Kommunikation ist also eine bestimmte Art, Welt zu beobachten an Hand der spezifischen Unterscheidung von Information und Mitteilung. Sie ist eine der Möglichkeiten, auf Grund von Spezifikation Universalität zu gewinnen. Sie ist keine „Übertragung" von Sinn, wenngleich im Zeitpunkt des Verstehens weite Zeithorizonte konstruiert werden können, um Kommunikation im Hinblick auf den Zeitpunkt der Mitteilung besser verstehen zu können. Das Problem ist aber, daß die Kommunikation das, was im Zeitpunkt des Verstehens gleichzeitig geschieht, nicht kontrollieren kann, also immer auf Rückschlüsse aus ihrer eigenen Vergangenheit, auf Redundanzen, auf selbstkonstruierte Rekursion angewiesen bleibt." Luhmann, *Gesellschaft der Gesellschaft,* hier 72/73.

wort auf die Notwendigkeit, als Bedingung von Selektivität im Verhältnis System/Umwelt Konstanz und Veränderung zugleich zu denken" definiert.[34] Diese Formulierung eignet sich deshalb als Ausgangspunkt der folgenden Beobachtungen, weil sie die Notwendigkeit des Antwortens über das Moment des Nicht-Definieren-Könnens stellt. Denn im Grunde ist Zeit mit jeder Operation nicht nur aufgerufen, sondern gleichzeitig auch vollzogen. Allein die Beobachtung der Zeit ist das Problem. Zeit wird in dieser Arbeit deshalb stets im Horizont von Sinn begriffen und ist damit für ihren Gegenstand konstitutiv[35]. Da aber jede Form von Differenzierung „eine momenthafte, Punkt für Punkt korrelierende Erhaltung der Differenz ausschließt"[36], setzt Sinnproduktion, die als Prozess der Aktualisierung von Möglichkeiten im Horizont anderer Möglichkeiten begriffen wird, nicht nur Differenzierung voraus, sondern auch Zeit um. Das heißt, dass bereits die Annahme sozialer Systeme als „basale[r] Prozeß […], der die Elemente produziert, aus denen diese Systeme bestehen"[37], also Kommunikation, ein bestimmtes Zeitbewusstsein voraussetzt. Die Systemtheorie liefert ein Instrumentarium, das es ermöglicht, das gleichzeitige Zusammendenken von Konstanz und Veränderung als paradoxales Verhältnis zu begreifen. Als Bedingung der Möglichkeit des Gedachten kann dieses Verhältnis für Beobachtungen in Funktion gesetzt werden.

Indem nun Beobachtungsmöglichkeiten von Zeit im Medium Literatur methodisch erarbeitet und erprobt werden sollen, bedarf es eines begrifflichen Instrumentariums an Unterscheidungsvoraussetzungen. Ein bestimmtes Maß an begrifflicher Komplexität ist dabei unumgänglich, weil Temporalisierung, wie Luhmann es formuliert, „speziell zur Erzeugung und Reduktion von Selektionsmöglichkeiten"[38] hohe Komplexität voraussetzt. Zwar bedingt freilich jede Selektionsmöglichkeit einen entsprechenden Komplexitätsgrad. Wenn es aber um Selektionsmöglichkeiten von Zeit geht, kann insofern von einem Grenzfall begrifflicher Komplexität ausgegangen werden, als die Tiefenschärfe des Begriffs vom Grad seiner Temporalisierung abhängt. Die Fundierung einer möglichst komplexen Selektionsmöglichkeit von Zeit ist also, wenn Zeit systemtheoretisch verortet wird, nichts anderes als eine spezifische Temporalisierung von Sinn. Zeit wird

---

34 Luhmann, Niklas, „Weltzeit und Systemgeschichte. Über Beziehungen zwischen Zeithorizonten und sozialen Strukturen gesellschaftlicher Systeme", in: *Soziologische Aufklärung 2. Aufsätze zur Theorie der Gesellschaft*, hg. v. Peter Christian Ludz, Opladen 1975, 103-133, hier 109. Dieser frühe Aufsatz von Luhmann wird nachfolgend häufig angeführt, weil er grundlegende Aspekte systemtheoretischer Zeitrebetrachtungen gebündelt parat hält und deshalb besonders anschlussfähig ist. Dabei spielt es keine Rolle, dass das Prinzip der Autopoiesis, das Luhmann später entwickelte, zum Zeitpunkt des Publikationszeitpunktes noch nicht vorlag.

35 „In dem Maße, als die soziologische Theorie das Sinnproblem einbezieht, wird Zeitlichkeit zu einer konstituierenden Dimension ihres Gegenstandes und kann nicht länger nur als Bedingung der Erkenntnis des Gegenstandes behandelt werden." Ebd., hier 103.

36 Ebd., hier 105.

37 Luhmann, *Soziale Systeme*, hier 192.

38 Ebd.

deshalb, in Anlehnung an Luhmanns Beitrag zur *Temporalisierung von Komplexität* zunächst als Bestimmungsmöglichkeit von Sinn begriffen.[39] Sinn ist dabei als Medium so allgemein gefasst, dass eine Spezifikation der Medienkonzeptualisierung in erster Instanz nicht notwendig ist, um Unterscheidungsmöglichkeiten von Sinn einzuführen.

Die Kopplung von Sinn und Zeit hat weitreichende Konsequenzen. Sinn wird als Wiedergabeform von Komplexität verstanden. Weil Sinn basal instabil ist, müssen Sinnsysteme ständig Möglichkeiten aktualisieren, um sich zu erhalten.

> Sinn haben heißt eben: daß eine der anschließbaren Möglichkeiten als Nachfolgeaktualität gewählt werden kann und gewählt werden muß, sobald das jeweils Aktuelle verblaßt, ausdünnt, seine Aktualität aus eigener Instabilität selbst aufgibt. Die Differenz von Aktualität und Möglichkeit erlaubt mithin eine zeitlich versetzte Handhabung und damit ein Prozessieren der jeweiligen Aktualität entlang von Möglichkeitsanzeigen. Sinn ist somit die Einheit von Aktualisierung und Virtualisierung, Re-Aktualisierung und Re-Virtualisierung als ein sich selbst propellierender (durch Systeme konditionierbarer) Prozeß.[40]

Das Sinngeschehen als Aktualisierung von Möglichem verweist auf immer neue, weitere Anschlussmöglichkeiten, die wiederum selegiert werden müssen, da allen Prozessen psychischer und sozialer Systeme ein Sinnzwang inhärent ist. Dabei verweist Sinn stets auf Sinn und ist generell nicht negierbar. Für Sinnsysteme ist all das zugänglich, was über die Form von Sinn zugänglich gemacht werden kann.“[41]

Die Elemente, durch die sich autopoietische Systeme konstituieren und reproduzieren, sind ereignishafte, radikal verzeitlichte Gegebenheiten:

> Jedes Ereignis, auch jede Handlung, erscheint mit einem Mindestmoment an Überraschung, nämlich in Abhebung vom Bisherigen. Insofern ist Neuigkeit konstitutiv für die Emergenz von Handlung. Alles Neue erscheint aber (zunächst) als singulär. Dieser Komponente von Neuheit, und nicht etwa einer subjektiven Intention, die sich ja wiederholen kann, verdankt die Handlung ihre Einmaligkeit und ihre Einzigartigkeit. Nicht das Subjekt, sondern die in Ereignisse aufgelöste Zeit gibt der Handlung ihre Individualität.[42]

Die Formulierung einer in Ereignisse aufgelöste Zeit ist auf der einen Seite problematisch, weil sie eine unentscheidbare Engführung von Zeit, Ereignis und Sinn impliziert; eine Annahme, die wenig überrascht, wenn man mit Luhmann annimmt, dass die temporalisierten Elemente temporalisierter Systeme Ereignisse sind, die sich nicht an allen Zeitstellen identifizieren lassen.[43] Auf der anderen Seite verweist diese Engführung, gerade weil Zeit als Dimension von Sinn gefasst

[39] „Zeit ist vielmehr eine Dimension der Bestimmung von Sinn.“ Luhmann, Niklas, „Temporalisierung von Komplexität. Semantik neuzeitlicher Zeitbegriffe“ , in: ders., *Gesellschaftsstruktur und Semantik. Studien zur Wissenssoziologie der modernen Gesellschaft. Bd. 1*, Frankfurt a. M. 1980, 235-300, hier 242.

[40] Luhmann, *Soziale Systeme*, hier 100.

[41] Ebd., hier 97.

[42] Ebd., hier 390.

[43] Luhmann, „Temporalisierungen von Komplexität“, hier 241.

wird, auf das interpretatorische Potenzial, das mit Temporalisierungen von Sinn einhergeht. Wenn ein System Temporalisierungen bis in die Letzteinheiten vornimmt, dann muss es seine Gesamtkombinatorik auf Zeit einstellen.[44] Da eine solche Gesamtkombinatorik wohl kaum über ein Zeitverständnis zu leisten ist, das Zeit als etwa durch Uhren messbare Abfolge von Ereignissen fasst, bedarf es weiterer Unterscheidungen. Denn „[z]ur Identifikation von Ereignissen ist eine Messung von Zeit nicht erforderlich, aber erst die Zeitmessung ermöglicht eine klare Scheidung von Ereignissen und Zuständen.“[45]

Temporales

Zunächst lassen sich mit der Unterscheidung vorher/nachher Zeitpunkte konstruieren, deren Kausalität, je nach Zurechnungsentscheidung, mit anderen Unterscheidungen identifiziert werden kann. Als erweiternde Einbettung dieser Unterscheidung dienen Modalisierungen, also die Einführung von Vergangenheit, Gegenwart und Zukunft. Luhmann fasst Gegenwart als Einheit der Differenz von Vergangenheit und Zukunft.[46] Dabei wird Gegenwart als nichtidentisch mit Vergangenem und Künftigem begriffen. Als Differenz ist die Gegenwart zunächst weder der einen noch der anderen Seite der Unterscheidung zuzuordnen; sie ist der Grenzfall, der Umschlagspunkt, der als blinder Fleck und Teil jeder temporalisierten Unterscheidung integriert werden muss. Um Zeitbegrifflichkeiten präziser fassen zu können, schlägt Niklas Luhmann, ähnlich wie Reinhart Koselleck, semantische Relativierungen vor, um Selektionsketten von Systemen unterscheiden zu können und:[47]

> Erst die Fähigkeit, vergangene Gegenwarten als Gegenwarten mit eigenen Zukünften und Vergangenheiten zu sehen und sie von der gegenwärtigen Gegenwart zu unterscheiden, ermöglicht es [...], historische Gegenwartsfolgen als Selektionsketten mit wechselnden Zukünften und Vergangenheiten zu begreifen. Die Selektivität des historischen Prozesses beruht darauf, dass *jede* seiner Gegenwarten sich in ihren Zeithorizonten die gesamte Zeit präsentiert, und gleichwohl *keine* dieser Zeitbestimmungen simultan mit anderen existiert. Die Individualität des historischen Ereignisses beruht demnach [...] auf der für das Ereignis spezifischen Konstellation der Zeithorizonte, die seine Selektivität konstituiert.[48]

Die Vorstellung von modalisierten Zeithorizonten bildet den Kern einer Auffassung von Temporalisierung, in der sowohl der Beobachterstandpunkt relativ ist als auch die kontingente Konstruktion einer jeden Operation. Auch hier kommt

44 „Systeme, die ihre Letztelemente temporalisieren, müssen deshalb ihre Gesamtkombinatorik auf Zeit einstellen.“ Ebd., hier 244.
45 Ebd., hier 242.
46 Vgl. Luhmann, *Gesellschaft der Gesellschaft 2,* hier 1004.
47 Vgl. Luhmann, „Weltzeit und Systemgeschichte“, hier 109.
48 Ebd., hier 113.

es, genau wie bei der Absage einer ontologischen Einbettung des Subjekts, auf den Prozess der Unterscheidung an, der das Unterschiedene hervorbringt: „Die Zurechnung von Selektivität (und damit [die] Konstitution von Erleben und Handeln) ist nur […] aufgrund einer bewusst gehaltenen, stabilisierten Differenz [möglich], die eine simultane Präsenz (mindestens) zweier Ebenen [erfordert – wie zum Beispiel die] des Gegenwärtigen und des Nichtgegenwärtigen.“[49] Das Co-Präsent-Halten solcher zweier Ebenen kann wiederum als *Modalisierung* des Selektionsprozesses bezeichnet werden.[50] Auch hier ist die Einheit der Differenz von Konstanz und Veränderung die Bedingung der Möglichkeit des Gedankens.

Die Differenz von Gegenwärtigem und Nichtgegenwärtigem ist bereits eine Konstruktion, die den Moment der Gegenwart integriert. Weil Gegenwart bisher nur über die Einheit der Differenz von Vergangenheit und Zukunft gefasst wurde, also weder der einen noch der anderen Seite der Konstruktion zugerechnet werden kann, eröffnet sich mit der Integration relativer Zeithorizonte eine weitere Ebene der Varietät, die komplexere Temporalisierungen erlaubt und die unbeobachtbare Letzteinheit integriert:

> Ein jeweils gegenwärtiges Zeiterleben, das auf nichtaktuelle Zeithorizonte verweist, [kann] als Modalisierung gegenwärtigen Erlebens [bezeichnet werden]. Aussagen über Vergangenes sind zum Beispiel Aussagen im Modus der Vergangenheit. Man kann, mit anderen Worten, gegenwärtiges Erleben so modalisieren, dass seine Inhalte den allgemeinen Charakter des Vergangenen erhalten.[51]

Die Modalisierung von Zeithorizonten wirft, trotz der Komplexitätszunahme, erneut die Frage nach der zeitlichen Zurechenbarkeit eines gegenwärtigen Beobachterstandpunktes auf. Denn wie kann ein wie auch immer definiertes, gegenwärtiges Zeiterleben, das auf Nichtgegenwärtiges verweist, über den Status des Gegenwärtigen verfügen, wenn es sich dabei stets um eine Modalisierung gegenwärtigen Erlebens handelt? Die Gegenwart entzieht sich als Passage im Moment des Sich-Ereignens einer gegenwärtigen Beschreibung, weil sie nur über den Umweg der sprachlichen Nachträglichkeit bezeichnet werden kann. Folglich ist der Preis des Bezeichnens immer die Gegenwart/Gegenwärtigkeit des Bezeichneten. Was sich hier aufdrängt, ist die historisierende Dimension der Nachträglichkeit, ohne die Gegenwart, Gegenwärtiges und Gegenwärtigkeit zunächst nicht gedacht werden können.

Die Tendenz des historisierenden Blicks lässt sich anhand Luhmanns Aufsatz *Weltzeit und Systemgeschichte* besonders gut akzentuieren, weil es dabei explizit um den Zusammenhang von Zeit und Geschichte geht. Denn wenn ein System seine eigene *Selektionsgeschichte* reproduziert, „die Geschichte der Selektivität seines eigenen umweltbezogenen Erlebens und Handelns […], rekonstruiert es darüber

---

49 Ebd.
50 Ebd., hier 104.
51 Ebd., hier 104.

hinaus auch eine *Weltgeschichte* nicht mit vollzogener Selektivität, die es braucht, um die eigene Anschlussselektivität begreifen zu können."[52] Doch auch Luhmanns Beitrag zur *Temporalisierung von Komplexität,* den ich bereits angeführt habe, nimmt das Verhältnis von Gesellschaft und Zeitbewusstsein in den Blick, indem Temporalisierung die Reduktion von Komplexität bedeutet; ein Gedanke, der gegenwärtige Temporalisierungen in einer gegenwärtigen Gegenwart zwar annimmt und sogar als konstitutiv für die Differenz von Vergangenheit und Zukunft setzt, diese aber immer nur über den Umweg der nachträglichen Selektion zurechnen kann.[53] Zwar wird das Ereignis als Ausgangspunkt aller Temporalisierungen gewählt,[54] es selbst bleibt jedoch als konstruierte Zeitstelle unhintergehbar: „Die Zeit wird ablösbar von den Ereignissen, an deren Sinn sie erscheint, und gewinnt die Form einer (kulturell interpretierbaren) Weltdimension."[55]

Handhabe zwischen Struktur und Prozess

Jede Handhabung von Ereignissen ist, wie jede Operation, an bestimmte Formzwänge gebunden, die sich mit jenen Strukturen ergeben, die das jeweilige Sinnsystem ausbildet. Die Ausbildung von Systemstrukturen ist für die Selbstreproduktion des Systems konstitutiv, weil sie die Möglichkeiten von Anschlusskommunikation regeln: „Als selektive Einschränkung der Relationierungsmöglichkeiten hebt Strukturbildung die Gleichwahrscheinlichkeit jedes Zusammenhangs einzelner Elemente (Entropie) auf."[56] Strukturen sind Selektionsverstärker, die, im Rückgriff auf bereits getroffene Selektionen, bestimmte Selektionen wahrscheinlicher machen als andere. Eine Voraussetzung für solche Rückgriffe ist die Einführung von Redundanz. Weil Sinnsysteme operational geschlossen sind, sind sie für Irritationen aus ihrer Umwelt, an die sie strukturell gekoppelt sind, offen. Durch bereits vorgenommene und reproduzierte Selektionen bilden sich Erwartungsstrukturen aus, die eine Wiederholung bei jeder weiteren Selektion wahrscheinlich machen. Die Erwartungshorizonte bestimmter Strukturen ergeben sich also aus ihren Selektionen, die, sobald sie vorgenommen wurden, wiederholbar werden. Informationen verlieren ihren Status als Information, sobald sie einmal als Information identifiziert wurden.[57] Irritationen sind dann Ereignisse, deren Handhabung sich nicht nach den Erwartungsstrukturen des Systems zu-

52 Ebd., hier 107.

53 „Eine Handlung ist deshalb Handlung nur als andere Handlung anderer Handlungen" Luhmann, „Temporalisierung von Komplexität". Ebd., hier 246.

54 „Nur vom einzelnen Ereignis her gibt es eine eindeutige Differenz von Vergangenheit und Zukunft; denn Sinnbestände, die dauern, mischen in sich selbst Zukunft und Vergangenheit, indem sie das, was Zukunft war, als Vergangenes festhalten." Ebd., hier 242 und 243.

55 Ebd., hier 248.

56 Luhmann, *Soziale Systeme*, hier 368.

57 Oder wie Luhmann es formuliert: „Information ist aber nur Information, wenn sie neu ist. Sie kann nicht wiederholt werden." Luhmann, *Gesellschaft der Gesellschaft 2,* hier 1001.

rechnen lässt, die sich also durch eine Komponente des Neuen auszeichnen.[58] Für die Selektion von Neuem ist wiederum der Begriff des Prozesses notwendig, der ohne den Strukturbegriff nicht denkbar ist. Umgekehrt gilt das Gleiche. Struktur und Prozess bedingen sich in der Theorie sozialer Systeme, unterscheiden sich jedoch grundlegend, vor allem im Bezug auf Zeit.[59]

Prozesse bestehen aus einer bestimmten Anordnung von Ereignissen, also aus einer Selektionskette, die sich durch eine zeitliche Ordnung im Sinne eines Nacheinanders auszeichnen.[60] Während Strukturen also Zeit in Form bereits vorgenommener und abrufbarer Selektionen in ihrer Irreversibilität parat- und damit festhalten, markieren Prozesse eben diese Zeit, weil sie, vor dem Hintergrund der durch die Strukturen bereits eingeschränkten Wahlmöglichkeiten, bestimmte Ereignisse in einem zeitlichen Nacheinander mit anderen verknüpfen, die sich anbieten, weil sie besonders wahrscheinlich sind.

Autopoietische Systeme reduzieren also Komplexität, indem sie durch die beständige Aktualisierung von Möglichkeiten die Unendlichkeit der Kombinationsmöglichkeiten innerhalb ihrer Strukturen auf Erwartbares reduzieren. Der Erwartungshorizont des Systems wird damit durch seine Autopoiesis bestimmt. Durch die Kontingenz von Ereignissen und die Kontingenzbeschränkung von Selektion zeichnen sich autopoietische Systeme durch eine dynamische Stabilität aus. Besonders deutlich wird diese Eigenschaft mit einer luhmannschen Definition des Prozesses soziokultureller Evolution:

> Umformung und Erweiterung der Chancen für aussichtslose Kommunikation, als Konsolidierung von Erwartungen, um die herum die Gesellschaft dann ihre sozialen Systeme bildet; und es liegt auf der Hand, daß dies nicht einfach ein Wachstumsprozeß ist, sondern ein selektiver Prozeß, der bestimmt, welche Arten sozialer Systeme möglich werden, wie Gesellschaft sich gegen bloße Interaktion absetzt und was als zu unwahrscheinlich ausgeschlossen wird.[61]

Der Ausschluss von Unwahrscheinlichem bildet also Systemstrukturen, die durch den selektiven Prozess dynamisch sind. Evolution kann auch als Emergenz bezeichnet werden. Sie vollzieht sich als kontingenter Prozess, und zwar durch das

---

58 Vgl. Luhmann, *Gesellschaft der Gesellschaft,* 791.

59 Luhmann, *Soziale Systeme*, hier 73.

60 „Prozesse kommen dadurch zustande [...], daß konkrete selektive Ereignisse zeitlich aufeinander aufbauen, aneinander anschließen, also vorherige Selektionen bzw. zu erwartende Selektionen als Selektionsprämisse in die Einzelselektion einbauen." Ebd., hier 74.

61 Luhmann, *Soziale Systeme*, hier 219. Vergleiche auch folgende Textstelle: „Allerdings ist der Ausschluss von Wahrscheinlichkeiten nur vor dem Hintergrund von Ausnahmen gültig: Innerhalb [des] Überschusses an Möglichkeiten bestehen unterschiedliche Wahrscheinlichkeiten, die im Sinnhorizont des Augenblicks fixiert sind und als Wahrscheinlichkeiten beobachtet werden können. Dieser Spielraum kann, wenn er durch unterschiedliche Möglichkeiten strukturiert ist, zugleich als Evolutionspotential begriffen werden. In ihm ist wahrscheinlich, daß hin und wieder auch Unwahrscheinliche gewählt werden, wenn nur die Menge der Möglichkeiten und die Zeitspanne, die der Beobachtung zu Grunde liegt, groß genug ist." Ebd., hier 590.

Erwarten unwahrscheinlicher Zufälle, die durch die Vielfalt der Informationsverarbeitungen einen höheren Organisationsgrad des Systems ausbilden. Evolution führt also zu Komplexitätszunahme. Die selbstreferentielle Handhabung von Selektion und Variation ist also die evolutionäre Strukturänderung eines Systems. Letztlich ist es also erneut die Differenz von System und Umwelt, die Evolution überhaupt ermöglicht. Entscheidend ist die zeitliche Dimension, die bei allen bereits dargelegten Unterscheidungsmöglichkeiten als konstitutiv, aber auch als verstehbar vorausgesetzt wird.

Die Differenz Vorher/Nachher steht dem Prozess besonders nahe. Sie richtet sich nach den jeweiligen Wahrscheinlichkeiten von Anschlusskommunikation, die wiederum die Irreversibilität der Zeit markieren. Die modalisierte Vorstellung der Einheit der Differenz von Vergangenem und Zukünftigen, die sich im jeweiligen Grenzfall des Gegenwärtigen ausbildet, ist im Gegensatz dazu eher über modalisierte Zeithorizonte und nur über den Umweg der sprachlichen Nachträglichkeit zu fassen. Dasjenige, das sich der Bezeichnung im Moment der Unterscheidung entzieht, das abwesende Ereignis, das durch seine Absenz anwesend zu sein scheint, kann mittels der Einheit integrierter Differenzen dennoch Teil weiterer Überlegungen sein. Die Annahme vergangener Gegenwarten oder gegenwärtiger Vergangenheiten setzt prinzipiell Momente der Redundanz voraus, weil dabei auf bereits gehandhabte Information, das heißt auf Kommunikationen zurückgegriffen wird. Systemstrukturen bilden eine Art Vor-Selektion wahrscheinlicher Sinnproduktion aus. Gleiches gilt für gegenwärtige Zukünfte oder zukünftige Gegenwarten. Die Kontingenz möglicher Ereignisse sorgt hingegen dafür, dass alle möglichen Zukünfte, Gegenwarten und Vergangenheiten gleichermaßen wahrscheinlich oder unwahrscheinlich sind.

Unterschiedenes

Nach Luhmann werden Sinnsysteme in drei Dimensionen gegliedert. Während die Sachdimension mit der System-Umwelt-Differenz beschrieben werden kann, womit sich all das zurechnen oder bezeichnen lässt, was der Fall ist (Kategorien, Dinge, Theorien), repräsentiert die Sozialdimension den Bereich der Kommunikation. Die dimensionsspezifische Unterscheidung ist die Differenz von Alter und Ego. Die Instanz, die Kommunikation versteht, wird als Ego angenommen, während die Instanz, der die jeweilige Mitteilung zugerechnet wird, als Alter gefasst wird.[62] Die dritte Dimension ist die Zeitdimension, deren dimensionsspezifische Unterscheidung Vorher/Nachher, beziehungsweise Vergangenheit und Zukunft ist.[63] Bedenkt man, dass Unterschiedenes irreversibel ist, dass Ego also genauso wenig Alter sein kann wie System Umwelt oder umgekehrt, dann liegt

62 Vgl. Luhmann, *Soziale Systeme*, hier 193f.
63 Vgl. Luhmann, *Gesellschaft der Gesellschaft 2*, hier 1136.

einzig in der Aufwendung von Zeit, das heißt in einer daran anschließenden Unterscheidung, das Potenzial für Verschiebungen und damit die Voraussetzung für Autopoiesis und Interpretation.[64] Kommunikation kann dabei nicht als Übertragungsprozess verstanden werden, sondern muss auf die Komponenten systemintern konstruierter Zeitunterschiede umgestellt werden. Informationen sind dann systemintern prozessierte Unterscheidungen, die aus selbstreferentiellen und fremdreferentiellen Zurechnungen bestehen.

Die Selbstbeschreibung von Gesellschaft als soziales System, die sich durch das Prinzip der Autopoiesis auszeichnet und sich als Kommunikation, Ausdifferenzierung und Evolution vollzieht, wird über ihre Temporalisierung/Verzeitlichung, das heißt über die Engführung von Zeit und Sinn, auch hinsichtlich ihrer Selbstbeschreibung von Zeit beobachtbar. Von Interesse sind dabei die konkreten, das heißt von einem literaturwissenschaftlichen Blickwinkel aus relevanten, also methodologisch anschlussfähigen Antwortmöglichkeiten auf das Problem, Konstanz und Veränderung zugleich zu denken. Der Schlüssel kann, nachdem sowohl der Beobachterstandpunkt relativiert wurde, als auch die traditionelle Annahme ausgeräumt wurde, dass sich ein Ding oder ein Zeitabschnitt während seiner Beobachtung nicht seinerseits verändert, nur im Blick auf dasjenige liegen, das als Anderes jeder Differenz das Movens allen Sinns bildet: als blinder Fleck, als Unbeobachtbares, als Barre der Differenz von System/Umwelt, von Ego/Alter, von Vorher/Nachher und damit auch von Vergangenheit/Zukunft:

> Die Gegenwart der jeweils aktuellen operativen Ereignisse hat dann eine Doppelfunktion: Sie ist einerseits der Punkt, an dem die Unterschiede von Vergangenheit und Zukunft sich treffen und durch Wiedereintritt der Zeit in die Zeit in ein bestimmtes Verhältnis gebracht werden müssen (was *Deutungen* in Bezug auf Künftiges mit sich bringt). Und sie ist zugleich der Zeitpunkt, in dem alles, was geschieht, gleichzeitig geschieht. Die Zeit wird zugleich als Gleichzeitigkeit und als Nacheinander begriffen, ohne daß die Gesellschaft Zeit „hätte", eine prinzipielle Auflösung dieser Paradoxie zu suchen.[65]

Geht man also davon aus, dass Gleichzeitigkeit und Nacheinander oder Konstanz und Veränderung immer zusammen auftreten, weil nur synchronisiert werden kann, was asynchron ist, um überhaupt als Information zugerechnet werden zu können, dann kann für die Auflösung dieser Differenz im Moment ihrer Bildung ohnehin nicht genügend Zeit vorhanden sein. Denn jede Differenz muss im Moment ihrer Bildung wieder zerfallen, um Differenz zu sein. Eine Dauer von Differenz kann es nicht geben, jedenfalls nicht, ohne dass die Differenz zu einer weiteren Differenz zugerechnet wird.

Man könnte also behaupten, dass die hier angesprochene Auflösung der Paradoxie an einem Zeitmangel scheitert.[66] Dieser Zeitmangel, der in einer auf Dauer

---

[64] Auf dieses spezifische Verhältnis werde ich in Kapitel 2.7 zurückkommen.

[65] Luhmann, *Gesellschaft der Gesellschaft,* hier 1016.

[66] „Als Kommunikation begriffen, demontiert die Operation ihre eigenen Voraussetzungen, dekonstruiert die Unterscheidungen, die sie verwendet im Sinne eines auch aus anderen

gestellten Zeitsemantik gründet, ist aber zugleich die Bedingung der Möglichkeit von Differenzbildung, weil nur dieser Mangel an Zeit Inkonsistenzen, Unterbrechungen und Zäsuren erlaubt, die in differenzorientierten Einheiten synchronisiert werden müssen, um anschlussfähig zu sein:

> Man kann dann eigentlich nicht mehr daran festhalten, daß Identitäten, seien es Objekte, seien es Subjekte, der Zeit vorgegeben sind. Vielmehr werden sie mitten in der Zeit und je gegenwärtig konstruiert und reproduziert, um für eine gewisse Zeit Zeitbindungen zu erzeugen, die zwischen den extrem verschiedenen Zeithorizonten Vergangenheit (Gedächtnis) und Zukunft (Oszillation in allen beobachtungsrelevanten Unterscheidungen) vermitteln.[67]

Der zentrale Stellenwert der Zeit vor jeder Form von Identität, um eine Raummetapher zu bemühen, wird noch plastischer, wenn man sich vor Augen führt, wie ein Sinnsystem Komplexität verarbeitet, also Neues und Altes handhabt.

Redundanz und Varietät

Die Möglichkeit der Identifikation von Neuem setzt Redundanzen voraus. Zwar gibt es zahlreiche Variationsmöglichkeiten der Identifikation, das Prinzip der Zurechnung erfolgt aber nach jenem Formzwang, der mit den aus Redundanzen bestehenden Systemstrukturen einhergeht. Die Voraussetzung für Neues ist also immer schon altes, bereits Zugerechnetes. Die Gegenwart als Einheit der Differenz von Vergangenheit und Zukunft und die Einheit der Differenz von Redundanz und Varietät ist demnach die Bedingung der Möglichkeit der Beobachtung von Neuem:

> Es geht um die Einführung einer Information aus dem unmarkierten Bereich, um das Wiederholbarmachen der unwiederholbaren Gegenwart, um Information im Sinne des Unterschieds, der einen Unterschied macht, um die Beobachtung von Zeit aus einer Gegenwart heraus, die in sich selbst keine Zeit ist, sondern nur als der blinde Fleck dient, den man voraussetzten muß, um Zeit überhaupt als Differenz beobachten zu können.[68]

Der bisherigen Argumentationslinie könnte man gewiss ein beachtliches Maß an Redundanz vorwerfen, weil alle eingeführten Unterscheidungen dazu dienen, Identifikationsmöglichkeiten von Informationen zu erhalten, die aus dem so genannten *unmarkierten Bereich* erst in den Bereich der Identifizierbarkeit, also in die Zeit geholt werden müssen. Das Unmarkierte ist das Nichtunterschiedene. Ihm muss ein *Vorschuss an Zeit* zugerechnet werden, damit die Unterscheidung überhaupt stattfinden kann. Erneut drängt sich dabei die Frage nach der zeitlichen Perspektivierung auf. Der relative Zeitunterschied, der jede Vorstellung von

---

Forschungen bekannten performativen Widerspruchs zwischen report (Information) und command (Mitteilung mit Annahmezumutung.).“ Ebd., 1147.

[67] Ebd., hier 1015.

[68] Ebd., hier 1008.

Differenz als das Unterschiedene der Einheit überhaupt erst ermöglicht, wird über die angeführten Beobachtungsmöglichkeiten von Zeit, also über wiedergeholte Differenzen, die den immer gleichen Zeitunterschied in einer Art Iteration hervorbringen, zu einer anschaulichen Größe, die wiederum über Einheiten ausgedrückt werden kann.

Das gewählte Maß der buchstäblichen Wiederholungen von Bekanntem ist allerdings durch die angestrebte Varietät legitimiert, die das Instrumentarium zum *Wiederholbarmachen der unwiederholbaren Gegenwart* hervorzubringen verspricht. Dieses Wiederholbarmachen bezieht sich rein auf das literaturwissenschaftliche Instrumentarium. Die Voraussetzung dafür, Zeit als Beobachtungskategorie zu begreifen, ist nicht nur ihre Loslösung von der Dingwelt, also von einer Vorstellung, die Zeit als Anhäufung von Ereignissen fasst, sondern vielmehr das Ausweisen ihrer potenziellen Reflexivität, mit der sich Zeit nur noch durch und aus sich selbst heraus erklären lässt.

2.4 Gedächtnis als Systemerfordernis und Funktionsbegriff

Unterschieden werden kann nur, was unterscheidbar ist; Unterscheidbares muss also verfügbar sein. Wie kann man aber von Unterscheidbarem ausgehen, das sich in seiner potenziellen Unendlichkeit, beziehungsweise Virtualität, nicht unterscheiden lässt, sondern immer nur im Moment des Unterscheidens selbst, der als Selektion den Ausschluss anderer Unterscheidungsmöglichkeiten voraussetzt? Um Kriterien des Unterscheidbaren und des Unterscheidens plausibel zu machen, wird nachfolgend Unterscheidbares mit Information gleichsetzt und das Unterschiedene mit gehandhabter Information. Damit lässt sich das Gedächtnis als ordnende Funktion, beziehungsweise als Systemerfordernis ausweisen.

Das Gedächtnis muss jeder Information vorausgehen, weil es praktisch die Genese der Systemstrukturen ist. Vor dem Hintergrund des gewählten Theoriedesigns handelt es sich bei dem hier aktualisierten Gedächtnisbegriff nicht um eine Vorstellung von Gedächtnis als individuelles Speichermedium, das in der Lage ist, unzählige Ereigniserlebnisse auf Dauer zu stellen und für den Bedarfsfall parat zu halten, sondern um ein Gedächtnis als Funktion sozialer Systeme, das sich selbst durch die Umsetzung und den Umgang mit Zeit hervorbringt und zugleich beobachtet. Die Verfügbarkeit von Sinn als Bedingung der Möglichkeit von Anschlusskommunikation setzt also Gedächtnis voraus. Die ordnende Eigenschaft des Gedächtnisses, die sich – dem Prozessieren von Sinn als aneinander angeschlossener Kommunikation gemäß – reflexiv vollzieht, ergibt sich mit jeder Selektion, bei der spezifische Ereignisse aktualisiert werden, während andere, potenziell verfügbare Ereignisse nicht aktualisiert werden. Entscheidend ist dabei, dass die Vorgänge des Vergessens und Erinnerns nicht vergangene Ereignisse *wiederholen*, das heißt nicht aus einer vergangenen Gegenwart in eine gegenwärtige Gegenwart überführen, sondern dass es sich bei solchen Vorgängen stets um Rekonstruktion handelt. Die Rekonstruktion wird vor dem Hintergrund des bisher Gesagten als Handhabung einer bereits gehandhabten Information gedacht. Der Vorgang des Erinnerns ereignet sich in der Einheit der Differenz von Vergangenheit und Zukunft, also in der jeweiligen gegenwärtigen Gegenwart und nicht in einer wie auch immer gearteten Vergangenheit.

Der Gegenstand von Gedächtnis muss deshalb zwangsläufig durch das jeweilige Verhältnis zur Gegenwart bestimmt werden und nicht durch eine Gleichsetzung des Gedächtnisses mit Erinnerung als Zugriffsmöglichkeit auf konserviertes Vergangenes. Die hier konturierte Konzeptualisierung von Gedächtnis stammt von Luhmann, der im Anschluss an Spencer Brown von einer Zusatzeinrichtung sozialer Systeme ausgeht, die jeweils gegenwärtig operiert:

> Die Funktion des Gedächtnisses besteht deshalb darin, die Grenzen möglicher Konsistenzprüfungen zu gewährleisten und zugleich Informationsverarbeitungskapazitäten wieder frei zu machen, um das System für neue Irritationen zu öffnen. Die Hauptfunktion liegt also im *Vergessen,* im Verhindern der Selbstblockierung des Systems durch ein Gerinnen der Resultate früherer Beobachtungen.[69]

Die Form von Gedächtnis resultiert also aus ihrem Verhältnis zur Gegenwart. Der Begriff des Resultats ist an dieser Stelle bewusst gewählt, weil er abermals den Bezug zur Gegenwart ausstellt, die insofern nur als Resultat beschrieben werden kann, als sie sich im Moment ihres Vollzugs der Beobachtung entzieht. Die Kommunikation von Gegenwart ist stets auf ihr nachträgliches Resultat angewiesen, um Kommunikation zu sein. Das Gedächtnis als Resultat seines Verhältnisses zur Gegenwart zu fassen, unterstreicht nicht nur die prozessuale Dimension eines sich permanent wandelnden Gedächtnisses, sondern auch die Variationsmöglichkeit von Zeithorizonten, die in einen Begriff von Gedächtnis zusammenfallen können, weil sie als mögliche Temporalisierungen dem Gedächtnis vorausgehen.

Die Diagnose eines bestimmten Gesellschaftsgedächtnisses, also die Konstruktion von Vergangenheit, Gegenwart und Zukunft zu einem bestimmten Gegenwartszeitpunkt ist nichts anderes als ein Versuch, sich selbst als Gegenwart zu entwerfen. Bereits gehandhabtes Unterschiedenes wird dabei als Voraussetzung dafür angenommen, dass die Konstruktion der Gegenwart und damit der Entwurf des Gedächtnisses eine spezifische Ausprägung erhält, obwohl sich diese Gegenwart durch Kontingenz auszeichnet. Die spezifischen Kombinationen bereits gehandhabter Informationen, die das Vergangene in einer Art Nachtrag als Voraussetzung für das jeweils Gegenwärtige ausweisen, das durch eben diese Konstruktion als notwenig erscheint, können, sofern sie anschlussfähig sind, ihrerseits Gegenstand weiterer Rekonstruktionen sein.[70]

---

[69] Ebd., hier 579.

[70] „In jedem Falle benötigt ein System, das historische Ursachen für seinen gegenwärtigen Zustand feststellen oder sich im Unterschied zu früheren Zuständen als verschieden, zum Beispiel als „modern" charakterisieren will, ein Gedächtnis, um die Unterscheidungen prozessieren zu können." Ebd., hier 578.

Wichtig ist hier die Abhängigkeit, die zwischen allen Kommunikationen besteht. Denn sie ist Voraussetzung dafür, dass sich die Vorstellung von Gedächtnis genau dann verändert, wenn sie stattfindet. Das Erinnern als Rekonstruktionsvorgang in der Gegenwart, das nur durch sich und in sich stattfindet, legt also auch die Bedingungen und Möglichkeiten des gegenwärtigen Kombinationsspielraums fest. Der Vorgang des Erinnerns ist, wie jede Kommunikation, rekursiv. Diese zirkelnde Bewegung des Erinnerns kann damit als Funktion des Gedächtnisses begriffen werden, die zur Systemerhaltung beiträgt, weil sie Sinnproduktion ermöglicht.[71] Gleichzeitig leistet der Erinnerungsvorgang eine Selbstbeobachtung, die die Selektion und Kombination der aktualisierten Zeitbezüge beständig auf ihre Kohärenz im Verhältnis zur Gegenwart überprüft. Die Vergangenheit wird also als Bedingung der jeweiligen Gegenwart konstruiert, woraus wiederum ein Gegenwartsentwurf als Selbstbeschreibung resultiert und so fort.

In Anlehnung an Luhmanns Entwicklung des Verhältnisses von Inklusion und Exklusion im Zusammenhang mit Ausdifferenzierung beziehe ich mich auf das semantische Potenzial von Identifikationsmöglichkeiten, das mit einer Vorstellung von Gedächtnis verbunden ist; eine Annahme, die sich in der nachfolgend angeführten Formulierung Luhmanns als exemplarisch erweist:

> Hier ist nur zu notieren, daß die Semantik, das gleichsam offizielle Gedächtnis der Gesellschaft, die Inklusionsbedingungen thematisiert und die Exklusionen allenfalls als warnende Beispiele vorführt, sie aber nicht als Teil der gesellschaftlichen Wirklichkeit mit entsprechender Sorgfalt beschreibt.[72]

Als was kann das Gedächtnis aber gefasst werden, wenn es zu den Bedingungen gehört, die Selektion überhaupt erst ermöglichen? Das Gedächtnis sorgt als Strukturlieferant für die Möglichkeit von Wiederholung. Gleichzeitig besteht es aus der Summe von Selektionen, die das Gedächtnis zu dem machen, als dessen Stabilität es identifiziert werden kann. Deshalb wird Selektion als Formbildung verstanden, die als Einheit der Differenz von Struktur und Prozess eine gewisse Stabilität ausbildet. Diese verfährt rekursiv. Semantik umfasst demnach alles, an das vermehrt kommunikativ angeschlossen wird, weil die Häufigkeit der Aktualisierung einen maßgeblichen Einfluss darauf hat, welche Anschlusskommunikation wahrscheinlicher ist und welche Aktualisierung von Sinn nicht mehr wiederholt wird.

Die Wahrscheinlichkeit, nach der Anschlusskommunikation stattfindet oder nicht, richtet sich nach der jeweiligen Plausibilitäts- und Kohärenzprüfung. Auch hier gilt, dass nur die wahrscheinliche und damit inkludierte Seite der Unterscheidung Einzug in die Semantik hält. Anders formuliert kann man sagen: Das

---

71 Auf die Frage, inwiefern bei einem auf Zweiwertigkeit basierenden Konzept der Differenz, wie er hier verwendet wird, von einer zirkelnden Bewegung gesprochen werden kann, die prozessiert, trotzdem die Binarität statisch anmutet, wird in Kapitel 2.7 zurückgekommen.

72 Luhmann, *Gesellschaft der Gesellschaft 2*, hier 627. Vgl. auch Ebd., 618f.

Ergebnis von Wiederholungen ist die jeweilige Semantik einer Gesellschaft.[73] Ergebnis wird hier als das sich aus einer Argumentation Ergiebige verstanden, dessen Legitimation sich mit der Kombination der selegierten Konstituenten ergibt. Durch die Aufwertung des Vergessens, ohne das Erinnern nicht gedacht werden kann und das eine Voraussetzung für Abstraktion schlechthin ist, kann Gedächtnis analog zum Verhältnis von Struktur und Prozess, beziehungsweise Redundanz und Varietät als Kondensationsprozess von potenziell unendlichen Aktualisierungen verstanden werden, dessen Ergebnis die jeweiligen Semantiken sind. Die Bedingungen der rekursiven Verfahrensweise von Gedächtnis richten sich nach den Grenzen, die sich mit der Operationsfähigkeit, also den Beobachtungsmöglichkeiten und der damit verbundenen Selbstreferenz ergeben.

Nach den bisherigen Überlegungen gilt, dass das Verhältnis von Struktur und Prozess und dasjenige von Redundanz und Varietät erst durch die jeweilige Konzeptionalisierung von Gedächtnis ermöglicht wird, die solche Identifikationsmöglichkeiten konstituiert. Die Wahrscheinlichkeit, mit der ein solcher Entwurf integrativ, also als die Seite der Unterscheidung ausgewiesen wird, die dann auch als Teil des Gedächtnisses identifiziert werden kann, hängt von den jeweiligen Systemstrukturen ab, die spezifische Anschlüsse wahrscheinlicher machen als andere; das Gedächtnis wird entsprechend als Strukturlieferant für Anschlusskommunikation gefasst, der durch die eigene Hervorbringung eine Form gewinnt, die für weitere Wiederholungen sorgt. Die Bedingungen und Möglichkeiten der jeweiligen Gedächtnisformen hängen wiederum von den Medien ab, die die jeweiligen Kommunikationsgepflogenheiten und deren Operationsfähigkeit konstituieren.

Jede Form von Gedächtnis ist abhängig von vorangegangenen Gedächtnisformen. Das Regelwerk (Formbildung), nach dem diese Formen von Gedächtnis operieren (Vergessen/Erinnern), ist nur vorstellbar, wenn es sich selbst als Gegenwart entwirft, sich also über Selbstbeobachtung in die Zeit holt. Weil es bei diesem Verfahren von Gedächtnis der Bezug zur Gegenwart ist, der die Form des Gedächtnisses hervorbringt, wird deutlich, warum die Beschäftigung mit diesem Gegenstand für diese Arbeit von so zentraler Bedeutung ist. Denn auch hier verschiebt sich der Fokus weg von einer Fixierung auf gesichert Erkanntes (Vergangenes) hin zum Prozess des Erkennens, der sich und sein eigenes Regelwerk hervorbringt und zugleich beobachtet. Deshalb eignet sich Gedächtnis ausgezeichnet, um die „Beobachtung der Bedingungen von Beobachtungen"[74] zu veranschaulichen. Im Gedächtnis lässt sich – und darin liegt nach Elena Esposito auch der Reiz im Umgang mit diesem Gegenstand – die unmittelbare Selbstreferenz ausmachen, „die bekanntlich nur auf Umwegen über äußere oder angeblich

[73] Vgl. Esposito, Elena, *Soziales Vergessen. Formen und Medien des Gedächtnisses der Gesellschaft*, Frankfurt a. M. 2002, hier 22.

[74] Ebd., *Soziales Vergessen*, hier 12/13.

äußere Bezüge – in diesem Fall über den Umgang mit Zeit – hergestellt werden kann."[75] Im Anschluss an die eingeführte Unterscheidung von Struktur und Prozess kann man Gegenwart vorläufig als Voraussetzung begreifen, die als potenziell Unterscheidbares im jeweiligen Gegenwartsentwurf Gedächtnis ist. Als mögliche Konsequenz dieser Überlegung kann folgende Hypothese vorgreifend formuliert werden: Nur das Gedächtnis von Gegenwart als Kommunikation kann als Zeit identifiziert werden; nur eine in die Zeit geholte Gegenwart kann Gedächtnis sein. Was auf den ersten Blick als Zirkelschluss erscheint, ist eine logische Konsequenz der Überlegung, dass Gegenwart nur um den Preis ihrer sprachlichen Nachträglichkeit bezeichnet und so in die Zeit geholt werden kann, dass also Gegenwart im Grunde das Gegenteil von Zeit ist.[76] Damit kann Gedächtnis nicht nur als Systemerfordernis ausgewiesen werden, sondern als Funktion, die Gegenwart in die Zeit holt. Gedächtnis kann dadurch, und das wird die weitere Argumentation entscheidend leiten, vor dem Hintergrund des eingeführten Beobachtungskonzeptes selbst als Beobachtung in Funktion gesetzt werden.

Um die angestrebten Beobachtungsmöglichkeiten auszuschöpfen, die sich mit dem hier eingeführten Begriff von Gedächtnis ergeben, muss nachfolgend spezifiziert werden, als was Kommunikationen vor dem Gedächtnishintergrund identifiziert werden können und in welchem Verhältnis dieses Verständnis von Kommunikation gegenüber einem literarischen Medien- beziehungsweise Formbegriff angesiedelt sein muss. Denn mit der Konzeptualisierung von Gedächtnis als Funktionsbegriff lassen sich Unterscheidungen von Bewusstsein und Kommunikation, Individuum und Gesellschaft, Mündlichkeit und Schriftlichkeit, beziehungsweise Zeit und Literatur so aufeinander beziehen, dass daraus Gegenwart als Initialmoment von Gedächtnis hervorgeht.

Die nachfolgenden Überlegungen zielen darauf ab, Gedächtnis so zu konzeptualisieren, dass es als Beobachter von Zeit in Funktion gesetzt Gegenwart umsetzt. Hierfür wird grundsätzlich zwischen gesellschaftlichem Gedächtnis und der Vorstellung von Gedächtnis unterschieden, die Bewusstsein, Individualität oder Subjektbezogenheit integriert. In Anknüpfung an den eingeräumten Vorteil ordentlicher Beobachtungen, demgemäß jede Form von Subjektbezogenheit nicht negiert, sondern als aposteriorische Zurechnungskategorie (als Effekt) gefasst wird, bildet die konsequente Erhaltung der Differenz zwischen sozialem Gedächtnis und Gedächtnis von Bewusstseinssystemen die Bedingung dafür, dass Wechselwirkungen zwischen beiden Gedächtnisformen herausgearbeitet werden können. Es geht also zunächst um ein gesellschaftlich verstandenes Gedächtnis, das als Produkt selbsterzeugter kommunikativer Operationen (Systemgedächtnis /Gedächtnis von Kultur) betrachtet wird, und keinesfalls als kollektives Gedächtnis. Vorstellungen von einem kollektiven Gedächtnis sind aus systemtheoreti-

75 Ebd.

76 Vgl. hierzu Bohrer, „Das absolute Präsens".

scher Perspektive ebenso undenkbar wie direkte Aussagen über Gedächtnisse psychischer Systeme, weil Bewusstseinssysteme für soziale Systeme Umwelt bleiben und umgekehrt, auch wenn sie strukturell gekoppelt sind.

2.5 Formbarkeit und Medialität

Mit Einführung der Unterscheidung von Medium und Form legt Luhmann eine Ausgangsdifferenz vor, die ontologische Konzeptionen ersetzt.[77] Leitunterscheidungen, wie etwa Ding und Eigenschaft, werden durch die Medium/Form-Differenz obsolet.[78] Auch hier ist die Grundvoraussetzung der Unterscheidung der Bezug zum System, von dem jede Medium/Form-Differenzierung ausgeht. Dies ergibt sich bereits mit der systemtheoretischen Grundannahme, dass soziale Systeme autopoietisch im Medium Sinn operieren. Wenn aber alle Kommunikation im Medium Sinn prozessiert, bedarf es weiterer Medienunterscheidungen, die Formbildung begünstigen und das Problem der Beliebigkeit ausräumen. Die Relevanz der Medium/Form-Differenz speist sich also jeweils aus dem System, das die Unterscheidung einführt und verwendet. Die Medium/Form-Differenz ist hinsichtlich der vorliegenden Systemreferenz deshalb nicht selbst eine Form, die die Medium/Form-Differenz auf der Formseite enthält. Zugleich sucht sie mit ihrer Verwendung ein Formenangebot im Medium Sinn, das in der Lage ist, Zeit im Horizont von Sinn so zu beobachten, dass Kopplungen, beziehungsweise jeweils eine Seite ihrer literarischen Formen beobachtet werden können. Hierfür wird Luhmanns Unterscheidung zwischen losen und festen Kopplungen herangezogen, die er insbesondere anhand der bereits hervorgehobenen Unterscheidung von Redundanz und Varietät veranschaulicht:

> Die Elemente, deren lose Kopplung das Medium bildet, also zum Beispiel die Buchstaben einer Schrift oder die Worte eines Textes, müssen problemlos wieder erkennbar sein. Sie enthalten geringe Information, weil die Information, die das Kunstwerk auszeichnet, erst durch Formbildung gewonnen werden soll. Die Formbildung erst bewirkt Überraschung und garantiert Varietät, weil es dafür mehr als nur eine Möglichkeit gibt und weil das Kunstwerk, bei zögerndem Beobachten, dazu anregt, sich andere Möglichkeiten zu überlegen, also Formen versuchsweise zu variieren. Ferner ist bemerkenswert, daß die Bildung von Formen die Möglichkeiten des Mediums nicht verbraucht, sondern zugleich regeneriert. Das ist wiederum am Beispiel der Worte, die zur Satzbildung verwendet werden, leicht einzusehen. Formen erfüllen diese Regenerierfunktion dadurch, daß sie typisch kurzfristiger erscheinen als das Medium selbst. Sie koppeln und entkoppeln das Medium.[79]

Die Unterscheidung von Vergessen und Erinnern wird also, um den Bezugsrahmen des Gedächtnisbegriffes nicht zu verlassen, zur Formbildung verwendet. Die

---

[77] Vgl. Luhmann, Niklas, *Die Kunst der Gesellschaft*, 165.
[78] Vgl. Jahraus, *Literatur als Medium*,272.
[79] Luhmann, *Die Kunst der Gesellschaft*, hier 170.

einzelnen Elemente der Formen sind insofern fest aneinander gekoppelt, als sie auch als Einheit der Differenz von Aktualisierung und Möglichkeit, oder – allgemeiner formuliert – als Sinn identifiziert werden können. Während das Medium aus lose aneinander gekoppelten Elementen besteht, also aus einer Vielzahl möglicher Kopplungen, ergibt sich die Formbildung aus festen Kopplungen von Elementen, die zwar hochgradig flüchtig sind, die aufgrund ihrer Sinnhaftigkeit aber dennoch verfügbar sind. Jede Form enthält zwei Seiten der Unterscheidung, von der jeweils nur eine beobachtet werden kann. Denn die Medium/Form-Differenz enthält sich auf einer der beiden Seiten der Unterscheidung (der Formseite) selbst. Das Medium kann als Anderes der zwei Formseiten nicht beobachtet werden. Es ist nur anhand seiner spezifischen Formen aktualisierbar. Zugespitzt formuliert Luhmann, dass sich das Medium nur „am Verhältnis von Konstanz und Variabilität der einzelnen Form [zeigt MK]. Anders gesagt: weil die Form Form-in-einem-Medium ist, lässt sie sich mit Hilfe des Schemas konstant/variabel beobachten."[80] Mit dem Schema konstant/variabel schließt sich der Kreis zum ersten Abschnitt dieses Kapitels, in dem die Ausgangsfrage zur Disposition gestellt wurde, unter welchen Bedingungen sich Zeit beobachten lässt. Rückblickend kann nun nämlich festgestellt werden, dass die Bemühungen, Konstanz und Veränderung zugleich zu denken, als Formbildung jener Anstrengungen angesehen werden kann, die Antwortmöglichkeiten auf die Frage nach einem wie auch immer definierten Zeitbewusstsein gesucht haben. Demnach muss sich an den bisher gekoppelten Elementen auch die Medium/Form-Differenz beobachten lassen, die als Voraussetzung von Sinnproduktion ihrerseits mediale Funktion hat.

Man kann sich das Gedächtnis einer Gesellschaft als Regulativ vorstellen, das die Re-Aktualisierungen (Differenz von Erinnern und Vergessen) von Sinn aufgrund der jeweils ausgebildeten Formen im Medium verzögert, weil es als Strukturlieferant für Wiederholungen sorgt, die sich nach bestimmten Wahrscheinlichkeiten richten. Zugleich muss die Aktualisierung von Möglichkeiten einer Kohärenzprüfung unterzogen werden, die das jeweilige Gedächtnis legitimiert. Das Gedächtnis bringt sich als Form derart hervor, dass es die Bedingungen der eigenen Möglichkeit gleich mitliefert. Weil sich ein Gedächtnis aus einer Gegenwart heraus entwirft, eine Identifikation aber erst anhand des Resultates als Kommunikation möglich ist, birgt die zeitliche Relation, die sich mit diesem differenten Verhältnis aufspannt, fruchtbare Beobachtungsmöglichkeiten. Denn der Ausgangspunkt wird in einer Gegenwart angenommen, die erst dann als Form von Zeit identifiziert werden kann, wenn sie die Eigenschaften ihrer Gegenwärtigkeit verloren hat. Gedächtnis braucht – wie jede Form von Sinnbildung – Zeit, um sich hervorzubringen und in Form weiterer Gedächtnisse zu reproduzieren. Sinn kann also Sinn hervorbringen, nicht aber Zeit, weil Zeit wiederum nur im Horizont von Sinn identifiziert werden kann. Die Unterscheidung von Medium und

[80] Ebd., hier 171.

Form ist für Beobachtungsmöglichkeiten von Zeit deshalb von so zentraler Bedeutung, weil sie durch die Integration einer als Prozess gefassten Paradoxie den entscheidenden, die zeitliche Differenz markierenden, Schlüssel bereitstellt, um Zeit anhand ihrer sinnhaften Formbildung doch beobachten zu können. Gemeint ist der Begriff des *re-entry*, den Luhmann von George Spencer Brown übernimmt.[81] Der Schlüssel liegt in der bereits eingeführten Vorstellung, dass die Medium/Form-Differenz selbst eine Form ist, die sich selbst enthält, und zwar auf der Seite, die beobachtet werden kann – auf der Formseite. Wendet man dieses Schema ganz allgemein auf das Medium Sinn an, dann ist „Sinn als Medium eine Form, die Formen konstituiert, damit sie Form sein kann. Das Prozessieren von Sinn läuft über die Wahl von Unterscheidungen, das heißt: von Formen.“[82]

Weil Identifikationen von Zeit nur in Form von Sinn möglich sind, kann die Medium/Form-Differenzierung auch auf Zeit als spezifische Formbildung von Sinn übertragen werden. Damit lässt sich das Verhältnis von Konstanz und Veränderung, das die Gleichzeitigkeit des Ungleichzeitigen als paradoxale Struktur benötigt, seinerseits als Formbildung beobachten. Zeit zeigt sich zwar als Form nur im Medium Sinn; entscheidend ist aber die jeweilige Differentialität des Mediums, das Sinn- beziehungsweise spezifische Zeitformen als Medium/Form-Differenz ausbildet. Die Unterscheidung von Medium und Form integriert ein komplexes Zeitverhältnis, das, um aktualisiert werden zu können, stabilisiert werden muss. Das bedeutet, dass der zeitliche Unterschied (die Einheit der Differenz) notwendig als Gleichzeitigkeit gefasst wird. Luhmann spricht in diesem Zusammenhang von der Selbstnegation der Zeit: „Alles, was im Moment aktuell ist, besetzt *nur* diese eine Zeitstelle. Alle anderen sind in dem Moment inaktuell, können im Moment nicht entzogen werden und vermitteln *insofern* den Eindruck einer stabilen Welt.“[83] Im Bezug auf die Rolle der Medien bedeutet das, dass sich die Stabilität eines Mediums aus seiner Instabilität speist, die über das Verhältnis von Kopplung und Entkopplung prozessiert. Wichtig ist dabei, dass das Prozessieren von Sinn nicht von einem rein technischen Medienbegriff abhängig ist. Denn erst die Formbarkeit von Medialität in einem dingfreien Bezugsrahmen schafft die Bedingung der Möglichkeit einer Medienbeobachtung, deren Gegenstand Zeit (als spezifische Formbildung von Sinn) ist.

Um das Prozessieren solcher Operationen beobachten zu können, kann das epistemologische Problem der Beobachterkontamination genutzt werden. Denn Zeitstellen können nur als Kommunikation identifiziert werden, wenn sie auf einen Beobachter rückführbar sind. Gegenstand ist deshalb immer die Beobachtung von Beobachtung, in diesem Fall von Formen der Zeit im Medium Sinn, die sich in einer spezifischen Gegenwart ausbilden, sich im Moment ihres Ereignisses

---

81 Vgl. Brown, George Spencer, *Laws of Form*, New York, 1979, 69f.

82 Luhmann, *Die Kunst der Gesellschaft*, hier 174.

83 Ebd., hier 182.

jedoch der Beobachtung entziehen. Über die Kopplung der Medium/Form-Differenz an ein spezifisches Sinnmedium – nämlich an schriftliche Texte als interpretative Formbildung von Sinn – kann das wechselseitige Verhältnis von Beobachtung und Beobachtetem in den Blick genommen werden. Ermöglicht werden solche Beobachtungsbemühungen durch die strukturelle Kopplung von Bewusstsein und Kommunikation, als deren Vermittler das Literaturmedium nachfolgend funktionalisiert werden wird. Dabei beziehe ich mich auf die Definition von Medialität, wie sie Jahraus in *Literatur als Medium* auf den Punkt bringt:

> Die Differentialität des Medium ist (nichts anderes als) die Differentialität von Bewußtsein und Kommunikation in struktureller Kopplung. Oder anders gewendet: Bewußtsein und Kommunikation in struktureller Kopplung sind ihrerseits medial konstituiert. Das bezeichnet der Begriff Medialität.[84]

Die Entfaltung zeitlicher Notwendigkeit, deren Form die Selbstnegation ist, zeigt, dass als Ausgangspunkt jeder Operation eine Zeitstelle angenommen werden muss, die im Grunde das Gegenteil von Zeit ist, damit sie als Zeit identifiziert werden kann. Bei solchen Zeitstellen handelt es sich um Gegenwarten, die gewissermaßen als Initialmoment jeder medialen Formbildung von Zeit (als spezifische Form von Sinn) stattfinden. Um das paradigmatische Verhältnis von Gegenwart und Zeit im Medium Literatur in den Blick nehmen zu können, bedarf es deshalb weiterer Unterscheidungen hinsichtlich eines spezifischen Literaturbegriffs.

2.6 *Realitätsverdoppelnde Literaturen als Spiegel und Urheber* ihrer *Zeit*

Literatur wird nachfolgend als mediale Form der Kunst verstanden, die durch ihre spezifische Medien/Form-Differenz als idealer Beobachter von Zeit in Funktion gesetzt werden kann. Literatur ist, das geht aus der bisherigen Argumentation hervor, Medium und Form zugleich, weil die Medien/Form-Differenz auf der Formseite erneut in sich eintritt, sofern Literatur prozessiert. Das bedeutet, dass die Aktualisierung von Medium und Form stets gleichzeitig stattfindet; beobachtet werden können aber immer nur die Formen, weil nur sie sich aus fest gekoppelten Elementen konstituieren. Der Moment der Kopplung – das habe ich im vorigen Abschnitt dargelegt – ist eine Zeitstelle als Ausgangspunkt jeder Operation. Sie ist als Gegenwart insofern Initialmoment, als in ihr der Moment der Kopplung die Operationen hervorbringt, deren Formen wiederum identifiziert werden können.

Um Literatur als beobachtbare Beobachtung auszuweisen, wird an das eingeführte Beobachtungskonzept angeknüpft. Das ist zum einen notwendig, um die verschiedenen Ordnungsebenen der Beobachtungen systematisch so anzulegen, dass die Beobachtung der Zeitbeobachtung qua Literatur an jedem Punkt der Ar-

[84] Jahraus, *Literatur als Medium*, hier 273.

gumentation einer objektivierbaren Konsistenzprüfung unterzogen werden kann. Zum anderen müssen Begriffe wie Realität, Objektivität und Fiktion, beziehungsweise Imagination in ein Verhältnis zum Beobachtungskonzept gesetzt werden, um den Verdacht der Beliebigkeit auszuräumen. Erst im Anschluss daran erscheint es sinnvoll, den Literaturbegriff so zu spezifizieren, dass Zeit in literarischen Texten beobachtet werden kann. Gleiches gilt für das damit verbundene Verhältnis von Materialität und Immaterialität, beziehungsweise Schriftlichkeit und Mündlichkeit.

Beobachtung und Realität

Die Ausrichtung eines beobachtbaren Beobachters steht und fällt mit dem Realitätsbegriff, der jeder Beobachtung zugrunde liegt. Realität wird vor dem Hintergrund des gewählten Theoriedesigns als Konzeption verstanden, die stets in Konstruktionen gründet. Gleiches gilt für das Konzept von Objektivität. Realität und Objektivität sind Resultate, die als objektiviert gehandhabt werden, deren Referenz jedoch nur als Konstruktion befragt und aktualisiert werden kann. Die wissenschaftliche Erklärbarkeit von medialen Formen hängt also davon ab, ob das jeweilige Realitätskonzept einer angeschlossenen Konsistenzprüfung standhält, deren Maßstab als ein funktional objektivierbarer ausgewiesen werden kann.

Der Verzicht auf ontologische Beschreibungsmodelle ermöglicht es, einen Literaturbegriff zu verwenden, dessen Wissenschaftlichkeit sich nicht am Verhältnis zu einer als *real* ausgewiesenen Realität ablesen lässt, die hierarchische Realitätsvorstellungen impliziert. Vielmehr wird der Gegenstand aller Beobachtungen als für alle wissenschaftlichen Erklärungen konstitutiv angenommen. Entscheidend ist dabei, dass ein Beobachtungsgegenstand durchaus als Objekt einer Operation verstanden werden kann; auch als solches, das selbst Beobachtung sein kann. Damit verschiebt sich die Instanz der Legitimation, deren Referenz nun nicht mehr im betrachteten Objekt gesucht werden kann, sondern einzig in den dafür konstitutiven Elementen. Jede Realität ist also ein Resultat ihrer Konstruktion. Auch die dadurch hervorgebrachte Objektivität kann demnach keine Kategorie sein, die über die wissenschaftlichen Erklärungen als eine Art Zielvorgabe erreicht wird. Die Objektivität ist damit ebenfalls ein Resultat der hervorgebrachten Realität.

Um das Ergebnis einer Konstruktion für weitere Kommunikationen anschlussfähig zu machen, es also als objektivierbare Realität zu funktionalisieren, wird nicht der Vorgang der Realitätskonstitution in den Blick genommen, sondern das Potenzial ihrer Handhabung. Für theoretische Fundierungen, die nach Realitätskonstruktionen suchen, über die mediale Phänomene wissenschaftlich erklärbar werden, müssen jedoch immer beide Seiten (Konstruktion und Handhabung) berücksichtigt werden und aufeinander beziehbar bleiben. Nur so ist es möglich, den Import bestimmter Theoriebausteine wissenschaftlich zu legitimieren und die in Aussicht gestellte Handhabung objektivierbar zu funktionalisieren. Die Konstruktion des jeweiligen Objektbereichs – im vorliegenden Fall die Beobachtbarkeit von Literatur als Zeitbeobachtung – muss als beobachtbare Konzeption folglich so angelegt sein, dass sie die wissenschaftliche Erklärbarkeit der erwartbaren medialen Phänomene plausibel in Aussicht stellt.

Ich möchte diesen Kerngedanken anhand eines Beispiels verdeutlichen, das durch die hiesige Platzierung das Argument insofern stützt, als es als ein entscheidender Import theoretischer Implikationen Aufschluss über den Konstruktcharakter der vorliegenden Realitätskonzeption gibt. Darüber hinaus enthält es als Zitat aus *Literatur als Medium* von Jahraus einen argumentativen Kern, der es ermöglicht, von Beobachtungsebenen auszugehen und von ihnen aus zu operieren, die weder hierarchisch noch relativ, sondern objektivierbar und damit konstitutiv für weitere Realitätskonstruktionen sind:

> Um somit den Konstruktcharakter theorieimmanent immer wieder reflexiv bewußt zu halten und theorieleitend mitzuführen, wird das Theoriedesign mit einer Beobachterfunktion gekoppelt. Alles, was als Empirie einer Realität erscheint, erscheint *für* einen Beobachter; es gibt keine beobachtungsunabhängige Realität oder Empirie. Absolutes Konstitutionsmoment für jegliche Realität oder Empirie ist die Beobachteroperation des Beobachters. Referenz ist somit kein Indiz für eine referentialisierbare Realität, sondern eine Beobachtungsoperation, die sich selbst gegenüber blind ist. Statt Referenz auf Realität nach Adäquatskriterien einzustufen, werden die Realitätskonstitutionen von Beobachtungsleistungen für Folgeoperationen (weitere Beobachtungen) beurteilt.[85]

Die Kopplung der theoretischen Anlage mit einer Beobachterfunktion muss, da sie selbst eine Beobachtung ist, von einer spezifischen Zeitstelle ausgehen, die den Zugang zum Beobachtungsgegenstand ermöglicht und gleichzeitig hervorbringt. Dabei muss nach wie vor deutlich zwischen Beobachter, Beobachtungsgegenstand und Beobachtung unterschieden werden. Zwar erlaubt die bereits an früherer Stelle eingeräumte Gleichursprünglichkeit der Kategorien, dass etwa ein Beobachter auch Beobachtungsgegenstand sein kann. In dem Moment aber, in dem diese Möglichkeit eingeräumt wird, handelt es sich um eine weitere Beobachtung. Zum Zeitpunkt der Beobachtungskonstitution kann, um das nochmals hervorzuheben, jeweils nur eine Beobachtungskategorie vorliegen. Um welche Form es sich dabei handelt, hängt von der Zurechnung ab, die ihrerseits an einen Beobachter gekoppelt ist, der die Beobachtung des Beobachteten überhaupt erst konstruiert. Die Kopplung an eine Beobachterfunktion muss auch für die vorliegende Beobachtung vorgenommen werden. Um den unterstellten Formzwang zu exponieren, von dem jeder Zugang zum jeweiligen Beobachtungsgegenstand geleitet ist, soll die Beobachtung, die auch dieser Arbeit unterstellt wird, einem bereits eingeführten Beobachtungskonzept entlehnt:

> Der Beobachter, der konzeptionell den Aussagen dieses Projekts unterstellt werden muss, ist ein Beobachter von Beobachtern; er beobachtet, wie Beobachter beobachten und beobachtet damit das, was die beobachteten Beobachter aus Gründen der wechselseitigen

85 Jahraus, *Literatur als Medium*, hier 78.

Konstitution ihrer Beobachtung und gleichzeitig des von ihnen Beobachteten prinzipiell nicht beobachten können.[86]

Der vorliegende Beobachter ist immer schon als ein Beobachter höherer Ordnung konzipiert, weil er beobachtet, wie Literatur beobachtet. Zwischen den unterstellten Beobachtungsebenen liegen also mindestens zwei Ebenen. Was Literatur beobachtet, ist von der Beobachtungsebene der Literatur aus eine Realität erster Ordnung. Von der Realität der vorliegenden Betrachtung aus kann es sich bei den Beobachtungen um entsprechend verschiedene Realitäten handeln. Und genau darin liegt ein Vorteil. Literatur ist ein Medium, dessen materielles Substrat wahrnehmbare Formen hervorbringt. Literatur kann als Medium anhand seiner Formen als wahrnehmbares Objekt beobachtet werden. Mit Objekt ist auch an dieser Stelle nichts Ontologisches bezeichnet, sondern Kommunikation, an die aufgrund ihrer spezifischen Medialität angeschlossen wird. Die wiederholte Verwendung ontologisch geprägter Formulierungen verdeutlicht dabei zweierlei: Zum einen zeigt sie, dass ein Verzicht auf das ontologische Vokabular nicht notwendig ist, solange der Bezugsrahmen, in dem es verwendet wird, eine plausible Alternativverwendung zur Verfügung stellt. Zum anderen verweist der Gebrauch ontologischer Redeweisen, wie Jahraus es formuliert, „auf die Diskrepanz von Konzeptualisierung und Metasprache. Sie ist ein sprachliches Indiz für die Beobachtungsblindheit der Beobachtung auf ihrer eigenen Ebene."[87]

Zeit der Unterscheidung

Als beobachtbares Objekt unterliegt auch das Literaturmedium einem spezifischen Formzwang. Bereits in den vorangegangenen Abschnitten ist deutlich geworden, dass jede Differenz Zeit braucht, um Zeit als Form hervorzubringen. Die bisherige Konzeptualisierung von Zeit ist durch ein Realitätskonstrukt gekennzeichnet, das sich aus der Theorie sozialer Systeme speist. Literatur ist als Medium und Form der Kunst aber zunächst dem Symbolsystem zuzuordnen. Entsprechend unterschiedlich ist der Formzwang für das Prozessieren von Sinn und das damit einhergehende Realitätskonzept definiert. Der Unterschied ergibt sich mit dem Konzept der Imagination, das auf den ersten Blick dem Kunstsystem zuzuordnen ist. Über das Medium Kunst wird es möglich, Realitäten zu unterscheiden, und zwar gleichzeitig.

Nun entsteht für einen Beobachter „erst dann Realität, wenn es in der Welt etwas gibt, wovon sie unterschieden werden kann."[88] Die vorliegende Beobachtung ist also in der Lage, von einer Realität auszugehen, die sich aus einer Realitätskonzeption sozialer Systeme und einer Realitätskonzeption als Teil des Kunstsystems

---

[86] Jahraus, *Literatur als Medium*, hier 79.
[87] Ebd.
[88] Luhmann, *Die Religion der Gesellschaft*, hier 59.

zusammensetzt. Die Konstitution einer solchen Realitätsverdopplung ist wiederum an Bedingungen gekoppelt. Denn Literatur bringt als Medium Formen hervor, in denen sich Unterscheidungen von Medium und Form nach anderen Realitätskriterien wiederholen, als dies im Bereich sozialer Systeme der Fall ist. Um Unterschiede auszuweisen, muss man auf Hilfsbegriffe zurückgreifen, die etwa im Bereich der Literatur das Imaginäre ausstellen (so zum Beispiel Scheinrealität).

In Anlehnung an das hier gewählte Verständnis von Realität kann es aber keine Qualitätsunterschiede zwischen Realitäten geben. Die Verwendung von Formulierungen, die einen spezifischen Realitätsgehalt attestieren, ist bei der Beobachtung von Literatur zwar nachvollziehbar, jedoch keinesfalls notwendig. Umgekehrt finden sich auch in der Sphäre sozialer Systeme (die in diesem Fall auch als soziale Realität betrachtet werden kann) Figuren der Imagination, die das als *real* ausgewiesene Realitätskonstrukt im Grunde nur durch den Gebrauch der Imagination als Fiktion ermöglichen. Die Notwendigkeit der Imagination wird deutlich, wenn man nach einem historischen oder gar schöpferischen Anfang fragt. Ob es einen Urknall oder eine Ur-Differenz gibt, muss wie die Frage nach einem Sein der Zeit auf der Seite ontologischer Beschreibungsmodelle verbleiben. Entscheidend ist die Operation, die auch Luhmanns Ausgangspunkt seiner Theorie sozialer Systeme ist, die Setzung einer Differenz als imaginierter Anfang.[89] Dabei zeichnet sich gerade das Prozessieren von Sinn, also die Einheit der Differenz von System und Umwelt, durch eine „unendliche operative Iteration aus."[90] Beobachtung ist nur durch operative Unterscheidung möglich, die diesen iterativen Prozess in Form einer imaginierten Konstruktion unterbricht und gleichzeitig hervorbringt. Jahraus zufolge gilt es,

> die radikale Folgerung zu ziehen, daß der Prozeß des Beobachtens nicht in der Zeit abläuft, sondern Zeit als Ablaufkategorie überhaupt erst konstituiert und erzeugt, um Zeit zur Verfügung zu haben, um die Unterscheidung in der (zeitlichen) Folge auszulegen, also Beobachtung zu temporalisieren. Zeit ist ein Beobachtungseffekt. Und umgekehrt ist Welt, das unabhängig von Zeit Beobachtete, für den Beobachter ‚ein temporalisiertes Paradox.[91]

Die Imaginationen von Anfang und Ende sind demnach notwendige Bezugskategorien, um Raum und Zeit als Medien nutzen zu können. Denn die Einteilung von Raum und Zeit schließt all jene potenziellen Räume und Zeiten aus, die zugunsten der jeweils vorgenommenen Einteilung nicht aktualisiert werden. Insofern ist das Imaginäre als ein Resultat des jeweiligen Prozesses potenziell Realität, weil Realität als Resultat von Operation definiert ist, die den Konstruktcharakter der eigenen Bedingtheit verschleiert, um als Funktion operationalisiert werden zu können.

---

89 Vgl. Jahraus, *Literatur als Medium,* 198f.
90 Ebd., hier 199.
91 Ebd.

Vor diesem Hintergrund müssen deshalb nicht nur Begriffe wie Realität oder Wirklichkeit auf ihren Bezug zum Konstruktcharakter befragt werden, sondern auch Konzepte, die häufig dem Symbolsystem, also der Sphäre der Kunst, beziehungsweise Literatur zugeordnet werden. Dies gilt insbesondere für Konzepte von Imagination oder Fiktion. Die Interdependenz von Realitäts- und Fiktionalitätskonzepten ist in der Forschung freilich kein Neuland. So setzt etwa Elena Esposito in ihrem Beitrag *Die Fiktion der wahrscheinlichen Realität* die Entstehung des modernen Romans in ein Verhältnis zur aufkommenden Wahrscheinlichkeitsrechnung und verdeutlicht in einem pointierten historischen Aufriss die wechselseitige Bedingtheit von *fiction* und Wahrscheinlichkeitsrechnung.[92]

Ausgehend vom Konzept der Realitätsverdopplung dient die Ausbildung fiktionaler Welten, als Spiegelfunktion von Gesellschaft, dazu, ein Reflexionsmedium zu erhalten, das in ein Verhältnis zur eigenen Kontingenz gesetzt werden kann: „Die Verfügbarkeit fiktiver Welten erlaubt es, zur wirklichen Welt auf Distanz zu gehen, sie *von außen* zu betrachten und ihr Alternativen gegenüberzustellen."[93] Erst die Handhabung der Unterscheidung von fiktionalen Realitäten und realer Fiktion ermöglicht die Beobachtung ihrer wechselseitigen Beziehung. Die gleiche Überlegung ging aus den Unterscheidungen von Gesellschaftsgedächtnis und Individualgedächtnis hervor. Während Luhmann in seinem Konzept der Realitätsverdopplung, und im Anschluss daran auch Esposito, vor allem die Wechselseitigkeit von Realität und Fiktion (soziale vs. fiktionale Realität), beziehungsweise Gesellschaftsgedächtnis und Individualgedächtnis (soziales System vs. Bewusstseinssystem) exponieren und diese Konstituenten im Rahmen der operativen Systemtheorie über eine historisch dimensionierte Darstellung objektivieren, steht für diese Arbeit das Potenzial der gegenseitigen Hervorbringung solcher Unterscheidungen im Vordergrund.

Von Interesse ist also das operative Potenzial, das durch Medien des Symbolsystems – in dieser Arbeit durch Literatur als Medium – spezifische Formen ausbildet, die durch den jeweiligen Formzwang als Operation nur dem Kunstsystem zugerechnet werden können. Deren Einfluss allerdings – das kann als erwartbares mediales Phänomen unterstellt werden – betrifft auch die soziale Realität. Dem Medium Literatur kommt aufgrund seiner strukturellen Kopplung mit Sozial- und Bewusstseinssystemen eine Beobachterfunktion zu, die in der Lage ist, zwischen Sozial- und Symbolsystem zu vermitteln, weil sie bei ihrer Beobachtung – etwa davon, wie Zeit beobachtet wird – beobachtet werden kann.

Die Beobachtung von Zeit setzt, wie bereits ausgeführt, die Unterscheidung von Zeit als Effekt und Resultat von Beobachtung und Zeit als Kategorie des

---

92 Vgl., Esposito, *Die Fiktion der wahrscheinlichen Realität,* Frankfurt a. M. 2007.

93 Ebd., hier 18.

Bewusstseins voraus. Durch die höherstufige Beobachtbarkeit des literarischen Mediums anhand seiner Formbildung, das – je nach zugrundeliegendem Realitätskonzept – als eigenständige Wirklichkeit konstituiert werden kann, werden beide Unterscheidungen von Zeit als Formenkonstellation zumindest teilweise beschreibbar. Mit einer solchen Konzeption von Literatur als Realitätskonzept können nicht nur wissenschaftlich legitimierbare Erklärungen medialer Phänomene in Aussicht gestellt werden, sondern ein Realitätskonzept, das – sofern es der selbstreflexiven Kohärenzprüfung standhält, die durch die Kopplung an die rückbindende Beobachterfunktion im Hintergrund mitläuft – für weitere Zeitkonzeptionen in Funktion gesetzt werden kann.

2.7 Literatur als beobachtbare Beobachtung von Zeit

Um die Formbildung von Literatur als Medium beobachten zu können, muss die Ebene der bisher vor allem systematisch ausgerichteten Medienkonzeption um die Dimension des Technischen angereichert werden. Denn ein materielles Substrat, das als Konstituente von Literatur als Medium bereits angekündigt wurde, zeigt sich nicht zuletzt anhand einer spezifischen *Materialität der Kommunikation.*[94] Während Jahraus in seiner Grundlegung von *Literatur als Medium* detailliert auf das Verhältnis von Immaterialität und Materialität im Kommunikationsbegriff eingeht und das Subjekt etwa als „Effekt der Materialität der Kommunikation"[95] ausstellt, und dabei die Medienbegriffe von Friedrich Kittler und Hans-Ulrich Gumbrecht systematisch aufgreift und in Abgrenzung zu seiner Konzeption von Literatur als Interpretationsmedium konturiert, soll hier, gerade weil es darum geht, diesen Literaturbegriff für die literaturwissenschaftliche Untersuchung nutzbar zu machen, an das Verhältnis von systematischem und technischem Medienbegriff lediglich angeknüpft werden. Es lässt sich mit den Überlegungen zur Medium/Form-Differenz und zur strukturellen Kopplung einerseits, und anhand von Literatur als einem auf Schrift basierendem Medium andererseits, exemplarisch darstellen, indem der triadische Zeichenbegriff von Charles Sanders Peirce, so wie ihn Jahraus für seine Argumentation fruchtbar macht, als erklärender Bezugspunkt gewählt wird. Auf die zeichentheoretisch ausgerichtete Beschreibungsmöglichkeit von Literatur, wie sie hier in Anlehnung an Jahraus knapp skizziert wird, kann insofern nicht verzichtet werden, als sie den letzten Schritt auf dem Weg zu einer theorieorientierten Umstellung der Gesamtkombinatorik auf Zeit bis in die Letztbegründungen markiert, die zu Beginn der Argumentation angekündigt wurden.[96]

---

94 Vgl. Gumbrecht, Hans Ulrich/Pfeiffer, K. Ludwig (hg.), *Materialität der Kommunikation*, Frankfurt a. M. 1995.

95 Jahraus, *Literatur als Medium*, hier 301.

96 Vgl. Luhmann, „Temporalisierungen von Komplexität", hier 244.

Literatur ist als Interpretationsmedium so angelegt, dass es eine Brücke zwischen systematischem und technischem Medienbegriff schlägt. Die Formbildung von Literatur als Medium muss, sofern semiotisch vorgegangen wird, an einen dreiwertigen Zeichenbegriff gekoppelt sein, der Literatur als interpretative Form in ihrer Prozessualität vollständig erfassen kann, ohne dass dabei eine Instanz von außen hinzugedacht werden muss, die die Zeichen hervorbringt, interpretiert oder daran anschließt.[97] Die Instanz, die verantwortlich dafür ist, dass interpretiert wird, muss als Moment der Zeichenkonstitution konzipiert werden. Ein zweiwertiger Zeichenbegriff kann das nicht leisten, weil er stets auf eine dritte Instanz angewiesen ist, die die Zeichenkonstitution vervollständigt. Die Notwendigkeit der Triade wird insbesondere mit der Akzentuierung des Prozessualen von Sinnkonstitution deutlich, die etwa mit der Unterscheidung von Medium und Form, dem Verhältnis von Materialität und Immaterialität oder der strukturellen Kopplung von Bewusstsein und Kommunikation in den Vordergrund strebt.[98] Doch zunächst, in aller Kürze, zum eigentlichen Zeichenbegriff. Nach Peirce besteht ein Zeichen (Repräsentamen) aus einer triadischen Relation:

> Ein Zeichen oder ein Repräsentamen ist ein Erstes, das in einer solchen genuinen triadischen Relation zu einem Zweiten, das sein Objekt genannt wird, steht, daß es fähig ist, ein Drittes, das sein Interpretant genannt wird, zu bestimmen und zwar dahingehend, dieselbe triadische Relation zu seinem Objekt anzunehmen, in der es zu diesem selben Objekt steht. Die triadische Relation ist genuin, d.h. ihre drei Glieder sind durch sie in einer Weise zusammengebunden, die nicht in einem Komplex von dyadischen Beziehungen steht. Das ist der Grund, warum der Interpretant oder das Dritte nicht in einer bloß dyadischen Beziehung zu seinem Objekt stehen kann, sondern in einer Relation zu ihm stehen muß, in der das Repräsentamen selbst steht.[99]

Das Erste dieser dreistufigen Kategorienfolge lässt sich im Anschluss an die bisher eingeführten Unterscheidungen mit dem Begriff des Ereignisses erhellen. Ein Ereignis ist nur Ereignis, wenn ein Folgeereignis das Erste als Ereignis identifiziert. Denn ein Ereignis kann nur Ereignis sein, wenn es als solches kommuniziert wird. Nach Peirce konstituiert sich ein Zeichen so, dass das Erste nur durch eine Zuordnung des Zweiten zum Ersten vorgenommen wird, die durch das Dritte des Zeichens als Zuordnung des Zweiten zum Ersten vollzogen wird; während sich das Dritte immer nur durch das Erste, Zweite und Dritte gleichermaßen konstituiert. Die Vollständigkeit der Zeichenkonstitution muss also insofern durch die dritte

---

97 Vgl. Jahraus, *Literatur als Medium,* 299f. ; vgl. auch Dürr, Renate/Lenk, Hans, „Referenz und Bedeutung als Interpretationskonstruktur“, in: *Sprache denken. Positionen aktueller Sprachphilosophie,* hg. v. Trabant, Jürgen, Frankfurt a. M., 1995, 191-223, 191.

98 Vgl. Jahraus, *Literatur als Medium,* 348.

99 Peirce, Charles Sanders, zitiert nach Jahraus, *Literatur als Medium,* 349: CP 2.274, nach der Übers. von Schönrich, Gerhard, *Zeichenhandeln. Untersuchungen zum Begriff einer semiotischen Vernunft im Ausgang von Ch. S. Peirce,* Frankfurt a.M. 1990, 103f.

Kategorie (Drittheit) geleistet werden, als in ihr die Relation zum Zeichenmittel (Erstheit) und zum Objekt (Zweitheit) hergestellt wird. Denn, so bringt es Jahraus auf den Punkt: „Erst auf der Ebene der Drittheit lässt sich die kontingente Relation zwischen einem Ersten, dem Zeichenmittel, und einem Zweiten, dem Objekt, fixieren und motivieren."[100] Im Moment der Motivation liegt wiederum der Schlüssel für die, wie sie Jahraus anführt, „iterative Selbstanwendung" dieses Zeichenmodells, die als Schema auf die Medium/Form-Differenz übertragen werden kann. Denn Sinnsysteme bringen sich selbst hervor, indem sie Sinn als Medium und Form zugleich prozessieren und insofern eine Re-Iteration vornehmen, die in sich selbst stattfindet und nicht durch eine Instanz von außen iteriert wird.[101] Die Subkategorisierungen der dreiwertigen Iteration lassen sich „nach dem Muster: Erstheit der Erstheit, Zweitheit der Erstheit, Drittheit der Erstheit, Erstheit der Zweitheit etc." beschreiben.[102] Drittheit wird also vorausgesetzt und ist gleichzeitig die Kategorie, die Zweitheit und Erstheit vermittelt. Diese iterative Selbstanwendung, die hier als Semiose konzipiert ist, kann ebenso als Autopoiesis von Sinn verstanden werden. Entscheidend ist das triadische Prinzip, das der peircesche-Zeichenbegriff zur Verfügung stellt. Denn wenn Drittheit Erstheit und Zweitheit vermittelt, wird sie selbst wiederum zu Erstheit und so fort.

Jahraus bezieht den hier stark verkürzt eingeführten triadischen Zeichenbegriff auf die damit korrelierende dritte Position nach Luhmann – auf die Einheit der Differenz des Differenzierten, in der sich Drittheit exemplarisch ausdrückt, weil sich Beobachtung stets als Einheit der Differenz von Beobachtung und Operation auszeichnet. Eine iterative Selbstanwendung prozessiert also auch in dieser Vorstellung als dreiwertige Relation. Jahraus geht es dabei um die wechselseitigen Interpretationsmöglichkeiten von Semiotisierung und Medialisierung von Sinn, weshalb er nicht etwa Beobachtung und Semiose aufeinander bezieht, sondern Semiose und Medium/Form-Differenzierung:

> Somit läßt sich das Medium auf die Erstheit, die Form auf die Zweitheit und die Einheit der Differenz auf die Drittheit des Interpretanten beziehen. So wie die Erstheit ist das Medium nicht ‚an sich' zu haben. Die Qualität, die eine Erstheit bezeichnet, muß sich in einem Objekt konkretisieren und somit überhaupt erst realsisieren. In der gleichen Weise ist das Medium gegenüber den ihm gebildeten Formen unsichtbar; das Medium ist nur in Form der Form zu haben.[103]

Der entscheidende Brückenschlag wird durch die systemtheoretische Definition von Sinn ermöglicht, derzufolge Sinn stets als Einheit der Differenz von Medium und Form gefasst wird. Die Übertragung der semiotischen Dreistufigkeit auf die Medium/Form-Differenz bringt es mit sich, dass Sinn an zwei Positionen vorkommt. Die dritte Position (der Interpretantenbezug) vervollständigt das Zeichen

---

[100] Jahraus, *Literatur als Medium,* hier 351.
[101] Vgl. ebd., 333.
[102] Pierce, Ch. S., zitiert nach Jahraus, ebd., 351: Schönrich, *Zeichenhandeln.*
[103] Jahraus, *Literatur als Medium,* hier 351.

(Repräsentamen), das in Relation zum Zeichenmittel (Erstheit) und Objektbezug (Zweitheit) vermittelt wird. Weil an der dritten Position die Re-Iteration einsetzt, die aus dem Interpretantenbezug ein Zeichenmittel macht, das dann als Erstheit eines Objektbezuges bedarf, der wiederum nur durch eine weitere dritte Position vermittelt werden kann, bietet die Definition von Sinn als Einheit der Differenz von Medium und Form, die vor dem Hintergrund der Medium/Form-Differenz ihrerseits Medium sein kann, die entscheidende Schnittstelle, weil die Medium/Form-Differenz ihrerseits an erster und dritter Position auftritt. Denn auch in der Unterscheidung von Medium und Form kommt Sinn an erster und an dritter Position vor. Die Dreizügigkeit lässt sich nun auch anhand kommunikativer Ereignisse zeigen. Denn ein Ereignis muss von einem zweiten kommunikativen Ereignis identifiziert werden. Diese Anschlusskommunikation kann aber erst durch ein Drittes kommuniziert werden, das die ersten beiden Ereignisse relationiert. Der Import des triadischen Zeichenmodells stellt die notwendigen Differenzierungsmöglichkeiten zur Verfügung, um die Prozessualität von Sinnproduktion als Zeichenbildungsprozess vollständig interpretierbar zu machen.[104]

Strukturelle Kopplungen – Kommunikation auf der Basis von Schrift

Diese zeichentheoretische Beschreibungsvariante von Sinnbildung muss, wenn man mit Jahraus davon ausgeht, dass sich Medium und Form im Prozess der strukturellen Kopplung von Bewusstsein und Kommunikation operationalisieren, um ein technisches Beschreibungsinventar erweitert werden, damit die Formbildung von Literatur als Medium direkt in den Blick genommen werden kann, und Literatur als Beobachtung von Beobachtung und damit Zeit, in Funktion gesetzt werden kann. Auch hier bietet der Literaturbegriff von Jahraus die entsprechenden Voraussetzungen, die für meine weitere Argumentation wegbereitend sind. Schrift wird als kommunikative und interpretative Form verstanden, die die Einheit der Differenz von Immaterialität und Materialität, beziehungsweise Stimme und Schriftlichkeit auf besondere Weise prozessiert. Ihre Materialität wird dabei, wie bei jeder Mediendifferenzierung, ebenso vorausgesetzt wie ihre Immaterialität. Materialität ist in diesem Zusammenhang aber nicht immer an ein technisches Medium gekoppelt. Auch die Stimme ist ein an Materialität gekoppeltes Medium. Die Crux an der Schrift ist nun, dass sie als Form der Kommunikation „die Ver-

---

104 Vgl. ebd., 359. Jahraus spricht in diesem Zusammenhang von einer Ebenenverdopplung, die Sinnbildung als Zeichenbildung interpretierbar macht. Aufeinander bezogen lassen sich die beiden Theorieinventare gegenseitig nachrüsten. Auf diese Weise können systemtheoretisch ausgerichtete Unternehmungen auf eine Zeichentheorie zurückgreifen, die die Medium/Form-Differenz in ihrer Dreistufigkeit ausstellt. Umgekehrt können semiotische Ansätze im Rückgriff auf die Medium/Form-Differenz eine Erweiterung des Theorieinventars fruchtbar machen, indem sie die Kopplung von Medium und Form, etwa als Verhältnis von Immaterialität und Materialität importieren.

bindung von Materialität und Immaterialität auch materiell leistet. Die Immaterialität wird durch das und im Material auf Dauer gestellt."[105] Zugespitzt kann man sich die Schrift als Form so vorstellen, dass sie ihr Medium als Form fortschreibt und damit institutionalisiert. Weil sich jedoch immer nur die Form eines Mediums, beziehungsweise die Formbildung zeigt, kann man die ursprünglich als Medium/Form-Differenz eingeführte Leitdifferenz vor dem Hintergrund von interpretativen Formen auch als Form/Form-Differenzierungen bezeichnen.[106]

Mit dieser Umformulierung darf allerdings nicht unterschlagen werden, dass Immaterialität zum einen ein Effekt von Materialität ist, weil sie immer schon mit dem Materiellen verbunden ist. Zum anderen ist das Medium auch immer mit der Form gegeben, in der es prozessiert. Für die Prozessualität von Medium und Form, die anhand von Formbildung in den Blick genommen werden soll, kann nur die Form/Form-Differenzierung in Verbindung mit materieller Kommunikation als Basis genutzt werden, um den Brückenschlag von einer Theorie sozialer Systeme zu einer literaturtheoretisch abgesicherten Untersuchung konkreter Formbildungsprozesse zu schaffen, die Zeit und Gegenwart im Medium Literatur paradigmatisch operationalisieren.

Dafür wird die Form/Form-Differenzierung von Schrift als Form der Einheit der Differenz von Schrift und Stimme entlang der quer liegenden Differenz von Bewusstsein und Kommunikation als insofern gedoppelt angenommen, als sowohl Schrift als auch Stimme auf Bewusstsein und Kommunikation gleichermaßen angewiesen sind.[107] Der Unterschied liegt jedoch darin, dass Stimme Bewusstsein und Kommunikation anders nutzt als dies bei der Formbildung von Schrift der Fall ist. Entscheidend ist, dass der Formbildung von Schrift zwar auch ein Akt der Kommunikation zugrunde liegt, der Produktion und Produkt koppelt, allerdings mit der Folge einer Entkopplung, die durch die Materialität der Schrift geradezu garantiert wird. In der Loslösung des Produkts von seiner Produktion eröffnen sich zeitunabhängige Interpretationsmöglichkeiten der Form. Im Anschluss an diese Überlegung ist es nun möglich, Schrift als interpretative Form auszuweisen, die in Form von konkreten Texten zur Beobachtungskategorie wird. Denn ein schriftlicher Text erlaubt die Beobachtung von Kommunikation. Gleichzeitig ist der jeweilige schriftliche Text selbst eine Form der Beobachtung von Kommunikation. Je nachdem, welche Textform in den Blick genommen wird, kann ähnlich wie bei der Betrachtung eines *Kippbildes*, entweder der Fokus auf die Form der Beobachtung von Kommunikation gelenkt werden, oder auf die schriftliche Kommunikation selbst. Entscheidend ist dabei, dass man die Kommunikationsform eines schriftlichen Textes nicht ausschließlich als semantisches Ereignis versteht, das Kommunikation, wie es bei Luhmann heißt, „relativ zeitbestän-

---

105 Ebd., hier 379.
106 Vgl. ebd.
107 Vgl. ebd., 402.

dig"[108] festhält. Denn diese Annahme würde eine entscheidende Qualität schriftlicher Texte unterschlagen. Durch die Entkopplung von Produktion und Produkt kann man plausibel machen, dass ein schriftlicher Text seine kommunikative Ereignishaftigkeit insofern überdauert, als sein materielles Substrat eine zeitunabhängige Interpretationsmöglichkeit eröffnet. Dennoch muss man bedenken, dass ein schriftlicher Text selbst die Mediendifferenz prozessiert. Ein schriftlicher Text kann also als kommunikatives Ereignis definiert werden, das seine spezifische kommunikative Ereignishaftigkeit ent-ereignet und dennoch differenziert. Für mündliche Kommunikation gilt hingegen, dass Produktion und Rezeption des kommunikativen Ereignisses zusammenfallen müssen, damit Anschlusskommunikation stattfinden kann, sofern die Produktion nicht technisch konserviert und deren Rezeption damit wiederholbar gemacht wird.

Abgrenzungsmöglichkeit und Eigenkomplexität schriftlicher Texte

Da für jedes Ereignis gilt, dass es nicht isoliert betrachtet werden kann, weil für dessen Identifikation ein Folgeereignis zuständig ist, dass das erste kommuniziert, lässt sich ein schriftlicher Text, der aus einer kommunikativen Ereigniskette besteht, anhand seiner zeitlichen Ausdehnung (Differentialität im zeitlichen Prozess) und aufgrund seiner Materialität auch über seine räumliche Ausdehnung (sichtbare Formen der Schrift) als abgeschlossener Text identifizieren. Da ein schriftlicher Text als kommunikatives Ereignis jedoch auch Bewusstsein und Kommunikation strukturell koppelt und die eigene Form/Form-Differenz als interpretative Form medial differenziert, kann schriftlichen Texten eine Eigenkomplexität zugesprochen werden. Diese Eigenkomplexität ist mit der Kontingenz der iterativen Selbstanwendung der Ereignisse gegeben. Denn welche Ereignisse wie zwischen Information und Mitteilung unterscheiden und wie die jeweiligen Folgeereignisse diese Unterscheidung als Kommunikation ausweisen, kann nur vermutet werden. Durch die Schriftlichkeit des Textes lassen sich aber durchaus Textgrenzen festlegen (Seitenanzahl) und auch semantische oder syntaktische Bezüge identifizieren. Dabei handelt es sich jedoch nach Jahraus um Epiphänomene, die auch immer anders konstruiert sein könnten, und nicht um Merkmale der kommunikativen Komplexität selbst. Schriftliche Texte halten also aufgrund ihrer Materialität und der damit verbundenen Medien/Form-Differenzierung Optionen von Anschlusskommunikation parat. Auch die Frage der Literarizität eines schriftlichen Textes richtet sich nach den jeweiligen Anschlussoptionen, die der jeweilige Text zur Verfügung stellt. Interpretation ist, so definiert es Jahraus in

[108] Luhmann, Niklas, „Das Kunstwerk und die Selbstreproduktion der Kunst", in: *Stil. Geschichten und Funktionen eines kulturwissenschaftlichen Diskurselements*, hg. v. Hans Ulrich Gumbrecht/K. Ludwig Pfeiffer, Frankfurt a. M. 1986, 620-672, 631, hier zitiert nach Jahraus, *Literatur als Medium*, 444.

diesem Zusammenhang, „eine selbstreproduktive Folgelast schriftlicher Kommunikation, die an literarischer Kommunikation so paradigmatisch auftritt, daß sie sich als Literaturwissenschaft sozial institutionalisieren konnte.“[109] Auch der Bezugsrahmen von Interpretation ist Kommunikation. Weil Kommunikation und Bewusstsein aber strukturell gekoppelt sind, kann man davon ausgehen, dass sich Interpretation immer vor dem Hintergrund der Differenz von Kommunikation und Text, beziehungsweise der Differenz von Bewusstsein und Text vollzieht. Indem diese Grunddifferenz präsent gehalten wird, kann man von schriftlichen Texten als Kommunikationen ausgehen, die sich sowohl durch Materialität und Immaterialität, als auch durch die Differenz von Bewusstsein und Kommunikation auszeichnen.

Entscheidend sind die Wechselbeziehungen der kommunikativen Ereignisketten schriftlicher Texte, deren iterative Selbstanwendung intern, also innerhalb der Textgrenzen prozessiert, und der Autopoiesis externer Ereignisketten, die nicht dem Symbol- sondern dem Sozialsystem zuzuordnen sind. Weil Literatur als schriftliche Kommunikation ein besonders hohes Maß an Anschlussoptionen zur Verfügung stellt, bezieht Jahraus den literaturtheoretischen Standpunkt, dass Literatur das ist, „was schriftliche Kommunikation paradigmatisch vollzieht.“[110] Paradigmatisierung bedeutet hier eine „komplexe Engführung medialer Konstituenten [...], die nominalistisch als Gesamtkonstituente eines Korpus schriftlicher Texte[...] gefaßt wird, das dann als Literatur benannt wird.“[111] Dieses nominalistische Moment der Paradigmatisierung wurde an früherer Stelle im Zusammenhang mit der Frage angeführt, wie eine Semantik sozialer Systeme prozessiert. Dabei habe ich mich auf Luhmann bezogen, der Semantik auch als offizielles Gedächtnis der Gesellschaft fasst.[112] Da es hier aber um die Akzentuierung des Prozessualen von Sinnproduktion und nicht einzig auf das Gedächtnis als Synchronschnitt und Systemerfordernis ankommt, ziehe ich den Begriff der Paradigmatisierung dem der Semantik vor.

Interpretation – zwischen Text und Rezeption

Zusammenfassend lässt sich Kommunikation also als Differenzierung von Zeichen begreifen, die sich im Medium Literatur paradigmatisch vollzieht und die mit den bisher eingeführten Unterscheidungsmöglichkeiten so funktionalisiert werden kann, dass sie als interpretative Form/Form-Differenzierung Beobachtungskategorie ist, die Beobachtung beobachtet und dabei selbst Beobachtungsmöglichkeiten unterliegt. Literatur koppelt als Medium Bewusstsein und Kom-

---

[109] Ebd., hier 455.
[110] Ebd., hier 461.
[111] Ebd.
[112] Vgl. Luhmann, *Gesellschaft der Gesellschaft 2*, 627f.

munikation strukturell, wodurch Sinn autopoietisch prozessieren kann. Die systematische Konzeptualisierung der Medium/Form- beziehungsweise Form/Form-Differenzierung als interpretative Formbildung konstituiert den theoretischen Bezugsrahmen dieser Arbeit. Diese konzeptionelle Mediendifferenzierung wird mit dem triadischen Zeichenbegriff nach Pierce nachgerüstet. Darüber lässt sich die iterative Selbstanwendung der Medium/Form-Differenz in ihrer Differentialität, und damit in ihrer zeitlichen Prozessualität vollständig beschreiben. Diese Zeichenbildung ist nicht mehr auf eine Instanz außerhalb oder auf die Konstruktion eines statischen Synchronschritts angewiesen. Damit sind die entscheidenden Konstituenten differenziert, um Literatur als Medium auf der Basis von Schrift so zu begreifen, dass ein literarischer Text als mediale Paradigmatisierung seiner schriftlichen Form gefasst werden kann:

> Paradigmatisierung bedeutet, daß der literarische Text genau jene Form, die der schriftliche Text entwickelt, um den Defiziten im Prozessieren von Sinn zu begegnen, funktionalisiert. Das heißt: der literarische Text entdifferentialisiert Sinn, aber natürlich nicht so, daß damit die Differentialität des Sinns grundsätzlich außer Kraft gesetzt werden könnte. Damit wird eben jene Differenz zwischen Differentialität und Entdifferentialisierung zum konstitutiven Charakteristikum von Literatur.[113]

Als Differentialität eines Mediums wird im vorliegenden Bezugsrahmen die strukturelle Kopplung von Bewusstsein und Kommunikation verstanden, die Literatur durch ihre Schriftlichkeit deshalb auf so besondere Weise als interpretative Form nicht nur in Aussicht stellt, sondern prozessiert, weil sie Produktion und Produkt der eigenen Hervorbringung entkoppelt, die Option auf Anschlusskommunikation damit auf Dauer stellt, während ihr gleichzeitig Eigenkomplexität zukommt, die Sinn differentialisiert. Die Annahme interner Komplexitätsreduktion ist vor dem Hintergrund der systemtheoretischen Ausrichtung notwendig, wenn man von Literatur als Sinnmedium auf Schriftbasis ausgeht, weil Sinn Kontingenz reduziert. Und weil Sinn autopoietisch prozessiert, muss dies auch für schriftliche Texte gelten, deren Materialität ein bestimmtes Maß an Entprozessualisierung mit sich bringt.

Indem Jahraus Literatur als Differenz von Differentialität und Entdifferentialisierung fasst, markiert er eine Differenz, die zwischen „dem literarischen Text als Kommunikation und dem literarischen Text in der Kommunikation"[114] unterscheidet. Die gleiche Differenz ist mit der Unterscheidung zwischen Symbolsystem und Sozialsystem der Literatur gegeben.[115] Entscheidend ist dabei die Prozessualität, die für jede Differenzierung gilt. Weil Kommunikation prozessiert, ist ein Text lediglich ein Aspekt von Kommunikation, der als interpretative Form unterschieden werden kann. Die systemische Sicht ermöglicht es Jahraus, nicht nur den

---

[113] Jahraus, *Literatur als Medium*, hier 496.
[114] Ebd., hier 497.
[115] Ebd.

Text als einen Aspekt von Kommunikation auszuweisen, sondern auch den Moment der Rezeption: „Und damit erscheinen Text und Rezeption bzw. Prozeß im Text und Text im Prozeß als zwei Seiten ein- und derselben Form. Diese Form nenne ich die Interpretation. Insofern ist die Interpretation die Einheit der Differenz von Text und Rezeption."[116] Die Verfügbarkeit von Sinn entsteht genau an „dieser innerkommunikativen Differenzmarke, wo der Text *noch* Sinn in sich prozessiert, aber *schon* in das Prozessieren des Sinns selbst aufgenommen wird."[117] Sinn kann nur dort verfügbar sein, wo er gleichzeitig unverfügbar gemacht wird. Denn jede Differenz ist selbst in ein Prozessgeschehen eingebunden:

> „Jedes Medium macht Sinn in dem Maße und in der Weise disponibel (Entdifferentialisierung), wie es Sinn gleichzeitig indisponibel macht (Differentialität). Oder anders gewendet: Wenn Sinn in das Medium eintritt, tritt Sinn in Differenz zu sich selbst und entfaltet sich überhaupt erst aus dem Medialen heraus als Einheit eben dieser Selbstdifferenz. Im Medium ist Sinn immer Sinn und zugleich Nicht-Sinn."[118]

Nun erfährt das Prozessgeschehen schriftlicher Texte aufgrund der besonderen Medialität eine Diskontinuierung, die dazu führen kann, dass das Prozessgeschehen der Sinnbildung wiederum in sich – also in die Differenz von Differentialität und Entdifferentialisierung – eintritt. Die daraus hervorgehende Differenz bezeichnet Jahraus wiederum als Versuch der Kontinuierung des durch Schrift diskontinuierten Kommunikationsprozesses. Die Differenz von Text und Interpretation, also die Differenz von Text und Text/Rezeption, die ihre konstitutive Differenz wiederum prozessieren muss, bringt sich wiederum so hervor, dass sie ihre charakteristische Medialität als ebenfalls materielle interpretative Form ausbildet: „Die Differenz von Materialität und Sinn wird als Differenz von Text und Interpretation prozessiert."[119] Die Voraussetzung von Interpretation als Differenz von Text und Interpretation ist also eine Entdifferentialisierung, die gleichzeitig Differentialität ausbildet. Literatur auf der Basis von Schrift prozessiert die Differenz von Entdifferentialisierung und Differentialität nun auf paradigmatische Weise, weil die Diskontinuität im Prozessgeschehen genutzt wird, um Interpretation (als Differenz von Text und Rezeption) zu provozieren.

Komplementäre Vermittlungen

Die eingeführten Unterscheidungen können über eine Ebenenzuordnung so kategorisiert werden, dass ihre jeweilige Funktion im differenztheoretischen Zusammenhang hervortritt. Auf einer Fundierungsebene kann man Literatur als Medium so beschreiben, dass es Bewusstsein und Kommunikation in struktureller

---

[116] Ebd.
[117] Ebd., hier 584.
[118] Ebd.
[119] Ebd., hier 589.

Kopplung prozessiert. Dieser Prozess lässt sich auf der Basis von Schrift über die Differenz von Entdifferentialisierung und Differentialität rahmen, womit zu jedem Zeitpunkt deutlich gemacht werden kann, dass es sich um ein Prozessgeschehen handelt, dass also jede Differenz selbst Moment eines Prozessgeschehens ist. Verknüpft man nun die allgemeine Fundierungsebene mit der Sinnebene, lässt sich Sinn über die Differenz von Sinn und der Negation von Sinn fassen, wobei auch hier die Differenz von Entdifferentialisierung und Differentialität, beziehungsweise die Medium/Form-Differenz (strukturelle Kopplung von Bewusstsein und Kommunikation) maßgebend ist. In welchem Maße nämlich Sinn verfügbar ist, hängt davon ab, in welchem Maße Sinn zugleich unverfügbar ist. Dies entspricht der Frage, inwiefern sich Sinn interpretieren lässt, beziehungsweise inwiefern er sich der Interpretation verweigert, womit die Ebene der Operationalisierung betreten ist. Dabei ist die Verfügbarkeit von Sinn an das konkrete Medium gekoppelt (Text und Literatur auf Schriftbasis). Die interpretative Form prozessiert nach Maßgabe der Differenz von Entdifferentialisierung und Differentialität als Form/Form-Differenzierung. Literarische Texte, die dem Literatursystem zugeordnet werden, bilden über die Differenz von Interpretationsprovokation und Interpretationsverweigerung eine Brücke zwischen Symbol- und Sozialsystem der Literatur, weil sie die strukturelle Kopplung (Bewusstsein/Kommunikation) über die Interpretation (Text/Rezeption) als Differenzierung prozessieren. Diese Differenzierung muss sich ihrerseits kommunikativ konstituieren, weil sie die ihr eigene Differenz als interne Ereigniskette und extern als kommunikative Ereigniskette prozessieren muss, um Interpretation zu sein. Die Annahme innerer und äußerer Ereignisketten, die sich wechselseitig aufeinander beziehen lassen, ist deshalb notwendig, weil nur so die strukturelle Kopplung von Bewusstsein und Kommunikation konsequent aufrecht erhalten werden kann. Auf einer systemischen Ebene beziehen sich interne Ereignisketten innerhalb schriftlicher Texte auf die innerkommunikative Differenzierung von Information und Mitteilung. Diese internen Ereignisketten sind dem Symbolsystem, also der Bewusstseinsseite zugeordnet, die als Folge des externen kommunikativen Ereignisses auch intern angenommen werden müssen. Denn die externen Ereignisketten, die den schriftlichen Text als kommunikatives Ereignis ausweisen, müssen auch intern prozessieren. Auf diese Weise lässt sich ein schriftlicher Text als konkretes Medium auch als Differenz von Bewusstsein und Kommunikation fassen, während die Interpretation als Differenz von Text und Rezeption das Phasenmoment des Prozessgeschehens ist, das diese Differenz zu überwinden versucht.

Nun birgt sowohl das Beobachtungskonzept luhmannscher Prägung als auch das von Jahraus integrierte Konzept des Interpretanten nach Pierce die entscheidenden Anknüpfungspunkte, um die Autopoiesis des Sinns im Medium Literatur, beziehungsweise die iterative Selbstanwendung der Re-Iteration des Zeichenprozesses an jedem Phasenmoment des Prozessgeschehens für Beobachtung zugänglich zu machen. Beobachtung ist nach Luhmann die Einheit der Differenz von Beobachtung und Operation.[120] Die Einheit der Differenz des Differenzierten ist demnach jene dritte Position, die keiner der beiden Seiten der Differenz zugeordnet werden kann. Der differentielle Prozess wird also durch sich selbst als die Beobachtung ermöglicht, weil die Einheit der Differenz wiederum beobachtet werden kann und die Einheit der Differenz als das exemplarisch Dritte und nach Maßgabe der Autopoiesis zur einer Re-Iteration des Prozessgeschehens führt, solange Beobachtung prozessiert.

Die Fokussierung der Medium/Form-Differenz erlaubt dabei, die Einheit der Differenz von Beobachtung und Operation so zu veranschaulichen, dass sie (durch die Rückbindung an den triadischen Zeichenbegriff) als Semiose im Zeichen einer Formbildung beobachtet werden kann, die sich selbst hervorbringt. Man könnte, um diesen Begriff vorgreifend anzukündigen, auch von einer paradigmatischen Formbildung literarischer Texte sprechen, die autologisch prozessiert. Während es bei Pierce der Interpretant als Drittheit der Zeichenkonstitution ist, der zwischen Objektbezug und Zeichenmittel jene Interpretantenrelation herstellt, die das Zeichen komplettiert, wodurch die Drittheit als Erstheit erneut einer weiteren Drittheit bedarf, die den Zeichenprozess aufrecht erhält oder eben nicht, übernimmt bei der Medium/Form-Differenz das Medium die Funktion der Erstheit (Zeichenmittel), die Form die Funktion der Zweitheit (Objektbezug) und die Einheit der Differenz die Funktion der Drittheit (Interpretantenbezug). Dabei muss freilich berücksichtigt werden, dass es sich um Phasenmomente handelt, die einem Prozessgeschehen unterliegen. Über die Korrelation dieser Beschreibungsvarianten lässt sich die Medienkonstitution über das Theorieinventar des triadischen Zeichenbegriffs operationalisieren und die Konstitution von Sinn über ihre Medialisierung, in der Bewusstsein und Kommunikation strukturell gekoppelt sind, prozessieren. Weil Literatur dasjenige Medium ist, das Kommunikation paradigmatisch prozessiert und es gerade aufgrund seiner Medialität nicht nur Interpretation ermöglicht, sondern paradigmatisch provoziert und mit hoher Wahrscheinlichkeit prozessiert, dient es als Sinnmedium geradezu ausgezeichnet dazu, als Beobachtung von Zeitformen in Funktion gesetzt zu werden. Denn Sinn braucht Zeit, um prozessieren zu können.

Zeitbildung im Medium literarischer Texte

Es ist möglich, die Korrelation von Sinn und Zeit im Medium Literatur so auszurichten, dass die strukturelle Kopplung von Bewusstsein und Kommunikation als konstitutives Prinzip zunächst übernommen wird, um zu zeigen, wie Sinnbildung

120 Die Einheit der Differenz von Beobachtung und Operation ersetzt, wie zu Beginn dieses Kapitels dargelegt wurde, Unterscheidungen wie Denken/Sein oder auch transzendental/empirisch, wodurch es unter anderem möglich ist, das Subjekt als Zurechnungskategorie zu funktionalisieren, die aposteriorisch konstituiert wird.

in ihrer Prozessualität begriffen werden kann, obwohl das Bewusstsein dabei nur kommunikativ vorausgesetzt wird. Während dabei jedoch die Beteiligung der Systemarten im Fokus steht (etwa der literarische Text als Einheit der Differenz von Bewusstsein und Kommunikation), muss es auch möglich sein, die Prozessualität der Kommunikation und damit die Zeit der Kommunikation in den Blick zu nehmen. Dafür kann Zeit nach wie vor im Medium Sinn begriffen werden. Allein die perspektivische Gewichtung muss sich etwas ändern, um Sinnbildung als Zeitbildung zu funktionalisieren. Die wechselseitige Interpretation von Medium/Form-Differenz und dem Prinzip der triadischen Zeichenkonstitution hat bereits verdeutlicht, dass die ursprünglich als medial konzipierte Sinnbildung auch als Zeichenbildung ausgestattet werden kann und umgekehrt, ohne dass dafür die Vorgabe des Prozesses von Bewusstsein und Kommunikation (strukturelle Kopplung) aufgegeben werden muss. Im Gegenteil: Beide Beschreibungsvarianten profitieren voneinander und charakterisieren die Autopoiesis von Sinn und Zeichen durch die Betonung der Beobachtung als Einheit der Differenz, beziehungsweise durch die Dreiwertigkeit der Zeichenbezüge als iterative Selbstanwendung.

Hier lässt sich die autopoietische Prozessualität von Sinn- beziehungsweise Zeichenbildung im Medium Literatur beobachten, wobei das Ziel darin besteht, Zeit als spezifische Form von Sinn auszustellen. Literarische Texte können nach Maßgabe der autopoietischen Prozessualität nicht nur Zeitformen ausbilden, sondern auch beobachten, und zwar in dem Medium, in dem sie prozessieren. Die Kriterien, nach denen solche Zeitformen als paradigmatisch ausgewiesen werden können, hängen wiederum vom jeweiligen Gedächtnisentwurf ab, der als eine Form der Selbsttechnologie die Operationsfähigkeit der eigenen Sinnbildung hervorbringt, diese einer immanenten Kohärenzprüfung unterzieht, sie verifiziert, legitimiert und – das alles kann nach den vorigen Überlegungen zum Gedächtnisbegriff und zum Verhältnis von Fiktion und Realität nun voraussetzt werden – für Anschlusskommunikation offen hält. Die Rückbindungsmöglichkeit an eine Beobachtungsrelation ist dabei nicht nur ein Gradmesser für die in Aussicht gestellte Leistung der Beobachtung, sondern auch das Relais, das es erlaubt, spezifische Phasenmomente literarischer Texte als Beobachtung (Beobachtung/Operation) in den Blick zu nehmen und mit anderen Phasenmomenten zu korrelieren.

Mit dem nun eingeführten Instrumentarium lässt sich die Prozessualität von Sinn- beziehungsweise Zeichenbildung im Medium Literatur so operationalisieren, dass die interpretativen Sinnformen mit einem ersten Schritt in Temporalstrukturen übersetzt werden können. Die Relationen dieser Temporalstrukturen, die in einem zweiten Schritt in den Blick genommen werden können, erlauben dann wiederum Rückschlüsse auf die unterstellte Formbildung der Prozessualität. Die Unterscheidung von Temporalisierung und Prozessualität ist an dieser Stelle notwendig. Sie markiert, dass es sich bei Temporalisierungen um aposteriorische Zurechnungskategorien handelt, die Komplexität reduzieren. Mit Prozessualität ist hingegen eine Qualität gemeint, die sich der Temporalisierung insofern entzieht, als jede Temporalisierung eine Differenzierung ist, die nur für eine Zeitstelle gelten kann.

Eine Temporalisierung ist als Phasenmoment der Prozessualität nur eine Aktualisierung von Sinn, die ausgehend von einem radikal verzeitlichten Ereignis – im Umschlagspunkt zwischen Vergangenheit und Zukunft – aktualisiert wird. Eine Temporalisierung ist also die Einheit der Differenz von Aktualisierung und Temporalisierungsmöglichkeit. Die Prozessualität der Sinnbildung garantiert hingegen jene Zeit, die Sinn benötigt, um zu prozessieren. Während also Zeit als Dimension nicht isoliert und nur in Form von Sinn identifiziert werden kann, muss es möglich sein, die Aussagen über die spezifische Prozessualität der Zeit zu wagen, die der Differenz von Temporalisierung und Temporalstruktur unterstellt werden kann. Um zeigen zu können, dass literarische Texte diese Prozessualität von Zeit paradigmatisch ausstellen, wird der eingeführte Gedächtnisbegriff nachfolgend so für das Medium Literatur funktionalisiert, dass an ihm – und über die Interpretation literarischer Texte mit ihm – gezeigt werden kann, dass Gegenwart und Zeit in einer Art strukturellen Kopplung im Medium Literatur prozessieren.

2.8 Das Gedächtnis von Gegenwart und Zeit im Medium Literatur

Gegenwart wird in Anknüpfung an Luhmann sowohl durch die Einheit der Differenz von Vergangenheit und Zukunft, als auch durch die Einheit der Differenz von Redundanz und Varietät eingeführt. Damit sind auch die konstitutiven Voraussetzungen für die Beobachtung von Neuem aufgerufen. Dass Gegenwart dann eine zentrale Rolle einnimmt, wenn es um das Instrumentarium der Selbstbeschreibung von Gesellschaft geht, ist bereits deutlich geworden. Wichtig ist nun, inwiefern Relationierungen von Gegenwart und Zeit dabei helfen können, die Beobachtung von Zeit in und durch literarische Texte so zu operationalisieren, dass sich der autopoietische Prozess der Sinnkonstitution entlang der strukturellen Kopplung von Bewusstsein und Kommunikation beziehungsweise nach Maßgabe der Differenz von Entdifferentialisierung und Differentialität konzeptualisieren lässt.

Um den Bezugsrahmen von Gegenwart und Zeit zu konkretisieren, werden nachfolgend zwei Textpassagen aus *Die Gesellschaft der Gesellschaft* angeführt, in denen Luhmann historische Veränderungen der Zeitsemantik darstellt, die zu einer Verhältnisbestimmung von Gegenwart und Zeit kommt. Da es hier nicht um historische Perspektivierungen dieses Verhältnisses geht, beziehe ich mich nur auf zwei Textstellen, die die Rolle der Gegenwart in ihrem Bezug zur Zeit besonders deutlich machen. Wichtig ist in diesem Zusammenhang nicht nur die funktionale Doppelbödigkeit der Gegenwartsbestimmung, sondern auch die semantische beziehungsweise grammatische Anlage.

Der Zusammenhang ist folgender: Für eine Beobachtung von Zeit, die aus einer Gegenwart heraus vorgenommen wird, muss Gegenwart als blinder Fleck vorausgesetzt werden, damit Zeit als Differenz konzeptualisiert werden kann. Es muss dafür eine Unterscheidung eingeführt werden, die es ermöglicht, die Einheit des Differenten handhabbar zu machen. In diesem Zusammenhang ist das die Unterscheidung von alt/neu:[121]

> Die Gegenwart wird damit zum Ereignis, zur Tat, jedenfalls zur Grenzlinie zwischen Vergangenheit und Zukunft. Sie kann als Quellpunkt des Neuen aber nur aus dieser Differenz heraus begriffen werden. Sie ist die Einheit eben dieser Differenz und damit ein paradoxaler Bezugspunkt, der alle Beobachtungen scheitern lässt. Denn sie ist einerseits die einzige und immer gegebene Zeitbasis der Operationen und insofern „ewig"; aber sie hat diese Eigenschaft nur, weil sie ständig vergeht und autopoietisch erneuert werden muß, was mit hoher Zuverlässigkeit geschieht.[122]

In dieser Aussage weist Luhmann Gegenwart zum einen als *Tat* und als Quellpunkt des Neuen aus. Zum anderen impliziert er mit der Passivkonstruktion im letzten Teil des Abschnitts, dass Gegenwart ständig erneuert werden muss, weil sie als Ereignis – wie sie im ersten Satz auch bezeichnet wird – im Moment ihrer Aktualisierung vergeht. Nun stehen sich eine Gegenwart als Tat und eine Gegenwart gegenüber, die, weil sie ständig vergeht, erneuert werden muss. Bezeichnend ist nun, dass die Möglichkeit der autopoietischen Erneuerung von Gegenwart angenommen wird. Die Satzkonstruktion markiert jedoch in der Kombination mit dem Vorgang des Erneuerns, dass Gegenwart agiert (in Form einer Tat) und gleichzeitig vergeht (als aktualisiertes Ereignis, als Resultat), jedoch – und darauf kommt es hier an – zuverlässig und autopoietisch. Dadurch, dass Gegenwart als Einheit der Differenz jedoch ein paradoxaler Bezugspunkt ist, dessen Beobachtungen aus den genannten Gründen scheitern müssen, stellt sich die Frage, warum dennoch von einer autopoietischen Erneuerung von Gegenwart die Rede sein kann? Ich möchte diese Frage entlang der zweiten Passage veranschaulichen, die wie bereits angekündigt, wenige Seiten nach obigem Zitat in Luhmanns Kapitel „Temporalisierungen" zu finden ist:

> Die Gegenwart der jeweils aktuellen operativen Ereignisse hat dann eine Doppelfunktion: Sie ist einerseits der Punkt, an dem die Unterschiede von Vergangenheit und Zukunft sich treffen und durch Wiedereintritt der Zeit in die Zeit in ein bestimmtes Verhältnis gebracht werden müssen [...]. Und sie ist zugleich der Zeitpunkt, in dem alles, was geschieht, gleichzeitig geschieht. Die Zeit wird zugleich als Gleichzeitigkeit und als Nacheinander begriffen, ohne daß die Gesellschaft Zeit „hätte", eine prinzipielle Auflösung der Paradoxie zu suchen.[123]

Die Kopplung dieser beiden Zeitpunkte, die nur als Paradoxie auf den Begriff gebracht werden kann, weil sie als Einheit der Differenz von Gleichzeitigkeit und Nacheinander eine zeitliche Differenz ausdrückt, darf nicht aufgelöst werden. Denn Versuche, diese Paradoxie aufzulösen, müssen unterkomplex bleiben, weil

---

[121] Vgl. Luhmann, *Gesellschaft der Gesellschaft 2,* 1008.
[122] Ebd., hier 1009.
[123] Ebd., hier 1016.

es doch gerade die Integration der Paradoxie ist, die diese Differenzierungsmöglichkeit überhaupt erst hervorgebracht hat. Wenn Luhmann im ersten Zitat von Gegenwart als paradoxalem Bezugspunkt spricht, der alle Beobachtungen scheitern lässt, drängt sich jedoch zumindest im Hinblick auf die grammatische Satzform erneut der Verdacht auf, dass Gegenwart als ein Phasenmoment markiert wird, dem eine aktive Funktion zugerechnet werden kann. Eine solche Zurechnung ließe sich aber niemals unmittelbar für Gegenwart vornehmen, weil auch diese Beobachtung zum Scheitern verurteilt wäre. Gerade weil Gegenwart unbeobachtbar bleiben muss, damit Zeit als Differenz konzeptualisiert werden kann, bietet es sich an, Zeit – sofern es möglich ist – in Differenz zu Gegenwart in den Blick zu nehmen, um zumindest etwas über die Verhältnismäßigkeit herauszufinden. Und weil sich der Gedächtnisbegriff nicht nur als ideal erweist, um Bedingungen der Beobachtung zu beobachten[124], sondern selbst ein spezifisches Verhältnis zur Zeitdimension und damit auch zur Gegenwart unterhält, soll Gegenwart als Funktionsbegriff operationalisiert werden, der die Einheit der Differenz von Zeit (als Form von Sinn) und Gegenwart (als Gegenteil von Zeit) in literarischen Texten als interpretative Form/Form-Differenzierung paradigmatisch prozessiert. Auf diese Weise kann Sinnbildung in literarischen Texten nicht nur als Zeichenbildung gehandhabt werden, sondern auch als Zeitbildung.

Dafür muss Gegenwart als paradoxaler Bezugspunkt vorausgesetzt werden, aus dem heraus Identitäten, wie Luhmann es formuliert, „mitten in der Zeit und je gegenwärtig konstruiert und reproduziert [werden MK.], um für eine gewisse Zeit Zeitbindungen zu erzeugen, die zwischen den extrem verschiedenen Zeithorizonten Vergangenheit (Gedächtnis) und Zukunft (Oszillation in allen beobachtungsrelevanten Unterscheidungen) vermitteln.“[125] Dennoch kann es sich bei dieser Voraussetzung nicht um eine Vorrangigkeit handeln. Vielmehr geht es um ein wechselseitiges Verhältnis, wie es auch für die strukturelle Kopplung von Bewusstsein und Kommunikation vorausgesetzt wird. Denn obwohl die Letztelemente von Bewusstseinssystemen Gedanken und Vorstellungen sind und Bewusstsein für Sinnsysteme damit Umwelt bleiben muss, erlaubt die Modellierung ihrer strukturellen Kopplung Kommunikationsmöglichkeiten, die auf der Basis literarischer Texte wiederum diese strukturelle Kopplung als Form/Form-Differenz hervorbringen.

Gleiches gilt für den Ereignisbegriff, der, wie im Abschnitt *Zeit im Sinn* erläutert wurde, als Ausgangspunkt aller Temporalisierungen gesetzt wird, obwohl gerade ein Ereignis nicht isoliert betrachtet werden kann. So schreibt Luhmann etwa: „Nur vom einzelnen Ereignis her gibt es eine eindeutige Differenz von Vergangenheit und Zukunft; denn Sinnbestände, die dauern, mischen in sich selbst Zukunft und Vergangenheit, indem sie das, was Zukunft war, als Vergangenes

[124] Vgl. Esposito, *Soziales Vergessen,* 12/13.
[125] Luhmann, *Gesellschaft der Gesellschaft 2,* hier 1015.

festhalten."[126] Ereignis und Gegenwart werden also genauso als Konstituenten von Sinnbildung vorausgesetzt, wie dies beim Bewusstsein der Fall ist. Geht man nun davon aus, dass Bewusstsein und Kommunikation nach Maßgabe der strukturellen Kopplung immer nur in ihrer Differentialität gehandhabt werden können, kann man fragen, inwiefern Gegenwart als Gegenteil von Zeit im Medium Literatur als unhintergehbares Initialmoment funktionalisiert werden kann, das Zeit ebenso als interpretative Form/Form-Differenz hervorbringt, wie Zeit in Form von Sinn Gegenwart als Ausgangspunkt von Sinnbildung prozessiert. Wenn Zeit als Urheber von Sinn ausgewiesen wird, dann ist damit auf der Fundierungsebene stets Sinn gemeint, der die strukturelle Kopplung von Bewusstsein und Sinn hervorbringt und dabei auf Zeit angewiesen ist. Die hier unterstellte Urheberschaft muss als Resultat der spezifischen Fokussierung des Sinnprozesses verstanden werden, das für das Vorhaben, Gegenwart und Zeit als maßgeblich Beteiligte von Sinnbildung auszuweisen, notwendig ist. Dabei handelt es sich aber nur vordergründig um eine Überhöhung der Funktion von Gegenwart und Zeit in ihrer Beteiligung am Sinnprozess. Denn im Grunde impliziert jeder Funktionsbegriff eine Differenzierung, deren Vollzug im Prozessgeschehen, wenn auch nur potenziell, so in jedem Fall aber als Aktivität gemünzt werden kann.

Bereits an früherer Stelle wurden literarische Texte aufgrund der strukturellen Kopplung als Einheit der Differenz von Bewusstsein und Kommunikation beschrieben. Die Dimension Zeit ist wiederum konstitutiv für Kommunikation. Setzt man sowohl Gegenwart, als auch Zeit ebenfalls als Sinnkonstituenten voraus, kann man literarische Texte, die paradigmatisch vollziehen, was Kommunikation auszeichnet, auch als Einheit der Differenz von Gegenwart und Zeit begreifen. Nach Maßgabe der Differenz von Entdifferentialisierung und Differentialität bringen sie sich als interpretative Form/Form-Differenzierung hervor.

Eine solche Gegenwart/Zeit-Differenz kann Kommunikation allgemein unterstellt werden, weil Sinn zum einen Zeit braucht, um Sinn zu sein, Zeit aber immer nur in Form von Sinn zu haben ist, und weil Gegenwart zum anderen als Ausgangspunkt jeder Sinn- und damit Zeitbildung als Ereignis und blinder Fleck vorausgesetzt werden muss, damit Zeit überhaupt unterschieden werden kann. Sinnhaft zur Verfügung stehen kann also immer nur Zeit als Form von Sinn, niemals aber Gegenwart. Umgekehrt muss also gelten, dass Zeit nicht ohne vorausgesetzte Gegenwart gedacht werden kann. Damit zeichnet sich eine Korrelation zwischen struktureller Kopplung von Bewusstsein und Kommunikation und dem Verhältnis von Gegenwart und Zeit ab, das ich ebenfalls als strukturell Gekoppeltes fassen möchte. Zwar kann man sagen, dass Bewusstsein und Kommunikation in ihrer Differentialität immer auch die Unterscheidung von Gegenwart und Zeit prozessieren; versucht man aber, wie diese Arbeit, gerade die Einheit der Differenz von Gegenwart und Zeit in literarischen Texten als Beobachtung zu operati-

[126] Luhmann, „Temporalisierung von Komplexität.", hier 242/243.

onalisieren, muss die strukturelle Kopplung von Bewusstsein und Kommunikation, die ja als autopoietischer Prozess zu verstehen ist, um jene Temporalisierungen erweitert werden, die die Differentialität der strukturellen Kopplung als Zeitformen von Sinn verfügbar machen. Und weil in literarischen Texten Bewusstsein und Kommunikation aufgrund ihrer materiellen Medialität in besonderer Weise beteiligt sind, kann man davon ausgehen, dass dies auch für die Differenz von Gegenwart und Zeit gilt. Begründen lässt sich diese Annahme, wenn man sich vor Augen führt, wie Sinnkonstitution in der operativen Systemtheorie gefasst wird. Nimmt man an, dass Sinn die Einheit der Differenz von Aktualisierung und Möglichkeit ist, beziehungsweise die Einheit der Differenz von Sinn und Nichtsinn, dann kann nur die markierte Seite der Unterscheidung, die Sinnseite Teil des Kommunikationsprozesses sein. Sie ist ihrerseits differentiell gefasst. Die strukturelle Kopplung erlaubt es nun, wie Jahraus es modellierend auf den Punkt bringt, die Negation von Kommunikation dem Bewusstsein zuzuordnen.

> Immer dann, wenn Kommunikation negiert wird, muß etwas in den Fokus kommen, das selbst nicht Kommunikation ist, aber mit Kommunikation konstitutiv zusammenhängt. Eben dies ist Bewußtsein. Wo immer also Kommunikation kommunikativ im Rahmen einer Differenzierungssache negiert wird, wird Bewußtsein markiert und adressiert. Und umgekehrt. Man kann zwar nicht über das Unkommunikable kommunizieren, aber darüber kann man noch literaturkonstitutiv kommunizieren.[127]

Entscheidend ist hier, dass etwas im Zentrum steht, das sich nicht kommunizieren lässt, denn die gleiche Annahme kann auf das Verhältnis von Gegenwart und Zeit übertragen werden. Die Annahme von Gegenwart erfordert gewissermaßen die Negation von Zeit. Doch auch wenn man behaupten kann, dass das Gegenteil von Zeit Gegenwart ist, dann entzieht sich Gegenwart jeder Kommunikation, weil die Negation von Zeit bedeuten muss, dass keine Zeit zur Verfügung steht, um Zeit in Form von Sinn zu kommunizieren. Das soeben modellierte Verhältnis von Gegenwart und Zeit konzeptualisiert Zeit als Form von Sinn, jedoch immer in Differenz zur Gegenwart und umgekehrt. Denn nur die Berücksichtigung dieser Differentialität garantiert die strukturelle Kopplung von Gegenwart und Zeit. Gegenwart kann selbst keine Zeit sein, hängt aber konstitutiv mir ihr zusammen.

Die besondere Medialität literarischer Texte erlaubt es, einzelnen Texten im Literatursystem sowohl interne Komplexität (Symbolsystem, Kommunikation im Text) als auch externe kommunikative Ereignisse (Sozialsystem, Kommunikation über den Text) zu unterstellen. Dies ermöglicht nicht nur Kommunikation in ihrer Differentialität zum Bewusstsein in den Blick zu nehmen, sondern auch Zeit als Form von Sinn so zu operationalisieren, dass sie stets in ihrer Differentialität zur Gegenwart Berücksichtigung finden kann. Der entscheidende Vorteil bei der Beobachtung von Literatur als Beobachtung besteht deshalb insbesondere darin, dass Literatur aufgrund der Differenz von Entdifferentialisierung und Differenti-

[127] Jahraus, *Literatur als Medium,* hier 614.

alität nicht nur, wie es Jahraus ausweist, „(so tut als ob es) Bewußtsein kommunizieren kann“[128], sondern auch Gegenwart.

Bezeichnenderweise geht Luhmann davon aus, dass „Zeit nicht nur thematisch, sondern viel tiefer greifend auch operativ in die Selbstbeschreibung der Gesellschaft und ihrer Welt eingebaut“ ist.[129] Die nun vorgestellte Kopplung von Gegenwart und Zeit erlaubt es, die Selbstbeschreibung von Gesellschaft über einen spezifischen Gedächtnisbegriff zu funktionalisieren. Das Gedächtnis dient gleichermaßen als Konzeptualisierung, als Anschlusskommunikation, beziehungsweise als Überprüfung und Legitimation des jeweiligen Gesellschaftsentwurfs. Das Gedächtnis lässt sich als Systemerfordernis begreifen, das als Lieferant von Systemstrukturen dazu beiträgt, dass Kommunikation prozessiert. Gleichzeitig unterhält es ein besonderes Verhältnis zur Zeitdimension, weil es gegenwärtig operiert und die Komplexitätsreduktion qua Temporalisierung von Sinn garantiert wird. Nachfolgend wird das Gedächtnis als Funktionsbegriff so konzeptualisiert, dass es – einem Kippbild ähnlich – als ein sich ereignender Vorgang des Gedenkens aus einer jeweils unterstellten Gegenwart heraus in den Fokus rücken kann. Dieser Akt, der vorläufig als Vorgang des Vergegenwärtigens bezeichnet werden soll, entzieht sich der Kommunikation, weil er sich gegenwärtig ereignet und nur um den Preis seiner Gegenwärtigkeit kommuniziert werden kann. Die Kehrseite dieses Funktionsbegriffs ist das Gedächtnis als kommunikatives Ereignis, als Resultat, das kommuniziert werden kann, weil es selbst Kommunikation ist. Die Differenzachse der beiden Funktionen von Gedächtnis muss entlang der strukturellen Kopplung von Bewusstsein und Kommunikation, beziehungsweise Gegenwart und Zeit angesiedelt werden. Gedächtnis muss also immer als Einheit der Differenz des Vergegenwärtigens von Gedächtnis und des Kommunizierens von Gedächtnis begriffen werden. Der Vorgang des Vergegenwärtigens wird dabei der Bewusstseins- beziehungsweise. Gegenwartsseite von Sinn zugeordnet, deren Beobachtung als blinder Fleck scheitern muss, die aber dennoch konstitutiv mit Gedächtnis zusammenhängt. Am kommunikativen Ereignis des Gedächtnisses zeigt sich also, wie Gegenwart in die Zeit geholt wird. Weil Zeit aber immer nur in Form von Sinn identifiziert werden kann, Gegenwart als andere Seite von Zeit auf der Bewusstseinsseite der Kommunikation aber stets mitprozessiert wird, kann man davon ausgehen, dass die Beobachtung als Einheit der Differenz von Beobachtung und Beobachtetem Rückschlüsse auf die jeweils andere Seite erlaubt, wenn auch nur im Rahmen der Interpretation literarischer Texte als interpretative Form/Form-Differenzierung.

Dann kann das Gedächtnis der Gegenwart als Verzeitlichung (Formbildung von Sinn) konzeptualisiert werden, die als kommunikatives Ereignis im Medium Literatur so tut, als könne sie Gegenwart als Ereignis und je gegenwärtigen Ausgangspunkt des Gedächtnisses hervorbringen. Im Grunde muss das Gedächtnis

---

[128] Ebd., hier 615.
[129] Luhmann, *Gesellschaft der Gesellschaft 2,* hier 1015.

als kommunikatives Ereignis damit das Gegenteil von Vergegenwärtigung sein. Denn das Gedächtnis der Gegenwart als Vorgang einer Gegenwart büßt seine Gegenwärtigkeit im Akt der Verzeitlichung (Formbildung von Sinn) ein. Dies ist Gedächtnis. Die Differentialität dieses Prozesses lässt sich in literarischen Texten geradezu ausgezeichnet beobachten, weil Literatur als Beobachtung in Funktion gesetzt werden kann, die Bewusstsein und Kommunikation beziehungsweise Gegenwart und Zeit auf der Basis von Schrift in struktureller Kopplung prozessiert. Die Interpretation von literarischen Texten bringt Kommunikation als Prozess also stets in Form der zugrunde liegenden Mediendifferenzierung hervor. Oder anders formuliert: Die Einheit der Differenz von Text und Rezeption prozessiert das, was das Medium Literatur differenziert. Dies gilt in besonderem Maße für die Differenz von Gegenwart und Zeit, weil sie die Differentialität der Einheit als Prozess markiert, der im Gedächtnis seine Funktionalität ausbildet.

Die theoretischen Voraussetzungen für die Funktionalisierung des Gedächtnisbegriffes liefert Jahraus, der über seine Konzeptualisierung von Literatur als Medium generell und insbesondere anhand der Korrelation von Sinn und Einheit eine Figur zur Verfügung stellt, die Konstanz und Veränderung so in Beziehung zueinander setzt, dass die Einheit als instabiler Zustand nicht auf Prozessualität verzichten muss, obwohl diese als Zustand in einer Gegenwart anzusiedeln ist, die als Gegenteil von Zeit (blinder Fleck) Prozessbeteiligte sein muss; ein reizvolles und für eine Interpretation literarischer Texte fruchtbares Paradox:

> Die Einheit dieser Differenz zwischen Differentialität und Entdifferentialisierung ist selbst wiederum differentiell. Diese Einheit, als Zustand betrachtet, ist hochgradig instabil. Sie ist ein Prozeßgeschehen, das sich immer erst in der Zeit einstellt. Wenn ich nun diese Einheit als Sinn bezeichne, dann bezeichne ich den Prozeß, in dem diese Einheit prozessiert, weil ihre Differenz operationalisiert wird, als Interpretation.[130]

Indem hier die Interpretation als Prozess gefasst wird, in dem die Einheit (Sinn) prozessiert, lässt sich die Autopoiesis von Sinn in literarischen Texten als gedoppelte Differenzierung von Prozessualität begreifen, die innerkommunikativ Komplexität ausbildet und im Zuge der Kommunikation über die Texte jenseits der Textgrenzen kommunikative Ereignisse prozessiert. Dabei kann man beiden Sinnprozessen unterstellen, dass sie über einen stetigen Gedächtnisentwurf verzeitlichen, was die jeweilige Gegenwart vorgibt. Damit ist die Prozessualität und Differentialität von Sinnbildung so ausgerichtet, dass Formen von Gegenwart und Zeit in den Fokus rücken, weil die wechselseitigen Negationsmöglichkeiten Bewusstsein und Kommunikation in struktureller Kopplung ansprechen und daran auch Gegenwart und Zeit beteiligen. Der Gedächtnisbegriff fungiert dabei als Kondensator, der Gegenwart (als unhintergehbares Ereignis) und Zeit (als Form von Sinn) korreliert und Zeitbildung als Sinnprozess garantiert.

---

[130] Jahraus, *Literatur als Medium,* hier 499.

2.9 *Literatur und die Frage nach dem paradigmatisch Gegenwärtigen*

Wie lässt sich Gegenwartsliteratur definieren, ohne dass das unbeobachtbare Moment der Gegenwart ihre literaturwissenschaftliche Einordnung permanent bedroht? Oder anders gefragt: Kann es überhaupt eine Einordnung von Literatur geben, die nicht historisierend vorgeht? In einem Vortrag zum Thema „Gegenwartsliteratur als Gegenstand der Literaturwissenschaft und die Gegenwärtigkeit der Literatur"[131] spricht Jahraus von der Literaturwissenschaft als einer historischen Wissenschaft, die ihre Gegenwart einzig als historisierte wahrnehmen kann. Demnach könnte man Gegenwartsliteratur als das Gegenteil von Literaturgeschichte begreifen, weil sie eine „permanent verschobene Provokation der Literaturgeschichte ist."[132] Mit dieser Überlegung lässt sich zudem, analog zur Unterscheidung von Gegenwart und Zeit, Gegenwärtigkeit selbst als Komplement von Geschichte auffassen. Literaturwissenschaft versucht entsprechend, die Literatur der Gegenwart „in die Zeit zu holen, in die Passage zwischen Vergangenheit und Zukunft."[133] Dieses „in die Zeit holen" verweist auf ein Entwenden, eine Verrückung oder auch auf eine Übersetzung. In jeder dieser Bedeutungsmöglichkeiten ist der Preis des *In-die-Zeit-Holens* jedoch die Gegenwärtigkeit des Geholten. Denn sie, die Passage, die ja selbst passiert, muss in dem Moment, in dem sie in die Zeit geholt wird, unmittelbar und plötzlich vergangen sein. Jahraus plädiert dafür, Gegenwartsliteratur eben über ihre Gegenwärtigkeit zu definieren; ein Ansatz, der sich ausgezeichnet in diese Arbeit einfügen lässt.

Die Annahme von Gegenwart als Bedingung von Sinn- und Zeichenbildung ist eine grundlegende Voraussetzung, um Zeit als Form von Sinn in ihrer Differentialität handhaben zu können. Nun wird Gegenwartsliteratur häufig als Epochenbegriff angesetzt, mit dem die Schwelle zur Literaturgeschichte markiert wird. Hier geht es jedoch weniger um die Bedingungen der Kanonbildung, also um jene Kriterien, die Literatur erfüllen muss, um ein Teil von Literaturgeschichte zu werden. Vielmehr geht es um das spezifisch Gegenwärtige von Literatur. Analog zur Differenz von Zeit und Gegenwart, geht es um Unterscheidungsmöglichkeiten von bereits eingeordneter Literatur und dem, was auf der anderen Seite der Schwelle paradigmatisch angesiedelt werden kann, obwohl es noch nicht Literaturgeschichte geworden ist. Dafür muss der Epochenbegriff von Gegenwartsliteratur, der als Literatur einer Gegenwart gefasst werden kann, von einem Begriff von Gegenwartsliteratur unterschieden werden, der nach Beschreibungs-

---

[131] Jahraus, Oliver, „Die Gegenwartsliteratur als Gegenstand der Literaturwissenschaft und die Gegenwärtigkeit der Literatur", Vortrag auf der Tagung des Literaturbeirats des Goetheinstituts in München am 14.1.2010, veröffentlicht in: Medienobservationen, http://www.medienobservationen.lmu.de/, pdf, 1-7., letzter Zugriff: 5.5.2011.

[132] Ebd., hier 4.

[133] Ebd., hier 5.

möglichkeiten des spezifisch Gegenwärtigen von Literatur im Sinne der eingeführten Gegenwart/Zeit-Unterscheidung sucht.

Ein Merkmal von Gegenwartsliteratur ist Unabgeschlossenheit. Zunächst ist damit eine Dichotomie angesprochen, die zwischen abgeschlossener und unabgeschlossener Literatur unterscheidet, also etwa zwischen Literaturgeschichte und Gegenwartsliteratur. Dies ist zum einen Resultat der historisierenden Unterscheidung, zum anderen bringt es diese Unterscheidung selbst hervor. In Rückbindung an die bereits dargelegte Abhängigkeit von Kommunikationen ist zu sagen, dass Kommunikation nicht auf historisierende Perspektivierungen verzichten kann. Wenn also Gegenwartsliteratur systematisch über Gegenwart definiert werden soll, dann muss dies zwangsläufig mit den Mitteln einer historisierenden Perspektivierung umgesetzt werden – allerdings mit Blick auf das, was sich dabei der Beobachtung entzieht.

Damit das Gegenwärtige von Literatur anhand seines Bezugsrahmens herausgearbeitet werden kann, erscheint es sinnvoll, die Tatsache des historisierenden Prinzips als Systemerfordernis (das zwangsläufig Nachgeordnete als gegenwärtig Angenommenes) für die Dauer der folgenden Überlegungen möglichst im Hintergrund mitlaufen zu lassen. Die Fundierungsebene der getroffenen Unterscheidungen kann damit verlassen werden. Das Begriffsinventar sollte, um seine leistungsfähige Handhabung in Aussicht zu stellen, seinen Konstruktcharakter möglichst verschleiern. So können in literarischen Texten Merkmale des Gegenwärtigen extrapoliert werden, die aufgrund ihrer Medialität so tun, *als ob* sie Gegenwart kommunizieren. Diese Merkmale müssen auf ein ordnendes Prinzip verweisen, das nicht einfach vorausgesetzt wird, sondern das mit der Identifikation des jeweiligen Merkmals deutlich wird, dass also jedes Merkmal das Regelwerk ausstellt, das es selbst zum Merkmal macht.

Gestalt gewinnt dieses ordnende Prinzip, das insbesondere zwischen der literaturtheoretischen Fundierung und ihrer methodologischen Anwendung vermitteln soll, wenn man es anhand des Paradigma veranschaulicht. Denn das Paradigma erweist sich als ideal, um den eingeführten Funktionsbegriff des Gedächtnisses mit dem nötigen Rüstzeug auszustatten, um ihn als literaturwissenschaftliches Instrument zu nutzen. Mit ihm lassen sich Paradigmata identifizieren, die die Einheit der Differenz von Gegenwart und Zeit in literarischen Texten co-präsent halten. Um die Funktionalität des Begriffs auszuweisen, wird das Paradigma als Erkenntnisform in dem Sinne angewendet, wie ihn Giorgio Agamben in seinem Aufsatz „Was ist ein Paradigma?“ anhand von sechs Punkten in Thesenform formuliert.[134] Auf historische Perspektivierungen wird deshalb möglichst verzichtet.

In diesem Aufsatz geht Agamben von Figuren wie dem *homo sacer* oder dem *Konzentrationslager* aus, die in seiner Forschung „als Paradigmen behandelt wer-

[134] Agamben, Giorgio „Was ist ein Paradigma“, in: *Signatura rerum. Zur Methode.* Frankfurt a. M. 2009, 11-41.

den und dort die Funktion haben, einen historischen Problemkontext zu konstituieren und in seiner Gesamtheit verstehbar zu machen."[135] In Rückbindung an Michel Foucault und Thomas S. Kuhn stellt Agamben zunächst das Panopticum als Paradigma der Methode Foucaults aus und definiert es zunächst als „ein einzelnes Objekt, das, gültig für alle anderen Objekte seiner Klasse, die Intelligibilität des Ensembles definiert, dem es zugehört und das es zugleich konstituiert"[136] Entscheidend ist hier die Relation zwischen dem einzelnen historischen Objekt oder Element (Panopticon) und dem Ensemble (Panoptismus). Das Element steht nicht nur für seine Klasse (den Panoptismus als Prinzip, als Spielart der Macht), es ist gleichzeitig konstitutives Element des Ensembles, ein verallgemeinerungsfähiges Funktionsmodell. Damit ist bereits eine entscheidende Relation aufgerufen, die das Paradigma in Agambens Darstellung für diese Arbeit fruchtbar macht: die Relation von Element und Ensemble, die vor dem Hintergrund der bisherigen Denkschritte nachfolgend und entlang der Thesen Agambens als Einheit der Differenz von Element und Ensemble gefasst werden soll.

Hierfür wird die Argumentationslinie Agambens nicht nachgezeichnet, sondern seine sechs Thesen in der Reihenfolge und in ihrem Bezug zu dieser Arbeit aufgegriffen. Den Anfang bildet die vierte These. Sie soll mit einem konstitutiven Prinzip korreliert werden, das auch dem Theoriedesign dieser Arbeit zugrunde liegt: Die Wechselseitigkeit von Konstruktion und Handhabung: „4) Das paradigmatische Ensemble geht den Paradigmata nie voraus, sondern bleibt ihnen immanent."[137] Weder dem Element noch dem Ensemble kann also eine Vorrangigkeit eingeräumt werden; beide Komponenten bedingen sich gegenseitig. Eine Übertragung dieses Prinzips möchte ich folgendermaßen formulieren: Indem die vorliegende Arbeit ein Verfahren hervorzubringen sucht, das es erlaubt, das Gedächtnis als Beobachtung von Gegenwart und Zeit in literarischen Texten zu extrapolieren, muss es sich an jedem Punkt der Argumentation auf das wechselseitige Verhältnis seiner eigenen Konstruktion und der damit in Aussicht gestellten Handhabung hin befragen lassen können. Damit lässt sich eine Kohärenzprüfung in das Verfahren der theoretischen Fundierung integrieren, die sich selbst hervorbringt und legitimiert. Die Einzelelemente dieses Verhältnisses sind gleichursprünglich. Die fünfte These Agambens vermag dies zu verdeutlichen: „5) Im Bereich des Paradigmas gibt es keinen Ursprung und keine *arché*. Jedes Phänomen ist Ursprung, jedes Bild archaisch"[138] Ein Element kann dem Ensemble also weder vorausgehen, noch kann es als ursprüngliches Ensemble gesetzt werden, ohne dass es selbst ein Element ist, und umgekehrt. Ein Paradigma muss also stets ein Verhältnis aus Element und Ensemble präsentieren und als solches hervorgebracht werden, damit von ihm die Rede sein kann. In Rückbin-

135 Ebd., hier 11.
136 Ebd., hier 20.
137 Ebd., hier 37.
138 Ebd.

dung an das vorliegende Beobachtungskonzept und das damit verbundene Realitätsverständnis lässt sich das Paradigma vor dem Hintergrund dieser beiden Thesen als eine Art Miniatur-Theorie begreifen.

Bereits an früherer Stelle habe ich dargelegt, dass Realität und Objektivität stets Resultate ihrer Hervorbringungen sind. Jede Theorie ist also Ergebnis ihrer eigenen Konstruktion. Dies gilt insbesondere für Realität. Je geschickter eine Theorie oder Realität ihren Konstruktionscharakter verschleiert, desto größer ist das Potenzial ihrer Handhabung. Entsprechend gilt: Nur eine Theorie als objektivierbare Realität in Funktion gesetzt, kann ein Mindestmaß an potenzieller Handhabung in Aussicht stellen. In diesem Zusammenhang sei auch auf die die Notwendigkeit imaginierter Anfänge hingewiesen, die im Bereich der Theorie- und damit Realitätsbildung eine fundamentale Rolle spielen. Man denke nur an ein historisches Ereignis, das als Anfang einer Geschichtsrechnung gesetzt wird. Die Zeitrechnung funktioniert, sofern sie nicht mit anderen Zeitrechnungen in Konkurrenz tritt, auch ohne dass ihre eigene Entstehungsgeschichte beständig co-präsent gehalten werden muss. Die Notwendigkeit eines Anfangs als Setzung zeigt sich auch in literarischen Texten auf besondere Weise; etwa dann, wenn man Textgrenzen als Rahmung voraussetzt. Die Annahme eines Anfangs oder Ursprungs ist durchaus notwendig, um Theorien so zu fundieren, dass sie als objektivierte Realitäten handhabbar werden. Im Fall der Systemtheorie ist dies die Annahme, dass es Systeme gibt. Für ihre Handhabung ist die Frage irrelevant; sie ist die Bedingung ihrer Möglichkeit.

Dem Paradigma als Miniatur-Theorie sind die Seite der Konstruktion und die Seite der Handhabung immanent. Das Paradigma ist in sich differentiell. Es ist unmöglich, die Vorrangigkeit eines Paradigmas gegenüber dem paradigmatischen Ensemble einzuräumen. Das *Sowohl-Als-Auch* von Phänomen als Ursprung und archaischem Bild verdeutlicht, dass ein Paradigma nur als paradoxale Einheit gefasst werden kann – als Einheit der Differenz von Element und Ensemble. Entsprechend lautet die dritte These Agambens: „3) Ein Paradigma entsteht, wenn ein Element seine Zugehörigkeit zu seinem Ensemble aussetzt und zugleich exhibiert, mit der Folge, daß es unmöglich ist, den Charakter des Beispiels und den der Besonderheit in ihm zu unterscheiden."[139] Mit anderen Worten: Von einem Paradigma kann dann die Rede sein, wenn das Verhältnis von Element und Ensemble so angelegt ist, dass es nur als paradoxale, in sich differente Einheit gefasst werden kann. Ist die Singularität des Elements wiederum so ausgeprägt, dass es mit sich, durch sich, beziehungsweise aus sich ein weiteres Ensemble hervorbringt, das für sich selbst einzustehen in der Lage ist, dann unterscheidet es sich genau dadurch von seinem Ensemble. Diese Überlegung deutet auf eine zeitliche Bewegung hin, die wiederum mit der Medium/Form- beziehungsweise in literarischen Texten der Form/Form-Differenzierung korreliert werden kann. Anders gewendet ist ein Paradigma eine spezifische Form/Form-Differenz von Kommu-

[139] Ebd.

nikation, in der Konstruktion und Handhabung von Sinn, Theorie, Realität oder Objektivität auf besondere, eben paradigmatische Weise zur Deckung kommen. Ermöglicht wird diese Deckung als Phasenmoment eines Prozessgeschehens durch die Differenz von Entdifferentialisierung und Differentialität im literarischen Medium. Die paradoxale Gleichzeitigkeit des Ungleichzeitigen, die mit Hilfe der Einheit in ihrer Differentialität auf den Begriff gebracht werden kann, gilt also auch für das Paradigma, das als Rahmung von Element und Ensemble ebenfalls als Einheit der Differenz fungiert. Die Prozessualität des Paradigmas lässt sich mit den ersten beiden Thesen von Agamben charakterisieren: „1) Das Paradigma ist eine Erkenntnisform, die weder induktiv, noch deduktiv, sondern analogisch ist, somit von einem Besonderen zu einem anderen Besonderen fortschreitet."[140] Hier wird das Prinzip der Analogie akzentuiert, das dem Paradigma in seiner Bewegung entspricht, weil es sich nicht vom Partikularen zum Universalen vollzieht (Induktion) oder vom Universalen zum Partikularen (Deduktion).

Es geht im Bereich des Paradigmas nicht um metaphorische Bezüge nach dem Prinzip der Ähnlichkeit; vielmehr um eine paradoxale Bewegung „vom Partikularen zum Partikularen."[141] Es liegt nahe, Agambens zweite These an dieser Stelle direkt anzuschließen, weil sie die analogische Bewegung als Modell um ein bipolare Dimension erweitert: „2) Das Paradigma neutralisiert die Dichotomie zwischen dem Generellen und dem Partikularen und ersetzt seine dichotomische Logik durch ein Modell, das zugleich analogisch und bipolar ist."[142] Diese analogische Bewegung, die stets ihr *tertium datur* mitführt, kann, weil sie die Unentscheidbarkeit der dichotomischen Logik stets in Relation zu ihrem Dritten prozessiert, mit der Autopoiesis von Sinn korreliert werden. Sinn prozessiert als Einheit der Differenz von Aktualisierung und Möglichkeit, beziehungsweise als Einheit der Differenz von Sinn und Nicht-Sinn. Vor dem Hintergrund der Vorteile, die mit der wechselseitigen Interpretation der systemtheoretischen Medium/Form-Differenz entlang der strukturellen Kopplung von Bewusstsein und Kommunikation und dem triadischen Zeichenbergriff in Aussicht gestellt wurden, kann man soweit gehen, das Funktionsmodell des Paradigmas gewissermaßen als das *tertium datur* des eingeführten Theorieinventars zu bezeichnen. Mit dem gewählten theoretischen Sujet präsentiert sich das Paradigma gewissermaßen selbst als ein singuläres Element, das als so homogen angenommen werden kann, dass es ein neues Ensemble hervorbringt. Entscheidend ist dabei die Unentscheidbarkeit der analogischen Bewegung, die ihre je eigene Relation als Einheit der Differenz von einem Besonderen zu einem neuen Besonderen mitführt und damit prozessiert. Die Nichtunterscheidbarkeit ist eine Bedingung der Möglichkeit des Paradigmas, die nur als Einheit gehandhabt werden kann. Begreift

---

[140] Ebd., hier 37.
[141] Ebd., hier 23.
[142] Ebd., hier 37.

man das Paradigma als Theorem, wird deutlich, warum ein Paradigma sein verallgemeinerungsfähiges Modell ist; es selbst ist das Funktionsmodell, das sich nach Maßgabe des gewählten Theoriedesigns autopoietisch prozessiert.

Es bleibt zu fragen, wie sich das Paradigma so in den Blick nehmen lässt, dass dessen zeitliches Regelwerk identifiziert werden kann. Hiefür möchte ich die sechste und damit letzte These Agambens einführen, die Historizität des Paradigmas im Sinngeschehen gewissermaßen verortet: „6) Die Historizität des Paradigmas liegt weder in der Diachronie noch in der Synchronie, sondern dort, wo sie sich überschneiden.“[143] Nach den bisherigen Überlegungen kann man die Schnittstelle von Diachronie und Synchronie als Gegenwart bezeichnen, von der aus alle Sinnkonstitution im Allgemeinen und die Entstehung des Paradigmas im Besonderen ausgehen muss. Entscheidend kann allerdings nicht allein die Annahme einer Gegenwart als Bedingung von Sinn sein, sondern darüber hinaus gerade die in sich differente und damit zeitlich *paradigmatische* Konstellation von Gegenwart und Zeit als Formbildung von Sinn im Medium Literatur. Das Paradigma ist für diese Arbeit deshalb Ziel führend, weil es die Konstellation von Gegenwart (als paradoxalem Bezugspunkt) und Zeit (als Sinn im Medium Literatur) geradezu *beispielhaft* prozessiert, und mit Hilfe des eingeführten Beschreibungsinventars dabei beobachtet werden kann.

Die Differenz von Entdifferentialisierung und Differentialität im literarischen Medium (interpretative Form/Form-Differenzierung der Medium/Form-Differenz) und ihre semiotische Aufrüstung durch den triadischen Zeichenbegriff, der die Dreiwertigkeit der Autopoiesis im Medium Literatur akzentuiert und in ihrer zeitlichen Bewegung beobachtbar macht, erlaubt es, die Intelligibilität eines Paradigmas im Sinne Agambens weder im Voraus noch nachträglich zu verorten, sondern stets „bei“ sich oder eben „neben“ sich anzunehmen (*pará*). Damit ist die entscheidende Konstellation von Gegenwart und Zeit zwar nach wie vor unentscheidbar gleichzeitig und damit co-präsent. Weil ein Medium jedoch nur über seine Formen identifizierbar ist, muss für das Paradigma gelten, dass eine Form als Element eines Mediums in genau jenem Phasenmoment seiner Aktualisierung seine Formbildung als Ensemble kommuniziert, in dem es Medium/Form-Differenz beziehungsweise Paradigma ist.

Das Paradigma wird also als Miniatur-Theorem des eingeführten Begriffsinventars methodisch ausgerichtet und durch eine Kopplung mit dem eingeführten Verständnis von Gedächtnis für die Interpretation literarischer Texte als Funktionsmodell geöffnet. Das Gedächtnis wurde zuvor als Systemerfordernis eingeführt, das sich jeweils gegenwärtig als Systementwurf aktualisiert. Jede Gedächtnisform ist dabei nicht nur abhängig vom jeweiligen Gegenwartsbezug, dessen Resultat der Gegenwartsentwurf als Gedächtnis ist, sondern auch von der immanenten Kohärenzprüfung des Gedächtnisvorgangs, die den jeweiligen Akt des Gedächtnisses

[143] Ebd., hier 37.

als anschlussfähiges Resultat legitimiert. Das Gedächtnis prozessiert die Einheit der Differenz von Vergessen und Erinnern; eine Annahme, die sich selbst als Akt des Gedächtnisses als Einheit dieser Differenz voraussetzt. Das Gedächtnis als Akt und anschlussfähiges Resultat – in beiden Fällen aber als Kommunikation – ist also eine Form der Selbstbeobachtung, die sich als spezifische Konstellation von Gegenwart als Ausgangspunkt und Zeit als temporalisisierte Komplexität hervorbringt. Das Gedächtnis ist also ein Beobachtungsvorgang, der die Bedingungen der eigenen Beobachtung mit beobachten muss, um Gedächtnis zu sein, und als Systemerfordernis Anschlussfähigkeit in Aussicht zu stellen.

Liest man nun das Gedächtnis als Selbstbeobachtung von Gegenwart und Zeit und das Paradigma als Erkenntnisform in eins, lassen sich die sechs Thesen von Agamben ausgezeichnet auf die Bewegung des Gedächtnisvorgangs übertragen. Denn auch das Gedächtnis prozessiert analogisch, weil es nach Maßgabe der Medium/Form-Differenzierung als Einheit von Vergessen und Erinnern, Vergangenheit und Zukunft, Gegenwart und Zeit von einer partikularen Gedächtnisform zu neuer Form fortschreitet (1. These). Diese Bewegung setzt das Prozessieren von Differenzen (etwa von Element und Ensemble und dergleichen) als Einheit voraus, wodurch die zweiwertige Logik durch eine Figur des Dritten (Einheit der Differenz, Triade, Paradigma) erweitert wird (2. These). Die Identifikation eines Gedächtnisses ist selbst eine Gedächtnisleistung, die die Kriterien ihrer Identifikation hervorbringt und gleichzeitig legitimiert, wodurch die Kriterien der Identifikation nicht mehr vom Gedächtnis unterschieden werden können (3. These). Einzelne Kriterien eines Gedächtnisses können ihrem Gedächtnis als Einheit nicht vorausgehen, sie sind ihm immanent (4. These). Darüber hinaus kann es im Bereich des Gedächtnisses keinen Ursprung geben, weil jedes Gedächtnis als Kommunikation von weiterer Kommunikation (Gedächtnis) abhängt (5. These). Schließlich liegt nicht nur die Historizität des Paradigmas in einem je gegenwärtigen Ausgangspunkt, nämlich an der Schnittstelle zwischen Diachronie und Synchronie, sondern auch die Historizität des Gedächtnisses als kommunikative Selbstbeobachtung. Der Ausgangspunkt eines Paradigmas muss also ebenso in einer Gegenwart angenommen werden, wie der Ausgangspunkt von Sinn als Aktualisierung von Möglichkeiten. In beiden Fällen bildet der unbeobachtbare *blinde Fleck* Gegenwart ein entscheidendes Konstitutionsmoment. So wie das Paradigma also die spezifische Relation von Element und Ensemble hervorbringt, prozessiert das Gedächtnis die spezifische Konstellation von Gegenwart und Zeit in Form von Sinn. Dieser Prozess lässt sich in literarischen Texten identifizieren, weil sie als interpretative Form/Form-Differenzierung nicht nur Bewusstsein und Kommunikation in struktureller Kopplung, sondern auch die strukturelle Kopplung von Gegenwart und Zeit relativ zeitunabhängig prozessieren. Und weil literarische Texte aufgrund ihrer besonderen Medialität so tun können, *als ob* sie Bewusstsein oder Gegenwart kommunizieren könnten, sind sie die idealen Beobachter dieser Konstellation, die sich bei ihrer (Selbst)Beobachtung beobachten lassen.

3. Interpretative Gedächtnisformen von Gegenwärtigkeit und Zeit

3.1 Autopoietiken *als Gedächtnis von Operativität*

Bei der Hinwendung zu literarischen Texten ist es sinnvoll, das Verhältnis von Gegenwart und Zeit in ihrem Bezug zur Literatur noch einmal aufzugreifen. Während der Zeitbegriff als Einheit der Differenz von Konstanz und Veränderung, Vergangenheit und Zukunft, Vorher und Nachher oder Aktualität und Inaktualität gefasst werden kann, lässt sich Gegenwart eben nicht als Zeitbestimmung einführen. Objektivierungen von Zeit (etwa Mehrfachmodalisierungen) sind gegenwartsrelativ; sie sind also gewissermaßen Ergebnis ihrer eigenen Praxis. Dieser Gedanke stammt von Armin Nassehi, der mit der Neuauflage seiner Dissertation *Die Zeit der Gesellschaft* eine Erweiterung seiner soziologischen Theorie der Zeit vorgenommen hat, indem er ihr unter anderem den Beitrag „Gegenwarten" voranstellt.[1] Darin geht Nassehi davon aus, „dass sich soziale Ereignisketten, das Nacheinander von Handlungen und Kommunikationen, die Anschlußfähigkeit von Ereignissen *praktisch* ereignen und an ihre operative Gegenwarten gebunden sind."[2] Er unterscheidet zwischen der *Zeitlichkeit des Systems*, also jener Zeit, die durch die Operativität der Zeit konstituiert wird, und der *Beobachtungszeit,* also der Handhabung einer Temporalisierung.

Wichtig für die vorliegende Arbeit ist bei dieser Differenzierung das, wie Nassehi es formuliert, „radikal gegenwartsbasierte Design."[3] Zeit lässt sich auch hier sowohl als einwertiger Begriff fassen, der unhintergehbar und damit gewissermaßen differenzlos vorausgesetzt und mitgeführt werden muss, als auch als zweiwertiger Begriff, der es erlaubt, Temporalisierungen überhaupt erst zu handhaben. Nassehi fasst Zeit als „Korrelat des Problems, dass nicht alles gleichzeitig geschehen kann und dass die verschiedenen ungleichzeitigen Gegenwarten voneinander wissen müssen, um sich als Anschlußzusammenhang konstituieren zu können."[4] Eine solche praxistheoretische Perspektivierung interessiert sich nicht für das, was sich hinter oder jenseits der Praxis befindet, sondern einzig für das, was in ihr angelegt ist. Denn, „es sind in der Tat so etwas wie urimpressionale Gegenwarten, in denen sich Akteure vorfinden und durch die sie zu Akteuren konstituiert werden."[5] Gegenwart wird also als pure Operativität verstanden.

---

1 Nassehi, Armin: „*Die Zeit der Gesellschaft. Auf dem Weg zu einer soziologischen Theorie der Zeit.*", 2. Auflage, Wiesbaden 2008.

2 Ebd., 26.

3 Ebd., 27.

4 Ebd.,142.

5 Ebd., 26.

Da es in dieser Arbeit darum geht, literarische Texte in den Blick zu nehmen, die Gegenwart und Zeit als Kommunikation (sozusagen als Gedächtnis von Gegenwart und Zeit) handhaben, werden solche Texte in einen Zusammenhang gestellt, die gerade durch ihren Bezug zu einer ordnenden Funktion ein möglichst hohes Maß an Identifikationsmöglichkeiten der jeweiligen Formbildung versprechen. Je mehr ungleichzeitige Gegenwarten in Form von Sinn in einen kohärenten Bezugsrahmen gebracht werden können, desto wahrscheinlicher erscheint es, auch Kommunikationen auf ihre Operativität hin befragen zu können.

Das Prinzip der Autopoiesis macht sowohl einen Universalbeobachter überflüssig, als auch eine beobachtungsunabhängige Realität. Konstitutiv für alle Beobachtung ist einzig die Einheit der Differenz von Beobachtung und Operation, deren Relevanz von der in Aussicht gestellten Beobachtungsleistung abhängt. Nach welchen Kriterien die Anordnung eines Textkorpus vorgenommen wird, hängt also davon ab, was die jeweilige Anordnung als Beobachtungsleistung in Aussicht stellt.

Die Auswahl der literarischen Texte orientiert sich an den Leitunterscheidungen des eingeführten Theorieinventars. Um von einem spezifischen Text ausgehen zu können, muss es möglich sein, Textgrenzen zu unterschieden. Die Kriterien für solche Unterscheidungen müssen kohärent und intelligibel sein, um als Bedingung weiterer Unterscheidungskriterien operationalisiert werden zu können. Im Zusammenhang mit einem technisch ausgelegten Literaturbegriff wurde auf die Wahrscheinlichkeiten hingewiesen, etwa Buchrücken als Textgrenze zu bestimmen. Geht es jedoch um mehr als nur einen einzelnen literarischen Text, lässt sich die Frage nach den Textgrenzen weiter fassen. Inwieweit beeinflusst eine spezifische Anordnung von Texten als Sammlung die Handhabung des einzelnen Textes und umgekehrt? Weil ein Medium nur an seinen Formen identifizierbar ist, diese Identifikation jedoch ihrerseits nur als Form hervorgebracht werden kann, muss jede Textauswahl Rückbindungsmöglichkeiten an die interpretative Form/Form-Differenzierung von Literatur als Medium erlauben. Je plausibler die Textauswahl die spezifische Formbildung des Mediums in sich aufzunehmen in der Lage ist, desto leistungsfähiger ist die Methode der Interpretation; eine Annahme, die sich insbesondere mit dem vorliegenden Beobachtungskonzept bekräftigen lässt.

Für diese Arbeit eignen sich solche Textsammlungen, deren Anordnung mit hoher Wahrscheinlichkeit durch eine Urheberschaftszuordnung legitimiert wird. Gerade weil das Subjekt nicht mehr als Träger ontologischer Eigenwerte fungieren kann, sondern als aposteriorische Zurechnungskategorie, verspricht die Kopplung einer Textsammlung mit einer Autorperson (Urheber/Subjekt) als ordnendem Prinzip – das wird nachfolgend gezeigt werden – ein hohes Maß an Beobachtungsleistungen. In den Blick genommen werden jene Textsammlungen, die Arno Schmidt, Uwe Johnson, Walter Kempowski und Peter Kurzeck zugeordnet werden können. Denn diese Textkorpora unterhalten ein jeweils paradigmatisches Verhältnis zu Gegenwart und Zeit. Es werden also solche Erzählverfahren und Textsammlungen gehandhabt, die insbesondere mit dem Verweis auf die jeweilige Autorperson und die damit verbundenen Ordnungsprinzipen auf ihren starken Bezug zur Gegenwart und Zeit hin ausgestellt werden können.

Als Garant eines bestimmten Korpus wird dabei immer wieder eine Kopplung vorgenommen, bei der man vorgeblich die literarischen Texte sprechen lässt, dabei aber auf ein angebliches Wissen über *historische Zusammenhänge* erläuternd zurückgreift, bis hin zur Berufung auf autobiografische *Selbstbeobachtungen* der jeweiligen Autorpoetik (Interviews/ Poetikvorlesungen etc.). Die Zurechnung einer Autorperson als Urheber spezifischer literarischer Texte stellt dabei das ideale Ordnungsprinzip für die Festlegung des angestrebten Textkorpus dar. Denn es verschleiert den zugrundeliegenden Konstruktcharakter zugunsten der in Aussicht gestellten Ergebnisse, indem es so tut, *als ob* es eine realitätsunabhängige Beobachtungsinstanz wäre. Bei der zugerechneten Autorperson handelt es sich jedoch nicht um ein Subjekt im ontologischen Sinne. Im Gegenteil: Im Sinne des gewählten Theorie-Sujets muss die Autorperson als Zurechnungskategorie verstanden werden, als ein Effekt des jeweiligen Sinnzusammenhangs.

Die angenommene Autor-Instanz ist sozusagen das *tertium datur* einer Anzahl bestimmter literarischer Texte. Die Anordnung dieser Texte ist damit nicht mehr auf das Prinzip der Ähnlichkeit angewiesen, etwa durch motivische Gemeinsamkeiten oder eine ähnliche Textualität. Die Anordnung ermöglicht, die Texte nach dem Prinzip der Analogie in den Blick zu nehmen, das in seiner spezifischen Bewegung von einem Besonderen zu einem anderen Besonderen fortschreitet. Eine solche Textanordnung wird als Tatsache gehandhabt, die durch sich selbst gerechtfertigt ist, weil sie sich als evident erweisen kann. Dieses Prinzip lässt sich am besten mit einer Feststellung Luhmanns verdeutlichen, der zu Beginn seiner Arbeit *Die Gesellschaft der Gesellschaft* folgende Aussage trifft: „Phänomenologie wird als Ontologie praktiziert."[6] Um eine solche Praxis handelt es sich, wenn sich ein Textkorpus nicht nur über eine *zugehörige Autorperson* ordnen, sondern geradezu paradigmatisieren lässt. Die Phänomenologie kann vor dem Hintergrund des gewählten Theorieinventars als Kommunikation verstanden werden, die, um ein möglichst hohes Maß an Anschlusskommunikation (Beobachtungsleistung) in Aussicht zu stellen, gehandhabt wird, als wäre sie die einzig anschlussfähige Kommunikation, die ihren Fortbestand als Kommunikation garantieren könnte. Die Wahrscheinlichkeit eben dieser Form der Anschlusskommunikation ist auf eine bestechende Art und Weise durch sich selbst gerechtfertigt. Dieser Ordnungsvorgang kann also als Paradigmatisierung verstanden werden. Denn es handelt sich – wie ich in Bezug auf Jahraus' Verwendung der Paradigmatisierung im Bereich der Festlegung eines Korpus bestimmter schriftlicher Texte als Literatur bereits dargelegt habe – um eine Engführung spezifischer literarischer Texte, deren Intelligibilität als paradigmatisches *Textkorpus* nur über ihr *tertium datur*, nämlich über den Bezug zur Autorperson hergestellt wird. In Anlehnung an die

6 Luhmann, *Die Gesellschaft der Gesellschaft 1*, hier 93.

Überlegungen zum Begriff des Paradigmas als Miniatur-Theorem des gesamten Begriffsinventars mag gelten, dass bei solchen Autorenpoetiken das Element (als einzelner literarischer Text) seine Zugehörigkeit zum Ensemble (Autorenpoetik) ausstellt und gleichzeitig aussetzt. Auch lässt sich, sofern es sich um eine Autorenpoetik als Paradigma handelt, schlecht ein Ursprung bestimmen, geschweige denn eine Vorrangigkeit von Element und Ensemble. Die Identifikation des Paradigmas ist an die jeweilige Beobachtung gebunden, die ihrerseits als Phasenmoment in ein Prozessgeschehen eingebunden ist, das die Einheit der Differenz von Beobachtung und Operation hervorbringt und so fort. Entscheidend ist die Beobachtungsleistung der Paradigmatisierung.

Nach Maßgabe der Beobachterkontamination und dem dargelegten Realitätskonzept wurde dieser Arbeit ein Textbegriff auf der Basis von Schrift zugrunde gelegt. Da für die folgende Untersuchung Textsammlungen in den Blick genommen werden, deren Ordnungsprinzip Autorpersonen jenseits und diesseits der Textgrenzen sind, bietet es sich geradezu an, die Form/Form-Differenzierung auch solcher Medien zu berücksichtigen, die sich mit dem jeweiligen Kommunikationszusammenhang aufdrängen. Durch die strukturelle Kopplung von Bewusstsein und Kommunikation beziehungsweise Mündlichkeit und Schriftlichkeit im Medium Literatur auf der Basis von Schrift können, sofern eine Autorperson als Ordnungsprinzip gewählt wurde, auch solche medialen Phänomene in die Zurechnung einer Autorpoetik einfließen, die als Kommunikationen identifiziert, und also solche kommuniziert werden können. Gemeint sind insbesondere auditiv und visuell handhabbare Kommunikationen (Hörspiele, Lesungen und dergleichen), die ihrerseits in einem Kommunikationszusammenhang (Textkorpus, Autorpoetik) stehen. Die Berücksichtigung solcher Kommunikationen ist wiederum davon abhängig, was die jeweilige Zurechnung zur Autorperson als Projektion, zum Textkorpus und damit zum Paradigma als Autorpoetik intellegibel zu machen verspricht. Gleichzeitig können nur solche Kommunikationen Eingang in die paradigmatisierte Autorpoetik finden, die sich ihrerseits in das jeweilige Paradigma einfügen. Hinsichtlich des Paradigma-Begriffs muss das bedeuten, dass sie als Element des Ensembles so angelegt sind, dass sie in sich ein Ensemble erzeugen, das selbst für die spezifische Homogenität einsteht und sowohl Element als auch Ensemble bestätigt.

Für die folgenden Interpretationen wird eine Zurechnungskategorie verwendet, die ihre Berührung mit verwandten Forschungsfeldern und Begrifflichkeiten ausstellt und zugleich das eingeführte Theorieinventar bündelt und in Funktion setzt – die *Autopoietik.*

Auto[r]schaft – Autologie – Autopoiesis

Nach Maßgabe der Autopoiesis prozessiert auch Literatur als Kommunikationsmedium Literatur, und zwar autopoietisch. Das Prinzip der Autologie als das Wort, das sich selbst schreibt, ist in der Lage, die Annahme ontologischer Eigenwerte als Urheber im Sinne einer Autorschaft als Subjekt, Individuum und realitätsunabhängige Universalbeobachtung zu ersetzen. Die Autorperson dient jedoch als aposteriorische Zurechnungskategorie, über die ein Textkorpus geordnet und über seine Textgrenzen hinaus in einen Kommunikationszusammenhang gestellt werden kann, der als Ordnungsrahmen wiederum Rückbindungsmöglichkeiten für die Interpretation der literarischen Texte parat hält. Dieses Ordnungsprinzip wird mit der Zuordnung eines Eigennamens zu einer spezifischen Textsammlung erreicht, wobei die unterstellte Urheberschaft als Begründung genügt, wenn die Kohärenzkriterien dieser Zurechnung plausibel sind. Die Annahme von Autorschaft als Begründungsinstanz würde die Beobachtungsleistung literarischer Texte erheblich mindern, weil die damit verbundene Unhintergehbarkeit des Bewusstseins als Letzteinheit permanent präsent wäre. Die Fokussierung der Mediendifferenzierung, die es erlaubt, von der strukturellen Kopplung als Autopoiesis auszugehen, stellt gerade im Literaturmedium als interpretativer Form/Form-Differenzierung ein ausgezeichnetes Interpretationspotenzial in Aussicht. Erst der literaturtheoretisch fundierte und damit anwendbare Verzicht auf das Subjekt als Begründungsinstanz und Autorschaft erlaubt seine Re-Integration und Funktionalisierung als effektives Ordnungsprinzip, das stets ein Effekt der Beobachtungsleistung bleiben muss. Für die Interpretation literarischer Texte vermag dieses Ordnungsprinzip jedoch seinen Konstruktcharakter zugunsten des effektiven Beobachtungspotenzials des Eigennamens als Bezugspunkt der jeweiligen Poetik zu verschleiern. Auf das *r* im Begriff der Autorschaft kann deshalb verzichtet werden. Auf diese Weise bleibt das Verhältnis von Textkorpus und Auto[r]schaft als Ordnungsprinzip erhalten. Das weg gestrichene *r* markiert die produktive Wendung des Autor-Begriffs, der als Effekt der Zurechnung, als fruchtbare Projektion in Funktion gesetzt werden kann. Entscheidend ist also nicht mehr der Urheber als Subjekt, sondern der zugerechnete Autorbezug zu einer Textsammlung. Die Beobachtungsleistung einer Textsammlung wird über ihre Subjekt- bzw. Auto[r]bezogenheit potenziert.

Literarischer Text – Textelemente – Poietik

Um kommunikative Ereignisse der Autopoiesis im Literaturmedium beobachten zu können, müssen Unterscheidungskriterien festgelegt werden. In Anlehnung an Jahraus' Literaturbegriff, der durch die wechselseitige Aufrüstung der Medium/Form-Differenz entlang der strukturellen Kopplung mit dem triadischen Zeichenbegriff auf Dreiwertigkeit zielt, werden für diese Arbeit solche literarischen Textsammlungen als Formen interpretativer Form/Form-Differenzierung in den Blick genommen, deren Anordnung sich durch eine vereinheitlichende Zurechnungskategorie legitimieren lässt. Vor dem Hintergrund des gewählten Theorieinventars könnte man diese Zurechnungskategorie auch als Einheit handhaben, die nur in ihrer Differentialität zu haben ist (als Differenz von etwas). Ebenfalls kann diese Zurechnungskategorie als Interpretanten-Bezug verstanden werden, der notwendig ist, um in Relation zum Objektbezug und Zeichenmittel ein Zeichen zu komplettieren. Alle Beschreibungsvarianten, und darauf kommt es an dieser Stelle an, können ineinander übersetzt werden.

Als *Autopoietiken* können solche spezifischen literarischen Texte zusammengefasst werden, deren Anordnung nicht im Prinzip der Ähnlichkeit gründet (textuelle, strukturelle, semantische, grammatische Gemeinsamkeiten und dergleichen), sondern in ihrem Bezug zu einem vereinheitlichenden Eigennamen. Dieser Eigenname wird dem Textkorpus als Urheber und ordnendes Prinzip zugerechnet und dergestalt gehandhabt, dass es eben dieser Name ist, der die *Autopoietik* hervorbringt, legitimiert und mit einem hohen Maß an erwartbarer Beobachtungsleistung ausstattet. Es sind jedoch in allen Fällen die literarischen Texte, die sich autopoietisch hervorbringen und mit dem je eigenen Maß an Beobachtungsleistung ausstatten. Indem die Kopplung von Korpus und Zurechnungskategorie für die Interpretation literarischer Texte so tut, als gründe der Eigenname der zugeordneten Autorperson in ontologischen Eigenwerten, kann das Subjekt als Effekt der Zurechnung, als paradoxaler Bezugs- und Relationspunkt integriert und sogar funktionalisiert werden.

Autopoietik als Paradigma

Für die Identifikation einer *Autopoietik* gilt die paradoxale Bewegung der Figur des Paradigmas. Das Paradigma wird, wie bereits erwähnt, als Miniatur-Theorem des eingeführten Theorieinventars betrachtet. Das Element einer *Autopoietik* (der einzelne literarische Text) setzt seine Zugehörigkeit zum Ensemble (*Autopoietik*) aus, während es diese Zugehörigkeit in sich und durch sich zugleich ausstellt, und zwar über die Bezogenheit selbst. Kommunikationen sind abhängig von Kommunikationen und weil auch der Vorgang der Paradigmatisierung den Prinzipien der Autopoiesis unterliegt, hängt ihre Beobachtungsleistung als Operation von den Parametern ab, die sie selbst hervorbringen. Die Paradigmatisierung von *Autopoietiken* muss spezifischen Kohärenzkriterien folgen, um durch ihre in Aussicht gestellte Beobachtungsleistung überhaupt erst als Operation vorgenommen zu werden.

Selbstbeobachtung als Gedächtnis und Autopoietik

Das Gedächtnis ist ein Systemerfordernis, das nicht nur die Bedingungen der eigenen Beobachtung im je gegenwärtigen Gedächtnisentwurf prozessiert, indem es als Gedächtnis nur Geltung haben kann, wenn es sich als temporalisierte Komplexität mit all den dazugehörigen Konstitutionskriterien reproduziert und als Anschlusskommunikation zur Verfügung stellt; es beobachtet sich im Moment seiner eigenen Reproduktion. Als Ausgangspunkt von Gedächtnis als Beobachtung wird dabei eine Gegenwart angenommen, die nur um den Preis ihrer

Gegenwärtigkeit bezeichnet werden kann – die reine Operativität. Diese Gegenwart kann also, sofern sie als Ausgangspunkt eines kommunikativen Ereignisses konzeptualisiert wird, als Initialmoment von Gedächtnis funktionalisiert werden, das Gegenwart im Akt des Gedächtnisses zum Preis ihrer Gegenwart in die Zeit holt (Verzeitlichung/Temporalisierung/Sinnkonstitution). Maßgebend sind im Moment des Gedächtnisentwurfs die Einheit der Differenz von Erinnern und Vergessen in einer jeweils vorausgesetzten Gegenwart, sowie die Einheit der Differenz von Gegenwart und Zeit als daraus resultierendes Gedächtnis.

Identifizieren lässt sich Gedächtnis nur als Kommunikation, die wiederum an Sinn gekoppelt ist, also über die Einheit der Differenz von Aktualisierung und Möglichkeit. Durch das Ordnungsprinzip der *Autopoietik* lässt sich der Akt des Gedächtnisses mit dem Gedächtnis als anschlussfähige Kommunikation (Resultat) über ihren Bezug zur jeweiligen *Autopoietik* nicht nur methodisch austauschen und als Kippbild funktionalisieren, sondern über die Bezogenheit einer darauf projizierten Urheberschaft als konstitutives Prinzip ganzer *Autopoietiken* verwenden. Weil die Leistungsfähigkeit einer wissenschaftlich fundierten Methode zur Beobachtung von Beobachtung mit den Fertigkeiten der Verschleierungstechnik des je eigenen Konstrukts steht und fällt, empfiehlt es sich, *Autopoietiken* zu wählen, die sich durch ein hohes Maß an Autoreflexivität auszeichnen. Je ausgeprägter und medial ausdifferenzierter die Selbstbeobachtung einer *Autopoietik* ist, umso größer ist auch das Beobachtungspotenzial der *Autopoietik* als Zurechnungskategorie und damit als Methode der Interpretation. Dies gilt in besonderem Maße für *Autopoietiken*, die als Akt des Gedächtnisses identifiziert werden können, weil sie als Kommunikation und Entwurf einer jeweiligen Gegenwart vorliegen, und so die Differenz von Gegenwart und Zeit als kommunikative Ereignisse über die Differenz von Entdifferentialisierung und Differentialität zur Verfügung stellen.

Gegenwärtigkeit und Zeitgenossenschaft

Ob bei einer *Autopoietik* davon ausgegangen werden kann, dass die jeweilige Zurechnungskategorie – der Eigenname des Autors als Bezug – lebt oder bereits verstorben ist, ist für die Prozessualität der *Autopoietik* nicht zuletzt vor dem Hintergrund der Beobachterkontamination von Bedeutung. Denn die Zurechnung eines Autobezugs ist auf der einen Seite ein ordnendes Prinzip, das als Strukturlieferant von wahrscheinlicher Anschlusskommunikation Komplexität reduzieren kann. Auf der anderen Seite ist mit dieser Zurechnungskategorie ein hohes Maß an Kontingenz verbunden, gerade wenn sich eine *Autpoietik* noch im Entstehen befindet, weil die zugerechnete Autorperson als Zeitgenosse identifizierbar ist, die das Paradigma der *Autopoietik* maßgeblich beeinflusst. In dieser Kontingenz liegt ein Vorteil, der – sofern der Autorbezug als aposteriorische Zurechnungskategorie konsequent präsent gehalten wird – die Differentialität der *Autopoietik* markiert und sie als solche Zurechnungskategorie für die Interpretation handhabbar macht. Gleiches gilt für das Verhältnis von veröffentlichten Texten und noch möglichen Veröffentlichungen einer *Autopoietik*, mit denen aufgrund bestimmter Wahrscheinlichkeiten noch zu rechnen ist. Ich denke da insbesondere an den Nachlass von Walter Kempowski. Entsprechend unterscheiden sich die *Autopoietiken* Arno Schmidt, Uwe Johnson und Walter Kempowki von der Peter Kurzecks insbesondere auch durch die offensichtliche Präsenz des Autors. Denn bei Letzterer spielen Aspekte wie Zeitgenossenschaft, beziehungsweise Gegenwärtigkeit, Operativität und Präsenz der Zurechnungskategorie eine maßgebende Rolle. Wählt man nämlich einen Autorbezug als Ordnungsprinzip literarischer Texte, die in einen Kommunikationszusammenhang gestellt werden können, der die Textgrenzen gewissermaßen sprengt, muss komplementär dazu auch die Möglichkeit der gegenwärtigen Kommunikation als Teil der *Autopoietik* angenommen werden. Wenn also von Gegenwartsliteratur oder zeitgenössischer Literatur die Rede ist, müssen die Autorbezüge als Effekte und Zurechnungskategorien auch auf ihren Effekt auf all jene Kommunikationen hin befragt werden, die als Teil des Kommunikationszusammenhangs der *Autopoietik* in Frage kommen.

Autopoietiken gehen insofern über die Grenzen spezifischer Texte hinaus, als nicht nur ihre Anordnung selbst diesseits und jenseits der Textgrenzen identifizierbar sein muss, sondern auch andere Kommunikationsformen konstitutiv zur Paradigmatisierung der jeweiligen *Autopoietik* beitragen. Dies gilt etwa für Interviews und Lesungen, Tagebücher und Poetikdozenturen, für Hörspiele und Tonaufnahmen und in besonderem Maße für mediale Formen, die ein Potenzial großer Gegenwärtigkeit in Aussicht stellen, wie im Fall Peter Kurzeck, das öffentliche Diktat seines Romanmanuskripts, das über mehrere Wochen hinweg im Frankfurter Literaturhaus stattgefunden hat. Diesem Diktat war ein öffentlicher Aufruf über die Presse voraus gegangen, über den Interessierte zur Mitarbeit oder Anwesenheit während des Diktats eingeladen wurden. Unter den Personen, die zur ersten Texterfassung beitrugen und die namentlich im Impressum aufgeführt sind, gehören neben Peter Kurzecks Lektoren, Lesern, Journalisten, die immer wieder über ihn berichten, auch die Verfasserin dieser Arbeit. Diktiert wurde von Peter Kurzeck, der aus seinem Manuskript las und dabei bisweilen Korrekturen vornahm. Während des öffentlichen Diktats, das wochentags von 10.00 bis 16.00 Uhr stattfand und das fast vollständig auf Tonspur aufgenommen wurde, war die Tür stets geöffnet. Besucher und Zuhörer kamen und gingen, stellten Fragen, wurden teils von Peter Kurzeck begrüßt oder auch in ein Gespräch verwickelt. Diese Form der „Texterfassung“, wie es im Impressum des Romans heißt, performiert eine Operativität des Schreibens, die sich, um mit Nassehi zu sprechen, in der Zeitlichkeit des Systems vollzieht und die sich im Nachhinein nur als Beobachtungszeit, etwa als Roman *Vorabend* handhaben lässt. In der Möglichkeit, dieser Operativität des Schreibens beizuwohnen, sie zu erfahren, ihr gegenwärtig zu werden, liegt ein Potenzial großer Gegenwärtigkeit. Darauf wird in Kapitel 3.5 zu Peter Kurzeck ausführlich zurückzukommen sein. Entscheidend ist an dieser

Stelle, dass das Potenzial von Gegenwärtigkeit mit der Vielfalt und Verzahnung der medialen Formen einer *Autopoietik* steigt.

Die Relationen zwischen einzelnen Texten und medialen Formen, die nachfolgend mit einem bewusst selektiv gehaltenem Blick auf die Textkorpora Arno Schmidt, Uwe Johnson und Walter Kempowski auf ihr Verhältnis zu Gegenwart und Zeit als Gedächtnis hin befragt werden, finden eine Erklärung, wenn man den Begriff des Chronisten hinzuzieht. Denn dieser Begriff birgt in seinen Bezugsmöglichkeiten zu Begriffen wie Erzähler, Autor, Text oder Chronik, Gedächtnis und Zeit seinerseits ein interpretatives Potenzial.

3.2 *Zum Verhältnis von Chronist und Chronik*

> Seine eigene Vergangenheit – und das besagt immer die seiner ‚Generation' – *folgt* dem Dasein nicht *nach,* sondern geht ihm je schon vorweg. / Diese elementare Geschichtlichkeit des Daseins kann diesem selbst verborgen bleiben. Sie kann aber auch in gewisser Weise entdeckt werden und eigene Pflege erfahren.[7]

Der Begriff des Chronisten hat seit der zweiten Hälfte des 20. Jahrhunderts geradezu diametrale Umdeutungen erfahren. Auf der einen Seite stehen die Effekte des *linguistic turn,* die das Feld der Chrono- und Historiographie mit Fragen nach dem Anteil an Fiktionalität in erzählter Geschichte konfrontiert haben, wodurch der Chronist als objektiver Protokollant chronologischer Ereignisse unvorstellbar wird; seither muss auch der Chronist als Erzähler gelten, der auf jene Strukturprinzipien angewiesen ist, die sich mit dem Modus der Narration zwangsläufig ergeben: die Notwendigkeit der Selektion zur Herstellung von Kausalbeziehungen.[8] Auf der anderen Seite erfährt ausgerechnet der Chronist, wenn auch an an-

---

7 Heidegger, *Sein und Zeit,* hier 20.

8 Bereits Friedrich Schiller hat das Missverhältnis zwischen einem Ereigniszusammenhang und seiner Darstellung auf den Punkt gebracht: „Ganz und *vollzählig* beschauen kann sie [gemeint ist „die Kette von Begebenheiten", MK] nur der unendliche Verstand; dem Menschen sind engere Grenzen gesetzt." Schiller, Friedrich, „Was heißt und zu welchem Ende studiert man Universalgeschichte", in: *Friedrich Schiller. Werke in zwei Bänden,* München u. a. 1959. hier 966. Auch auf die Frage nach der Qual der Wahl, welche Begebenheiten aus einer Summe jeweils herausgegriffen werden, gibt Schiller eine viel zitierte Antwort: Der Historiker, diese Bezeichnung sei an dieser Stelle in Abgrenzung zum Chronisten hervorgehoben, hebe „diejenigen heraus, welche auf die *heutige* Gestalt der Welt und den Zustand der jetzt lebenden Generationen einen wesentlichen Einfluß gehabt haben." (Ebd.) Schiller unterscheidet dabei zwischen dem „Gang der *Welt*" und dem „Gange der *Weltgeschichte*"; eine Abgrenzung, an die sich die Debatte um das Verhältnis von erzählter Geschichte, Narration und Fiktionalität als historische Begriffsdarstellung nahtlos anschließen ließe. Freilich ließen sich historisch frühere Belege finden; eine Tatsache, die immer auch als Beleg für die Kontingenz und Kausalitätsbedürftigkeit jeder Form von Kommunikation herangezogen werden kann.

derer gesellschaftlicher Stelle, eine Renaissance. Peter Kurzeck ist als Verfasser seiner autobiografisch-poetischen Chronik das beste Beispiel dafür.

Dass der Chronist aus seinem traditionsreichen Kontext der Geschichtsschreibung entlehnt werden kann, um an anderer Stelle eine Funktion zu erfüllen, ist vermutlich ein Allgemeinplatz. Dass diesen Funktionswandel aber eine geradezu diametrale Bewegung auszeichnet, verdient besondere Aufmerksamkeit. Schließlich haben die Annahme der Beobachterkontamination und der fiktionale Charakter von Sprache dazu geführt, dass die ursprüngliche Funktion des Chronisten ihren wissenschaftlichen Status verloren hat. Inzwischen sind es eben diese Prädikate, die den Begriff des Chronisten zumindest im Bereich der Literatur rehabilitieren können. Um einen solchen Funktionswandel in seiner Systematik zu skizzieren, werde ich nun ausgewählte Ansätze anführen, die den Begriff des Chronisten in seinem Bedeutungswandel veranschaulichen skizzieren.

Die Beiträge von Hayden White, der den fiktionalen Charakter historischer Darstellungen über Strukturprinzipien der klassischen Rhetorik plausibel gemacht hat, haben maßgeblich zur Umdeutung des Chronisten beigetragen.[9] Aber auch Jürgen Habermas und Arthur C. Danto dürfen an dieser Stelle nicht unerwähnt bleiben.[10] Danto beschreibt die logische Struktur narrativer Sätze, indem er ihnen "future-referring predicates" zuschreibt "which have, as truth-conditions, and hence as part of their meaning, events which occur later than the events primarily referred to."[11] Interessant an dieser Position ist in diesem Zusammenhang vor allem die zugestandene Eigenkomplexität narrativer Sätze. Diese Prädikate, „which, though applied to present objects, do so only on the assumption that a future event occurs, and which will be retrospectively *false* of those objects if the future required by the meaning-rules of these predicates fails materialize."[12] Auch Habermas bezieht sich in seinen Überlegungen zu narrativen Sätzen unter anderem im Anschluss an Danto auf die Beziehung zwischen mindestens zwei Ereignissen, auf die sich ein narrativer Satz bezieht:

---

9 Dass Hayden White in den 70iger Jahren des letzten Jahrhunderts das „historische Feld“ mit seiner *Metahistory* so charakterisiert hat, indem es sich dadurch erhält, dass es fiktionale Aussagen als „poetischen Akt“ hervorbringt, ist als theoretisches Ereignis aus dem geisteswissenschaftlichen Feld des beginnenden 21. Jahrhunderts kaum wegzudenken. So heißt es bei Hayden White etwa programmatisch: „[T]ere has been a reluctance to consider historical narratives as what they most manifestly are: verbal fictions, the contents of which are as much invented as found and the forms of which have more in common with their counterparts in literature than they have with those in the sciences" White, Hayden, "The Historical Text as Literary Artifact", in: ders., *Tropics of Discourse. Essays in Cultural Criticism,* Baltimore 1986, 81-101, 95. Vgl. auch: ders., *Metahistory. The Historical Imagination in Nineteenth-Century Europe*, Baltimore 1973.

10 Vgl. Habermas, Jürgen, „Zur Logik der Sozialwissenschaften“, in: *Philosophische Rundschau. Beiheft 5,* Tübingen 1967, sowie Danto, Arthur C, *Narration and Knowledge (including the integral text of Analytical Philosophy of History),* New York 1985.

11 Danto, *Narration and Knowledge*, hier 346.

12 Ebd., hier 349.

> Narrative Aussagen beschreiben ein Ereignis mithilfe von Kategorien, unter denen es nicht hätte beobachtet werden können. Der Satz ‚Der 30jährige Krieg begann 1618' setzt mindestens den Ablauf der für die Geschichte des Krieges relevanten Ereignisse bis zum Westfälischen Frieden voraus, die bei Ausbruch des Krieges von keinem Beobachter hätten dargestellt werden können.[13]

Auf eine solche gedoppelte Zeitperspektive und die daran geknüpften Bedingungen der Beobachtung beziehen sich insbesondere Matías Martinez und Michael Scheffel in ihrer *Einführung in die Erzähltheorie,* und hier nicht etwa auf Habermas, sondern interessanterweise auf Danto. Sie unterscheiden zwischen chronikalischen Feststellungen vergangener Ereignisse, die keine Kausalbeziehungen zu anderen Ereignissen aufweisen, und dem „besonderen Charakter narrativer Texte", bei denen ein retrospektiver Standpunkt als notwendig vorausgesetzt wird:

> Nicht schon der kontemporäre Chronist, sondern erst der retrospektiv urteilende Erzähler oder Historiker kann ein Geschehen mit Begriffen erfassen, die für das Verständnis narrativer Texte so fundamental sind wie ‚Anfang' und ‚Ende', ‚Ursache' und ‚Wirkung', ‚Aufstieg' und ‚Niedergang', ‚Wendepunkt' und ‚Vorwegnahme'. Solche Begriffe kann nur verwenden, wer eine kognitive Position innehat, die dem beschriebenen Ereignis gegenüber zukünftig ist.[14]

Maßgeblich ist folglich die konsequente Unterscheidung zwischen einem Chronisten, der hier als Zeitgenosse etwaiger Ereignisse verstanden werden muss, und einem Erzähler/Historiker, der retrospektiv Kausalbeziehungen herstellt und aufgrund seiner kognitiven Position – im Gegensatz zum Chronisten – auch allen Grund dazu hat. Dieser Gedanke findet sich auf ähnliche Weise bei Habermas in seiner Schrift „Zur Logik der Sozialwissenschaften" von 1967, aus der ich bereits zitiert habe:

> Der ideale Chronist ist außerstande, intentionale Handlungen zu beschreiben, denn das würde die Antizipation von Ereignissen jenseits des Zeitpunktes der Beobachtung voraussetzen. [...] Der Chronist kann keine einzige Geschichte erzählen, weil sich Relationen zwischen Ereignissen mit verschiedenem Zeitindex seiner Beobachtung entziehen: Er kann Anfang, Krise und Ende seines Handlungszusammenhangs nicht sehen, weil ein Gesichtspunkt möglicher Interpretation fehlt.[15]

Es ist bemerkenswert, dass die Unterscheidung von Chronist und Erzähler, beziehungsweise von Zeitzeuge und Historiker vor dem Hintergrund des erzähltheoretischen Sujets – wie man es bei Martinez und Scheffel findet – überhaupt noch als erklärende Bezugskategorie der zeitgenössischen Erzähltheorie angeführt wird. Immerhin ist auch ein gleich wie definierter kontemporärer Chronist auf den Modus der Narration angewiesen. Gleiches gilt für etwaige Gattungsunterschiede zwischen literarischen oder philosophischen Texten, wozu sich etwa Jaques Derri-

---

13 Habermas, „Zur Logik der Sozialwissenschaften", hier 161.

14 Martinez, Matías/Scheffel, Michael, *Einführung in die Erzähltheorie.* 5. Auflage. München 2003, hier 121.

15 Habermas, „Zur Logik der Sozialwissenschaften", hier 161.

da in seiner *Grammatologie* folgendermaßen äußert: „Wenn wir vom Schriftsteller und vom Übergewicht der Sprache sprechen, auf die er angewiesen ist, dann denken wir nicht alleine an den Literaten. Der Philosoph, der Chronist, der Theoretiker im allgemeinen und letzten Endes jeder Schreibende ist davon betroffen.“[16]

Nun sind die angeführten Passagen bewusst aus ihrem jeweiligen historischen und wissenschaftstheoretischen Kontext und dem damit ursprünglich zugeordneten Kommunikationszusammenhang entfernt worden, um sie in einen Kontext zu stellen, der Aufschluss über den Begriff des Chronisten zu geben verspricht. Um dieses Verfahren in seiner charakteristischen narrativen Struktur auszuweisen, wird es nachfolgend in ein Geschichtsverständnis übersetzt, das dem gewählten Theorieinventar entspricht:

> Unter Geschichte soll hier nicht einfach die faktische Sequenz der Ereignisse verstanden werden, derzufolge Gegenwärtiges als Wirkung vergangener Ursachen bzw. als Ursache künftiger Wirkungen verstanden werden kann. Das Besondere an der Sinngeschichte ist vielmehr, daß sie wahlfreien Zugriff auf den Sinn von vergangenen bzw. künftigen Ereignissen ermöglicht, also ein Überspringen der Sequenz. Geschichte entsteht durch Entbindung von Sequenzen.[17]

Erst die *aktive* Auslassung spezifischer Sequenzen zeigt, dass der Begriff des Chronisten in der geisteswissenschaftlichen Forschung insbesondere im Zuge des sogenannten *linguistic turn* bemüht wird, um den Zusammenhang von erzählter Geschichte und Fiktionalität zu veranschaulichen. Auffallend ist dabei, dass der Begriff als Komplement dessen angeführt wird, was es zu charakterisieren gilt: des genuin narrativen retrospektiven Erzählers. Zwar kann man nach wie vor davon sprechen, dass der Chronist als Begriff funktionalisiert wird; allerdings nur als Negativ-Folie eines Erzählers, der durch diese Abgrenzung an begrifflicher Tiefenschärfe zu gewinnen scheint.

Die Verwendung des kontemporären Chronisten, wie ihn Martinez und Scheffel in Abgrenzung zum narrativen Erzähler zwar erläuternd anführen, aber nicht definieren, ist eine vordergründig notwendige Fiktion, die es erlaubt, den fiktionalen Erzähler in seiner zu definierenden Funktion zu charakterisieren. Die Unterscheidung von Erzähler und Chronist ist insofern fiktiv, als beide Begriffe nur unzureichend gegeneinander abgegrenzt werden können. Die Konturierung des einen Begriffes zur Erhellung des jeweils anderen muss deshalb nicht nur *per se* konstruiert sein; die konstruierte Konturierung muss ihren Konstruktcharakter möglichst konsequent verschleiern, um eine sinnvolle Beobachtungsleistung in Aussicht zu stellen. Während die fiktive Setzung eines Anfangs für die Identifizierung einer erzählten Geschichte notwendig ist, um sie zu strukturieren, könnte man im Fall des Chronisten analog dazu behaupten, dass er als fiktive Setzung die Funktion erfüllt, die Fiktionalität narrativer Aussagen zu konturieren.

---

16 Derrida, Jacques, *Grammatologie,* Frankfurt a. M. 1983, hier 276.
17 Luhmann, *Soziale Systeme,* hier 118.

Obwohl der Begriff des Chronisten also dazu verwendet wird, die zeitliche Struktur narrativer Texte zu veranschaulichen und dabei als Negativ eines Erzählers mit kognitiver Position ausgegrenzt wird, ist es auffälligerweise gerade das Prädikat des Chronisten, mit dem literarische Œuvres versehen werden können, die sich mit den Themen Gegenwart, Geschichte, Erinnern, Vergessen, Gedächtnis und Zeit befassen und darüber hinaus mit einem starken Bezug zur Zeitzeugenschaft gehandelt werden; ein Paradox, das sich vor dem Hintergrund des zugrunde gelegten Beobachtungs- und Realitätskonzept für die folgende Begriffsdefinition nutzen lässt.

Der Chronist ist das Paradigma gegenwärtiger Literatur, an dem sich das Verhältnis zwischen einem spezifischen Korpus literarischer Texte samt der ihm zugeordneten Urheberschaft als Ordnungsprinzip (*Autopoietik*) und einer damit korrespondierenden spezifischen Beobachtung von Gegenwart und Zeit als Gedächtnis aufspannt. Diese Beobachtung kann, um ihrerseits ein ordnendes Prinzip für Beobachtungsleistungen in Aussicht zu stellen, als *Autopoietik* eines Chronisten begriffen werden. Da einer solchen *Autopoietik* weder eine Begründungsinstanz mit ontologischen Eigenwerten zugesprochen, noch der Begriff des Chronisten als realitätsunabhängiger Beobachter funktionalisiert werden kann, es sich bei den nachfolgenden Autorfiguren also immer auch um Effekte einer Interpretation handelt, ist dieser Interpretationsansatz – nach Maßgabe des Gedächtnisbegriffes – in der Lage, zwischen dem Resultat der Interpretation (Verhältnis zwischen Textkorpus und Projektionseffekt) und dem Verfahren der Interpretation (welche Elemente konstituieren die jeweilige Interpretation?) wie bei einem Kippbild die Perspektive der Beobachtung zu wechseln.

Dass ein Chronist ab der zweiten Hälfte des 20. Jahrhunderts nicht mehr als realitätsunabhängiger Beobachter fungieren kann, dieses Prädikat jedoch ausgerechnet für zeitgenössische Urheber literarischer Texte der Gegenwart in Frage kommt, ist kein Zufall. Denn dieser Bedeutungswandel spiegelt das Verhältnis von literarischem Text und Urheberschaft auf paradigmatische Weise. Das Textkorpus bestimmt also die jeweilige *Autopoietik*, deren Merkmalkatalog auf einen Chronisten verweist, der – analog zu einer unterstellten Autoperson – stets ein Beobachtungseffekt sein muss. Dabei spielt die ursprüngliche Funktion des Chronisten, dessen traditionelle Aufgabe es war, geschichtliche Ereignisse dadurch zu bewahren, sie in chronologischer Reihenfolge wiederzugeben, die tragende Rolle. Die theoretischen Implikationen, die zum wissenschaftlichen Statusverlust des Chronisten geführt haben, bilden nun das konstitutive Prinzip: so zum Beispiel die Notwendigkeit der Selektion als Bedingung der Möglichkeit von Sinnbildung (Temporalisierung/Komplexitätsreduktion), die Problematik der Beobachterkontamination oder auch die Debatte um Autor- und Urheberschaft, beziehungsweise die Frage nach dem Status von Autobio- und Biografie. Mit der Erhaltung des Chronisten als Ordnungsprinzip literarischer Texte, die – wie die Zurechnungskategorie der *Autopoietik* – fiktiv gesetzt ist, wird zum einen von einer subjektiven

Autorperson abgesehen, weil auf eine Funktion abgestellt wird, deren Aufgabe es ist, Gegenwart und Zeit darzustellen und im Dienste der Darstellung hinter dem kommunikativen Ereignis zurückzutreten. Zum anderen wird genau diese Instanz als Bezugspunkt der literarischen Texte operationalisiert und über ihre Zurechnungsfunktion als Chronist rehabilitiert. So können Beobachtungskategorien, wie etwa subjektive Darstellung und objektiver Anspruch, Autor- und Urheberschaft, Chronist und Chronik etc., als kommunikative Ereignisse einer Realitätskonstruktion gehandhabt werden, die den spezifischen Konstruktcharakter für die Dauer ihrer Handhabung auf raffinierte Art und Weise verschleiert.

Entscheidend sind nun die Rückkopplungseffekte, die sich aufgrund der besonderen Medialität diesseits und jenseits der Textgrenzen identifizieren und für weitere Interpretationen nutzen lassen. Das Potenzial des Chronisten-Begriffs gründet dabei auch in der spezifischen Materialität des Literaturmediums, die die Interpretationsmöglichkeit ihrer eigenen Beobachtung aufgrund der Differenz von Entdifferentialisierung und Differentialität diskontinuiert. Gerade weil der Chronist als Bezugsgröße diesseits und jenseits der Textgrenzen konzeptualisiert werden kann, die spezifische Medialität literarischer Texte jedoch ein beträchtliches Maß an zeitunabhängiger Interpretationsmöglichkeit garantiert, kann die Differenz von Entdifferentialisierung und Differentialität auch für den Chronisten angenommen werden. Insofern der Chronist als Effekt der Textsammlung für die interpretative Form/Form-Differenzierung, also für die Interpretationspraxis in Funktion gesetzt wird, wird er als Ereigniskette des jeweiligen Kommunikationszusammenhangs ebenfalls auf Dauer gestellt. Nachfolgend wird es darum gehen, die Zuordnung eines Eigennamens als Urheber einer Textsammlung beziehungsweise als Chonist einer Chronik für die Interpretation von literarischen Textsammlungen zu nutzen und den damit einhergehenden interpretativen Mehrwert zu veranschaulichen.

Es werden drei *Autopoietiken* in den Blick genommen, anhand derer die Rückkopplungseffekte zwischen Textkorpus und ihrer Zurechnungskategorie geradezu paradigmatisch veranschaulicht und über eine Zuordnung des Chronisten zu einer Chronik in einen fruchtbaren Zusammenhang gestellt werden können. Hierfür wird die Figur des Paradigmas bemüht. Das Paradigma hält einen theoriebautechnischen Vorteil parat, der es erlaubt, eine *Autopoietik* zu paradigmatisieren, ohne dafür das Gesamtkorpus oder den jeweiligen Forschungsstand erschöpfend berücksichtigen zu müssen. Denn ein Paradigma zeichnet sich gerade dadurch aus, dass seine Identifikation die Regel des paradigmatischen Falls mitkonstituiert. Das Ziel der folgenden drei Abschnitte ist also, die jeweilige *Autopoietik* anhand paradigmatischer Fälle so zu präsentieren, dass das Ensemble intelligibel wird, dessen Paradigma sie sind.

Tritt zu diesem paradigmatischen Ordnungsprinzip – wie bei den folgenden drei *Autopoietiken* – auch noch der Merkmalkatalog des Chronisten hinzu, erhöht sich die in Aussicht gestellte Beobachtungsleistung, weil sich durch *Autopoietiken* mit starkem Bezug zu Gegenwart, Zeit, Geschichte, Gedächtnis, Erinnern und Vergessen nicht nur die Textgrenzen aufbrechen und überbrücken lassen, sondern bis zu einem gewissen Grad auch die verhärteten Grenzen zwischen Bereichen der wissenschaftlichen Praxis (Geschichtsschreibung, Zeitgeschichte, Literaturforschung), oder auch Kategorien von Realität und Fiktionalität, beziehungsweise Symbol- und Sozialsystem. Dass die Eigennamen der jeweiligen Textsammlung nicht nur auf konkrete Texte bezogen werden können, sondern auch auf eine individuelle Person im Sinne eines Subjekts, bleibt unbestritten. Vor dem Hintergrund des gewählten Theorieinventars ist die Frage nach dem ontologischen Status einer *Autopoietik* oder die Frage nach einem individuellen Gedächtnis im Sinne eines Bewusstseinssystems jedoch irrelevant.

Relevant sind einzig Kommunikationen, die nach Maßgabe der strukturellen Kopplung von Kommunikation und Bewusstsein als Medium/Form-Differenz prozessieren und deshalb anhand ihrer Formen als Form/Form-Differenzierung identifiziert und nach Maßgabe der Differenz von Entdifferentialisierung und Differentialität auf der Basis von Schrift interpretiert werden können. Unter den gleichen Vorzeichen wird Interpretation als Differenz von Text und Rezeption verstanden. Weil kommunikative Ereignisse als Phasenmomente stets Teil eines Kommunikationszusammenhangs sind, der von vorausgegangenen Kommunikationen kontaminiert ist, werden die nachfolgenden Interpretationsansätze als Skizze angelegt, die sich in entscheidenden Aspekten von jenen Interpretationszusammenhängen abzugrenzen suchen, die den Kurzschluss von Text und Autorperson unreflektiert vollziehen.

3.3 Beobachtungen dreier Autopoietiken

Für eine solche Betrachtung drängen sich die Textkorpora von Arno Schmidt, Uwe Johnson und Walter Kempowski, in denen Vorstellungen von Gegenwart, Zeit, Geschichte, Gedächtnis, Erinnerung und Vergessen zentrale Rollen einnehmen, förmlich auf. Gerade weil diese Textkorpora literaturwissenschaftlich bedacht und weitgehend kanonisiert wurden und werden, ist eine vollumfängliche Darstellung des jeweiligen Korpus nicht notwendig, um das Paradigmatische der jeweiligen *Autopoietik* zu veranschaulichen.

Der nachfolgende Blick auf die *Autopoietiken* Arno Schmidt, Uwe Johnson und Walter Kempowski zielt also gerade nicht auf vollständige Veranschaulichungen der Gesamtkorpora ab. Dies ist an anderer Stelle bereits ausführlich getan worden und würde das primäre Interesse der Interpretationsansätze verfehlen. Vielmehr nutzt der nachfolgende Blick die Notwendigkeit von Selektion unter Zuhilfenahme der Figur des Paradigmas und der Konstellation von Chronist und Chronik, um die Korrelationen komplexer Zeit- und Erzählstrukturen in den drei *Autopoietiken* in ihrem spezifischen Bezug zu Gegenwart und Gedächtnis zu skizzieren.

Im Zentrum steht die Frage, wie sich das jeweilige Textkorpus zu Schlagworten wie Gegenwart, Zeit, Geschichte, Gedächtnis, Erinnerung und Vergessen verhält, beziehungsweise wie es diese Gegenstände in ihrer spezifischen Konstellation literarisch hervorbringt und markiert beziehungsweise reflektiert. Hierfür werden markante Elemente des jeweiligen Korpus herausgegriffen und bewusst fragmentarisch in den zugehörigen Kommunikationszusammenhang gebracht, um das Verhältnis von Element und Ensemble immer wieder auf seine spezifischen Korrelationen von Gegenwart und Zeit als Gedächtnis befragen zu können.

3.3.1 Arno Schmidt

In der *Geschichte der Deutschen Literatur von 1945 bis zur Gegenwart* aus dem Jahr 2006 ist ein Abschnitt zur zweiten Phase des westdeutschen Nachkriegsromans mit besonderem Blick auf die 60er Jahre Arno Schmidt gewidmet.[18] Unter der Überschrift „Neue Wege und Seitenwege des Erzählens: Das Paradigma Arno Schmidt" wird auf etwa neun Druckseiten eine Perspektive auf Arno Schmidts „Ansätze des Erzählens", seine „erzählerische Linie", „die eigenwillige phonetische Schreibweise und regelwidrige Interpunktion" einzelner Texte im Zusammenhang mit Schmidts theoretischen Explikationen seines eigens entwickelten Erzählverfahrens und den damit eröffneten Wirkungsweisen, sowie auf den „soziologischen Hintergrund" des Autors eröffnet.[19] Indem der Beitrag von einem einzelnen literarischen Text Schmidts ausgeht, dem 1960 erschienenen Roman *Kaff auch Mare Crisium,*[20] um entlang dieses Textelements das Ensemble zu veranschaulichen, als dessen Paradigma Arno Schmidt erkennbar werden soll, kündigt sich der Beitrag auch auf einer performativen Ebene als Paradigma an. In seiner spezifischen Argumentationsbewegung ist dieser Text geradezu paradigmatisch für einen beachtlichen Teil der Arno-Schmidt-Forschung. Um dies zu zeigen, wird der Argumentationsweg von Manfred Durzak im Folgenden knapp skizziert und mit den entsprechenden Argumenten aus der Arno-Schmidt-Forschung versehen. Dabei soll die Frage im Mittelpunkt stehen, ob der Beitrag das im Titel angekündigte Paradigma Arno Schmidt tatsächlich intelligibel macht,[21] oder ob

---

[18] Es handelt sich bei dieser zweiten Auflage, die zuerst 1994 erschienen ist, zugleich um den XII Band *Der Geschichte der Deutschen Literatur von den Anfängen bis zur Gegenwart.* Vgl.: Durzak, Manfred, „Neue Wege und Seitenwege des Erzählens: Das Paradigma Arno Schmidt", in: *Geschichte der Deutschen Literatur von 1945 bis zur Gegenwart,* hg. von Wilfried Barner/Helmut de Boor/Richard Newald, 2. erweiterte Auflage, München 2006, 389-398.

[19] Vgl. ebd., 389-390.

[20] Ich beziehe mich bei den Texten von Arno Schmidt auf die Bargfelder Ausgabe in 15 Bänden, die in vier Werkgruppen unterteilt ist. Vgl.: Schmidt, Arno, *Kaff auch Mare Crisium,* Bargfelder Ausgabe I, hg. von der Arno-Schmidt Stiftung, Zürich 1986.

[21] Wobei diese Frage wiederum eine Annahme jenseits der betrachteten Textgrenzen impliziert, beziehungsweise ein Wissen um weitere Textelemente Arno Schmidts und einen zugehörigen Kommunikationszusammenhang klar voraussetzt. Das bedeutet aber nicht, dass

der Beitrag durch seine spezifische Argumentationsstruktur ein Paradigma performiert, das die Anordnung paradigmatischer Fälle als Paradigma suggerieren soll, das nicht in sich und durch sich intelligibel sein kann, sondern das einzig von jenem Ordnungsprinzip legitimiert, getragen und zusammengehalten werden kann, das seinen Konstruktcharakter zugunsten der Interpretationspraxis – das heißt hier während der Präsentation des paradigmatischen Falls – überaus erfolgreich zu verschleiern in der Lage ist: der *Autopoietik* als Zurechnungskategorie.

Arno Schmidts Roman *Kaff auch Mare Crisium*, dem der Verfasser „erzählmethodisch eine Antipodenrolle in bezug auf *Die Blechtrommel*"[22] zurechnet, bildet also vordergründig jenen paradigmatischen Fall, der als Gegensatz zur „traditionelle[n] Linie des Romanerzählens" präsentiert wird, wie ihn Günther Grass „nochmals voll ausschöpft, indem er dem personalen Erzähler Oskar durch einen epischen Kunstgriff den panoramatischen Gesamtblick des allwissenden Erzählers zurückgewinnt".[23] Schmidts erzählerischer Ansatz wird im Anschluss daran als „umgekehrter Weg beschrieben", indem

> die Begrenztheit der Sicht und Erkenntnisperspektive des personalen Erzählers nicht durch märchenhafte Zusätze erweitert [wird, MK], sondern sich gleichsam mit einer erzählerischen Lupe auf dessen Bewusstsein konzentriert. In der Komplexität und den sich vielfältig überlappenden Funktionsschichten legt dieses Bewußtsein Zugänge zu einer unbekannten Tiefenstruktur der Wirklichkeit bloß, die nur in der Sprache und aus ihr heraus existiert.[24]

Die daraus abgeleitete und in Abgrenzung zu Günther Grass akzentuierte „experimentelle und innovative Linie, die freilich auch die Grenze zum Abstrus-Hermetischen überschreiten kann"[25], ist also ein Charakteristikum, das die im Titel angedeuteten „Neuen Wege und Seitenwege des Erzählens" mit paradigmatischer Geltung zu versehen scheint.

Das Paradigma Arno Schmidt entsteht in diesem Text jedoch nicht maßgeblich durch eine Präsentation des paradigmatischen Falls, also durch ausgewählte Bezüge zu *Kaff auch Mare Crisium,* sondern in umgekehrter Bewegung, nämlich anhand der bereits genannten Verweise auf all das Vorgefasste, das durchaus jenseits der Textgrenzen angesiedelt ist. Dies gilt insbesondere für den Blick auf den soziologischen Hintergrund von Arno Schmidt und, im Anschluss an den abgrenzenden Verweis zur *Blechtrommel,* auch für den Blick auf Günther Grass. Die Ähnlichkeit der beiden Autoren wird als auffällig markiert, zumal keiner von beiden „einem li-

---

ein Paradigma Arno Schmidt ohne weiteres vorausgesetzt werden kann. Immerhin geht kein Ensemble seinem Einzelelement voraus. Das Paradigma ist ein Verhältnis, das in sich different ist. Auf diese Weise kann auf eine detaillierte Darstellung des historischen und aktuellen Forschungsstandes verzichtet werden.

22 Vgl. Durzak, „Das Paradigma Arno Schmidt", hier 390.

23 Ebd., hier 390.

24 Ebd.

25 Ebd.

teraturbeflissenen Bildungsbürgertum entstamm[t].“[26] Nachdem das angekündigte Paradigma Arno Schmidt auch biografische Gestalt gewinnt, folgen ausführliche Verweise auf Schmidts *Berechnungen,* in denen der Autor [s]ein Erzählverfahren auf theoretischer und praktischer Grundlage expliziert.[27] So lautet ein Zitat zur schmidtschen Poetik, in dem auch Schmidt und seine *Berechnungen* zitiert werden:

> Es kommt für Schmidt darauf an, „endlich einmal zu gewissen, immer wieder vorkommenden verschiedenen Bewußtseinsvorgängen oder Erlebnisweisen die genau entsprechenden Prosaformen zu entwickeln [...]“. Von seinen „subjektiven Versuchen einer konformen Abbildung von Gehirnvorgängen durch besondere Anordnung von Prosaelementen“ handelt er dann in der Tat in seinen Berechnungen.[28]

Erst im Anschluss an die Darlegung von Schmidts entwickeltem „Längeren Gedankenspiel“[29] erfolgt eine Hinwendung zum literarischen Text – allerdings nach Maßgabe jener Erzähltechnik, die Arno Schmidt mit seinem „Längeren Gedankenspiel“ vorschlägt. Die Prosaform „Längeres Gedankenspiel“ gibt die Lebens- und Phantasiewelt des Subjekts wieder, die auf zwei Erlebnisebenen angesiedelt ist (E I und E II). Die Ebene E I steht dabei für die „objektive Realität“, E II für die „subjektive Realität.“[30] Jedoch problematisiert Arno Schmidt die Umsetzungsmöglichkeiten, „*reine* Beispiele von E I oder E II beizubringen.“[31] Im Zusammenhang mit der gebotenen Zweispaltigkeit, die sowohl in *Kaff auch Mare Crisium* umgesetzt wird, als auch in *Zettels Traum,* gibt Schmidt zu bedenken:

> Um jedoch ein formal vollständiges Kunstwerk, ein LG im Sinne der vorgetragenen Theorie, das komplette Porträt eines Menschen in einem gegebenen Zeitraum x vorlegen zu können, müssten E II und E I nebeneinander erscheinen ! Es darf jedoch nicht Wunder nehmen, wenn Prosamodelle strengster Art bisher nicht vorliegen.[32]

Dass *Kaff auch Mare Crisium* aus der Betrachtung Durzaks als Umsetzung des „Längeren Gedankenspiels“ hervorgeht, ist kaum verwunderlich. Bemerkenswert ist dabei aber sowohl der Akzent, der auf die Zeitgeschichte der politischen Ereignisse gesetzt wird, als auch die Annahme einer Darstellungsabsicht des Romans, die offensichtlich Arno Schmidts zugerechnet wird:

> In der Auf Null gebrachten Situation der Fünfziger Jahre, als im Zeichen des kalten Krieges die nuklearen Bedrohungspotentiale in Ost und West als vermeintlich friedenssichernde Maßnahmen aufgebaut wurden und es immer wieder zu Krisenentladungen kam (Anfang der Fünfziger Jahre in Korea, 1956 beim Ungarn-Aufstand und im Suez-Konflikt), richtet Arno Schmidt hingegen seinen pessimistischen Blick nach vorn und

---

26 Ebd.
27 Ebd.
28 Ebd., hier 391.
29 „Längeres Gedankenspiel“ ist eine Prosaform, die Arno Schmidt in seinen *Berechnungen II* entwickelt. Vgl. Schmidt, Arno, *Berechnungen II.* Bargfelder Ausgabe III.
30 Ebd., hier 275.
31 Ebd., hier 277.
32 Ebd., hier 278.

lässt seinen in enge Verhältnisse eingezwängten Karl Richter imaginieren, was von den historischen Traditionen und dem kulturellen Überbau noch vorhanden sein wird, wenn jener kollektiv verdrängte Fall einer atomaren Katastrophe eingetreten ist. Die im siebten Erzählabschnitt des Romans imaginierte Botenreise von Charles ins Mare Crisium, wo er mit einem russischen Boten zusammentrifft und wo es zum Austausch der Kulturprodukte kommt, erweist sich als bildliches Zeichen für die Darstellungsabsicht des Romans insgesamt.[33]

Dieser Abschnitt, der die politischen Ereignisse der Zeitgeschichte zum Ausgangspunkt wählt und Schmidts Absicht darin einpasst, bildet auf der Darstellungsebene ein Gegenstück zu der vorher geschilderten Perspektive der fokussierten Bewusstseinsvorgänge. Zwar wird auch hier auf die Innensicht der Romanfigur Karl Richter abgestellt; trotzdem bleibt sie das Signal der Darstellungsabsicht schlechthin, wodurch es erneut das schmidtsche Kalkül ist, dem die ordnende Funktion beigemessen wird. Mit diesem Zitat sind gleich mehrere Kurzschlüsse aufgerufen, die nach Maßgabe des gewählten literaturtheoretischen Standpunkts unhaltbar sind – ganz gleich, ob es der Blick Arno Schmidts ist, den er angeblich nach vorn richtet, oder eine damit verbundene unterstellte Darstellungsabsicht des Romans, die sich auf den historischen und kulturellen Kontext der 50er und 60er Jahre bezieht und die – wie alle unterstellten Absichten des Beitrags – sämtlich auf Arno Schmidt zurückgeführt werden.

Diese Kurzschlüsse decken sich mit einer ganzen Reihe unkritischer Auseinandersetzungen im Bereich der Arno-Schmidt-Forschung, bei denen insbesondere die theoretischen Ausführungen zu Erzählverfahren und Lektüreanweisungen des Autors direkt übernommen, paraphrasiert oder schlicht zum Dreh- und Angelpunkt der jeweiligen Interpretationen gesetzt wurden. Dies verdeutlichen unter anderem die ausführlichen Darstellungen der Schmidt-Rezeption von Wolfgang Albrecht aus dem Jahr 1998.[34] Darin attestiert Albrecht der anfänglichen Forschung zu Arno Schmidt in den 70er und 80er Jahren einen unkritischen Positivismus, der sich in zahlreichen Zirkelschlüssen äußerte.[35] Eine entscheidende Wendung markiert Albrecht zufolge eine Forderung von Lenz Prütting, der 1990 Folgendes zu bedenken gab: „Die Schmidt-Philologie kann erst dann dem hermeneutischen Dilettantismus entkommen, wenn sie sich von den Interpretations-Maximen und Methoden Schmidts frei macht und diese selbst einer kritischen Analyse unterzieht."[36] Doch gibt es gerade in den letzen Jahren auch Bei-

---

33 Ebd., hier 396.

34 Albrecht, Wolfgang, *Arno Schmidt*, (= Sammlung Metzler 312), Stuttgart 1998.

35 Vgl. hierzu: Weniger, Robert, *Framing a novellist. Arno Schmidt criticism 1970-1994*, Rochester 1996; Schardt, Michael M./Vollmer, Hartmut (hg.), *Arno Schmidt. Leben – Werk – Wirkung*, Reinbeck bei Hamburg 1990, bes.: Schmidt, Helmut, „Das Werk Arno Schmidt im Spiegel der Kritik", in: ders., 297-305; sowie: Schneider, Michael, „Geschichte und Schwerpunkte der Arno-Schmidt-Forschung", in: ders. S. 306-318.

36 Pütting, Lenz, „Die wahre Farbe des Chamäleons. Einige Anmerkungen zu Problemen der Schmidt-Philologie", in: *Zettelkasten 10. Jahrbuch der Gesellschaft der Arno-Schmidt-Leser 1991, hg.* von Rudi Schweikert, Frankfurt a. M. 1991, 267-293., hier 287. Vgl. dazu auch: Pütting,

träge, die Püttings Forderung nach einer kritischen Analyse der Arno-Schmidt-Forschung durchaus gerecht werden. So zum Beispiel die Dissertation von Stefan Voigt aus dem Jahr 1999, die unter dem Titel *In der Auflösung begriffen. Erkenntnismodelle in Arno Schmidts Spätwerk* zeigt, dass der Verzicht auf die von Schmidt vorgegebenen theoretischen und praktischen Explikationen nicht nur äußerst fruchtbar, sondern geradezu notwendig ist.[37]

Auf die Verzahnung von Literatur und Autor weist auch Georg Guntermann in seinem Beitrag „In unserer Bestjen der Welten. Zeit- und Religionskritik im Werk Arno Schmidts" hin, indem er Rückschlüsse auf die Lage des Autors, die den literarischen Texten entnommen werden, deutlich hervorhebt:

> Zeit- und Religionskritik im Werk Arno Schmidts erscheinen von Beginn an in einer eigenartigen Weise ineinander verschränkt. Nicht zuletzt daraus erwuchs das „Mißverständnis", in diesem Autor entweder nur einen unpolitischen, elitären Anti-Demokraten oder aber einen radikal-militanten Jakobiner sehen zu können. Beide Einschätzungen verweisen zurück auf die Literatur, in der sie artikuliert werden; ganz konkret: auf die Lage ihres Autors.[38]

Allerdings schlägt auch Guntermann eine geradezu diametral andere Interpretationsrichtung ein, als diese zu Beginn des Beitrags im Hinblick auf die Rezeptionstendenzen hätten erwartet werden können. Denn auch bei ihm lassen sich Kurzschlüsse zwischen Literatur und Autor finden, etwa dann, wenn er feststellt, dass

> Literatur und Realität für ihn [Schmidt, MK] allmählich in ihrer Stellung zueinander sich vertauschen, oder, wie er es in einem der späten Romane [sic! *Die Schule der Atheisten*, MK] verkünden läßt: «Die ‚Wirkliche Welt' ? : ist, in Wahrheit, nur die Karikatur unser Großn Romane !»[39]

Noch auf der gleichen Seite zitiert er erneut aus der *Schule der Atheisten:* „Um Auskunft gebeten über sein Leben, hat Schmidt stets abweisend reagiert: «Was ich will ? Was ich bin ? : Warten Sie, bis ich *nicht* mehr bin. »"[40] Guntermann kommt im Zuge dieser Argumentation zu dem Schluss, dass sich der Zeitgenosse Schmidt „in sein Werk zurückgezogen hat."[41]
Trotz der sich häufenden Reflexionen, die spekulative Kurzschlüsse zwischen interpretatorischer Praxis und darin verwobenen Argumenten der Autorintention

---

Lenz, „Arno Schmidt", in: *Kritisches Lexikon zur deutschsprachigen Gegenwartsliteratur, h*g. von Heinz Ludwig Arnold. Nachlieferung 35, München 1990, 1-22.

37 Vgl.: Voigt, Stefan. *In der Auflösung begriffen. Erkenntnismodelle in Arno Schmidts Spätwerk,* Bielefeld 1999.

38 Guntermann, Georg, „In unserer Bestjen der Welten. Zeit- und Religionskritik im Werk Arno Schmidts", in: *Arno Schmidt. Leben – Werk – Wirkung,* hg. von Michael M. Schardt/Hartmut Vollmer, Hartmut, Reinbeck bei Hamburg 1990, 216-235, hier 216.

39 Ebd., hier 232.

40 Ebd.

41 Ebd., hier 233: Sowie folgende Textstelle: „Sein Leben war niedergelegt in seinen Büchern, es ging auf in der Arbeit an ihnen, der er sich mit immer größerer Ausschließlichkeit widmete." Ebd., hier 231.

in Frage stellen und vereinzelten Beiträgen, die andere Interpretationsrichtungen einschlagen, hat sich die Tendenz, literarische Texte nach Maßgabe von Arno Schmidts Vorgaben zu interpretieren, auf erstaunliche Weise erhalten; eine Annahme, die nicht zuletzt der 2004 in zweiter Auflage erschienene Beitrag zum Paradigma Arno Schmidt verdeutlicht hat, der als Argumentationsrahmen dieses Kapitels gewählt wurde. Dass die Darstellung von Arno Schmidt als Teil einer Literaturgeschichte solchen Umfangs an die Notwendigkeit der Selektion geknüpft ist, macht den Text von Manfred Durzak dabei ebenso interessant, wie die Programmatik, die mit einer Geschichte der Literatur angezeigt ist. So heißt es im Vorwort dieser Literaturgeschichte: „Aber hier entstammen die Kategorien der Epochenkonstruktion wesentlich der politischen Geschichte, der ‚Zeitgeschichte.'"[42] Der Verweis auf den Konstruktcharakter des gewählten Ordnungsprinzips markiert eine autoreflexive Ausrichtung dieses Großprojekts. Die Korrelation von politischer Zeitgeschichte und Arno Schmidt als Paradigma der Literatur der 60er Jahre, die wiederum in „Die zweite Phase des westdeutschen Nachkriegsromans" eingefasst ist, erweckt nicht zuletzt aufgrund dieses Konstruktcharakters den Eindruck, dass es sich bei Kurzschlüssen zwischen literarischen Texten und politischer Zeitgeschichte um kommunikative Ereignisse handelt, die dem gleichen System zugeordnet werden können – dem Symbolsystem. Weil die literarischen Texte durch Arno Schmidt als Paradigma geordnet und angeführt werden und die Zeitgenossenschaft der Autorperson dabei als zentral konstruiert wird, werden entscheidende Überbrückungsmöglichkeiten von literarischen Texten (Symbolsystem) und politischer Zeitgeschichte (Sozialsystem), als deren Zeitgenosse und Zeuge Arno Schmidt funktionalisiert wird, in Aussicht gestellt.

Arno Schmidt suggeriert, indem er als Zeitgenosse, Zeitzeuge und Zeit-Erzähler in ordnender Funktion konstruiert wird und einer Epoche politischer Zeitgeschichte als Paradigma gegenüber gestellt wird, jene Authentizität, die heutzutage weder in fiktionalen Texten, noch in Texten dargestellter Geschichte in Aussicht gestellt werden kann. Die Konzentration auf eine subjektiv überhöhte, ordnende Figur als Paradigma einer spezifisch historischen Zeit ist das notwendige Pendant zur Fiktionalisierung der Geschichtsschreibung, wie sie der *linguistic turn* mit sich gebracht hat; eine Annahme, die sich mit einem weiteren Blick auf das Resümee von Manfred Durzaks Beitrag bekräftigen lässt.[43] :

> [1] *KAFF* ist ein Buch, das nicht aus einem biologischen Selbsterhaltungsreflex heraus die Augen vor den Krisen der Zukunft verschließt, sondern in der Art einer negativen

---

42 Barner et. al, *Geschichte der Deutschen Literatur von 1945 bis zur Gegenwart*, „Vorwort", hier XVIII.

43 Bei dem folgenden Ausschnitt handelt es sich um ein längeres, zusammenhängendes Zitat, das zugunsten seiner Interpretation in fünf nummerierte Abschnitte unterteilt und schrittweise beleuchtet werden wird. Diese Nummerierung erlaubt Rückschlüsse auf die Argumentationsstruktur. Durzak, „Das Paradigma Arno Schmidt", hier 396/397.

Utopie den Endpunkt der historischen und kulturellen Entwicklung der Menschheit anvisiert und zu einem pessimistischen Ergebnis kommt.

Zunächst geht Durzak auch hier vom literarischen Text aus, der als Buch auf einer metaphorischen Ebene nicht nur mit einem Auge ausgestattet wird und damit augenscheinlich in der Lage ist, sich in der Zeit zu orientieren und literarischen Sinn zu stiften. Im Grunde wird der literarische Text hier mit dem autologischen Prädikat versehen – wäre da nicht der Folgesatz, der ihn als Produkt von Arno Schmidt ausweist und ihn in einen historischen und kulturellen Kontext stellt, bei dem vor allem eines akzentuiert wird, der Blick auf Arno Schmidt:

[2] Schmidt entwickelt das freilich nicht als moralisierende negative Utopie mit pathetischem Lamento, sondern als witzig-unterhaltsamen Ausverkauf dessen, was zum Wertekanon dieser zugrundegehenden historischen und kulturellen Überlieferung gehört. Die Verjuxung einer hehren abendländischen Tradition, eines großen Literaturwerks wie des Nibelungenliedes, das in der amerikanischen Umschrift zur Parodie wird, hat durchaus unterhaltsame Qualitäten und signalisiert sicherlich auch Schmidts Urteil über den kulturellen Hegemonieanspruch der Amerikaner in der frühen Nachkriegszeit, als im Zuge von „Re-education" das in jeder Beziehung ruinierte Deutschland regeneriert werden sollte.

Im Anschluss an diese eindeutig zugewiesene und für geradezu selbstverständlich gehaltene Autorintention Schmidts, die etwa durch das „freilich" oder das „sicherlich" markiert ist, folgt wie bei einer Gegenüberstellung von literarischem Text als „Buch" und dem zugrunde liegenden Ordnungsprinzip als „Schmidt" ein wiederholter Perspektivwechsel, der auf einer semantischen Ebene das Buch als handelnde Instanz ausweist:

[3] Das Buch bricht zugleich durch seine spezifische Schreibweise aus allen bestehenden Konventionen aus. Das geschieht nicht nur durch die Technik des „längeren Gedankenspiels", die endgültig mit der Intention des realistischen Romans bricht, Wirklichkeit abzubilden und symbolisch zu verdichten.

Bezeichnenderweise wird in diesem Abschnitt nicht auf Arno Schmidt selbst abgehoben. Die von Schmidt explizierte Erzähltechnik des „Längeren Gedankenspiels" wird hier dem Buch zugeordnet. Es entsteht fast der Eindruck, als greife Durzaks Argumentation auf ein formales Verfahren zurück, das dem „längeren Gedankenspiel" insofern ähnelt, als abwechselnd zwei Zurechnungskategorien als Urheber des literarischen Texts in den Blick genommen werden: das Buch und Arno Schmidt. Diese unterstellte Ähnlichkeit entspricht der Perspektive, die diese Arbeit für den Beitrag Durzaks herstellt. Dennoch erscheint dabei der Gedanke reizvoll, diese Perspektivwechsel zwischen Buch und Autor nach jenen Kriterien in ein Verhältnis zu setzen, die mit dem „Längeren Gedankenspiel" vorliegen. Die von Schmidt vorgeschlagene Zweispaltigkeit, die Durzaks Text ebenso wenig erfüllt, wie die notwendige Literarizität, die eine solche Prosaform im strengen Sinne fordert, deutet auf einen Vergleich, der wenig Beobachtungsmöglichkeiten in Aussicht stellt. Bedenkt man allerdings Schmidts Vorschlag, Erlebnisebenen eines Subjekts in einem Text als objektive und subjektive Realität zu unterscheiden und sie durch ihre parallele Anordnung in zwei Textspalten als gleichzeitig erscheinen zu lassen, fällt auf, dass die gleichzeitige Anordnung der Erlebnisebenen nicht darüber hinwegtäuschen kann, dass die Rezeptionsbewegung nach wie vor an ein Nacheinander gebunden ist, das nur über eine abwechselnde Lektürebewegung den Eindruck der Gleichzeitigkeit und das damit angestrebte Nebeneinander erhalten kann. Man kann also sagen, dass Durzak durch die abwechselnde Fokalisierung zwischen Buch und Autor einen Rezeptions-Effekt wahrscheinlich macht, der in seiner Bewegung der Zweispaltigkeit ähnelt. Da Schmidt bei seiner Explikation dieses Prosamodells selbst darauf hingewiesen hat, dass reine Beispiele der Realitätsebenen E I und E II nur schwerlich zu finden seien,[44] könne man durchaus überlegen, welches Realitätskonzept Durzak sowohl Arno Schmidt als auch dem Roman als Buch zukommen lässt. Vor dem Hintergrund des gewählten Realitätsbegriffs, wonach jede Annahme von Realität das Resultat ihrer Konstruktion ist, die ihre spezifischen Kohärenzkriterien mitliefert, stünde einer Gegenüberstellung von E I und E II nichts im Wege. Denn die Zurechnung von Roman und Autor zu E I und oder E II wäre insofern austauschbar und beliebig, weil es keine qualitativen Unterschiede von Realität geben kann und das Subjektive genauso eine Zurechnung ist, aus der das Subjekt als Effekt oder Projektion hervorgehet, wie dies bei der Konstruktion oder Identifikation von Realität der Fall ist. Entscheidend ist – und darauf kommt es hier bei der Veranschaulichung dieses Vergleichs an – dass die Konstruktionskriterien der jeweiligen Zuordnung zu jedem Zeitpunkt überprüfbar sind. Die Möglichkeit einer solchen Überprüfung wird in Durzaks Präsentation von Arno Schmidt als Paradigma geradezu paradigmatisch vermisst.

Mit folgenden Überlegungen soll die Lektüre von Durzaks Beitrag geschlossen werden. Während also das Buch *Kaff* seine Augen verschließt und zu einem pessimistischen Ergebnis kommt [1], Schmidt jedoch derjenige ist, der das Ganze – also auch die frühe Nachkriegszeit in Deutschland – in seiner ganz spezifischen literarischen Art und Weise entwickelt [2], es wiederum das Buch ist, das aus den zuvor beschriebenen [1 und 2] Konventionen ausbricht [3], entsteht eine Art Flimmereffekt, der die Bereiche literarischer Prosaform, Zeitgeschichte der frühen Nachkriegszeit und unterstellter Künstlerbiografie nebst Autorintention als ineinander verzahnt, ja geradezu gleichursprünglich und sozusagen gleichzeitig präsentiert:

> [4] Schmidt verlagert seine Darstellung auf die psychischen Prozesse, die Wirklichkeitsbilder im Bewußtsein des Menschen generieren, Wirklichkeitsbilder, die sich als mächtiger erweisen als die Abbilder von Wirklichkeit, die den Menschen in seiner alltäglichen Erfahrung umgeben.

Der vierte Abschnitt dieser Passage legt die Vermutung nahe, dass es nicht unbedingt Schmidt ist, der seine Darstellung auf mögliche psychische Prozesse verla-

---

44 Vgl.: Schmidt, Arno. *Berechnungen II. Bargfelder Ausgabe III.*, 277.

gert, sondern der Text des intendierten Arno-Schmidt-Paradigmas selbst, der Kurzschlüsse präsentiert, die den Eindruck eines Paradigmas suggerieren, das jedoch einer spezifischen Selektion kommunikativer Ereignisse in ihrem jeweiligen Kommunikationszusammenhang geschuldet ist. So mag es kaum verwundern, dass die sprachliche Form nicht der Aktivität des Buches, sondern der Strategie des Autors zugeschrieben wird:

> [5] Innerhalb dieses Prozesses erscheint es daher als konsequent, daß Schmidt nicht bei der überkommenen Sprache stehenbleibt, der Sprache der diskursiven Verständigung, sondern jene fragmentierte und durchlöcherte Sprachmembran darzustellen versucht, die die Wahrnehmungsvielfalt des einzelnen ausmacht. Er zertrümmert die Orthographie und schafft eine eigensinnige, mitunter verspleente neue Wortgestalt, die die einzelnen Wörter aus ihrer gewohnten Bedeutung herauslöst.[45]

In Rückbindung an den eingeführten Begriff des Paradigmas stellt sich also die abschließende Frage, inwiefern der Roman *Kaff auch Mare Crisium* als paradigmatischer Fall des betrachteten Beitrags gesetzt werden und unter welchen literaturtheoretischen Voraussetzungen er als einzelnes Textelement gültig für alle weiteren Textelemente seiner Klasse ausgewiesen werden kann, also für alle Texte Arno Schmidts. Eine solche Gültigkeit müsste sich daraus speisen, dass der Roman als Einzelelement das Ensemble intelligibel macht, dem es angehört, das es aber zugleich hervorbringt – das Paradigma Arno Schmidt. Doch wie kann dieser Roman als Einzelelement ein Ensemble intelligibel machen und zugleich konstituieren, ohne die Bezeichnung des Paradigmas (Arno Schmidt) zu enthalten? Diese Frage legt die Vermutung nahe, dass das Paradigma Arno Schmidt in jedem Fall jenseits der spezifischen Textgrenzen des Romans angesiedelt werden muss. Aber auch eine solche Verortung muss – und das darf insbesondere dem Beitrag zum Paradigma Arno Schmidts angelastet werden – spezifischen Kohärenzkriterien gerecht werden, um nicht immer wieder jene Angriffsfläche zu bieten, die der Arno-Schmidt-Forschung seit ihren Anfängen zur Last gelegt wird.[46]

Das Paradigma Arno Schmidt muss diesseits *und* jenseits der Textgrenzen angesiedelt werden, und zwar jeweils als Phasenmoment und kommunikatives Ereignis, das nach Maßgabe der interpretativen Form/Form-Differenzierung und damit als angenommene Eigenkomplexität inner- und außerkommunikativer Ereignisse entlang der strukturellen Kopplung als Aspekt von Kommunikation prozessiert. Zwar wird diese Annahme in ihrem Ergebnis permanent praktiziert, indem Rückschlüsse zwischen literarischem Text und Autorintention zum Anlass für Interpretationen genommen werden. Jedoch fehlt es – das ist mit dem kurzen Blick auf die Arno-Schmidt-Forschung deutlich geworden – an literaturtheoretischen Beschreibungsmöglichkeiten, die eine solche Praxis reflektieren, legitimieren und nach wissenschaftlichen Kriterien anschlussfähig machen können.

---

[45] Durzak, „Das Paradigma Arno Schmidt“, hier 396.

[46] Siehe hierzu: Albrecht, Wolfgang, „Abriß zur Wirkungsgeschichte. Hauptrichtungen und Tendenzen der Forschung.“, in: ders., *Arno Schmidt.* Stuttgart 1998., hier 131.

Die theoretischen Implikationen des zweiten Kapitels erlauben es, zwischen Kommunikation als literarischem Text und literarischem Text in der Kommunikation zu unterscheiden. Ermöglicht wird diese Unterscheidung, indem Literatur als Differenz von Entdifferentialisierung und Differentialität gefasst wird. Literatur bringt sich als Medium aufgrund ihrer besonderen Medialität als interpretative Form/Form-Differenzierung hervor. Entscheidend ist dabei, dass verschiedene Aspekte von Kommunikation unterschieden werden können. Die grundsätzliche Annahme von Kommunikation als Prozessgeschehen erlaubt es, bestimmte kommunikative Ereignisse zu identifizieren, während gleichzeitig das Prinzip der Prozessualität und damit weitere kommunikative Ereignisse vorausgesetzt werden können. Ein literarischer Text ist folglich ein bestimmter Aspekt von prozessierender Kommunikation. Zugleich muss nämlich auch das kommunikative Ereignis der Rezeption als Aspekt von Kommunikation angenommen werden. Interpretation ist entsprechend jene Differenz aus Text und Rezeption, die sich im Kommunikationsprozess als Differenz von Entdifferentialisierung und Differentialität so hervorbringt und erhält, dass Literatur als interpretative Form/Form-Differenzierung die Diskontinuität des Prozessgeschehens auf der Basis von Schrift (Materialität) nutzt, um Interpretation (als Differenz von Text und Rezeption) zu provozieren.

Damit ist die entscheidende Gelenkstelle aus literaturtheoretischer Sicht hergestellt, um etwaige Rückkopplungen zwischen dem literarischen Text als Kommunikation und der Interpretation als Differenz von Text und Rezeption in eins zu setzen. Beide Aspekte sind der gleichen Formseite zuzurechnen. Immerhin kann jedes Medium nur anhand der spezifischen Formbildung identifiziert werden. Die Annahme eines Autors als Zurechnungskategorie literarischer Texte wird also immer als in sich differentes Verhältnis angenommen, das als Aspekt von Kommunikation in ein Prozessgeschehen eingebunden ist und deshalb auf der Interpretationsseite als Einheit der Differenz von Text und Rezeption angesetzt werden muss. Diese Implikation lässt sich ausgezeichnet mit Durzaks Beitrag zum Paradigma Arno Schmidt veranschaulichen. Der Beitrag führt jene Schlagworte und Argumente zum Werk Arno Schmidts an und stellt sie in einen Kommunikationszusammenhang, der die Arno-Schmidt-Forschung geradezu paradigmatisch spiegelt. Ohne dass es nötig wäre, die entsprechenden Quellen ausführlich zu explizieren, erweckt der Text den Eindruck eines Rundumschlags, der tatsächlich als paradigmatischer Forschungsüberblick interpretiert werden kann. Dieser Eindruck ist jedoch nicht nur dem Beitrag als Text alleine geschuldet, sondern auch dem Kommunikationszusammenhang, als dessen Teil er als Einheit der Differenz von Text und Rezeption stets angenommen werden muss. Text und Rezeption sind als Einheit der Differenz nicht isoliert voneinander zu betrachten, weil beide Aspekte der Kommunikation als kommunikative Ereignisse in ein Prozessgeschehen eingebunden sind, das wiederum von Kommunikationen abhängt.

Zur *Autopoietik* Arno Schmidt gehören demnach all jene Texte, die sich in ihrem spezifischen Kommunikationszusammenhang Arno Schmidt zurechnen lassen. Dies gilt sowohl für literarische Texte, die etwa in der Bargfelder Ausgabe als Kommunikationen vorliegen, als auch für Textsorten, die nicht als Literatur gehandhabt werden, jedoch gerade durch ihren Bezug zu Arno Schmidt als Teil des Korpus Geltung haben. In diesem Zusammenhang von besonderem Interesse sind Texte der Werkgruppe III der Bargfelder Ausgabe, in denen biografische und essayistische Texte Platz finden. Ebenfalls Teil dieser *Autopoietik* sind all jene Briefe, die Arno Schmidt zugeordnet werden können, sofern sie als Kommunikationen vorliegen, sowie auch schriftliche Interviews und mündliche Aufzeichnungen wie etwa Schmidts Rundfunk-Essays.[47]

Die Wahrscheinlichkeit, Arno Schmidt als Zurechnungskategorie dieser Kommunikationen zu wählen, ist nicht zuletzt deshalb so hoch, weil unterschiedliche Textsorten als Aspekte der *Autopoietik* gesetzt und für die Interpretation funktionalisiert werden können. Die dadurch in Aussicht gestellten Interpretationsmöglichkeiten sind um ein Vielfaches höher als bei literarischen Texten, die etwa aufgrund von Ähnlichkeitsmerkmalen in ein Verhältnis gesetzt werden. Der Blick auf die Arno-Schmidt-Philologie bestätigt diese Annahme. Ein geradezu symptomatisches Defizit dieser Interpretationspraxis ist die unkritische Identifikation von literarischen Figuren und der unterstellten Autorperson Arno Schmidt, was auch durchaus kritisch hinterfragt wurde – etwa von Robert Weniger im Jahr 1992: „Wozu ist es eigentlich gut, Autor und fiktive Figur miteinander zu identifizieren?“[48] Eine solche Identifikation ist im Fall Arno Schmidt allenfalls sinnvoll, um an ihr zu zeigen, dass sie die Interpretationsmöglichkeiten der literarischen Texte erheblich einschränkt. Zugleich lässt sich daran das Interpretationspotenzial zeigen, das eben nicht über eine Identifikation, sondern gerade durch das aposteriorische Ordnungsprinzip der *Autopoietik* hergestellt werden kann.

Ich möchte dies entlang einer Textpassage aus *Seelandschaft mit Pocahontas*[49] zeigen, die Arno Schmidt zugerechnet wird. Die Passage ist bewusst aus dem Kontext der Erzählung herausgelöst. Entsprechend wird sie nachfolgend als Anordnung kommunikativer Ereignisse zitiert und schrittweise beleuchtet, ohne Berücksichtigung ihres Zusammenhanges zur Erzählung.

> Hellsehen, Wahrträumen, second sight, und die falsche Auslegung dieser unbezweifelbaren Fänomene: der Grundirrtum liegt immer darin, daß die Zeit nur als Zahlengerade gesehen wird, auf der nichts als ein Nacheinander statthaben kann. >In Wahrheit< wäre sie durch eine Fläche zu veranschaulichen, auf der Alles >gleichzeitig< vorhanden ist; denn auch die Zukunft ist längst >da< (die Vergangenheit >noch<) und in den erwähnten Ausnahmezuständen (die nichtsdestoweniger >natürlich< sind!) eben durchaus schon wahrnehmbar. Wenn fromme Ausleger nun gleich wieder vom »gelungenen Nachweis einer unsterblichen Seele« träumen, ist ihnen zu bedeuten, sich lieber auf die

---

47 Siehe hierzu: Müther, Karl-Heinz, *Bibliographie Arno Schmidt 1949-2001*, Bielefeld 2001.

48 Weninger, Robert, „Allegorien der Naturwissenschaft oder Intentionalität vs. Intertextualität als Problem der Arno Schmidt-Forschung“, in: *Arno Schmidt am Pazifik. Deutsch-amerikanische Blicke auf sein Werk*, hg. von Timm Menke, München 1992, 25-48, hier 44.

49 Schmidt, Arno, *Seelandschaft mit Pocahontas. Bargfelder Ausgabe. I, 1.*

> Feststellung zu beschränken, daß Raum und Zeit eben wesentlich komplizierter gebaut sind, als unsere vereinfachenden (biologisch ausreichenden) Sinne und Hirne begreifen./ Wände mit braungelbem Lichtstoff bezogen: der Künstler hat nur die Wahl, ob er als Mensch existieren will oder als Werk; im zweiten Fall besieht man sich den defekten Rest besser nicht: man hektokotylisiert ein Buchstück nach dem andern, und löst sich so langsam auf.[50]

Die erste Textpassage lässt sich in drei Sätze unterteilen. Der zentrale Gegenstand des ersten Satzes ist Zeit, die fälschlicherweise und ausschließlich als lineare Zahlengerade angenommen wird; eine Ansicht, die zur Folge hat, dass ein zeitlicher Verlauf nur als Nacheinander im Sinne eine Vorher/Nachher statthaben kann. Umrahmt ist die Feststellung dieser „falsche[n] Auslegung" von „unbezweifelbaren Fänomenen" wie „Hellsehen, Wahrträumen, second sight" und einem Vorschlag, wie die Zeit „in ‚Wahrheit'" darzustellen wäre, nämlich als räumlich definierte Fläche, auf der „Alles ‚gleichzeitig' vorhanden ist". Erst der letzte Teilsatz des ersten Satzes, der durch ein Semikolon vorbereitet wird, schlägt nicht nur den Bogen zu den einleitenden „Ausnahmezuständen" („Hellsehen, Wahrträumen, second sight"), sondern postuliert, dass sich die gegenwärtige Zukunft (‚längst da') und die gegenwärtige Vergangenheit (‚noch') durchaus gleichzeitig ereignen. Wahrnehmen lässt sich diese Gleichzeitigkeit des Ungleichzeitigen in den aufgezählten „Ausnahmezuständen" des ersten Teilsatzes, die durchaus „'natürlich' sind!". Damit stehen sich zwei Zeitvorstellungen gegenüber. Die Linearität des Nacheinander, die als „Grundirrturm" bezeichnet wird, korrespondiert auf formaler Ebene mit dem Medium der Erzählung auf der Basis von Schrift. Die Gleichzeitigkeit des Ungleichzeitigen, deren Darstellung als Fläche, „auf der Alles ‚gleichzeitig' vorhanden ist", korrespondiert hingegen mit jenen Zuständen, die nur außerhalb der verzeitlichten Kategorien angesiedelt werden können – Bewusstseinszustände, die sich nicht temporalisieren lassen, weil sie nur als zeitloser Zustand angenommen werden können. Dass sich eine solche Fläche alles Gleichzeitigen zwar durchaus wahrnehmen, nicht aber darstellen lässt, markiert der Konjunktiv des Satzes, der auf eine ‚Wahrheit' verweist, die den gesamten Satz selbst als Auslegungsversuch kennzeichnet, und zwar zur „falsche[n] Auslegung dieser unbezweifelbaren Fänomene:". Unklar ist dabei, worauf sich die falsche Auslegung bezieht, ob auf die zeitlosen Zustände (Hellsehen, Wahrträumen, second sight) oder auf den postulierten Grundirrtum der Zeitvorstellung, die mit einem Doppelpunkt eingeleitet wird.

Während der erste Satz jedoch zuerst die ‚natürlichen' Ausnahmezustände aufzählt, die weder Kausalitäts- noch Zeitzurechnungen erlauben, dann eine lineare Zeitvorstellung als *status quo* erklärt, um dieser falschen Auslegung eine Gleichzeitigkeit des Ungleichzeitigen gegenüberzustellen, die sich zwar der Darstellung entzieht, nicht aber der Wahrnehmung, vollzieht der Satz auf performativer Ebene, was er ‚in Wahrheit' nur im Konjunktiv behaupten kann: die Darstellung des Gleichzeitigen. Zwar ist der Text auf die chronologisch lineare Lektürebewegung

[50] Ebd., hier 395.

angewiesen; sie wird gewissermaßen bedient, indem zunächst die lineare Zeitvorstellung als kommunikative Ereigniskette präsentiert wird und dann eine Vorstellung angeschlossen wird, die auf eine Fläche verweist, auf der Zukunft und Vergangenheit als gleichzeitige Gegenwart statthaben. Durch die bloße Nennung der „unbezweifelbaren Fänomene“ am Abschnittsbeginn, die sowohl die Zeit als Zahlengerade, als auch als Fläche umrahmt, weil die Schlagworte erst zum Schluss des Satzes ihre Bedeutung erhalten, entsteht ein Bedeutungszusammenhang, der die zeitliche Sukzession der kommunikativen Ereignisse umgreift und dadurch unterläuft. Die kommunikativen Ereignisse werden von einem Bedeutungsrahmen begrenzt, der auf inhaltlicher und formaler Ebene durchaus als Fläche verstanden werden kann, auf der „Alles“, das heißt alle Zeichen in ihrem jeweiligen Interpretationszusammenhang (Text/Rezeption) auf der Basis der Schrift (Medialität der Erzählung), ‚gleichzeitig‘ vorhanden ist. Nach Maßgabe der spezifischen Materialität des Mediums auf der Basis von Schrift, das Bewusstsein und Kommunikation als strukturelle Kopplung prozessiert, hat jede spezifische Form von Sinn (als aktualisierte Möglichkeit) nämlich nicht nur Einfluss auf alle weiteren Kommunikationen, sondern auch auf das damit strukturell gekoppelte Bewusstsein.

Während es im ersten Satz um eine falsche Auslegung geht, die ihrerseits als Auslegung vorgenommen wurde, bezieht sich der zweite Satz auf „fromme Ausleger“, die im Anschluss an den ersten Abschnitt Schlüsse ziehen könnten. Der Vorgang des Auslegens kann durchaus als Auslegung von Sinn und damit als Interpretation verstanden werden. Erneut steht die Zeit im Zentrum der Auslegung, nun allerdings im direkten Zusammenhang mit Raum. Sogleich wird der vorige Satz, der einen Sinnzusammenhang mit zahlreichen Bedeutungsmöglichkeiten hergestellt hat, aufgerufen, indem auf eben jenes vergebliche Unterfangen der Auslegung Bezug genommen wird, das mit der Darstellung von Zeit und Raum im vorigen Abschnitt dargestellt wurde. Dabei werden jedoch nicht nur mögliche „fromme Ausleger“ adressiert und in den Sinnzusammenhang des Textes integriert; der Ich-Erzähler stellt sich durch die verwendete Pluralform auf die gleiche Stufe, indem er von „unsere[n] vereinfachenden (biologisch ausreichenden) Sinne[n] und Hirne[n] spricht“. Bezeichnenderweise ist auch die vorliegende Interpretation (Auslegung) auf die Verwendung dieses kollektivierenden oder besser affizierenden Personalpronomens angewiesen, sofern sie den Satz zitiert. Der zweite Satz unterstellt jenen frommen Auslegern, die sich mit Feststellungen der Unhintergehbarkeit von Zeit und Raum begnügen sollten, den Traum, eine unsterbliche Seele nachzuweisen. Während sich der Bezug zu Zeit und Raum eindeutig aus dem vorigen Satz ergibt, ist völlig unklar, woraus sich die Vorstellung einer „unsterblichen Seele“ ableiten lässt.

Ähnlich wie im ersten Satz, wird ein plausibler Sinnzusammenhang nachgeliefert; und zwar ebenfalls am Satzende; in diesem Fall ist damit ein Perspektivwechsel verbunden, der durch ein Satzzeichen markiert ist, das in der Regel einen Abschnittswechsel einleitet. Auffällig ist die angeschlossene Raum- und Lichtmetaphorik. Denn die Wände des beschriebenen Raumes sind mit „braungelbem Lichtstoff bezogen[en]". Die Oberfläche dieser Raumwände besteht jedoch nicht aus einer herkömmlichen Farbmischung, sondern aus jener Materie, die noch in der ersten Hälfte des 19. Jahrhunderts als das Wesen des Lichtes selbst, oder als Stoff, der das Leuchten des Lichtes hervorbringt, bezeichnet wurde.[51] Der Satz eröffnet, begrenzt und beschreibt diesen Raum jedoch nicht nur auf inhaltlicher, sondern auch auf formaler Ebene, indem der darauffolgende Satzteil mit einem Doppelpunkt eingeleitet wird. Darüber wird auch eine Textfläche geschaffen und begrenzt, die durch den Doppelpunkt besonders akzentuiert wird.

Auf diese Weise ist die Wahl des Künstlers, „ob er als Mensch existieren will oder als Werk", nicht nur semantisch innerhalb der mit braungelbem Lichtstoff überzogenen Wände zu verorten – die durchaus als Textgrenzen interpretiert werden könnten –, sondern auch formal auf der Ebene des Textes. Gleiches gilt für die Konsequenzen, die der Text aufruft: „im zweiten Fall besieht man sich den defekten Rest besser nicht: man hektokotylisert ein Buchstück nach dem andern, und löst sich so langsam auf." Stellt man sich den Raum vor, den diese Wände begrenzen, innerhalb dessen die Entscheidung des Künstlers angesiedelt ist, kann man auch davon ausgehen, dass der Prozess der Auflösung in diesem Ereignisraum stattfindet. Damit wäre ‚Alles' – also der Künstler als Mensch oder Werk bereits innerhalb des formal und inhaltlich geschaffenen Raumes, nämlich als literarischer Text – in der Auflösung begriffen. In diesem Zusammenhang könnte man argumentieren, dass es sich bei dem Nachweis der „unsterblichen Seele", die von frommen Auslegern erträumt wird, auch um die Suche nach *einem* Künstler als Mensch oder Werk handelt; ein Nachweis, der sich ebenso der Darstellung entzieht, wie die Zeit. Analog zu den einleitenden Schlagworten des ersten Satzes (Hellsehen etc.), die erst mit zusätzlichem Sinn ausgestattet werden, nachdem sie das Satzende als Ausnahmezustände ausgestellt haben, lässt sich auch der Gegenstand des dritten Satzes – die Nachweismöglichkeiten einer unsterblichen Seele – erst am Satzende sinnvoll zuweisen. Auch hier unterläuft die Anordnung der kommunikativen Ereignisse, die in einen plausiblen Sinnzusammenhang gesetzt werden müssen, um Interpretation in Aussicht zustellen, die chronologische Struktur, die für das Medium der Erzählung im Grunde charakteristisch ist – die lineare Sukzession der Ereignisse.

Am Satzende des gesamten Abschnittes kann jedoch gerade nicht entschieden werden, was sich wobei und worin auflöst. Denn der Künstler, dem eine Wahl

---

51 Der Ausdruck *Lichtstoff* findet sich in der *Oeconomischen Encyclopädie (1773 – 1858) von J. G. Krünitz.* Diese liegt nur auszugsweise in gedruckter Form vor, wird aber seit 2001 von der Universität Trier als Online-Version aufgearbeitet und herausgegeben: www.kruenitz1.uni-trier.de.:„Lichtstoff, ist so viel als diejenige Materie, die eigentlich die Erscheinung des Leuchtens hervor bringt, in so fern man auf ihre chemische Natur sieht. [...] S. auch Lichtmaterie oben S. 375 und Theil 77 der Encyklopädie, S. 704 und 806. Lichtmaterie, dasjenige körperliche Wesen, welches eigentlich das Licht ausmacht."

eingeräumt wird, bleibt nicht nur grammatikalisch unbestimmt. Auch jene Instanz, die sich schließlich auflöst, kann nicht identifiziert werden, weil sie als Indefinitpronomen höchstens einer Art vierten Person zugerechnet werden kann. Ebenfalls unklar ist, worauf sich das Adverb „darin" bezieht, in dem „man" sich auflöst. Gerade weil nicht entschieden werden kann, ob sich Künstler oder Mensch im Werk auflösen, oder ob sich die Auflösung auf den Prozess der Interpretation bezieht, der sich im Zuge der Auslegung selbst auslegt, lädt der Text nicht nur zur Interpretation ein; er provoziert geradezu verschiedene Beschreibungsmöglichkeiten. Denn in dem Maße, in dem der Text Sinn verschleiert, macht er ihn auch disponibel. In Anlehnung an den zugrunde gelegten Interpretationsbegriff (Text/Rezeption), bietet es sich an, die Kontingenz der Auslegungsmöglichkeiten durch solche Ordnungsprinzipien zu reduzieren, die ein möglichst hohes Maß an Beobachtungsleistung, also neuen Interpretationsmöglichkeiten in Aussicht stellen.

Insbesondere der letzte Teilsatz der betrachteten Textpassage ist in der Arno-Schmidt-Forschung bemüht worden, um eine Haltung des Autors zu identifizieren, beziehungsweise um eine biografische Annäherung an die Person Arno Schmidt vorzunehmen.[52] Die Wahl dieser Textstelle bietet sich für eine Identifikation von literarischer Figur (Ich-Erzähler) und Autor (Arno Schmidt) nicht zuletzt deshalb an, weil eine ganze Reihe an Textelementen vorliegt, in denen Arno Schmidt ein Erzählverfahren essayistisch expliziert. Nachfolgend soll die Kontingenz der Interpretationsmöglichkeiten, die die Passage aus *Seelandschaft mit Pocahontas* präsentiert, dadurch reduziert werden, dass ihr eine Textpassage gegenübergestellt wird, die den essayistischen Texten Arno Schmidts zugerechnet wird. Sie stammt aus den *Essays und Aufsätzen:*

> man rufe sich am Abend den vergangenen Tag zurück, also die »jüngste Vergangenheit« (die auch getrost noch als »älteste Gegenwart« definiert werden könnte): hat man das Gefühl eines »epischen Flusses« der Ereignisse? Eines Kontinuums überhaupt? Es gibt diesen epischen Fluß, auch der Gegenwart, gar nicht; Jeder vergleiche sein eigenes beschädigtes Tagesmosaik! Die Ereignisse unseres Lebens springen vielmehr. Auf dem Bindfaden der Bedeutungslosigkeit, der allgegenwärtigen langen Weile, ist die Perlenkette kleiner Erlebniseinheiten, innerer und äußerer, aufgereiht. Von Mitternacht zu Mitternacht ist gar nicht »1 Tag«, sondern »1440 Minuten« (und von diesen wiederum sind höchstens 50 belangvoll!). Aus dieser porösen Struktur auch unserer Gegenwartsempfindung ergibt sich ein löcheriges Dasein –: seine Wiedergabe vermittels eines entsprechenden literarischen Verfahrens war seinerzeit für mich der Anlaß zum Beginn einer weiteren Versuchsreihe (Typ Brand's=Haide=Trilogie). Der Sinn dieser »zweiten« Form ist also, an die Stelle der früher beliebten Fiktion der »fortlaufenden Handlung«, ein der menschlichen Erlebnisweise gerechter werdendes, zwar magereres aber trainierteres, Prosagefüge zu setzen. (Ich warne besonders vor der Überheblichkeit, die hier vielleicht das dem Bürger naheliegende schnelle Wort von einem »Zerfall« sprechen möchte; ich stelle vielmehr

52 Vgl. hierzu: Schardt, Michael Mathias, „Arno Schmidt – eine biographische Annährung", in: *Arno Schmidt. Leben – Werk – Wirkung,* 216-235, hier 15.

meiner Ansicht nach durch meine präzisen, »erbarmungslosen«, Techniken unseren mangelhaften Sinnesapparat wieder an die richtige ihm gebührende biologische Stelle. Gewiß geht dabei der liebenswürdige Wahn von einem singulären überlegenen »Abbilde Gottes« wiederum einmal mehr in die Brüche; die holde Täuschung eines pausenlosen, »tüchtigen«, Lebens, (wie sie etwa Goethe in seinen Gesprächen mit Eckermann so unangenehm geschäftig zur Schau trägt) wird der Wirklichkeit überhaupt nicht gerecht. Eben dafür, daß unser Gedächtnis, ein mitleidiges Sieb, so Vieles durchfallen läßt, ist meine Prosa der sparsam=reinliche Ausdruck.) .[53]

Bereits die Information hinsichtlich der Textsorte hat Einfluss auf den Fortgang der Interpretation. Dies gilt sowohl für die Selektion der beiden Passagen als auch für die möglichen Interpretationen, die sich an die vorliegende Interpretation anschließen könnten. Gerade im Wissen um die Beobachterkontamination liegt jedoch der Reiz, wenn es darum geht, die beiden Passagen aufeinander zu beziehen.

Auch der Gegenstand dieses Abschnittes ist Zeit. In einem Appell an das Indefinitpronomen, „man rufe sich am Abend den vergangenen Tag zurück“, wird eine Erinnerungsbewegung nachgezeichnet, in der die Zeit relativiert und der Verlauf der Ereignisse als diskontinuierlich empfunden wird. Wie in der ersten Textpassage wird auch hier auf einen Irrtum hingewiesen, der auf fälschliche Zeitempfindungen zurückzuführen ist. Das Gefühl eines „epischen Flusses“ bedeutet nicht, dass dieser Fluss als Gegenwart existiert. Von springenden Ereignissen ist die Rede und schließlich von „dieser porösen Struktur auch unserer Gegenwartsempfindung.“ Bereits im ersten Teil des Abschnitts fällt nicht nur der Appell an die unbestimmte Instanz auf; auch das kollektivierende Personalpronomen „unser“ wird – wie in der zuvor erläuterten *Pocahontas*-Passage – gewählt. Während es in der *Pocahontas*-Passage im ersten Teil zunächst um abstrakte Vorstellungen von Raum und Zeit ging, die sich der Darstellung, nicht aber der Wahrnehmung entziehen, und erst ein Perspektivwechsel die Existenzformen des Künstlers als Mensch oder Werk in den Sinnzusammenhang integrierte, zeichnet sich auch in dieser Textpassage aus den *Aufsätzen und Essays* eine ganz ähnliche Anordnung kommunikativer Ereignisse ab. Zwar geht es von vorne herein um den epischen Fluss der Ereignisse, also um den Modus der Narration. Doch „aus dieser porösen Struktur auch unserer Gegenwartsempfindung ergibt sich ein löchriges Dasein.“. Zwei Aspekte dieses Teilsatzes erscheinen besonders bemerkenswert. Zum einen bezieht sich die poröse Struktur sowohl auf den Fluss der Erinnerung, der nur als epische Form und als diskontinuierliches Mosaik zu haben ist, zum anderen bezieht sich diese Struktur ebenfalls auf die Empfindung von Gegenwart, die in Verbindung mit der epischen Form ein Dasein schafft. Demnach ist es letztlich der Vorgang des Erzählens, der Ereignisse in Zeit und Raum ordnet und in einen Sinnzusammenhang bringt, der als Dasein wahrgenommen wird. Die Darstellungsmöglichkeiten der Zeit, die auch in der zweiten Passage auf das Nacheinander der Zahlengerade (epische Form) angewiesen sind, weil nicht alles erinnert

53 Schmidt, Arno, *Essays und Aufsätze, Bargfelder Ausgabe III, 3.*, hier 167f.

und so manches vergessen werden muss (löchrig bleiben muss), werden als Ausgangspunkt gesetzt, um die Möglichkeiten der Darstellung mit den Empfindungen der Wahrnehmung zu korrelieren. Maßgeblich sind dabei die Kopplungen von Erzählung, Erinnerung und Gegenwart. Denkt man sich das jeweilige Komplement dieser Begriffe hinzu (Nichterzählen, Vergessen, Zeit), sind jene Begrifflichkeiten aufgerufen, die im vorigen Kapitel als zentrale Aspekte des Theorieinventars ausgerichtet wurden.

Auf inhaltlicher Ebene wird, analog zur unmöglichen Darstellung von Zeit in der *Pocahontas*-Passage, eine gängige Zeitempfindung („von Mitternacht zu Mitternacht ist gar nicht »1 Tag«") in Frage gestellt und relativiert, indem ihr eine Alternative gegenüber gestellt wird („sondern »1440 Minuten«"), die mit einer subjektiven Bedeutungszuschreibung versehen ist („und von diesen sind höchstens 50 belangvoll"). Die Gemeinsamkeiten der beiden Textpassagen, deren Anordnung und Auslegung freilich auch der vorliegenden Beobachtungserwartung unterstellt werden kann, lassen sich auch in formaler Hinsicht zeigen. Die auffällige Verwendung der Indefinitpronomen in beiden Passagen wurde bereits betont. Darüber hinaus lässt sich auch in der *Essay*-Passage ein Perspektivwechsel feststellen, der durch einen Doppelpunkt eingeleitet wird. Während im *Pocahontas*-Abschnitt die Perspektive auf den Künstler gerichtet ist, dem eine Wahlmöglichkeit eingeräumt wird, ist es hier die Perspektive des Ich-Erzählers, aus der nach dem Doppelpunkt von Möglichkeiten der „Wiedergabe vermittels eines entsprechenden literarischen Verfahrens" die Rede ist. Dass die Perspektive bereits vor dem Doppelpunkt diesem Ich-Erzähler zugerechnet werden kann, wird durch den Gedankenstrich markiert, der dem Doppelpunkt folgt. Während sich eine explizite Warnung vor voreiligen Schlüssen im *Pocahontas*-Abschnitt an „fromme Ausleger" richtete, gilt sie nun der „Überheblichkeit", die aufgrund bestimmter Umstände „von einem »Zerfall« sprechen möchte". Das Wort wird dabei also nicht dem Bürger zugetraut, sondern einer Eigenschaft, der eine Absicht unterstellt wird, die sprachliche Wiedergabe dessen anzustreben, was dem Bürger naheliegt. Zwar bezieht sich der Zerfall im Grunde auf die veränderten Schwerpunkte des angesprochenen literarischen Verfahrens; dennoch stellt sich die Frage, ob bei der Kompetenzzuweisung, die durch eine sprechende Überheblichkeit angedeutet wird, nicht ein weiterer Zerfall angezeigt ist. Darauf werde ich zurückkommen. Indem die Wiedergabe der Zeitempfindungen und Gegenwartsdarstellungen im Abschnitt vor dem Doppelpunkt als „Anlass und Beginn einer weiteren Versuchsreihe" in der Vergangenheit verortet wird („war seinerzeit"), bezieht sich der Abschnitt nach der ersten Verwendung des Personalpronomens („für mich") auf ein Erzählverfahren, das als Vorhaben in der Gegenwart des erzählten Zeithorizonts angenommen werden kann.

Der darauffolgende Satz des sprechenden Ichs lässt sich in zwei Sinnzusammenhänge stellen. Je nachdem, welche Möglichkeit in Betracht gezogen wird, verändert sich zwangsläufig die daran angeschlossene Interpretation. Zwar könnte dieser Annahme ein beachtliches Maß an Trivialität unterstellt werden, weil jede Aktualisierung von Sinn eine Entscheidung ist, die sich auf alle weiteren Entscheidungen auswirkt. Diese Akzentuierung ist aber von zentraler Bedeutung, weil gerade die Einbeziehung beider Beobachtungsmöglichkeiten einen entscheidenden Schluss erlaubt. Aufgrund der zentralen Stellung des Teilsatzes, führe ich diesen erneut an: „ich stelle vielmehr meiner Ansicht nach durch meine präzisen, »erbarmungslosen«, Techniken unseren mangelhaften Sinnesapparat wieder an die richtige ihm gebührende biologische Stelle." Folgt man bei der Lektüre dieses Satzes den Bezugsmöglichkeiten, die sich aufgrund der auffällig gesetzten Satzzeichen anbieten, könnte man vermuten, dass das sprechende Ich der eigenen Ansicht nachstellt. Der Vorgang des Nachstellens entspräche dann einer Suchbewegung, deren Ziel es ist, gegenwärtige Vorstellungen sprachlich zu fassen.

Bei solchen Ansichten könnte es sich dann um die dargelegten Zeit- und Gegenwartsempfindungen handeln, die ihre Gestalt im daraus resultierenden Erzählverfahren erhalten. Dabei irritiert jedoch entweder das fehlende Komma, das dem so verstandenen Hauptsatz folgen müsste, oder das fehlende Verb, das notwendig wäre, um den zweiten Teil des Satzes, bei dem es sich dann um einen Relativsatz handelte, mit kohärentem Sinn aufzufüllen. Diese Bedeutungszuweisung würde auf ein Erzählverfahren verweisen, das sowohl das menschliche Bewusstsein als unhintergehbares System, als auch die Zeit als Fundamentalkategorie voraussetzt, die sich in ihrer Komplexität ebenso der Darstellung entzieht wie die Gegenwart. Diese Lesart ließe sich durch die Warnung an die frommen Ausleger aus der *Pocahontas*-Passage bekräftigen. Denn was dort als kollektivierender Verweis auf „unsere vereinfachenden (biologisch ausreichenden) Sinne und Hirne" formuliert wurde, wird hier als Bezug auf „unseren mangelhaften Sinnapparat" gewendet. Auch die Akzentuierung der biologischen Stelle, an der der „Sinnesapparat" im *Essay*-Abschnitt mit einer „richtige[n]" und ihm „gebührende[n]" Stelle assoziiert wird, verweist auf eine konsequente Trennung zwischen psychischer und biologischer Sphäre.

Das fehlende Verb könnte dann mit einem fehlenden Verfahren korreliert werden, das für eine adäquate Darstellung von Gegenwart, Zeit und Bewusstsein nötig wäre. Da ein solches Verfahren ebenfalls auf Verben angewiesen wäre, um Darstellungsmöglichkeiten von Bewusstsein und Zeit in Aussicht zu stellen, ist es auf einer performativen Ebene des Textes konsequent, das Verb wegzulassen. Bei genauerer Betrachtung könnte man diesen Satz vielleicht sogar als Sinnform verstehen, in dem das fehlende Verb in einer vorsätzlichen Aussparung *vergessen* wurde. Denn der Teilsatz vollzieht, wovon er spricht; wobei die Entsprechung von Form und Inhalt auf der Ebene des Textes als Differenz von Text und Rezeption, und gerade nicht auf einer als isoliert angenommenen Wahrnehmungsebene behauptet werden kann.

Eine gänzlich andere Interpretationsmöglichkeit ergibt sich, wenn man sich die Satzzeichen an jenen Stellen vor Augen führt, die den grammatikalischen

Regeln entsprechen: „ich stelle vielmehr[, MK] meiner Ansicht nach [, MK] durch meine präzisen, »erbarmungslosen« [MK] Techniken [, MK] unseren mangelhaften Sinnesapparat wieder an die richtige ihm gebührende biologische Stelle." Diese Leseart setzt also einen Akt der Verrückung voraus, der den Satz nicht nur auf der Bedeutungsebene verändert, sondern ihn durch einen direkten Texteingriff aus seinem ursprünglichen Sinnzusammenhang herauslöst. Die Beobachtungsleistungen, die sich mit diesem Eingriff eröffnen, drängen sich jedoch *förmlich* auf, gerade weil sie eine plausible Sinnzuweisung des ursprünglichen Texts in seiner spezifischen literarischen Form in Aussicht stellen. Auf diese Weise lässt sich das sprechende Ich nämlich als Urheber des Verfahrens identifizieren, das den Sinnesapparat gebührend verrückt.

Eine Schlüsselrolle kommt in diesem Zusammenhang dem unbestimmten Personalpronomen zu, das den Sinnesapparat zuordnet. Entscheidend ist nämlich der darauffolgende Satz, an dem sich die Verschiedenheit der beiden Lektürevorschläge nutzen lässt. Denn wenn „der liebenswürdige Wahn von einem singulären überlegenen »Abbilde Gottes« wiederum einmal mehr in die Brüche" geht, dann stellt sich doch die Frage, woraus sich zum einen die angeführte Gewissheit speist und worauf sich zum anderen das Adverb „dabei" bezieht. Dass es sich auf den vorigen Satz bezieht, ist aus satzlogischer Sicht anzunehmen. Es könnte sich aber auch auf mehrere Lektüremöglichkeiten zugleich beziehen; so zum Beispiel auf die soeben vorgestellten. Bereits mit diesen beiden verschiedenen Interpretationsansätzen zeichnet sich ein autoreflexives Erzählverfahren ab, das weniger auf der Ebene des Inhalts auszumachen ist, sondern das vielmehr auf der Ebene des Texts vollzogen wird. Nicht nur die Interpretationsmöglichkeiten (Text/Rezeption) werden durch diesen Textabschnitt als geradezu gleichzeitig und gleichgewichtig präsentiert, sondern auch die möglichen Verfahren der Anordnung und Darstellung von Bewusstsein, Zeit und Gegenwart, deren Wiedergabe „der Wirklichkeit überhaupt nicht gerecht" wird.

Der Passus reflektiert damit im Grunde, dass auch jene Erzählverfahren, die vorgeben, über ihre Darstellung dem Bewusstsein gerecht zu werden, nicht jenseits der Grenzen operieren können, die die Bedingung der Möglichkeit ihrer eigenen Darstellungsformen vorgeben. Der *Essay*-Passus bewegt sich – wie der *Pocahontas*-Abschnitt – in seinem spezifischen Verhältnis von Form und Inhalt an den Grenzen der Darstellung dessen, was er im theoretischen Zusammenhang mit Erinnern/Vergessen, Zeit/Gegenwart Interpretationsmöglichkeiten verspricht. Dass dabei die Idee eines „singulären überlegenen »Abbilde Gottes« wiederum einmal mehr in die Brüche" geht, ist nicht nur vor dem Hintergrund des vorgestellten Theorieinventars folgerichtig, sondern auch die Voraussetzung für eine solche Lektüre. Das Abbild verweist auf einen entscheidenden Widerspruch, den man sich einhandelt, wenn man das sprechende Ich mit einem Individuum im Sinne der Autorperson Arno Schmidt identifiziert. Indem dieses Gottes-Bild als liebenswürdiger Wahn bezeichnet wird, wird die durchaus naheliegende, ja fast provozierte Identifikation von Erzählung und Urheber (als Abbild Gottes) im Text selbst reflektiert. Es ist der Kurzschluss der Identifikation von Text und Urheber, der zuvor als „Überheblichkeit“ oder im *Pocahontas*-Abschnitt als angestrebter Nachweis einer „unsterblichen Seele“ gewendet wurde, den sich fromme Ausleger erträumen. Dabei sind die Empfehlungen, Appelle und Warnungen, die aus den beiden Textabschnitten hervorgehen, nicht spezifischen Instanzen zuzuordnen, die ausschließlich jenseits der Textgrenzen vermutet werden könnten, sondern allenfalls der Interpretation als Verhältnis von Text und Rezeption.

Der Text changiert zwischen den Bedingungen seiner eigenen Möglichkeit und den Bedingungen seiner Interpretation. Er beobachtet die Bedingungen seiner eigenen Beobachtung. Diese autoreflexive Anlage muss also verschiedene Interpretationsmöglichkeiten als gleichzeitig und unentscheidbar zur Verfügung stellen und diese Bedingung als die Bedingung ihrer eigenen Möglichkeit ausweisen. Dieses paradoxale Verhältnis lässt sich wiederum mit dem Funktionsbegriff des Gedächtnisses korrelieren, der als eine Art *Kippbild* entweder das Resultat seiner Hervorbringung als anschlussfähig präsentiert oder den Akt des Gedächtnisses als Vorgang der Aktualisierung. In jedem Fall aber ist es die Beobachtung, die sich selbst beobachtet und genau dadurch präsentiert. Schließlich lässt sich an diese Darstellung ein Satz als Definition des Erzählverfahrens anschließen, mit dem der *Essay*-Abschnitt im vorliegenden Kontext endet: „Eben dafür, daß unser Gedächtnis, ein mitleidiges Sieb, so Vieles durchfallen läßt, ist meine Prosa der sparsam=reinliche Ausdruck.).“[54]

Nach den bisherigen Darstellungen möchte ich die Passagen-Gegenüberstellung mit folgender Interpretationsversion schließen: Der Künstler hat zwar die Wahl, ob er als Mensch leben will oder als Werk. Doch ganz gleich, wofür er sich entscheidet: Die Wahl, als Abbild Gottes im Sinne eines Schöpfers aus dem Text hervorzugehen, hat er nicht. Denn bei solchen Vorstellungen handelt es sich um „holde Täuschung eines pausenlosen, »tüchtigen«, Lebens“ – um eine Projektion als Effekt der Interpretation. Bekräftigen lässt sich dieses Resümee im Rekurs auf das unbestimmte Personalpronomen „unser“, das in beiden Abschnitten eine Identifikation von sprechendem Ich und vorschnell zugeordneter schöpferischer Instanz jenseits der Textgrenzen aufgrund des biologischen Sinnesapparates nicht legitimieren kann. Denn das „unser“ integriert all jene Aspekte in den Kommunikationsprozess, die ihn als solchen identifizieren können, also sowohl den Text, als auch die Interpretation als Differenz von Text und Rezeption. Wenn es also um den „defekten Rest“ geht, den man sich besser nicht besieht, dann kann es sich dabei auch um jene Sinnzusammenhänge handeln, die die autoreflexive Dimension dieses komplexen Erzählverfahrens aufgrund von vorschnell hergestellten Kausalbeziehungen von Text und Schöpfer verschleiert und sich gerade dadurch an „die richtige [...] gebührende biologische Stelle“ rücken lässt.

---

[54] Ebd.

Die Auslegung beider Textpassagen zeigt zweierlei: Zum einen werden Darstellungsmöglichkeiten von Zeit und Bewusstsein inhaltlich verhandelt und auf performativer Ebene vollzogen, reflektiert und in ihrer lückenhaften Umsetzungsmöglichkeit ausgestellt. Zum anderen werden auch die Identifikationsmöglichkeiten von Text und unterstelltem Urheber (als Abbild Gottes oder Künstler) mit ihren möglichen Interpretationsfolgen als Projektionen entlarvt. Die vorgestellte Interpretation der ausgewählten Textstellen deutet ein Interpretationspotenzial an, das sich ergibt, wenn Texte wechselseitig aufeinander bezogen werden, die nicht durch die konstruierte Akzentuierung ihrer spezifischen Gattungszugehörigkeit in ein hierarchisches Interpretationsverhältnis gebracht werden. Indem die Textsorten als gleichberechtigt und gleichursprünglich in einen Sinnzusammenhang gebracht werden, wird das Interpretationspotenzial nicht einseitig überhöht und dadurch erheblich eingeschränkt, dass es einem unhintergehbaren (Autor) Bewusstsein zugeschrieben wird.

Die wechselseitige Interpretation der beiden Textpassagen veranschaulicht, dass sich die literarischen Texte als Elemente eines spezifischen Verfahrens hervorbringen und identifizieren lassen; eine Erläuterung, die den Vorgang der Interpretation als Bedingung der eigenen Möglichkeit voraussetzt. Diese Auslegung setzt wiederum die Integration jenes Ordnungsprinzips voraus, das nicht als Urheber, sondern als Reduktion von Komplexität eingeführt wurde – die *Autopoietik.* Während die Zurechnung beider Textelemente zum Ensemble Arno Schmidt notwendig ist, um nach dem Prinzip der Analogie ein ordnendes *tertium datur* zu erhalten, vor dessen Hintergrund die wechselseitige Interpretation in Funktion gesetzt werden kann, ist eine Überhöhung dieser Zurechnungskategorie durch ein unterstelltes Bewusstsein hinderlich. Die dargelegte Interpretation zeigt, dass die Textpassagen ein solches *ausgeschlossenes Drittes* als Interpretationsmöglichkeit zur Verfügung stellen; allerdings mit einer zugehörigen Warnung vor den möglichen Folgen. Die Zuordnung eines *tertium datur* eignet sich gerade vor dem Hintergrund der Beobachterkontamination deshalb ausgezeichnet, weil es sich dabei um ein Paradox handelt, das zwar ausgeschlossen werden muss, um als ausgeschlossenes Drittes identifiziert werden zu können. Gleichzeitig ist es aber als Bedingung der eigenen Möglichkeit dieses Interpretationsansatzes immer schon integraler Bestandteil der Beobachtung und damit ein in sich differentes Verhältnis, das sowohl der Eigenkomplexität der Kommunikation des Textes, als auch der Eigenkomplexität über den Text als Differenz von Text und Rezeption (Interpretation) entspricht.

Mit dem Blick auf die Arno-Schmidt-Forschung und die daran angeschlossene Textbetrachtung – eine Gegenüberstellung, die fragmentarisch bleiben musste, um ihr paradigmatisches Potenzial anzudeuten – ist deutlich geworden, dass sich die Zurechnungskategorie der *Autopoietik* durchaus eignet, um literarische Texte auf ihr Interpretationsangebot hin zu befragen, das nicht mehr auf einen Urheber als unhintergehbar ausgeschlossene Begründungsinstanz angewiesen ist, um die Texte wechselseitig aufeinander zu beziehen und sie auf die Bedingung ihrer eigenen Möglichkeit hin zu interpretieren. Entsprechend können auch die Merkmale des Chronisten dem Text selbst zugewiesen werden. Indem der Text nicht nur danach strebt, Ereignisse der Gegenwart und Zeit wiederzugeben, sondern zugleich die Möglichkeiten und Grenzen dieser Darstellungsmöglichkeiten mitliefert, lässt sich eine autoreflexive Beobachtungsbewegung nachweisen, die den Text als eigentlichen Chronisten entlarvt, der zwischen dem Konstruktcharakter von Fiktionalität und Realität changiert und dabei sowohl die Resultate des Erzählvorgangs, als auch das zugrunde liegende Verfahren co-präsent hält.

Ermöglicht wird eine solch gleichzeitige Präsentation des Ungleichzeitigen durch die Medialität der Literatur auf der Basis von Schrift, die Sinn in dem Maße zur Verfügung stellt, in dem sie ihn verschleiert. Während also bestimmte Informationen als Teil des jeweiligen Kommunikationszusammenhangs notwendig sind, um ein kommunikatives Ereignis als solches zu identifizieren, müssen andere nicht als Kommunikation vorliegen, weil sie nach Maßgabe der strukturellen Kopplung zum Teil vorausgesetzt werden können. Dabei kommt es nicht darauf an, welche Sinnformen nicht vorliegen, sondern einzig, welche Informationen sich identifizieren lassen. Indem ich an dieser Stelle darauf hinweise, dass auf das Geburtsdatum Arno Schmidts, beziehungsweise auf biografischen Daten und eine Werkübersicht bewusst verzichtet wurde, lässt sich damit das argumentative Vorgehen des vorgestellten Interpretationsansatzes bekräftigen, weil eine Kommunikation dieser Informationen für den *informierten Leser* ohnehin keine *neue* Beobachtungsleistung in Aussicht stellen würde. Die selektive Vorgehensweise wird für die Identifikation der folgenden zwei *Autopoietiken* nochmals radikalisiert, um das Interpretationspotenzial der jeweiligen Betrachtung zu verdeutlichen. Bezüge zur jeweiligen Forschungstradition werden dabei nicht als Beweisführung herangezogen, um ihnen den vorliegenden Interpretationsansatz gegenüber zu stellen. Vielmehr wird die Forschung als Komplizenschaft verstanden und für die Argumentationslinie jeweils paradigmatisch bemüht. Denn sie ist Teil des Kommunikationszusammenhangs von Interpretation als Differenz von Text und Rezeption.

3.3.2 Uwe Johnson

1979 hielt Uwe Johnson eine Poetikvorlesung in Frankfurt am Main, die ein Jahr darauf unter dem Titel *Begleitumstände. Frankfurter Vorlesungen* in Buchform erschien.[55] Der Text gilt als Quasi-Autobiografie.[56] Im Klappentext ist von einer „öffentlichen Autobiographie" die Rede, die „einen umfassenden Einblick in die Be-

---

[55] Johnson, Uwe, *Begleitumstände. Frankfurter Vorlesungen,* Frankfurt a. M. 1980.

[56] Vgl. Hanuschek, Sven, *Uwe Johnson,* Berlin 1994. Hanuschek wählt die *Begleitumstände* als „wichtigste Quelle" (7) seines Buches. Katja Leuchtenberger akzentuiert in ihrer Auswahlbibliographie zu Johnson die autobiografische Dimension von Johnsons Texten. Vgl.: Leuchtenberger, Katja, *Uwe Johnson,* (=BasisBiographie 47), Frankfurt a. M. 2010., hier 146, sowie 177f. Vgl. hierzu auch: Golisch, Stefanie, *Uwe Johnson zur Einführung,* Hamburg 1994.

dingungen und Intentionen seines Schreibens [... und, MK] zugleich auch Materialien zu einer gesamtdeutschen Geschichte der letzten dreißig Jahre" verspricht. Die *Begleitumstände* beginnen mit dem Begriff „Poetik", dem eine ausführliche Reflexion folgt.[57] An anderer Stelle erklärt Johnson, er „wollte nur die Geschichte erzählen."[58] Textbelege für diese Behauptungen und Vorhaben lassen sich an zahlreichen Stellen dieses umfangreichen Korpus und insbesondere in jenen Texten finden, die von den Bedingungen und Möglichkeiten des Schreibens handeln. So heißt es beispielsweise in einem Aufsatz von Johnson über Romantheorie:

> Wozu also taugt der Roman? Er ist ein Angebot. Sie bekommen eine Version der Wirklichkeit. Es ist nicht eine Gesellschaft in der Miniatur, und es ist kein maß-stäbliches Modell. Es ist auch nicht ein Spiegel der Welt und weiterhin nicht ihre Widerspiegelung; es ist eine Welt, gegen die Welt zu halten.[59]

In seinem Essay „Berliner Stadtbahn (veraltet)", in dem sich neben ausführlichen Beschreibungen des Stadtbahnhofes im geteilten Berlin umfangreiche erzähltheoretische Ausführungen finden, empfiehlt er: „Der Verfasser sollte zugeben, daß er erfunden hat, was er vorbringt, er sollte nicht verschweigen, daß seine Informationen lückenhaft sind und ungenau [...] Dies eingestehen kann er, indem er etwa die schwierige Suche nach der Wahrheit ausdrücklich vorführt".[60] Trotz einer Vielzahl gut dokumentierter Explikationen, gilt Uwe Johnson als Schriftsteller, der „Auskünfte über seine Person oder seine ‚Poetik' [...] für so verzichtbar wie Selbstdeutungen seines Werks [hielt, MK]. Er wollte seine Texte für sich selbst sprechen lassen und ließ sich nicht gern in die Werkstatt schauen."[61]

Nachfolgend wird gezeigt werden, dass diese fragmentarischen Informationen, die vor dem Hintergrund der Johnson-Forschung durchaus als paradigmatische Fälle bezeichnet werden können, ausreichen, um die spezifische *Autopoietik* Uwe Johnson zu veranschaulichen. Eine auf Vollständigkeit abzielende Darstellung des Textkorpus, das sich aufgrund der andauernden Editionstätigkeit nach wie vor durch Kontingenz auszeichnet, ist hierfür nicht notwendig.[62] Ähnlich wie im Fall Arno Schmidt, dessen Texte ihre eigene Bedingtheit vorgeben und reflektieren, lässt sich auch bei den Textelementen Johnsons ein paradigmatisches Erzählver-

---

57 Johnson, *Begleitumstände,* hier 11.

58 Fahlke, Eberhard (Hg), *„Ich überlege mir die Geschichte...". Uwe Johnson im Gespräch,* Frankfurt a. M. 1988., hier 187.

59 Johnson, Uwe, „Vorschläge zur Prüfung eines Romans", in, *Romantheorie. Dokumentation ihrer Geschichte in Deutschland seit 1880,* hg. von Eberhard Lämmert u. a., Köln 1984, 398-403, hier 402f.

60 Johnson, Uwe, „Berliner Stadtbahn (veraltet)", in, *Berliner Sachen. Aufsätze,* Frankfurt. a. M. 1975, hier 20.

61 Leuchtenberger, *Uwe Johnson, hier* 117.

62 Für einen ausführlichen Überblick zur aktuellen Forschungslage: Riedel, Nicolai, *Uwe Johnson Bibliographie. 1959-1998,* Stuttgart 1999; sowie ders., „Internationale Uwe-Johnson-Bibliographie Supplement 1: 1999-2005. Nachträge und Ergänzungen.", in: *Internationales Uwe-Johnson-Forum Bd.10,* Frankfurt a. M. u. a.: 2006. 175-219.

fahren identifizieren, das sich selbst hervorbringt und zugleich beobachtet. Entscheidend ist dabei das Verhältnis von Element und Ensemble; ein Grundprinzip, das zum Beispiel in einer Aussage Johnsons im Gespräch mit Manfred Durzak (dem Verfasser des Beitrags „Das Paradigma Arno Schmidt") reflektiert wird. Darin entgegnet Uwe Johnson hinsichtlich einer möglichen Theorie, die sich im Text über die „Berliner Stadtbahn (veraltet)" vermuten ließe: „Hier tut der Kontext wieder einmal alles. Und wenn Sie ihn wegnehmen, dann wird es einigermaßen gefährlich".[63] Gegenstand dieser Aussage ist die Interdependenz von Text und Kontext, deren Gegebenheit ein entscheidendes Kohärenzkriterium der Interpretation bildet. Über jede in Aussicht gestellte Beobachtungsleistung entscheidet der Kommunikationszusammenhang, der die jeweilige Beobachtung als die Bedingung ihrer Möglichkeit legitimiert und hervorbringt. Dieses Prinzip, das mit dieser Aussage reflektiert wird, müsste also sowohl für die Unterstellung einer johnsonschen Theorie in der „Berliner Stadtbahn" gelten, wie sie von Durzak in Betracht gezogen wird, als auch für andere Behauptungen, Johnson habe sich etwa selbst als „Figur seines literarischen Kosmos" inszeniert.[64] Entsprechend könnte die oben zitierte Empfehlung Johnsons, der Verfasser sollte seine Informationen in ihrer Lückenhaftigkeit ausdrücklich vorführen, durchaus als prinzipielle Forderung verstanden werden, der er selbst – etwa im Gespräch mit Durzak – nachkommt, indem er die Wechselwirkungen zwischen Text und Kontext, und damit die Kontingenz von Kommunikation ausstellt. Immerhin ist die Definition einer Theorie anhand eines spezifischen Textes, wie dies Durzak anstrebt, eine Interpretationsleistung, die – sofern sich der Text nicht als erklärte Theorie präsentiert – den Kohärenzkriterien der Wissenschaftlichkeit nur gerecht werden kann, wenn sie die lückenhaften Informationen des Textes mit plausiblen Interpretationsmöglichkeiten auffüllt. Dieser johnsonschen Empfehlung an den „Verfasser" kann eine gewisse autoreflexive Konsequenz zugesprochen werden; eine Zurechnung, die sich auch im Hinblick auf weitere Textelemente bekräftigen lässt und – das soll nachfolgend gezeigt werden – eine literarische Position erkennbar macht.

So heißt es auf den ersten Seiten der *Begleitumstände*, die mit einem Blick in einschlägige Lexika begonnen werden: „Damit ist der erste Ansatz dieser Vorlesung in die Falle gelaufen, die ihm gestellt wurde: die Aufgabe Poetik ist als Lehrbuch vorhanden, weitere Äußerungen von meiner Seite können ohne Schaden entfallen."[65] In der Johnson-Forschung sind die ersten Seiten der *Begleitumstände* und insbesondere diese Aussage zum Anlass genommen worden, es handle sich dabei um die Einschätzung Johnsons, wonach die „*Begleitumstände* keine Poetik

---

63 Durzak, Manfred, „Dieser langsame Wer zu einer größeren Genauigkeit. Gespräch mit Uwe Johnson (1974), in: ders. *Gespräche über den Roman mit Joseph Breitbach, Elias Canetti, Heinrich Böll, Siegfried Lenz, Wolfgang Hildesheimer, Peter Handke, Hans Erich Nossack, Uwe Johnson, Walter Höllerer. Formbestimmungen und Analysen,* Frankfurt a. M. 1976., hier 428.

64 Katja Leuchtenschlaeger, *Uwe Johnson,* hier 118.

65 Johnson, *Begleitumstände, hier* 14.

enthalten."[66] Dieser Interpretationsmöglichkeit möchte sich auch diese Arbeit unter dem Vorbehalt anschließen, dass jener Poetik-Begriff Grundlage dieser Folgerung ist, den Johnson in seinen Überlegungen zu Beginn der Vorlesungsreihe wie folgt definiert: „Poetik wird noch in den neueren Wörterbüchern der gegenwärtigen deutschen Sprache beschrieben als eine „Lehre von den literarischen Gattungen und Formen der Dichtkunst"".[67] Mit seinen Ausführungen verdeutlicht Johnson zum einen, dass jede Poetik als Lehre an ihrem Anspruch auf Vollständigkeit scheitern muss und zum anderen, dass diese Tatsache trotz traditionsreicher Begriffsdefinitionen in einschlägigen Fachlexika bis in die Gegenwart um 1980 unreflektiert geblieben ist. Bereits das Adverb „noch" im ersten Satz markiert die Definitionsbedürftigkeit des Poetik-Begriffs. Johnson zeigt, dass die Poetik „weiterhin zwischen den Wissenschaften steh[t], nach wie vor unadoptiert", weil selbst „Meyers Allerneuestes aus Leipzig von 1890", sowie 80 Jahre jüngere Ausgaben „eines Buches über die deutsche Sprache, das ausdrücklich sich beschränkt auf »relativ gesicherte[n] Wissensstoff«", an diesem Anspruch auf Vollständigkeit scheitern, den der Begriff Poetik als Lehre verspricht.[68] Die ironisch markierten Hinweise auf das Allerneueste von 1890 oder auf den Wissensstoff, der auch 80 Jahre nach dem Allerneuesten nur relativ gesichert ist, unterstreichen, dass es sich bei der „Falle", die dem „Ansatz dieser Vorlesung" gestellt wurde, um eine unausweichliche Konstellation handelt, die Johnson mit jenen Mitteln entlarvt und als Gegenstand seiner Vorlesung ablehnt, die sie als wissenschaftliche Kategorie hervorgebracht und legitimiert haben:

> eine Tätigkeit als Dichten unbefangen beschreiben wird nur jemand, der darin das althochdeutsche »dihtôn« erkennt, das Verbum »schreiben«, das vor neunhundert Jahren an Bedeutung erweitert wurde durch das lateinische »dictare«, das sowohl »vorsagen« wie »verfassen« bedeutet. Es wird also die Rede sein vom Schreiben. Statt einer Lehre vom Schreiben.[69]

Durch die begriffsgeschichtlich legitimierte Korrelation von Schreiben, Vorsagen und Verfassen erweitert Johnson das Bedeutungsfeld des Dichtens als Verfahren (Verbum) um jene Aspekte der Kommunikation, die mit der spezifischen Medialität von Literatur auf der Basis von Schrift aus einer theoretischen Perspektive stets

---

66 So zum Beispiel von Kristin Felsner in ihrer umfangreichen Dissertationsschrift, *Perspektiven literarischer Geschichtsschreibung: Christa Wolf und Uwe Johnson.* hg. von Eberhard Fahlke, Ulrich Fries, Sven Hanuschek und Holger Helbig. Göttingen 2010, hier 67. Sie bekräftigt diese Tendenz ebenfalls mit dem Verweis auf weitere Sekundärtexte, etwa auf die Dissertationsschrift von Jahn, Kristin, *„Vertell, vertell. Du lüchst so schön.". Uwe Johnsons Poetik zwischen Anspruch und Wirklichkeit,* Heidelberg 2006., 348. zitiert nach Kristin Felsner., Siehe hierzu auch Lassen, Anne-Güde, „Vom schwierigen Umgang mit Figuren und Kritikern. Poetologische Reflexionen in Uwe Johnsons Frankfurter Vorlesungen *Begleitumstände",* in: *Johnson-Jahrbuch 7,* hg. von Ulrich Fries/Holger Helbig, Göttingen 2000, 97-122.

67 Johnson, *Begleitumstände,* hier 11.

68 Johnson, *Begleitumstände,* hier 12/13.

69 Ebd., hier 11.

gegeben sind (Text/Rezeption als Interpretation) und die – das zeigt sein Blick auf die wissenschaftliche Tradition des Poetik-Ansatzes – für einen „unbefangenen" Blick auf den Vorgang des Dichtens als Verfahren notwendig wären. Analog zur prinzipiellen Lückenhaftigkeit verfügbarer Informationen und deren Darstellung kann es auch keine Unbefangenheit geben, von der aus eine Rede vom Dichten möglich wäre. Gerade weil die Poetik als historisch ausgerichtete Lehre „noch in den neueren Wörterbüchern der gegenwärtigen deutschen Sprache" zu finden ist und in jener spezifischen Wissenschaftstradition gründet, die entscheidende Aspekte des „Dichtens" konsequent ausschließt, markiert Johnson eine subjektive Perspektive, die er dem offensichtlich zum Scheitern verurteilten *objektiven* Wissenschaftsbegriff der von ihm zur Disposition gestellten Poetik entgegensetzt. Freilich würde diesem Poetik-Begriff kein Schaden entstehen, wenn Johnson auf seine Rede verzichten würde, denn eben diese Poetik ist – das demonstriert er mit der selektiven Informationsanordnung – als historisch legitimiertes Lehrbuch ohnehin buchstäblich festgeschrieben. Indem sich Johnson von einem Poetik-Begriff im Sinne eines Lehrens abgrenzt und stattdessen eine Rede vom Schreiben anbietet, in der er seine Erfahrungen „im Berufe des Schriftsteller[s]"[70] darstellt, macht er die lückenhafte Vorführung von Erfahrung und Literatur zum zentralen poetologischen Prinzip seiner Rede. Johnson kommt mit seinen Ausführungen über die Poetik also auch hier jener Forderung nach, die sich in der *Berliner Stadtbahn* an den Verfasser richtet, dass jeder Verfasser zugeben und ausdrücklich vorführen sollte, dass seine Informationen lückenhaft sind.[71]

Dieses Prinzip lässt sich noch deutlicher konturieren, wenn Johnson kurz darauf die Verwendung der ontologischen Redeweise reflektiert:

> An dieser Stelle bitte ich Sie, mit mir den fälligen Augenblick einer Peinlichkeit durchzustehen: Weiterhin wird gelegentlich das Wort »ich« mit seinen Abwandlungen vorkommen. Objektivierungen wie »der Verfasser« oder »Johnson« würden eine Wirkung nur formal durchsetzen, riskant sind sie desgleichen. Denn in diesem Gewerbe ist das Verfassen nur eine von mehreren Tätigkeiten, und der Nachname ist auf Dauer so schwierig auszusprechen wie die Assoziationen zu verdrängen wären, die der Klang einer Abkürzung einlüde. Bitte, wollen Sie von mir annehmen, und im Gedächtnis behalten, dass ich von einem anderen Subjekt sprechen werde als dem, das heute Nachmittag auf dem Flughafen Rhein/Main kontrolliert wurde auf seine Identität mit einem Reisepass. Das Subjekt wird hier lediglich vorkommen als das Medium der Arbeit, als das Mittel einer Produktion.[72]

Im Gegensatz zu Ulrich Volk und Kristin Felsner, die diesen Passus so verstehen, dass Johnson die Verwendung der ersten Person Singular nachfolgend vermeiden möchte, betrachte ich diesen Abschnitt als Legitimation des Ich-Erzählens

70 Ebd., hier 23.
71 Vgl. Johnson, „Berliner Stadtbahn (veraltet)", 20.
72 Johnson, *Begleitumstände,* hier 24.

schlechthin.[73] Als defizitär wird nämlich gerade nicht die Verwendung des Wortes „ich“ ausgewiesen, sondern Objektivierungsmaßnahmen wie „der Verfasser“ oder „Johnson“. Auch hier erweitert Johnson das „Gewerbe“ des Schriftstellers (das Verfassen von Literatur) um die Dimension der Rezeption und Interpretation, die er durch den archimedischen Punkt des Subjekts als Identifikationsmedium auf der gleichen Formseite ansiedelt wie die Seite der Produktion. Eine Objektivierung dieser paradigmatischen Konstellation, etwa durch eine sprachliche Substitution, bliebe deshalb defizitär und riskant, weil sie die Fortschreibung des spezifischen Verhältnisses von Medium und Form als Literatur, beziehungsweise Text und Rezeption als Interpretation entscheidend kontaminieren würde. Johnson unterscheidet zwischen einem Subjekt, von dem in der Vorlesungsreihe die Rede ist und sein wird, wenn er auf die erste Person Singular zurückgreift, und zwischen einem Subjekt, das etwa als ontologische Person nach einem Identifikationsnachweis gefragt werden kann. Dabei handelt es sich aber nicht um eine bloße Unterscheidung zwischen der Privatperson Johnson und einem Schriftsteller-Ich, sondern vielmehr um die Legitimation eines erzählerischen Prinzips, bei dem das Subjekt als Medium, beziehungsweise als Zurechnungskategorie konzeptualisiert wird. Das „Ich“ der Erzählung bildet die Schnittstelle zwischen Verfasser, Text und Leser (Text/Rezeption als Interpretation), womit die erste Person Singular nicht nur ohne einen ontologischen Status auskommt, sondern darüber hinaus zur aposteriorischen Zurechnungskategorie *par excellence* avanciert.

Es wurde bereits darauf hingewiesen, dass die Verwendung ontologischer Redeweisen als Indiz dafür verstanden werden kann, dass eine Beobachtung sich selbst gegenüber blind ist. Die reflektierte Verwendung des Ich-Erzählens, die sich mit der angeführten Passage in den *Begleitumständen* als erzählerisches Prinzip legitimiert, unterstreicht also die Diskrepanz zwischen der sprachlichen Konzeption und den metasprachlichen Möglichkeiten ihrer Verwendung. Der Verzicht auf die erste Person Singular würde, so lese ich den Passus aus den *Begleitumständen,* die Identifikations- und damit die Interpretationsmöglichkeiten der *Begleitumstände* erheblich einschränken, weil der Text ständig auf eine Identität mit „einem Verfasser“ oder mit dem Eigennamen „Uwe Johnson“ hinweisen würde. Die Verwendung der ersten Person Singular wird also nicht nur angekün-

73 Vgl. Volk, Ulrich, *Der poetologische Diskurs der Gegenwart. Untersuchungen zum zeitgenössischen Verständnis von Poetik, dargestellt an ausgewählten Beispielen der Frankfurter Stiftungsdozentur Poetik.* Frankfurt a. M. 2003., hier 280. Volk korreliert die gedoppelte Erzählinstanz aus den *Jahrestagen* (Gesine Cresspahl/„der Genosse Schriftsteller“) mit der angeblich erklärten Vermeidung der ersten Person Singular. Gegen eine Fiktionalisierung von Uwe Johnson, die Volk an dieser Passage festmacht, spricht sich hingegen Kristin Felsner aus. Ähnlich wie Volk versteht sie diesen Passus jedoch als Ankündigung, „die Verwendung der ersten Person Singular in seiner Darstellung zu vermeiden.“ (Felsner 68). Sie führt diesen Passus an, um daran zu zeigen, dass es Uwe Johnson als Poetikdozent um „den Schriftsteller“ Uwe Johnson und „nicht um den Privatmann Johnson“ geht (ebd.).

digt, sondern in ihrer zentralen Funktionalität als Medium der Arbeit reflektiert und veranschaulicht. Ein Blick auf die *Begleitumstände* eignet sich deshalb ausgezeichnet, um das erzählerische Prinzip der Ich-Erzählung in der *Autopoietik* Uwe Johnson zu veranschaulichen, weil sie sowohl als mündliche Rede kommuniziert wurden, als auch in Form eines Textes auf der Basis von Schrift verfügbar sind. Dadurch ergibt sich eine bemerkenswerte Analogie zwischen der mündlichen Ich-Erzählung im Moment ihres kommunikativen Ereignisses (der Vorlesung), die einem Ich (Johnson) zugerechnet werden kann, und der Ich-Erzählung als schriftliche Buchform, die ebenfalls einem Ich (Johnson) zugerechnet werden kann. Indem das jeweilige Ich im Text auf eine in sich differente Verschiedenheit hinweist, wird es in beiden Fällen zur Zurechnungskategorie des jeweils anderen – ein unentscheidbares Verhältnis, dessen Komponenten insofern gleichursprünglich gesetzt werden müssen, als ihr Kontext das entscheidende Moment ist, das ihre Korrelation ermöglicht – die *Autopoietik*.

Dass die Ich-Erzählung als mediale Form und Mittel zur Arbeit ein grundlegendes Element des Erzählverfahrens bildet, lässt sich auch mit einem Verweis in den *Begleitumständen* auf die Aufgabe der Literatur bekräftigen:

> Ich meine nicht, dass es die Aufgabe der Literatur wäre, die Geschichte mit Vorwürfen zu bedenken. Die Aufgabe der Literatur ist vielmehr, eine Geschichte zu erzählen, in meinem Fall hiesse das, sie nicht auf eine Weise zu erzählen, die den Leser in Illusionen hineinführt, sondern ihm zeigt, wie diese Geschichte ist.[74]

Die Aufgabe der Literatur, die sich auch hier aus der Perspektive eines „Ich" als „Medium der Arbeit"[75] entwickelt, ist nicht etwa die Darstellung, wie eine vergangene Gegenwart beziehungsweise gegenwärtige Vergangenheit als Geschichte gewesen sein könnte. Es geht also nicht um eine Nachahmung im Sinne einer mimetischen Bewegung, die sich daran abarbeitet, Vergangenes über den Vorgang des Erzählens wieder in die Zeit und damit in eine gegenwärtige Gegenwart zu holen, sondern um die Vermittlung dessen, was Geschichte ist, und zwar im jeweils gegenwärtigen Ereignis ihrer Kommunikation. Die präsentische Akzentuierung der Geschichte (wie sie *ist*) holt nicht nur die kommunikativen Ereignisse dessen, was die Geschichte zur Geschichte macht, aus dem Bereich vergangener Gegenwarten und gegenwärtiger Vergangenheiten in den Bereich der Geschichte als zeitlose Erzählung, die sich in der jeweiligen Gegenwart ereignet; sie richtet sich darüber hinaus gegen das Prinzip der Repräsentation. Indem Geschichte gezeigt werden soll, wie sie *ist*, wird Literatur als Medium funktionalisiert, das in der Lage ist, Ist-Zustände als Gegenwarten mit jeweiligen Zukünften und Vergangenheiten hervorzubringen. Dadurch wird nicht nur dem Grundsatz der Irreversibilität der Zeit Rechnung getragen, sondern auch jener Funktion von Literatur, die *in den Vorschlägen zur Prüfung des Romans* als „Version von Wirklichkeit" be-

---

74 Johnson, *Begleitumstände,* hier 215.
75 Ebd., hier 24.

schrieben wurde und nicht etwa als Miniatur, Modell oder Spiegel, sondern als Welt, die „gegen die Welt zu halten" ist, verstanden wird.[76] Diese Funktion verdeutlich sich dadurch, dass die Figuren in den johnsonschen Erzählungen bis in das kleinste Detail durchkomponiert sind, dass sie teilweise über die Buchdeckel hinaus erzählt werden, über ganze Biografien verfügen oder sich in verschiedenen Romanen begegnen. Und immer wieder erscheint dabei der Bezug zur Ich-Geschichte; ein literarisches Verfahren, das seine möglichen Wurzeln sogar als Zitat ausstellt. So wird in den „Berichtigungen, Ausführungen, Auskünfte[n] und Nachträge[n]"[77] des erzählenden Schriftstellers Dr. J. Hinterhand in der *Skizze des Verunglückten* folgendes erklärt:

> Er halte sich an einen Befund, den MAX FRISCH vor elf Jahren veröffentlich habe: es sei nicht die Zeit für Ich-Geschichten. Aber er habe einmal sich bemüht, einzelne Personen nur zu zeigen in ihrem Zusammenhang mit mehreren, in der Einrichtung der Gesellschaft [...]. Und doch, so die Antithese, vollziehe das menschliche Leben sich am einzelnen Ich, oder verfehle sich daran. Nirgends sonst. Demnach sei er eine von den verfehlten Varianten, eine von den verunglückten.[78]

Dabei handelt es sich um einen Passus aus *Mein Name sei Gantenbein* von Max Frisch: „Es ist nicht die Zeit für Ich-Geschichten. Und doch vollzieht sich das menschliche Leben oder verfehlt sich am einzelnen Ich, nirgends sonst.)"[79] Dies ist allerdings ein Abschnitt, der durch Klammern eingerahmt ist. Der erste Abschnittsteil wird bei Johnson jedoch nicht paraphrasiert; und das, obwohl gerade darin das Verhältnis von Literatur und Zeitgeschichte in den Blick genommen wird: „(Manchmal scheint auch mir, daß jedes Buch, so es sich nicht befasst mit der Verhinderung des Krieges, mit der Schaffung einer besseren Gesellschaft und so weiter, sinnlos ist, müßig, unverantwortlich, langweilig, nicht wert, daß man es liest, unstatthaft."[80] Durch die fragmentarisch paraphrasierte Entlehnung des Frisch-Zitats, auf dessen unzitierten eingeklammerten Abschnittsteil der interessierte Leser mit großer Wahrscheinlichkeit stößt, wird das Erzählverfahren der johnsonschen *Autopoietik* gewissermaßen auf die Spitze getrieben, weil sich daran das Prinzip jener epischen Dokumentation präsentiert, dessen lückenhafte Informationsanordnung die Bedingung des Erzählprinzips ist, dessen Vorführung jedem Verfasser nahegelegt wird.[81]

Dieses Verfahren bringt sich als Verhältnis von Ich-Geschichte und Zeit-Geschichte in Form von gegenwärtigen kommunikativen Ereignisketten hervor, die wiederum von vorangegangenen Kommunikationen (und damit auch von Verhältnissen zwischen Ich-Geschichte- und Zeit-Dokumenten) abhängen:

---

[76] Johnson, „Vorschläge zur Prüfung eines Romans", hier 402f.
[77] Johnson, Uwe, *Skizze eines Verunglückten,* Frankfurt a. M. 1982., hier 9.
[78] Ebd., hier 74.
[79] Frisch, Max, *Mein Name sei Gantenbein,* Frankfurt a. M. 1964, hier 62.
[80] Ebd.
[81] Vgl. Johnson, „Berliner Stadtbahn", 20.

> Die epische Dokumentation war das, der endlich gefundene Weg um die trostlose Prämisse der Fiktion, die mit dem Indikativ der Zeitformen ein Geschehen vortäuscht, das es nie gegeben hat, von der Unwahrheit gerade noch unterschieden durch das Eingeständnis und den Anspruch unter dem Titel, dies sei eine Form der literarischen Kunst.[82]

Zwar handelt es sich bei der Paraphrasierung des Teil-Abschnitts aus *Mein Name sei Gantenbein* um die Integration eine Textelements, das als Roman durchaus an die Prämisse der Fiktion gebunden ist. Doch gerade weil es sich bei Frischs Roman um ein Dokument handelt, das auf inhaltlicher Ebene der Prämisse der Fiktion unterliegt, als Dokument jedoch völlig real, nämlich in Buchform vorliegt, zeigt sich daran ein entscheidender Aspekt der epischen Dokumentation. Denn auch hier entscheidet der Kontext (Kommunikationszusammenhang) über den Fortgang der Textbetrachtung (Interpretation). Durch die als gleichberechtigt ausgestellte Anordnung epischer und dokumentarischer Quellen steht das Verhältnis von Fiktionalität und Wirklichkeit in Frage. In den *Begleitumständen* wird die Fragwürdigkeit dieses Verhältnisses noch radikaler zugespitzt.

Die Abgrenzung von einer auf Vollständigkeit zielenden Lehre (Poetik) bereitet die Vorführung eines lückenhaften Prinzips vor, das aus der Perspektive eines *Ich* Erfahrungen „im Berufe eines Schriftstellers"[83] anbietet und vollzieht, wovon es spricht – das Verfahren der epischen Dokumentation, bei der das Subjekt (Ich) Medium der Arbeit ist und als solches zeigt, wie Geschichte *sein kann*. Weil dieses Ich einerseits als ein in sich differentes Subjekt ausgewiesen wird, tritt es zwar als Bezugspunkt von Geschichten in den Vordergrund, weil es Perspektiven eröffnet, die ihre charakteristische Subjektivität akzentuieren. Weil es aber zugleich als deontologisiertes Medium konzeptualisiert wird, tritt es hinter dem Text zurück. Denn ein Medium lässt sich vor dem Hintergrund des gewählten Theorieinventars nur an den Formen identifizieren, die es hervorbringt. Indem das Subjekt als Medium der Arbeit definiert wird, können sich Bedeutungszuweisungen nur auf jene Formen beziehen, die dieses Medium ausbildet; eine literaturtheoretische Position, die sich an den betrachteten Textelementen ablesen lässt. Indem sich das Subjekt dieser Vorlesung als Medium konzeptualisiert, das sich nur in spezifischen Formen zeigt, bildet es eine Projektionsfläche für jene Zurechnungskategorie, die ebenfalls als Version von Wirklichkeit angenommen werden kann – Uwe Johnson.

Mit der autoreflexiven Funktionalisierung des Subjekts als Ich und Medium der Arbeit, deren Verfahren als epische Dokumentation bezeichnet wird, erfährt das Verhältnis von Fiktionalität und Realität einen Bedeutungswandel. Im Zusammenhang mit der epischen Dokumentation heißt es, der Autor „habe einen persönlichen Notausgang gefunden aus der Gegend der literarischen Erfindung, aus dem fälschlichen Gebrauch des Imperfekts, aus dem Missbrauch des ehemals meldenden Gestus für ein Fabulieren."[84] Die Grundlage dieses Gestus bilden

---

[82] Johnson, *Begleitumstände,* hier 264.
[83] Johnson, *Begleitumstände,* hier 23.
[84] Ebd., hier 264.

vordergründig intensive Recherchen, die Integration zeitgeschichtlicher Dokumente und die Erfindung von Figuren mit umfassenden Biografien, die durchaus Autonomie entwickeln können. Zwar spricht auch Johnson (Verfasser/Autor/Ich) davon, dass er Personen erfindet; Hierbei handelt es sich allerdings um Bekanntschaften, die im Laufe der Zeit ebenfalls ein Eigenleben entwickeln:

> Das war die Auseinandersetzung mit einer der Personen, in deren Gesellschaft er die Zeit vom 17. Oktober bis zum 10. November 1956 verbracht hatte. Denn sie zu erfinden, war zwar der Anfang der Bekanntschaft gewesen; spätestens seit sie einen Namen hatte, war sie unabhängig geworden als eine Gesine Cresspahl. Was sie einmal bezogen hatte an Herkunft, menschlicher Umgebung, Ausbildung, Arbeitsstelle, alles hatte sie sogleich in Besitz genommen, sich anverwandelt als Eigenschaft und jenes unverlierbare Eigentum, das beschlossen ist in der Vergangenheit einer Person. Das machte sie zu einem ebenbürtigen Partner in dem Bewusstsein, in dem sie umging, so wirklich anwesend wie sonst Personen des Alltags, von denen Mimik, Sprechweise, Gangart erinnerlich waren.[85]

Genau wie der Autor, der in den *Begleitumständen* als Subjekt, Verfasser, Uwe Johnson oder Ich bezeichnet wird, mit dem Erzählverfahren der epischen Dokumentation einen persönlichen Notausgang aus der „trostlosen Prämisse der Fiktion“ gefunden zu haben meint und sich als Medium des Textes ausweist, das Versionen von Wirklichkeit anbietet, wird eine *wirkliche Realisierung* im Umkehrschluss auch für jene Personen angenommen, die diese Instanz überhaupt erst hervorgebracht hat. So wird nicht mehr zwischen einer fiktionalen und realen Wirklichkeit unterschieden. Geschaffen wird ein Angebot, eine – wie Johnson es formuliert – „Version der Wirklichkeit [...]; es ist eine Welt, gegen die Welt.“[86] Da jede Form von Realität oder Wirklichkeit als Resultat ihrer Konstruktion verstanden wird, stehen sich hier nicht etwa getrennte Welten gegenüber (Fiktionalität/Realität); sie gehen vielmehr ineinander über, indem sie als angebotene Versionen von Wirklichkeit hervorgebracht und mit Eigenkomplexität ausgestattet werden. Diese so geschaffene Wirklichkeit versucht jedoch nicht die einzelnen Parameter ihrer Konstruktion zu verschleiern, sondern präsentiert sie als konstitutive Momente ihrer Hervorbringung. Entscheidend ist nun, dass auch jene Instanz als Effekt dieser Wirklichkeit ausgewiesen wird, die zu Beginn der *Begleitumstände* als Medium der Arbeit eingeführt wurde. Dieses Ich, das sich als Medium nur an seinen Formen zeigt, wird also ebenfalls als Projektion und Effekt des Textes in Funktion gesetzt und – wie das erfundene Personal – mit Eigenkomplexität ausgestattet. Der Text bringt sich also gewissermaßen selbst als wirkliche Geschichte hervor, in der das Verhältnis von erfindender Instanz und erfundener Person als symbiotische Konstellation angelegt ist:

> Eine Beschädigung der Herzkranzgefäße war begleitet von einer Beschädigung des Subjekts, das ich in der ersten Vorlesung eingeführt habe als das Medium der schriftstellerischen Arbeit, als das Mittel seiner Produktion [...] Am schlimmsten war das beständige

85 Ebd., hier 299.

86 Johnson, „Vorschläge zur Prüfung eines Romans“, hier 402 ff.

> Scheitern des Vorsatzes und des Wunsches zur Arbeit. Mrs. Cresspahl hatte abgesagt, und es dauerte wahrhaftig drei Jahre, ehe ich wenigstens das aufschreiben konnte.[87]

Bedenkt man nun, dass die Aufgabe von Literatur aus der Ich-Perspektive der *Begleitumstände* heraus darin gesehen wird, Geschichte zu zeigen, wie sie ist, kann es sich auch bei der Konstellation von erfindendem und erfundenem Inventar um Geschichte handeln, die gezeigt wird, wie sie ist.[88] Wird der Unterschied zwischen Fiktionalität und Wirklichkeit wie in denen der johnsonschen Texten unterlaufen, erscheint auch die Frage nach dem Verhältnis von Ich-Geschichte und Zeitgeschichte unter anderen Vorzeichen. Eine Fiktionalisierung von Wirklichkeit würde dem autoreflexiven Angebot dieser Realitäts-Version jedoch nicht gerecht werden. Genau wie jede Vorstellung von Realität das Resultat ihrer Konstruktion ist und die Leistungsfähigkeit eines Realitätskonzepts davon abhängt, wie gut es den spezifischen Konstruktcharakter verschleiern kann, ist auch ein Verständnis von Geschichte abhängig von jenen Kohärenzkriterien, die ihre Annahme und den angestrebten Gebrauch des jeweiligen Geschichtsentwurfs legitimieren.

Betrachtet man Geschichte – wie es in den *Begleitumständen* als Version von Wirklichkeit angeboten wird – als etwas, das gezeigt werden kann, wie es *ist,* ergibt sich folgender Bezug zur Gegenwart, dem diese Vorstellung von Geschichte förmlich unterstellt wird. Die präsentische Verwendung des Hilfsverbs *ist* bedeutet, dass Geschichte nur in einer Gegenwart sein kann. Geschichte kann also nicht konserviert oder rekonstruiert werden; sie wird gemacht. Auch aus theoretischer Perspektive ist die Annahme von Geschichte im Sinne etwas Vorangegangenem notwendig, um Gegenwart zu entwerfen. Gegenwart ist wiederum Gedächtnis, das sich als Geschichte entwirft. Wenn Johnson also auf die Frage antwortet, ob er seine Literatur als „eine Art Geschichtsschreibung" versteht, es sei „schlecht möglich, abseits der Zeitgeschichte zu leben"[89], dann wird damit eben dieses Spannungsverhältnis von Geschichte und Gedächtnis einem paradigmatischen Bezug zur Gegenwart als Selbstbeobachtung reflektiert. Ein Leben abseits der Zeitgeschichte würde einen realitätsunabhängigen Beobachter voraussetzen, den es weder vor dem Hintergrund des gewählten Theorieinventars geben kann, noch kann er – das zeigen die Interpretationsansätze der gewählten Textstellen – den Texten Johnsons unterstellt werden. Im Gegenteil: Die betrachteten Textstellen weisen sich stets als kontextabhängig aus und verweisen dabei auf die Bedingung ihrer eigenen Möglichkeit. Die Texte implizieren – so könnte man es wenden – ihr relatives Beobachtungspotenzial, das vom jeweiligen Kommunikationszusammenhang abhängt. Maßgeblich ist dabei stets die jeweilige Gegenwart, aus der heraus Wirklichkeit erzeugt und zugeordnet wird. Das entscheidende Kohärenzkriterium, um zu zeigen, wie etwas ist (Geschichte), muss deshalb Wirk-

---

[87] Johnson, *Begleitumstände,* hier 452.
[88] Vgl. Ebd., hier 215.
[89] Fahlke, *„Ich überlege mir die Geschichte...".* *Uwe Johnson im Gespräch,* hier 281.

lichkeit sein; ein relativer Merkmalskatalog, der Kategorien wie Fiktionalität oder Realität ablöst.

Entscheidend sind die Wirk(lichkeits)mechanismen des Dargestellten, die im jeweiligen Moment ihres kommunikativen Ereignisses Geschichte entwerfen, legitimieren und zugleich beobachten. Mit den Beschreibungsvarianten des gewählten Theorierahmens könnte man sagen, dass sich die *Autopoietik* Uwe Johnson – für die die fragmentarisch ausgewählten und interpretierten Textelemente in diesem Kapitel paradigmatisch sind – deshalb als Gedächtnis hervorbringt und dabei beobachtet, weil sie die Bedingungen ihrer Möglichkeit beobachtet und kommuniziert.

Wenn es also darum geht, Geschichte zu zeigen wie sie ist, die zu Verfügung stehenden Informationen jedoch *per se* lückenhaft sind, dann kann nur solche Literatur als Geschichte einer Gegenwart Wirkung haben, die die Bedingung ihrer eigenen Möglichkeit als Geschichte der Gegenwart präsentiert und ihre Lückenhaftigkeit als paradoxales Verhältnis zum poetologischen Prinzip erklärt. Genau wie das Gedächtnis nur als Differenz von Vergessen und Erinnern gedacht werden kann, das aus einer Gegenwart heraus entworfen wird, die nur um den Preis ihrer sprachlichen Nachträglichkeit bezeichnet werden kann, handelt es sich bei der literarischen Darstellung von Geschichte, wie sie in einer Gegenwart ist, um einen Kommunikationszusammenhang, der vor dem Hintergrund des gewählten Interpretationskonzepts (Text/ Rezeption) durchaus als wirklich angenommen werden kann; wirklich in dem Sinne, dass die Eigenkomplexität der literarischen Form im Medium Literatur Kommunikation ist.

Indem Johnson immer wieder auf die Kontextabhängigkeit bestimmter Textbetrachtungen hinweist und deutlich markiert, dass „Mitteilungen zu seiner Person entfallen werden“[90], reflektiert er seine eigene Rolle als Medium der Arbeit, als Urheber der Texte, Zurechnungskategorie oder Ordnungsinstanz; eine Entscheidung, die ihn als erläuternde Instanz seiner Texte für die Interpretationspraxis durchaus interessant macht. Denn wie bei Arno Schmidt, können auch bei Johnson bestimmte Texte, die aus diversen Gründen nicht das Merkmal der Fiktion zu erfüllen scheinen, herangezogen werden, um mit Begriffen wie der „epischen Dokumentation“ die ausgewiesenen Informationslücken jener Texte mit sinnvollen Interpretationsoptionen aufzufüllen, die die Texte mit dem Prädikat *erzähltheoretisch* als Interpretationsansatz anbieten. Weil sich jedoch alle Texte als Versionen von Wirklichkeit präsentieren und das performieren, was sie fordern, wirkt die literarische Position, die sich abzeichnet, als Forderung an alle Beteiligten dieses „Gewerbes“, wie es Johnson benennt. Die Forderung richtet sich also an alle Beteiligten des Kommunikationszusammenhanges, die diesen identifizieren und damit zur Anschlusskommunikation beitragen.

---

[90] Johnson, *Begleitumstände, hier* 25.

Wenn es in der Johnson-Forschung heißt, er (Johnson) ließe sich nicht gerne in die Werkstatt schauen, dann stellt sich die Frage nach der Konnotation von Werkstatt, beziehungsweise nach dem Verhältnis von Text und Urheber; eine Konstellation, die in den Texten explizit reflektiert wird.[91] Auch der Titel der Frankfurter Vorlesungen verweist auf die Rahmenbedingungen des Schreibens, die durchaus als Werkstatt verstanden werden können. Dass die Rolle des Urhebers in den *Begleitumständen* in ihrer Funktion reflektiert wird, zeigt die folgende Textselle geradezu paradigmatisch: „Das Komma in »Karsch, und andere Prosa« betrachtet sein Urheber als einen unantastbaren und vollendet getarnten Aufstand gegen die Heiligen Gesetze der Interpunktion, wird vor einer Erklärung jedoch sich hüten."[92] Der Text unterstellt seinem Urheber eine Intention, deren Erläuterung jedoch – ebenfalls *bewusst* – ausgespart bleibt. Der Text spielt mit der Funktion eines Urhebers, indem er die Erläuterung eines Titels anbietet und als Version von Wirklichkeit sofort wieder in Frage stellt. Durch das gleichberechtigte Angebot verschiedener Bedeutungszuschreibungen verweist der Text immer wieder auf sich selbst und macht die Frage nach einer Instanz, die als realitätsunabhängiger Urheber des Textes unterstellt werden kann, überflüssig.

Das Subjekt, das als Medium der Arbeit verstanden wird, dient also auch diesem Textabschnitt zufolge als Zurechnungskategorie, die bestimmte Projektionen als Effekt der Interpretation wahrscheinlich macht – beispielsweise unterstellte Intentionen realitätsunabhängiger Urheber (Beobachter). Insofern präsentiert sich die *Autopoietik* als Resultat, das sich durchaus auf seine Elemente (und in deren Werkstatt) schauen lässt. Ein Blick auf verschiede Textelemente, wie er in diesem Kapitel als Interpretationsansatz angeboten werden, zeigt, dass die Texte die Bedingungen ihrer Hervorbringung an zahlreichen Stellen sowohl inhaltlich, als auch auf performativer Ebene ausstellen. Die *Autopoietik* Uwe Johnson entwirft sich als erzählerisches Prinzip, das vorführt, wovon es permanent spricht: eine Version von Wirklichkeit, eine Welt gegen die Welt. Das Subjekt, das sich darin als in sich differentes Verhältnis konzeptualisiert (als Medium der Arbeit), ist ein Sinneffekt dieser *Autopoietik*, die sich als Gedächtnis von Gegenwart und Zeit präsentiert.

3.3.4 Walter Kempowski

Analog zu den vorgestellten *Autopoietiken* Arno Schmidt und Uwe Johnson ist auch bei Walter Kempowski eine ausführliche Darstellung des Textkorpus nicht erforderlich, um das Paradigmatische der *Autopoietik* auszustellen. Entsprechend beschränke ich mich einerseits auf die Darstellung ausgewählter Textelemente, die Walter Kempowski zugeschrieben werden können und andererseits auf Inter-

91 Vgl. Leuchtenberger, *Uwe Johnson,* 117.
92 Johnson, *Begleitumstände,* hier 302.

pretationsansätze der Literaturwissenschaft, die sich in ihrer Darstellung auf Walter Kempowski beziehen.

Die Texte Kempowskis changieren „zwischen Fiktion und Dokumentation".[93] Nachweise für diese Feststellung finden sich insbesondere in der Sekundärliteratur.[94] Die so genannte *Deutsche Chronik* erzählt von der Zeit des ausgehenden 19. Jahrhunderts bis zum Ende der 1950er Jahre. Den Titel „Deutsche Chronik" verdankt dieser Romanzyklus nicht etwa Walter Kempowski, sondern seinem Verlag.[95] Im Zentrum steht die Rostocker Reederfamilie Kempowski.[96] Ute Barbara Schilly zeigt in ihrem Beitrag „zur Phänomenologie der ‚Chronik des deutschen Bürgertums', dass die ‚Person des kleinen Walter Kempowski', der das spätere Erzähler-Ich ist, in ‚Schöne Aussicht' von der Erzählerstimme aus dem *Off* auktorial eingeführt wird."[97] Sie erkennt den Erzähler an allen Erzählstellen der Romane dort als „Kamera-Auge", „wo der subjektive Lebensraum mit der Lebens-Zeit des Autors übereinstimmt. Der Erzähler ist nun nämlich Zeitzeuge, er berichtet tage-

---

93 Schilly, Ute Barbara, „*Short Cuts* aus dem Archiv des Lebens. Zur Phänomenologie der ‚Chronik des deutschen Bürgertums' von Walter Kempowski" in: *Walter Kempowski. Edition Text und Kritik 169* hg. von Heinz Ludwig Arnold, München 2006, 59-71., hier 59. Schilly führt die Faszination, die von der „Deutschen Chronik" ausgeht, auf dieses Changieren zurück und attestiert Kempowski Erkenntnisgewinn als Wirkungsabsicht. Kempowski sehe in der Erkenntnis die Funktion von Geschichtsschreibung. Laut Schilly seien die Romane der „Chronik" insbesondere deshalb mit dem Prädikat der Zeitlosigkeit zu versehen, weil sie nach wie vor eine Begegnung mit „sich selbst" ermöglichten. Dies gründe in den „Strukturen, die sie [die Chronik, MK] beschreibt, [diese] bilden unseren Verstehenshorizont und provozieren Kommunikation im Vollzug des Lesens" (Ebd. 69/70).

94 Vgl. hierzu: Ritte, Jürgen, *Endspiele. Geschichte und Erinnerung bei Dieter Forte, Walter Kempowski und W.G. Sebald,* Berlin 2009., bes. 25-78; Rutschky, Michael, „Unbelebte Erinnerung" in: *Merkur 55,* Heft 622, Stuttgart 2001, 117-129; Damiano, Carla A./Drews, Jörg/Plöschberger, Doris (Hg.), *„Was das nun wieder soll?" Von „Im Block" bis „Letzte Grüße". Zu Werk und Leben Walter Kempowskis,* Göttingen 2005. bes.: Hage, Volker, „Vom Ende der Kindheit. Walter Kempowski als Zeuge und Chronist des Luftkriegs.", 59-78; Ghaly, Amani, *Die literarische Darstellung von Zeitgeschichte als Familiengeschichte in Walter Kempowskis „Deutscher Chronik",* Oldenburg/Kairo 1996; Fischer, André, *Inszenierte Naivität. Zur ästhetischen Simulation von Geschichte bei Günter Grass, Albert Drach und Walter Kempowski,* (= Theorie und Geschichte der Literatur und der Schönen Künste 85), München 1992; Schwab, Sylvia, *Autobiographik und Lebenserfahrung. Versuch einer Typologie deutschsprachiger autobiographischer Schriften zwischen 1965 und 1975,* Würzbug 1981.

95 Vgl. Schilly, ebd., sowie Ladenthin, Volker, „Literatur als Gegensatz. Eine Einführung ins Werk Walter Kempowskis", in: ders. (Hg.), *Die Sprache der Geschichte. Beiträge zum Werk Walter Kempowskis,* Eitorf: 2000., 26.

96 In der Reihenfolge ihrer inhaltlichen Chronologie als Erstveröffentlichungen: Walter Kempowski: *Aus großer Zeit,* Hamburg 1978*; Schöne Aussicht,* Hamburg 1981; *Tadellöser & Wolff. Ein bürgerlicher Roman,* München 1971; *Uns geht's ja noch gold. Roman einer Familie,* München 1972; *Ein Kapitel für sich,* München 1975; *Herzliche Willkommen,* München 1984; Hinzu kommen die drei so genannten Befragungsbände von Kempowski: *Haben Sie davon gewusst? Deutsche Antworten.* Nachwort von Eugen Kogon. Hamburg 1979; *Haben Sie Hitler gesehen? Deutsche Antworten.* Nachwort von Sebastian Haffner, München 1973; *Schule. Immer so durchgemogelt. Erinnerungen an unsere Schulzeit.* München *1974.*

97 Schilly, „*Short Cuts* aus dem Archiv des Lebens. Zur Phänomenologie der ‚Chronik des deutschen Bürgertums' von Walter Kempowski", hier 63.

buchhaft aus einer engen Perspektive des Erlebens."[98] Schilly versteht dieses Erzählverfahren als Ineinandergreifen von inhaltlicher und autobiografischer Struktur, das ein Spiel zwischen „zwei Ebenen von fiktivem Erzähler und Autoridentität" insbesondere in den Romanen *Tadellöser & Wolff* und *Uns geht's ja noch gold* deutlich erkennen lässt.[99] Die erzählte Zeit der beiden ersten Romane, *Aus großer Zeit* und *Schöne Aussicht,* reicht bis in jene Zeit zurück, in der Walter Kempowski (Jahrgang 1929) noch nicht geboren ist. Noch bevor die Handlung von *Tadellöser & Wolff* einsetzt – jenem Roman, in dem sich der Erzähler von Anfang an als Ich erzählt –, heißt es programmatisch: „Alles frei erfunden!".

Im *Echolot,* einem weiteren, später erschienenen vierbändigen Großprojekt Kempowskis, ist von Kempowski als Ich nur in der Einleitung die Rede.[100] *Das Echolot. Ein kollektives Tagebuch* setzt sich aus einer Zitatmontage schriftlicher Hinterlassenschaften, Tagebuchausschnitten, Fotographien, Briefen, Memoiren und sonstigen Zeugnissen zusammen. Jörg Drews bezeichnet *Das Echolot* in seiner Laudatio auf Walter Kempowski, die er bei der Übergabe des Thomas-Mann-Preises am 7. August 2005 in Lübeck hielt, als „eine zweite Deutsche Chronik", als „literarisches Messgerät für die Tiefen und Untiefen der deutschen Geschichte des 20. Jahrhunderts, insbesondere zwischen 1941 und 1945"[101]. Die bis zum Zeitpunkt der Laudatio vorliegenden, von Kempowski veröffentlichten Tagebücher[102], in denen Kempowski „den Gestus des Spontanen und Subjektiven und weniger Kontrollierten, des Ausplauderns von etwas, das er sonst nicht verraten würde", bezeichnet Drews als „Selbstinszenierung":

> Solche Selbstinszenierung ist ein besonders witziges und voltenreiches Kapitel in Kempowskis Werk, eine besonders amüsante „Säule seines Œuvres, muss aber vor allem gesehen werden als das Gegenstück, Gegengift und Entlastungsmanöver für jene Selbstverleugnung, welche ihm „Das Echolot" abverlangte.[103]

---

98 Ebd.

99 Ebd.

100 In der Reihenfolge ihrer inhaltlichen Chronologie als Erstveröffentlichungen: Kempowski, *Das Echolot. Barbarossa '41. Ein kollektives Tagebuch. 21. Juni 1941 bis 8. Juli 1941,* München 2002; *Das Echolot. Ein kollektives Tagebuch. 1. Januar bis 28. Februar 1943,* 4 Bde. München 1993; *Das Echolot. Fuga furiosa. Ein kollektives Tagebuch. Winter 1945. 12. Januar bis 14. Februar 1945,* 4 Bde., München 1999; *Das Echolot. Abgesang '45. Ein kollektives Tagebuch,* München 2005. Vergleiche zur Entstehung dieses Projekts auch: Bittel, Karl-Heinz Bittel, „Beschreibung eines Kampfes. Über die Entstehung von Walter Kempowskis *Echolot*", in: *„Was das nun wieder soll?" Von „Im Block" bis „Letzte Grüße". Zu Werk und Leben Walter Kempowskis,* hg. von Carla A. Damiano/Jörg Drews/Doris Plöschberger, Göttingen 2005, 137-151, sowie der Beitrag von Sabine Kyora, „Weltgeschichte in der Nähe". Zur Rolle von Subjekt und Geschichte(n) in Walter Kempowskis *Echolot.*" in: ders., 151-171.

101 Drews, Jörg, „Die Dämonen reizen – und sich dann blitzschnell umdrehen, als sei nichts. Über Walter Kempowski", in: *Walter Kempowski,* (=Edition Text und Kritik 169), hg. von Heinz Ludwig Arnold, München 2006, 44-53., hier 48.

102 Kempowski., Walter, *Sirius. Eine Art Tagebuch,* München 1990, sowie ders., *Alkor. Tagebuch 1989.* München 2001.

103 Drews, „Die Dämonen reizen", hier 47/48.

Davon abgesehen, dass es sich bei der Darstellung von Drews – wie bei jeder und insbesondere der vorliegenden Informationsanordnung – um eine Inszenierung handelt, wird ein Zusammenhang zwischen *Echolot* und *Deutscher Chronik* im 2005 erschienenen Tagebuch *Culpa. Notizen zum „Echolot" mit Seitenhieben von Simone Neteler und einem Nachwort von Karl Heinz Bittel* explizit begrüßt. Darin heißt es in einem Eintrag vom 10. Mai 1993: „‚Echolot' und ‚Deutsche Chronik' müssen immer nebeneinander gesehen werden [...] Merkwürdig, dass sie fast denselben Umfang haben. Ich möchte so gerne, dass das mal einer nachvollzieht. Es ist traurig, dass noch niemand sich dafür interessiert hat."[104]

Bereits an anderen Stellen seiner Tagebücher wies Kempowski auf Zusammenhänge zwischen seinen Texten hin. Ein Eintrag vom 5. November 1983 aus *Sirius. Eine Art Tagebuch* berichtet von einem Vortrag vor Studenten, den Kempowski an der Universität Hamburg gehalten hatte: „[Ich] zeigte ihnen den schematischen Plan aller meiner Bücher, erklärte ihnen also den Zusammenhang der Bücher untereinander, dass die Befragungsbücher Bestandteil der Chronik sind, was manche Leute vom Verlag immer noch nicht begriffen haben."[105] Ein Blick auf den Nebentitel von *Sirius* zeigt – und das ist ein paradigmatischer Fall im Hinblick auf das gesamte Textkorpus – die autoreflexive Relativierung jener faktualen Akzentuierung, mit der das Tagebuch als Textsorte gemeinhin in einem Zusammenhang steht. Zur *Deutschen Chronik,* dem *Echolot* und den bereits veröffentlichten Tagebüchern, die laut Doris Plöschberger „zur dritten großen Hauptsache" von Walter Kempowski geworden sind[106], kommen zahlreiche Romane, Hörspiele und Interviews hinzu, die ebenfalls Kempowski zugerechnet werden.[107] Der Ich-Erzähler Walter Kempowski, der sich nicht nur in einer Art Tagebuch zu Wort meldet (etwa in *Sirius*), sondern auch in Romanen der *Deutschen Chronik,* beziehungsweise in der Einleitung der *Echolot*-Bände, hat sich auch in Interviews ausführlich geäußert:

> Ich versuche, Fakten, Tatsachen, die ich natürlich auswähle, arrangiere, strukturiere, so zu präsentieren, dass der Leser Erkenntnisse, Schlüsse, die in den Fakten angelegt sind, selbst vollziehen kann. Davon wird er mehr haben, als wenn ich ihm Sage: Nun pass mal gut auf, jetzt kommt etwas Wichtiges, daraus wirst du etwas lernen.[108]

---

104 Kempowski, Walter, *Culpa. Notizen zum „Echolot" mit Seitenhieben von Simone Neteler und einem Nachwort von Karl Heinz Bittel,* München 2005.

105 Kempowski, *Sirius,* hier 522.

106 Plöschberger, Doris, „Der dritte Turm. Die Tagebücher von Walter Kempowski". in: *Walter Kempowski.* (=Edition Text und Kritik 169), hg. von Heinz Ludwig Arnold, München 2006., 32-44., hier 41.

107 Eine Auswahlbibliographie bis 2005 findet sich in der bereits angeführten Zeitschrift *Text und Kritik 169* als Beitrag von Peter Brand., 94-106, sowie die Bibliographie der Kempowski-Gesellschaft e.V. auf der zugehörigen Internetseite: www.kempowski-gesellschaft.de/forschung/bibliographie/bibliographie.html., Letzter Zugriff am 29. März 2011.

108 Gespräch mit Gerd Courts: „Irgendwann fasst man kein Buch mehr an. Kempowski über Arbeit, Schule und Friedensbewegung Kölner Stadt-Anzeiger 17./18. April 1982. zitiert nach Ritte, *Endspiele,* hier 53. Ritte geht in seiner Darstellung des kempowskischen Werks auch auf Ähnlichkeiten mit der Erinnerungspoetik Marcel Prousts, auf die Bedeutung des

Die ausgewählten Textelemente bieten gute Gründe, den Ich-Erzähler mit dem Eigennamen Walter Kempowski zu identifizieren, um ihn als Zurechnungskategorie der angeführten Textsammlung für die Interpretation zu nutzen. Fraglich bleibt allerdings, wie sich etwa die von Schilly unterstellten Gegensätze zwischen dem Erzähler Kempowski und dem Autor Kempowski legitimieren lassen – etwa der Gegensatz zwischen einem subjektiven Lebensraum und der Lebenszeit des Autors, die Unterscheidung zwischen inhaltlicher und autobiografischer Struktur oder das Wechselspiel zwischen fiktivem Erzähler und Autoridentität. Schillys Interpretationsansatz impliziert zwar die Differenzierung der Konstellation zwischen einem fiktiven Erzähler innerhalb der Textgrenzen und einem Autor als Begründungsinstanz jenseits der Textgrenzen in einer wie auch immer zu definierenden Realität; dennoch bleiben sowohl das Changieren zwischen den gegensätzlich markierten Bereichen von Fiktion und Dokumentation als Chiffre ohne Erklärung, als auch die einander gegenübergestellten Bereiche selbst. Mehr noch: Die Gegensätze werden zwar eingeführt, allerdings nur, um sich in einer changierenden Identität aufzulösen. Oder anders gewendet: die Seiten der Unterscheidung werden als Komponenten der Identität gesetzt, aber nicht funktionalisiert. Weil die Unterscheidung nämlich nicht reflektiert, sondern nur vorgenommen wird, kann sie auch nicht die Kohärenzkriterien mitführen, die für ihre Legitimierung nötig wären, um sie mit der Aussicht auf weitere Interpretationen auszustatten. Die Tatsache, dass Schilly die Faszination der *Deutschen Chronik* am undefinierten Changieren zwischen Fiktion und Dokumentation festmacht, verdeutlicht auf radikale Weise, dass es sich bei dem Kommunikationszusammenhang Walter Kempowski um eine paradigmatische Projektion handelt, die je nach Interpretationsansatz (Kommunikationszusammenhang als Differenz von Text und Rezeption) mit Sinn ausgestattet werden muss. Man könnte auch sagen, dass Walter Kempowski in der Betrachtung Schillys als ein Effekt der interpretatorischen Projektion extrapoliert wird.

Ebenfalls fragwürdig ist der Status der unterstellten Selbstinszenierung, die Drews in Kempowskis Tagebüchern konturiert. Indem Drews die Tagebücher als Entlastungsmanöver bezeichnet, das er gegenüber der kempowskischen Selbstver-

---

Fragments bei Walter Benjamin und auf die Verwandtschaft mit den erzähltheoretischen Schriften Arno Schmidts ein; drei Interpretationsansätze, die sinnvoll erscheinen, wenn es darum geht, die jeweiligen Konzepte zu veranschaulichen – etwa das Wiederauffinden eines „petit bout de passé" (33), oder die Bedeutung des Fragments als Abfall im *Passagen-Werk* (45). Gleiches gilt für das „Längere Gedankenspiel (LG)", auf das ich im Kapitel zu Arno Schmidt eingegangen bin (53f.). Bereits Volker Ladenthin hat diesen Zusammenhang hergestellt, in seinem Beitrag, „Versuch, Walter Kempowski mit Hilfe Arno Schmidts besser zu verstehen", in: *Wirkendes Wort. 3 (1991),* 436-443. Einer Darlegung der spezifisch kempowskischen Erzählweise scheinen diese Bezüge jedoch weniger zuträglich zu sein. Vielmehr lenken sie von Kempowskis paradigmatischen Texten ab, indem vordergründig zahlreiche Interpretationsmöglichkeiten in Aussicht gestellt werden, die bei genauerer Betrachtung weniger auf Kempowskis Erzählweise verweisen, als vielmehr auf die zugrundeliegenden Erzählverfahren.

leugnung im *Echolot* zum Gegengift stilisiert, stellt er ein Kausalverhältnis her, das entscheidende Kohärenzkriterien vermissen lässt, die solche Sinnzurechnungen zu legitimieren in der Lage wären. Denn die Selbstverleugnung im *Echolot* wird lediglich als Sinnzuweisung vorgenommen, aber nicht begründet.[109] Offen bleibt dabei, inwiefern im *Echolot* von einer Selbstverleugnung ausgegangen werden kann, wenn man bedenkt, dass die jeweilige Einleitung erklärend auf die Ereignisse des jeweiligen Bandes Bezug nimmt, die Einleitung zudem aus der Perspektive der ersten Person Singular heraus verfasst ist und darüber hinaus jeweils mit Walter Kempowski unterzeichnet ist. Wollte man trotz dieser Markierungen eine Selbstverleugnung rechtfertigen, müsste ebenfalls der Schluss erlaubt sein, dass in anderen Romanen Kempowskis, in denen der Ich-Erzähler nicht als Walter Kempowski zu Wort kommt, eine ähnliche Selbstverleugnung zu verzeichnen sei. In den Romanen *Hundstage* und *Letzte Grüße* ist beispielsweise der Schriftsteller Alexander Sowtschick der Ich-Erzähler.[110] Ausgerechnet im Zusammenhang mit diesem Erzähler prognostizierte Kempowski in einem Interview folgende Reaktion seitens der Leserschaft: „Natürlich werden sie sagen: Das ist er selbst! Dabei denke ich nicht an mich, sondern merkwürdigerweise an Bieler, ohne ihn allerdings wirklich zu meinen."[111] Dass es sich bei einer solchen Aussage um eine Inszenierung handelt, ist – wie jeder Information unterstellt werden kann – anzunehmen. Da Kempowski jedoch den Schriftsteller Manfred Bieler ins Feld führt, der kurz zuvor gestorben war, und diese Assoziation auch noch als „merkwürdig" kennzeichnet, wird deutlich, dass hier auf eben dieses Verhältnis von Text und Rezeption abgestellt wird, das nicht nur jede Interpretation beeinflusst, sondern interpretatorische Identifikationen mit einer Autorperson unter bestimmten Vorzeichen sehr wahrscheinlich macht. Der Bezug zu Bieler verrät genauso viel, wie er verbirgt. Ob Ähnlichkeiten zwischen Alexander Sowtschick und Manfred Bieler oder Walter Kempowskis identifiziert werden können, entscheidet stets der Interpretationszusammenhang, der das Bild der jeweiligen Autorfigur prägt. Die Aussage Kempowskis kann also auch als Inszenierung verstanden werden, die die Vorstellung eines Selbst im Interpretationszusammenhang zwischen Textsammlung und Rezeptionszusammenhang als Projektion entlarvt und in ihrer Beobachtungsrelativität ausstellt.

Die Konsequenz dieser autoreflexiven Kommunikationsbewegung ist eine Akzentverschiebung, weg von der Fokussierung auf ein Selbst eines Anderen, das aus dem jeweiligen Interpretationskontext stets als Projektion hervorgeht, hin zu einer Konzentration auf jene Texte, die über das ordnende Prinzip der Zurechnungskategorie (Walter Kempowski) durchaus in einen *sinnvollen* Interpretations-

---

[109] Zwar lässt sich an dieser Stelle anführen, dass die Textsorte einer Laudatio an bestimmte Vorgaben geknüpft ist. Bei der vorliegenden Textversion handelt es sich jedoch bereits um eine überarbeitete Fassung.

[110] Kempowski, Walter, *Hundstage,* München 1988 und ders., *Letzte Grüße,* München 2005.

[111] Spinnen, Burkhard, „Kempowskis Abschied", in: *Die Zeit* (=2003/42).

zusammenhang gestellt werden können. Für die Interpretation der Texte ist eine implizierte Überhöhung etwaiger Autorintentionen – das zeigt die unterstellte Selbstinszenierung und Selbstverleugnung, die Drews in die entsprechenden Texten Kempowskis hineinliest – jedoch kaum vertretbar. Denn diese Behauptung würde die Vorstellung eines realitätsunabhängigen Akteurs nähren, die den Texten Kempowskis kaum unterstellt werden kann. Das zeigt der folgende Tagebucheintrag auf paradigmatische Weise, der noch vor seinem Tod veröffentlicht wurde und nicht zuletzt deshalb als Inszenierung der Autorfigur als Projektionsfläche verstanden werden kann: „Es genügt nicht, daß man famose Bücher geschrieben hat, man muß auch noch ein famoser Mensch sein."[112]

Ich möchte in diesem Kontext erneut auf die Laudatio von Jörg Drews zurückkommen, um anhand eines paradigmatischen Falls zu konturieren, wie Walter Kempowski darin als Projektionsfläche funktionalisiert wird:

> Der große Name war noch nicht gedeckt durch das, was ihn groß machte. Der Kempowski, der 1956 sagte, er sei Walter Kempowski, war es natürlich noch gar nicht, er war ein mit Erfahrungen und mit Bitterkeit und Ressentiments gefüllter orientierungsloser Nobody, aber er prätendierte darauf, Walter Kempowski zu werden; nur wusste er eben nicht, wie er es anstellen sollte.[113]

Analog zur einleitenden Formulierung, „Das Gemeinte ist klar:", die diesem Textelement in der Laudatio vorangestellt ist, ist ebenso klar, dass der Kontext, der sich vor dem Hintergrund des dargelegten *Autopoietik*-Begriffs mit der Auswahl gerade dieses Textelementes ergibt, eine autoreflexive Tendenz her- und ausstellt. Ähnlich wie bei Uwe Johnson, der sich als Ich in den *Begleitumständen* als Medium der Arbeit konzeptualisiert, wird Walter Kempowski hier von außen zu einer Bezugskategorie erklärt, deren Bedeutungspotenzial sich proportional zu jenen Texten verhält, die ihr im Laufe des Interpretationsprozesses (Text/Rezeption) zugerechnet werden. Abgesehen davon, dass die Editionstätigkeit hinsichtlich des Textkorpus wie bei Johnson unabgeschlossen ist, stellt sich sofort die Frage, an welchem Zeitpunkt Kempowski mit sich selbst identisch sein kann und welche Identifikationsmöglichkeiten sich innerhalb und außerhalb der Textgrenzen ergeben?

Aus theoretischer Perspektive eignen sich verschiedene Beschreibungsvarianten für eine Annäherung an diese Frage. Zu denken wäre etwa an Jaques Derridas Konzept der *Otobiographie*, wonach dem jeweiligen Eigennamen eine autobiografische Identität zugerechnet wird, die im spezifischen Kommunikationszusammenhang gründet.[114] Eine entscheidende Voraussetzung der Identität des Eigennamens

---

112 Kempowski, Walter, „Auszüge aus dem Tagebuch 2001", in: *Walter Kempowski,* (=Edition Text und Kritik 169), hg. von Heinz Ludwig Arnold, München 2006, 3-32., hier 3.

113 Drews, „Die Dämonen reizen", hier 45.

114 Vgl. Derrida, Jacques, „Otobiographien – Die Lehre Nietzsches und die Politik des Eigennames" in: ders/Kittler, Friedrich A. (hg.): *Nietzsche – Politik des Eigennamens: Wie man abschafft, wovon man spricht.* Berlin 2000, 7-64.

ist jedoch bei Derrida der biografische Abschluss des Autographen; eine Vorstellung, die sich mit dem Sujet des gewählten Theorieinventars nur bedingt vereinbaren lässt. Zwar kann davon ausgegangen werden, dass sich die Anzahl erwartbarer Texte, die dem jeweiligen Textkorpus zugeordnet werden können, nur noch durch Editionstätigkeit bedeutend vermehren kann, wenn der Autograph tot ist. Von einem biografischen Abschluss kann jedoch nur gesprochen werden, wenn die Identität eines Eigennamens als finite post-mortem-Konstituente konzeptualisiert ist. Insbesondere im Hinblick auf die noch unveröffentlichten Texte, etwa von Walter Kempowski, scheint dieser Interpretationsansatz deshalb ungeeignet.

Ein weiterer Interpretationsansatz, der sich besonders deshalb anbietet, weil das Paradigma eine zentrale Rolle in dieser Arbeit einnimmt, ist die Figur der Prosopopoia nach Paul de Man, die eine rhetorische Lese- oder Verstehensfigur ausstellt.[115] Ähnlich wie Derrida, der die Vorgängigkeit des Signifikanten gegenüber dem Signifikat ins Feld führt, stellt de Man die Frage, ob eine rhetorische Figur von einem Referenzobjekt hervorgebracht wird, oder ob dieses Verhältnis nicht auch umgekehrt gedacht werden muss: „[...]is the illusion of reference not a correlation of the structure of the figure, that is to say no longer clearly and simply a referent at all but something more akin to a fiction which then, however, in its own turn, acquires a degree of referential productivity?"[116]. De Man wendet die Autobiografie als rhetorische Geste, die den Referenten als Fiktion hervorbringt; eine Vorstellung, die sich in den theoretischen Bezugsrahmen der vorliegenden Arbeit ausgezeichnet einfügt. Indem de Man die Figur der Prosopopoia als Trope der Autobiografie funktionalisiert, die dem Autor durch seinen Namen ein Gesicht verleiht, das zum Textverstehen beiträgt, ergibt sich ein tieferes Verständnis, etwa von der Konstellation einzelner literarischer Texte und Walter Kempowski als Zurechnungskategorie beziehungsweise Gesicht/Maske. Ein Interpretationsansatz spezifischer Korpora ist damit jedoch nicht in Aussicht gestellt. Dennoch birgt die rhetorische Geste der Prosopopoia das ideale Beschreibungsinventar, um die Aussage von Jörg Drews als paradigmatischen Fall einer konstruierten Projektion auszuweisen:

> To the extent that language is figure (or metaphor, or prosopopeia) it is indeed not the thing itself but the representation, the picture of the thing and, as such, it is silent, mute as pictures are mute. Language, as trope, is always privative.[...] As soon as we understand the rhetorical function of prosopopeia as positing voice or face by means of language, we [...] understand that what we are deprived of is not life but the shape and the sense of a world accessible only in the privative way of understanding, Death is a displaced name for a linguistic predicament, and the restoration of mortality by autobiography (the prosopopeia of the voice and the name) deprives and disfigures to the precise extent which it is itself the cause.[117]

---

115 Vgl. de Man, Paul, "Autobiography as De-facement", in: ders., *The* Rhetoric *of Romanticism*. New York 1984, 67-82.

116 Ebd., hier 920/921.

117 Ebd., hier 930.

Während die Texte Walter Kempowskis nämlich allerorts auf ihren Konstruktcharakter hinweisen und sich – das wird durch de Mans rhetorische Geste akzentuiert – autologisch, beziehungsweise im Medium Literatur autopoietisch kommunizieren, bleibt die Geschichte von Jörg Drews, die ebenfalls im Modus der Narration verfasst ist, ohne jede autoreflexive Markierung, und auch die Frage, zu welchem Zeitpunkt der große Name Walter Kempowski schließlich als gedeckt betrachtet werden kann, bleibt unbeantwortet.

In Rückbindung an das eingeführte Beobachtungskonzept, wonach eine Referenz eben nicht in betrachteten Objekten angenommen werden kann, sondern nur in jenen Elementen, die als Konstituenten der jeweiligen Beobachtung identifiziert werden können – jede Realität also Resultat ihrer Konstruktion ist – kann *Autopoietiken* wie Walter Kempowski, die sich in ihrer autologisch-autopoietischen Verfahrensweise ausstellen, und dabei zugleich den inhärenten Konstruktcharakter äußerst erfolgreich verschleiern, ein hohes Maß an Leistungsfähigkeit zugesprochen werden. *Im Block,* dem 1969 veröffentlichten *Haftbericht* heißt es zu Beginn: „Der Verfasser berichtet Fakten und Vorgänge, die für viele Wirklichkeit waren. Erlebte und bezeugte Tatsachen wurden jedoch erfundenen Personen zugeordnet."[118] Während der erste Satz Authentizität impliziert, indem er ankündigt, dass der Verfasser Fakten und Vorgänge berichten wird, die für viele Wirklichkeit waren, relativiert der zweite Satz den ersten, indem er erlebte und bezeugte Tatsachen wiederum fiktiven Personen zurechnet.

Dieses autopoietische Prinzip lässt sich gerade im Fall Walter Kempowskis noch zuspitzen. Hierfür wird eine Textstelle aus dem Tagebuch *Hamit* angeführt, die das Verfahren der Literaturproduktion beschreibt: „Das Wort ‚Fundstücke' ist eigentlich das mir gemäße. Ich hebe Erzählpartikel auf, wo immer ich sie finde. Die kleinen Goldstücke am Ärmel blank reiben und sie einfügen in das große Bild."[119] Hiermit wird deutlich, dass die Hervorbringung eines literarischen Textes im Modus der Dreiwertigkeit vollzogen wird, der sich auch als triadischer Prozess im Sinne der Semiotik wenden lässt. Diese Korrelation ist deshalb so attraktiv, weil die zwangsläufige Folge einer iterativen Selbstanwendung der konsequente Ausschluss einer vom Prozess der Zeichenbildung unabhängigen Begründungsinstanz ist. Komplementär dazu wird der Interpretant des Zeichens konsequent integriert. Liest man die angeführte Textstelle und die iterative Selbstanwendung der Zeichenbildung in Eins, muss die erste Person Singular, aus deren Perspektive heraus das Verfahren motiviert wird, buchstäblich als Zurechnungskategorie verstanden werden und nicht als eine Instanz mit ontologischen Eigenwerten. Denn erst wenn auch jene Instanz – in diesem Fall das *Ich* dieser Textstelle – als konstitutive und gleichursprüngliche Kategorie des autopoietischen Prozesses (der Zeichenkonstitution) funktionalisiert wird, kann die *Autopoietik* vollständig erfasst und für

---

118 Kempowski, Walter, *Im Block. Ein Haftbericht,* Frankfurt a. M. 1972, hier 106.

119 Kempowski, Walter, *Hamit. Tagebuch 1990,* München 2006, hier 51.

weitere Interpretationen anschlussfähig gemacht werden. Begreift man das große Bild als Ebene der Drittheit im Sinne des triadischen Zeichenbegriffs, wird erst damit die kontingente Relation zwischen einem Zeichenmittel als Ereignis und Erstheit – als das hier der Erzählpartikel betrachtet werden kann – und seinem Objekt der Zweitheit – als das das Goldstück identifiziert werden soll – sichtbar. Da das große Bild als hochgradig flüchtiges Phasenmoment Teil eines kontingenten Kommunikationszusammenhangs ist, kann es im Zuge der weiteren Zeichenbildung von einem Interpretantenbezug wiederum zu einem Zeichenmittel werden, das dann als Erzählpartikel und Fundstück oder auch als Goldstück eines daran angeschlossenen großen Bildes extrapoliert werden muss. Welcher Erzählpartikel als Fundstück aufgegriffen wird, ist kontingent und stets abhängig von jenen Erzählpartikeln, die als blank geriebene Fundstücke bereits Teil eines großen Bildes wurden. Entscheidend ist, dass sich daran die „iterative Selbstanwendung" der Autopoiesis literarischer Texte vollzieht und zugleich ausstellt.

3.4 Verhältnisbestimmungen

Die drei vorgestellten Textkorpora zeigen, dass die Zurechnung der spezifischen Eigennamen zur jeweiligen Textsammlung fruchtbar ist, um die Texte in ihrer Heterogenität in einen sinnvollen Interpretationszusammenhang zu stellen. Die Zurechnung des jeweils ausgeschlossenen Dritten, das nicht zuletzt aufgrund der Einheit der Differenz von Text und Rezeption (Interpretation) nur bedingt als Ausgeschlossenes gehandhabt werden kann, fungiert dabei nicht mehr als Begründungsinstanz, sondern als Zurechnungskategorie dessen, was die jeweilige Interpretation hervorzubringen in der Lage ist. Je nach Interpretationsansatz – das zeigt insbesondere der fragmentarische Blick auf einzelne Forschungsansätze – ergeben sich mehr oder weniger kohärente Resultate, deren Merkmale sowohl der Kategorie der zugerechneten Eigennamen, als auch den betrachteten literarischen Texten und weiteren medialen Formen zugeordnet werden können. Bei beiden Varianten hängen Wahrscheinlichkeit und Plausibilität, welcher Zurechnungskategorie eine Interpretation zugeordnet wird, wiederum von jenen Kohärenzkriterien ab, die die jeweilige Interpretation zur Verfügung stellt. Wird eine Interpretation also jener Ordnungsfunktion zugerechnet, die die Anordnung der Textsammlung als ausgeschlossenes Drittes legitimiert, stellt sich die Frage nach der Beobachtungsleistung, die sich mit einer solchen Zuordnung ergibt. Betrachtet man beispielsweise die Textsammlung, die über die Zurechnungskategorie Walter Kempowski in einen Interpretationszusammenhang gebracht werden kann, fällt auf, dass sich der Name Walter Kempowski ab dem dritten Roman der *Deutschen Chronik (Tadellöser & Wolff)* auch innerhalb der Textgrenzen findet. Fraglich bleibt allerdings, ob mit der Feststellung dieser Identität eine Beobachtungsleistung für weitere Interpretationen in Aussicht gestellt werden kann, zumal andere mediale Formen, die Walter Kempowski zugerechnet werden können, die namentliche Identität nicht aufweisen.

Ein höheres Maß an Beobachtungsleistungen stellen im Fall der drei betrachteten Textkorpora jene Interpretationsansätze in Aussicht, die nicht nach Entsprechungen zwischen Textelementen und der ihr zugeordneten Ordnungsinstanz suchen, sondern nach spezifischen Darstellungsmodi von Gegenwart und Zeit auf der Ebene der Texte selbst. Der Interpretationsansatz, der mit der *Autopoietik* Arno Schmidt präsentiert wurde, lässt zum einen das kontraproduktive Potenzial erkennen, das sich abzeichnet, wenn erzähltheoretisch ausgewiesene Textelemente als Postulat oder Forderung einer unterstellten Begründungsinstanz (Arno Schmidt) identifiziert werden, um sie als Folie eines unterstellten Erzählverfahrens auf solche Textelemente zu übertragen, die sich ebenfalls aus Gründen der Zurechenbarkeit als fiktionale Textelemente interpretieren lassen. Zum anderen zeigt sich, dass die Berücksichtigung eines ausgeschlossenen Dritten nicht nötig ist, um die Texte auf die Bedingung ihrer eigenen Möglichkeit hin zu betrachten, weil sie ihre eigene Komplexität gerade im Hinblick auf weitere Textelemente intelligibel machen. Indem Textelemente verschiedener Textsorten als gleichursprünglich gesetzt und wechselseitig aufeinander bezogen wurden, konnte deutlich gezeigt werden, dass die literarischen Texte nicht nur thematisch nach Darstellungsmöglichkeiten von Gegenwart und Zeit suchen. Die Texte vollziehen diese Suche auch auf performativer Ebene, indem sie sich an den Grenzen des Darstellbaren bewegen und als autoreflexive Beobachtungsbewegung vollziehen, was sie auf inhaltlicher und textueller Ebene in Frage stellen.

Die Differenz zwischen inhaltlichen und formellen Textexplikationen (etwa in den *Berechnungen*) und der textuellen Eigenkomplexität einzelner Texte wird gerade in der *Autopoietik* Arno Schmidt auf bemerkenswert konsequente Weise ausgestellt. Die Texte spielen mit den Bedingungen ihrer eigenen Möglichkeit und stellen sich gerade durch explizite Bezüge zueinander in ein Wechselverhältnis, das die Bedeutung der Rolle einer in ihnen vermuteten Begründungsinstanz unterläuft. Indem die erzähltheoretischen Ansätze in den *Berechnungen,* gemessen an der literarischen Eigenkomplexität der einzelnen Textelemente, unterkomplex bleiben, führt die *Autopoietik* das herkömmliche Verhältnis zwischen Textsammlung und unterstellter Autorinstanz *ad absurdum*. Die Texte liefern an einschlägigen Stellen Erklärungsvorschläge, die an Plausibilität kaum zu überbieten sind, gerade weil sie der Komplexität anderer Texte nicht gerecht werden können. Die vordergründigen Explikationsstrategien, die von den Texten angeboten werden, verweisen also implizit auf ihr irreführendes Potenzial, das insbesondere die Eigenkomplexität von literarischen Texten ausmacht. Denn in Rückbindung an das eingeführte Theorieinventar gilt, dass ein literarischer Text in besonderem Maße Interpretationen provoziert, wenn er Sinn in dem Maße verschleiert, in dem er ihn zur Verfügung stellt.

Die Bedeutung einer unterstellten Autorschaft wird durch die wechselseitige Bezugnahme der Textelemente untereinander verdrängt und als ausgeschlossenes Drittes präsentiert. Die Textelemente, die in dieser Arbeit der *Autopoietik* Arno

Schmidt zugerechnet werden, präsentieren sich also insofern als Chronik, als sie den je eigenen Bedingungen und Möglichkeiten entsprechend bezeugen, wie sich Gegenwart und Zeit als Gedächtnis darstellen lassen. Sie vollziehen eine Beobachtungsbewegung, die auch als Kommunikationen von Gegenwärtigkeit begriffen werden kann. Zwar lassen sich diese Textelemente durch eine Zurechnungskategorie ordnen, eine unterstellte Begründungsinstanz ist jedoch nicht mehr notwendig, um die Textualität der spezifischen Gegenwarts- und Zeitkopplungen zu differenzieren. Im Gegenteil: Das Angebot der *Texte*, einer bestimmten Explikationsstrategie nachzugehen, wird von den Texten selbst in Frage gestellt und mit möglichen Interpretationsfolgen versehen.

Auch die *Autopoietik* Uwe Johnson spielt mit der Funktion eines Urhebers als erklärende Instanz der Textelemente. Deutlich geworden ist dies insbesondere mit der ausgewiesenen Übermacht jener Figuren, die das in sich differente *Ich* einst erfunden hat. Indem Gesine Cresspahl ein Eigenleben zu führen in der Lage ist, steht sie für die Eigenkomplexität des literarischen Textes schlechthin. Die Autonomie von Gesine Cresspahl, die sie gegenüber *Uwe Johnson* entwickelt, kann also durchaus als jene Differentialität verstanden werden, die zu Beginn der *Begleitumstände* auch für das Subjekt als Medium der Arbeit – also für Uwe Johnson als in sich differentes *Ich*, als Zurechnungskategorie – eingeräumt wird. Damit werden nicht nur literarische Texte mit einem hohen Maß an Eigenkomplexität ausgestattet, die in Verbindung mit dem Vorgang der Interpretation Textgrenzen sprengen, sondern auch die damit verbundenen Interpretationsmöglichkeiten, die sich mit Bezug auf die unterstellte Urheberschaft eröffnen. Insofern können nicht nur die literarischen Texte über Figuren wie Gesine Cresspahl als Version von Wirklichkeit betrachtet werden – als Welt gegen die Welt – sondern auch jene Texte, die ein in sich differentes *Ich* als Medium der Arbeit konzeptualisieren, das sich ebenfalls als Version von Wirklichkeit entwirft. Auf diese Weise entwickeln sich Wirklichkeiten in einer bestimmten Gegenwart, die im Medium der Literatur auf der Basis von Schrift relativ zeitunabhängig anschlussfähig sind.

Dadurch stehen sich Wirklichkeiten gegenüber, die in ein geradezu medial konstituiertes Konkurrenzverhältnis treten. Immerhin bestimmt die Form eines Mediums, wie hoch die Wahrscheinlichkeit ist, dass daran angeschlossen wird. Indem die *Autopoietik* Uwe Johnson das Medium der Arbeit in den Prozess der Wirklichkeitskonstitution integriert und ebenfalls als Version von Wirklichkeit ausstellt, bringt sie sich als eine Version von Wirklichkeit hervor, die als Gedächtnis von Gegenwart und Zeit im Literaturmedium prozessiert und im Gegensatz zu mündlich bezeugten Ereignissen nicht zur unmittelbaren Vergänglichkeit prädestiniert ist. Auch hier verschiebt sich der Akzent weg von einem Chronisten im Sinne eines realitätsunabhängigen Universalbeobachters, hin zu einem geordneten Korpus mit Kommunikationen von Operativität, die aufgrund ihrer besonderen Medialität hervorbringen, was andernfalls als Ereigniskette sofort wieder unverfügbar werden würde – das Gedächtnis von Gegenwart und Zeit als scheinbare Kommunikationen von Operativität. Im Gegensatz zu Arno Schmidt, bei dem die Begründungsinstanz ausgeschlossen wird, um die Texte gleichursprünglich und wechselseitig aufeinander zu beziehen, wird das in sich differenzierte *Ich* als Medium der Arbeit konzeptualisiert, analog zu Figuren wie Gesine Cresspahl mit Eigenkomplexität ausgestattet und als Aspekt der *Autopoietik* und damit als Aspekt von Interpretation in Funktion gesetzt.

Mit der fragmentarischen Darstellung der Textelemente, die der *Autopoietik* Walter Kempowski zugeordnet werden, ergibt sich ein besonders markanter Zusammenhang zwischen einzelnen Texten und den ihnen zugerechneten Eigennamen. Denn während die Textsammlung des *Echolots* über keinen ausgewiesenen Erzähler verfügt, ist es ab dem dritten Band der *Deutschen Chronik – Tadellöser & Wolff* – ausgerechnet ein Erzähler namens Walter, der die Ereignisse um die Familie Kempowski schildert und in einen spezifischen Interpretationszusammenhang bringt. Diese Konstellation hat – wie mit dem Blick auf einschlägige Forschungsbeiträge gezeigt wurde – die Interpretationen dieses Textkorpus zum Teil maßgeblich beeinflusst. Eine Untersuchung des autofiktionalen Potenzials dieser Texte ließe sich an dieser Stelle durchaus rechtfertigen. Dennoch würde sie nur einen kleinen Teil der Texte mit dem Prädikat der Autofiktionalität versehen können, nämlich die *Deutsche Chronik* und Kempowskis Tagebücher. Damit müssten wiederum Textsorten innerhalb des Korpus unterschieden werden, die unter dem Deckmantel des kempowskischen Korpus firmieren, jedoch die Frage nach dem Grad der Fiktionalität nicht mehr beantworten können. Dies zeigt sich am Begriff der Autofiktion selbst, der vor dem Hintergrund von Walter Kempowski an Kontur gewinnt. Immerhin werden nach den theoretischen Ansätzen zur Autofiktion gerade solche Texte als autofiktiv ausgewiesen, die durch eine Identität zwischen dem Namen des Erzählers, dem Eigennamen des zugerechneten Autors und dem Prädikat des Autobiografischen gekennzeichnet sind. Daran zeigt sich die Notwendigkeit des Eigennamens, der als Zurechnungskategorie verwendet wird, um das autologische, beziehungsweise autopoietische Verfahren von literarischen Texten zu charakterisieren, das nicht mehr auf eine zugrunde liegende Autorinstanz angewiesen ist. Dass dieses Verfahren als Fiktion bezeichnet wird, die sich selbst hervorbringt, kann als symptomatisch dafür betrachtet werden, dass als *Anderes* dieser Fiktion – als Komplement also – ein Realitätskonzept zugrunde gelegt wird, das verhindert, literarische Texte als Resultate einer Realitätskonstruktion zu bezeichnen, die ihrerseits über Eigenkomplexität verfügen.

Kurzum: Wenn Texte mit dem Namen ihres Autors spielen, kann man davon ausgehen, dass sie ihre eigene Fiktionalität hervorbringen. Die Texte müssen also ihre Zurechnungskategorie – analog zum triadischen Prinzip – in den Prozess ihrer Hervorbringung integrieren, um auf einen realitätsunabhängigen Universalbeobachter als Begründungsinstanz verzichten zu können.

Die Identität der Eigennamen legt es wiederum nahe, jene Instanz einer Autorschaft als Negativ des Autofiktionalen anzunehmen, die als Begründungsinstanz ausgeschlossen werden sollte. Diese Konstellation lässt sich auflösen, wenn die Autoridentität nicht nur einseitig (auf der Ebene der Fiktion) in den Prozess der Hervorbringung integriert wird. Mit dem Funktionsbegriff der *Autopoietik* ist dies möglich. Indem der Eigenname als Zurechnungskategorie funktionalisiert wird, kann die jeweilige Interpretationsbewegung literarischer Texte den Vorgang und das Resultat des jeweiligen Gedächtnisentwurfs von Gegenwart und Zeit in den Blick nehmen, ohne dass der ewige Bezug zu einer unhintergehbaren Begründungsinstanz dabei im Weg steht.

3.5 Peter Kurzeck und die Operativität des Erzählens

Mit der Darstellung der *Autopoietik* Peter Kurzeck soll sich die Leistungsfähigkeit des Funktionsbegriffs als Interpretationsansatz erweisen. Die Interpretation der literarischen Texte und medialen Formen, als deren Ordnungsprinzip und Zurechnungskategorie Peter Kurzeck identifiziert und für die Beobachtung von Gegenwart und Zeit in Funktion gesetzt werden kann, eignet sich hierfür aus unterschiedlichen Gründen.

Zunächst sei daran erinnert, dass ein literarischer Text nur ein Aspekt von Kommunikation ist, der als interpretative Form unterschieden werden kann. In Anlehnung an Jahraus' Konzept der Interpretation erscheinen Text und Rezeption als zwei Seiten derselben Form. Weil Kommunikation prozessiert und auch literarische Texte sowohl Prozess im Text als auch Text im Prozess sind, muss Interpretation also immer als Differenz von Text und Rezeption verstanden werden. Durch die strukturelle Kopplung von Bewusstsein und Kommunikation und die Berücksichtigung der Beobachterkontamination stellt sich bei der Interpretation von *Autopoietiken* wie Peter Kurzeck die Frage nach dem Verhältnis von Kontingenz und Komplexität auf zugespitzte Weise. Denn im Gegensatz zu den Textkorpora von Arno Schmidt, Uwe Johnson oder Walter Kempowski, bei denen – abgesehen von der Kontingenz editionsphilologischer Aspekte – keine tief greifenden Veränderungen der jeweiligen Textlage mehr zu erwarten sind, die der Zurechnungskategorie selbst geschuldet sind, kann man diese im Fall Peter Kurzeck mit hoher Wahrscheinlichkeit erwarten. Eine solche Erwartung lässt sich in erster Linie aus den literarischen Texten und medialen Formen der *Autopoietik* selbst ableiten, die als Kommunikationen in ein Prozessgeschehen eingebunden sind, das ihre Interpretation als Differenz von Text und Rezeption kontaminiert. Zugleich hängt diese Erwartung mit der Präsenz jener Person als Kommunikationszusammenhang zusammen, die mit Peter Kurzeck benannt wird. Dass die Autorperson Peter Kurzeck zum Entstehungszeitpunkt dieser Arbeit lebt, ist sicher ein Faktor, der die Kontingenz der *Autopoietik* verstärkt.

Dennoch sind es vor allem die medialen Formen, deren zentrales, jede Handlung vorantreibendes Element ausnahmslos das Erzählen als Praxis, die Texterfassung und damit die Operativität des Schreibens sind. Ganz gleich, ob das zentrale Thema eines Romans wie „Oktober und wer wir selbst sind" die Arbeit an „Kein Frühling" ist, jenem Roman also, der bereits seit Jahren vorliegt, oder ob das Thema des „Schreiben-Müssens" Gegenstand nahezu jeder Unterhaltung mit Peter Kurzeck ist. Stets dreht sich in den literarischen Texten und medialen Formen alles um den Drang, nichts zu vergessen, jedes Detail aufzuschreiben und um kein geringeres Vorhaben, als ein ganzes Zeitalter aufzuschreiben. Entsprechend finden sich in den diversen medialen Formen Versuche und Strategien, dieses Vorhaben in die Praxis umzusetzen. Es ist diese Operativität des Schreibens als erzählerische Praxis, die mit den folgenden Betrachtungen herausgearbeitet werden soll.

Um Peter Kurzeck als *Autopoietik* in seiner medialen Vielfältigkeit handhaben zu können und auf ihr Verhältnis von Gegenwart und Zeit hin befragen zu können, wird der Eigenname als Kommunikationszusammenhang konzipiert, der seinerseits prozessiert und verschiedene Aspekte von Kommunikation bündeln kann. Ein Aspekt dieser Kommunikation sind literarische Texte. Einen weiteren Kommunikationsaspekt bilden mediale Formen, wie Hörbücher, Interviews oder auch Lesungen, also jene Elemente medialer Formen, bei denen Produktion und Rezeption der jeweiligen Kommunikation nicht entkoppelt sind. Der Eigenname Peter Kurzeck ist dabei der kleinste gemeinsame Nenner all jener medialen Formen, die trotz ihrer Heterogenität in einem sinnvollen Kommunikationszusammenhang stehen. Denn der Eigenname ist ein Aspekt der Kommunikation, der sowohl in den literarischen Texten, als auch in allen anderen medialen Formen identifiziert werden kann. Wenn also von Peter Kurzeck die Rede sein wird, ist damit stets ein spezifischer Aspekt von Kommunikation gemeint, der sich aus dem jeweiligen Kommunikationszusammenhang ergibt. Es muss dabei zu jedem Zeitpunkt möglich sein, den Eigennamen Peter Kurzeck als Interpretationseffekt der Operation auszuweisen. Darüber kann der Eigenname als Einheit verstanden werden, die in sich different ist und als Aspekt von Kommunikation prozessiert.

In Rückbindung an den triadischen Zeichenbegriff ist auch der Eigenname Peter Kurzeck ein Zeichen, das einer Erstheit (Zeichenmittel/Medium) bedarf, die über eine Zweitheit (Objektbezug/Form) identifiziert werden muss; wobei diese Relation wiederum nur von einer Drittheit (Interpretant/Einheit der Differenz) in iterativer Selbstanwendung konstituiert werden kann. Indem der Eigenname als Phasenmoment stets in das Prozessgeschehen eines Kommunikationszusammenhangs eingebunden ist, können ihm auch unterschiedliche Eigenschaften und Funktionen zugeordnet werden. Ob sich der Eigenname im jeweiligen Zusammenhang also als Urheber, Autor, Schriftsteller, Verfasser, Erzähler, Vater, Arbeitnehmer oder dergleichen mehr identifizieren lässt, hängt von der Sinn- beziehungsweise Zeichenkonstellation ab, die die jeweilige Interpretation als Differenz von Text und Rezeption ermöglicht und besonders wahrscheinlich macht. Liegen beispielsweise Kommunikationen auf der Basis von Schrift vor, die als Interpretation wahrscheinlich machen, dass mit weiteren literarischen Texten und medialen

Formen zu rechnen ist, richtet sich der Grad dieser Wahrscheinlichkeit nach jenen Kriterien, die sich anhand der mitgelieferten Kohärenzkriterien verifizieren lassen.

Die Unterscheidung zwischen Peter Kurzeck als Erzähler und Peter Kurzeck als Autor – darauf habe ich bereits im einführenden Kapitel dieser Arbeit hingewiesen – reicht nicht aus, um die Komplexität einer solchen Zurechnungskategorie für Interpretationen fruchtbar zu machen. Deshalb wird der Eigenname Peter Kurzeck für die folgenden Interpretationen als Kommunikation funktionalisiert, die als spezifischer Aspekt von Kommunikation und als ausgeschlossenes Drittes zugleich ausgewiesen werden kann. Wie bei einem Kippbild, das insbesondere den Funktionsbegriff des Gedächtnisses als sich ereignenden Gegenwartsentwurf und anschlussfähiges Resultat veranschaulichend auf den Begriff bringen kann, kann Peter Kurzeck also stets als Beobachtungseffekt und/oder Zurechnungskategorie in Funktion gesetzt werden.

3.5.1 „Wo geht die Zeit mit uns hin?“[120] – Die Kontingenz des Korpus

Die literarischen Texte und medialen Formen, die der *Autopoietik* Peter Kurzeck zugeordnet werden können, sind in ihrer Heterogenität vernetzt. Seit der Veröffentlichung des ersten Romans im Jahr 1979 sind bisher acht weitere Romane erschienen.[121] Auszüge dieser Romane wurden teilweise von Peter Kurzeck eingesprochen und als Hörbuch veröffentlicht.[122] Ebenfalls zum Korpus der *Autopoietik* gehören Hörspiele und Erzählungen, die teils als Einzelpublikationen und teils als Beiträge in Sammelbänden herausgegeben wurden.[123] Darüber hinaus liegen inzwischen drei Erzählsammlungen als Audio-CDs vor, die Peter Kurzeck ohne Manuskript-Vorlage eingesprochen hat.[124] Im Vorfeld der Romanveröffent-

---

[120] Kurzeck, *Übers Eis,* hier 32, *Oktober und wer wir selbst sind,* hier 23.

[121] Alle Romane sind als Erstveröffentlichung im Stroemfeld-Verlag erschienen: Kurzeck, Peter, *Der Nußbaum gegenüber vom Laden, in dem du dein Brot kaufst. Die Idylle wird bald ein Ende haben,* 1979; *Das Schwarze Buch,* 1982; *Kein Frühling,* 1987, [eine zweite überarbeitete und erhebliche erweiterte Auflage ist 2007 erschienen]; *Keiner stirbt,* 1990; *Übers Eis,* 1997; *Als Gast,* 2003; *Ein Kirschkern im März,* 2004; *Oktober und wer wir selbst sind,* 2007; *Vorabend,* 2011.

[122] So findet sich beispielsweise das achte Kapitel aus *Ein Kirschkern im März* in einer Sammlung vertonter, von Kurzeck eingesprochener Erzählungen. Dort trägt es den Titel der CD, auf der noch drei weitere Erzählungen von Peter Kurzeck veröffentlicht wurden: Kurzeck, Peter, *Stuhl, Tisch, Lampe,* Hörbuch/CD, Köln 2004. Den Roman *Oktober und wer wir selbst sind* hat Peter Kurzeck vollständig eingesprochen und 2008 als Hörbuch veröffentlicht. Auch Auszüge aus *Kein Frühling* liegen seit 2007 vor.

[123] Vergleiche hierzu folgende Hörspiele: Kurzeck, Peter, *Kommt kein Zirkus ins Dorf?,* Hessischer Rundfunk, Gießen 1987; *Der Sonntagsspaziergang,* HR 1992, sowie folgende Erzählungen: Kurzeck, Peter, „In Mischas Kneipe“, in: *Ausgeträumt. Zehn Erzählungen.* Frankfurt. a. M 1978, 34-52; ders., „Das schwarze Buch“, in: *Liebe Tod und Drogen. Literatur aus dem Leben,* hg. v. Doris Lerche/ Peter Zingler, Frankfurt a. M. 1990; ders., *Mein Bahnhofsviertel,* Basel/Frankfurt a. M. 1991.

[124] Alle drei Aufnahmen sind im supposé Verlag erschienen, Konzeption/Regie/Aufnahme: Klaus Sander, Erzähler: Peter Kurzeck, *Ein Sommer der bleibt. Peter Kurzeck erzählt das Dorf sei-*

lichung von *Vorabend* im April 2011 wurden bereits im Sommer zuvor 30 Seiten als Vorabdruck veröffentlicht.[125] Die Titelzeichnung des Vorabdrucks, die leicht verändert auch auf dem Cover der finalen Romanversion zu finden ist, stammt ebenfalls von Peter Kurzeck. Hinzu kommen zahlreiche Interviews und Autorengespräche, die in Schriftform vorliegen.[126]

Fünf der bisher erschienenen Romane lassen sich wiederum einem Romanzyklus zuordnen, der mit dem Titel *Das alte Jahrhundert* auf zwölf Bände angelegt ist. In der Verlagsvorschau des Stroemfeld-Verlags für das Frühjahr 2011 findet sich ein Überblick über die Titel aller zwölf Romane.[127] Dieser „Plan zur großen autobiographisch-poetischen Chronik", der nach mündlicher Mitteilung von Peter Kurzeck erstellt wurde, auch als „Peter Kurzecks Arbeitsplan" bezeichnet wird und auf den 13. März 2007 datiert ist, enthält neben den einzelnen Titeln und einigen inhaltlichen Informationen zum jeweiligen Roman handschriftliche Korrekturen von Peter Kurzeck. Dem Titel *Übers Eis* (1997), dem ersten Band der Chronik, sind beispielsweise folgende Informationen beigefügt: „Januar/Februar 1984, die Trennung von Sibylle, Auszug aus der Jordanstraße, Bleibe bei einem Lehrer." Der letzte Teilsatz ist handschriftlich durchgestrichen und wird durch die folgenden, ebenfalls handschriftlichen Informationen ersetzt: „Vorläufige Abstellkammer, zwei Straßen weiter." Die Auflistung und inhaltlichen Kurzbeschreibung aller weiteren Romane folgt nach dem gleichen Prinzip. Die Kurzbeschreibung des zweiten Romans *Als Gast* lautet etwa: „Februar/März 1984 [wobei Februar handschriftlich durchgestrichen und durch den Hinweis *Ab 1.* ersetzt wird, MK], mit Carina. Einzug in die Eppsteiner Straße. Das feinere Westend. Die Erdstrahlen. Arbeit an ‚Kein Frühling'".[128]

Diesen stichwortartigen Informationen entsprechend lässt sich das Handlungsgerüst der ersten drei Bücher zusammenfassen.[129] Die primäre Handlungszeit von *Übers Eis* umfasst die Monate Januar und Februar des Jahres 1984; in *Als Gast* und *Ein Kirschkern im März* ist es der Monat März des gleichen Jahres. Der Ich-Erzähler lebt seit Ende November des Jahres 1983 getrennt von seiner Lebensgefährtin Sibylle. Zuvor hatte er sieben Jahre mit ihr gemeinsam eine kleine Dachwohnung in der Jordanstraße in Frankfurts Stadtteil Bockenheim bewohnt. Die gemeinsame

---

ner Kindheit, 4 Audio-CDs, 290 Min., 2008; *Da fährt mein Zug. Peter Kurzeck erzählt,* Audio-CD, 62 Min., 2010a; *Mein wildes Herz. Peter Kurzeck erzählt.* 2 Audio-CDs, 120 Min., 2010b.

125 Kurzeck, Peter, *Das Weltbild der Igel. Ein erster Bogen aus Vorabend,* Frankfurt a. M. 2010.

126 Vergleiche hierzu: Curtius, Mechtild, „Peter Kurzeck ‚Zwangsvorstellung: Dass ich nichts vergessen darf'" in: ders., *Autorengespräche. Verwandlung der Wirklichkeit,* Frankfurt a. M. 1991, 155-168.

127 Vgl. http://www.stroemfeld.de/FJ2011Vorschau.pdf letzter Zugriff: 12. Dezember 2012.

128 Ebd.

129 Auf die inhaltlichen und formellen Zusammenhänge der literarischen Texte und medialen Formen werde ich zu einem späteren Zeitpunkt zurückkommen. An dieser Stelle sei lediglich das Handlungsgerüst skizziert, um das Verhältnis von Redundanz und Varietät nicht unnötig zu strapazieren.

Tochter Carina ist zu Beginn des ersten Buchs viereinhalb Jahre alt. Der Erzähler bringt sie täglich in den Kinderladen im benachbarten Viertel. Kurz vor der Trennung hat der Erzähler seine Halbtagsstelle in einem Buchantiquariat verloren, arbeitet an seinem dritten Buch, dessen Titel zu Beginn der Chronik noch nicht feststeht und bewohnt *als Gast* zunächst eine kleine Abstellkammer von Freunden und nach geraumer Zeit, ebenfalls vorübergehend, eine Wohnung von anderen Freunden. Das Buch, an dem der Erzähler schreibt, handelt von dem kleinen oberhessischen Dorf Staufenberg im Kreis Gießen. Der Erzähler ist dort aufgewachsen. Ursprünglich stammt er aus dem böhmischen Tachau, musste jedoch im Alter von etwa drei Jahren gemeinsam mit seiner Mutter und seiner Schwester fliehen. Die primäre Handlungszeit des dritten Buches, von dessen Schreibprozess in den ersten fünf Chronik-Romanen ausführlich berichtet wird, ist um das Jahr 1948 und die Zeit nach der Währungsreform angesiedelt. Die Arbeit an *Kein Frühling,* wie das dritte Buch auch in der Verlagsvorschau betitelt wird, nimmt folglich eine zentrale Stelle in bisher vorliegenden fünf Chronik-Romanen ein.

Ein Blick auf die vorläufig bestimmbare Textsammlung zeigt, dass *Kein Frühling* der dritte Roman von Peter Kurzeck ist, dessen erste Auflage 1987 erschienen ist. Diese erste Auflage umfasst 335 Druckseiten nebst Paratext. Darin „führt Peter Kurzeck den Leser", wie es als Anmerkung im Klappentext programmatisch heißt, „durch die Chronik des oberhessischen Dorfes Staufenberg bis in die Dämmerung der 50er Jahre."[130] Im Jahr 2007 ist eine um zwölf Kapitel erweiterte Auflage von *Kein Frühling* mit knapp 300 zusätzlichen Druckseiten erschienen. Im gleichen Jahr wurde *Oktober und wer wir selbst sind* veröffentlicht; der erste Roman des Zyklus, in dem die primäre Handlungszeit früher angesetzt wird als die der vorigen Romane. Erzählt wird, wie auch im fünften und derzeit (Dezember 2012) zuletzt erschienenen Buch *Vorabend,* aus der zeitlichen Perspektive des Oktobermonats im Jahr 1983. *Vorabend* ist mit 1015 Druckseiten der bisher umfangreichste Roman und zugleich das erste Buch, das sich selbst im Paratext als Band der Chronik ausweist. Noch vor dem Titelblatt findet sich auf einer zusätzlichen Seite der Hinweis: „Das alte Jahrhundert 5".[131] Am Ende der Ausgabe von *Vorabend* findet sich eine Auflistung sowohl der bisher erschienenen Romane und Einzelbände der Chronik, die entsprechend der Nummerierung und Bezeichnung aus der Verlagsvorschau angeführt werden, als auch der noch ausstehenden Bände, die mit dem Vermerk „in Planung" versehen sind. Ebenfalls aufgelistet sind die bisher erschienenen Hörbücher Peter Kurzecks, auch jene, die nicht im Stroemfeld-Verlag erschienen sind.

Kurzum: In *Vorabend* ist *Das alte Jahrhundert* als Projekt und Vorhaben einer „autobiographisch-poetischen Chronik" zum ersten Mal als Bezugskategorie markiert. Bereits die ersten vier Bände weisen hinsichtlich ihrer Umschlagsgestaltung

---

[130] Kurzeck, *Kein Frühling,* 1987, hier Klappentext.
[131] Kurzeck, *Vorabend,* hier 2.

Gemeinsamkeiten auf, die sie von früheren Publikationen abheben. Während die ersten Bücher auf dem Umschlag den vollen Eigennamen präsentieren, werden die Einzelbände der Chronik nur noch mit dem Nachnamen versehen – der Eigenname *Peter Kurzeck* wird erst nach dem Klappentext angeführt. Die bisher erschienenen Chronik-Bände (aber auch *Kein Frühling)* enthalten zudem eine Art Motto, das als Satz einer Einzelseite der Handlung vorangestellt wird und zugleich auch im Roman vorkommt.[132] Darüber hinaus sind die Chronik-Bände mit einer Widmung – *„Für Carina"* – versehen. Abgesehen von *Mein Bahnhofsviertel* sind bisher alle Bücher als Romane gekennzeichnet.

Ob und zu welchem Zeitpunkt mit den angekündigten, aber noch ausstehenden sieben Bänden der Chronik gerechnet werden kann, ist ungewiss. Diese Kontingenz, die sich nicht zuletzt aus ihrem spezifischen Bezug zur Gegenwart speist, kann mit der Kontingenz von Kommunikation im Allgemeinen korreliert werden. Denn Komplexität, die sich durch Kontingenz auszeichnet, kann nur durch Kommunikation reduziert werden. Nun stellt die *Autopoietik* mit Hilfe des dargestellten Arbeitsplans nicht nur einen Bezug zur Vergangenheit her, indem bereits erschienene literarische Texte in einen inhaltlichen, formellen und vor allem chronologischen Zusammenhang gestellt werden, sondern auch einen Bezug zur Zukunft, deren Kontingenz sich wiederum auf den Gegenwartszeitpunkt auswirkt. Insofern situiert und konstitutiert sich die *Autopoietik* explizit in einer Gegenwart, die im Umschlagspunkt zwischen Vergangenheit und Zukunft liegt. Sie ist kontingent und stellt ihre Unabgeschlossenheit und die Flüchtigkeit ihrer vorläufigen Festlegung durch den zeitlichen Bezugsrahmen zur Schau. Denn die *Autopoietik* Peter Kurzeck kann – gerade weil vor dem Hintergrund der auf zwölf Bände angelegten Chronik mit ihrer Erweiterung gerechnet werden kann – nur für die jeweilige Gegenwart gelten, in der sie als solche definiert wird. Damit gleicht der Arbeitsplan der Chronik als Gegenwartsentwurf, der sogar auf einen Tag im Jahr 2007 datiert ist, der Kommunikationsbewegung eines Gedächtnisses, das sich in einer Gegenwart hervorbringt, legitimiert und mit anschlussfähiger Kommunikation ausstattet. Ob ein weiterer Gedächtnisentwurf folgt, der den aktuellen ersetzt und zugleich verändert, muss ebenfalls unbeantwortet bleiben und kann allenfalls mit Argumenten der Wahrscheinlichkeit vermutet werden. Unabgeschlossenheit und Flüchtigkeit sind also zwei charakteristische Merkmale dieser *Autopoietik*; sie stehen für die Gegenwärtigkeit der erzählten Gegenwart, die mit den literarischen Texten und medialen Formen des Korpus auf allen ihr zu Verfügung stehenden Ebenen der Mediendifferenzierung als Zeitbildung performiert werden. Diese Unabgeschlossenheit des Korpus', die in der Frage, „Wo geht die Zeit mit uns hin" geradezu paradigmatisch zum Ausdruck kommt, markiert nicht zuletzt die reine Operativität, mit der sich diese *Autopoietik* praktisch hervorzubringen scheint.

---

[132] So findet sich etwa das Motto, das *Als Gast* vorangestellt ist, auch auf Seite 102 des Romans: „Wie hoffen geht, weißt du!". Kurzeck, *Als Gast,* ebd.

3.5.2 *„Die ganze Gegend erzählen, die Zeit!" – Zeit zeugen*

Die theoretischen Maßnahmen zur Beobachtung von Gegenwart und Zeit, die im zweiten Kapitel eingeführt wurden, haben insbesondere verdeutlicht, dass der Beobachtungsprozess Zeit benötigt, um zu prozessieren: Dass dieser – wie Jahraus es formuliert – „Zeit als Ablaufkategorie überhaupt erst konstituiert und erzeugt, um Zeit zur Verfügung zu haben, um die Unterscheidung in der (zeitlichen) Folge auszulegen, also Beobachtung zu temporalisieren. Zeit ist ein Beobachtungseffekt."[133] Bedenkt man, dass Literatur Kommunikation paradigmatisch prozessiert, es sich dabei also um einen paradigmatischen Beobachtungsprozess handelt, kann man davon ausgehen, dass dieser Beobachtungsprozess in der Lage ist, Zeit als Ablaufkategorie auf paradigmatische Weise zu erzeugen. Dieses Erzeugnis, das ein Effekt von Beobachtung ist, steht wiederum als Kommunikation zur Verfügung, um temporalisiert werden zu können. Die Temporalisierung dieser Unterscheidungen ist eine Form der Komplexitätsreduktion. Der Komplexitätsgrad, der die Temporalisierungsbedürftigkeit bestimmt, hängt wiederum von der literarischen Form ab, die als interpretative Form unterschieden werden kann. Eine solche Unterscheidung besteht als Interpretation aus der Differenz von Text und Rezeption.

Vor dem Hintergrund dieser Überlegungen lässt sich das Programm, das dem fünften Roman der Chronik *Vorabend* vorangestellt ist, durchaus buchstäblich interpretieren: „Die ganze Gegend erzählen, die Zeit!".[134] Denn der Vorgang des Erzählens, der auch als Beobachtungsprozess verstanden werden kann, der sich in der Zeitlichkeit des Systems vollzieht, erzeugt Zeit als Ablaufkategorie, um sie für weitere Unterscheidungen – die Beobachtungszeit – zur Verfügung zu stellen. Die literarischen Texte erzeugen also tatsächlich Zeit, indem sie erzählen, beobachten, operieren, kommunizieren beziehungsweise prozessieren; allerdings – das sei an dieser Stelle erneut hervorgehoben – als spezifische Formbildung von Sinn im Literaturmedium. Nimmt man nun komplementär zur Erzeugung von Zeit an, dass eine Welt dasjenige sein muss, das unabhängig von Zeit beobachtet wird, erweist sich jede Vorstellung von Welt als temporalisiertes Paradox, weil Zeit die Bedingung von Beobachtung ist. Welt kann nicht unabhängig von Zeit beobachtet werden, genauso wenig, wie es Beobachtung geben kann, die unabhängig vom Beobachteten operiert.

Dieses paradoxale Verhältnis von Welt und Zeit drückt sich auch im eben zitierten Programm des *Vorabend*-Romans aus. Das Komma, das Welt und Zeit voneinander trennt, markiert das wechselseitige Bedingungsverhältnis. Die *ganze Gegend* und *die Zeit* werden als gleichursprünglich gesetzt. Die Gegenüberstellung dieser Konstituenten lädt zu einer wechselseitigen Interpretation ein. Da hier jedoch nicht von Welt im Allgemeinen die Rede ist, sondern von Gegend, entsteht

---

133 Jahraus, *Literatur als Medium*, 199.
134 Vgl. Kurzeck, *Vorabend*, hier 5.

der Eindruck, dass es sich bei dem implizierten Vorhaben um eine räumlich begrenzte Gegend handelt, die erzählt werden soll. Das vorangestellte Adjektiv („ganze"), das im Grunde Vollkommenheit suggeriert, spricht wiederum für einen Totalitätsanspruch des Vorhabens. Auch das Ausrufezeichen, das den Satz als Appell markiert, spricht dafür. Entscheidend sind letztlich die Artikel, mit denen die beiden Elemente versehen sind. Denn sie können sowohl als deiktische Momente verstanden werden, die die Abhängigkeit jeder Beobachtung von Welt und Zeit unterstreicht, als auch als Marker eines totalitären Erzählvorhabens, eines konstitutiven Prinzips, das sich als Zeit und Welt selbst erzählt. Gerade weil jede Beobachtung von Welt nur als temporalisiertes Paradox möglich ist, können beide Interpretationsmöglichkeiten nebeneinander bestehen. Sie bilden bei genauerer Betrachtung ein temporalisiertes Paradox aus, das prozessiert, weil jeweils nur eine Möglichkeit aktualisiert werden kann. Die Möglichkeit des Nacheinanders suggeriert die zeitliche Differenz, die das Ungleichzeitige als gleichzeitig erscheinen lässt. Auch hier zeichnet sich eine Beobachtungsbewegung ab, die der Betrachtung eines Kippbildes entspricht.

Dieses Motto, das das paradoxale Verhältnis von Welt und Zeit als Erzählvorhaben formuliert und sich dabei selbst als ein ebensolches temporalisiertes Paradox präsentiert, kann deshalb als paradigmatischer Fall verstanden werden, an dem sich das konstitutive Prinzip dieser *Autopoietik* zeigt. Denn sowohl *die ganze Gegend*, als auch *die Zeit* gründen im Erzählen. Die Gegend ist Erzählung, die Zeit braucht, um Gegend zu sein – um also erzählt zu werden. Die erzählte Gegend ist wiederum Zeit, weil sie als Kommunikation im Medium Literatur ebenfalls prozessiert und Eigenkomplexität ausbildet. Im Literaturmedium ist sie nach Maßgabe des theoretischen Sujets auf Dauer gestellte Zeit als Form von Sinn. Erzählen setzt, ebenso wie Zeit Operativität als Praxis voraus, die sich jedoch der Beobachtung entzieht. Dass das Erzählen Zeit braucht und erzeugt, um Welt erzählen zu können und umgekehrt, zeigt sich an zahlreichen Textelementen, die nachfolgend dargelegt werden.[135]

Die erste Textstelle für die folgende Analyse stammt aus dem fünften Roman von Peter Kurzeck, *Vorabend.* Da es sich um eine etwas längere Textstelle handelt,

135 Zur Anlage der literarischen Texte sei vorbereitend angemerkt, dass sie in Abschnitte unterteilt, und jeweils durch einen Absatz markiert sind. Diese Absätze werden wiederum als Kapitel zusammengefasst, die fortlaufend nummeriert sind. Die Frage, ob die Zahlen der Kapitel in einen gesonderten Interpretationszusammenhang gestellt werden kann, birgt kein ausgezeichnetes Beobachtungspotenzial. Die Zahlen lassen sich m.E. nicht in ein sinnvolles Verhältnis setzen, weshalb dieser Aspekt nicht weiter verfolgt wird. Hinweise auf spezifische Kapitel dienen lediglich einer besseren Orientierung. Da allein die literarischen Texte, die Peter Kurzeck zugeordnet werden können, bisher über 4.000 Druckseiten umfassen und sie über die Textgrenzen der Chronik hinaus auf inhaltlicher und formeller Ebene in wechselseitige Interpretationszusammenhänge gebracht werden können, werden jeweils Textelemente selegiert, die den paradigmatischen Fall präsentieren, dessen Paradigma sie sind. Um das Paradigmatische der *Autopoietik* intelligibel machen zu können, muss die Selektion der Einzelelemente möglichst radikal vorgenommen werden.

werden zunächst zwei kürzere Textelemente einleitend angeführt, die den thematischen Bezugsrahmen veranschaulichen. Die Handlung setzt im Oktober 1983 ein. Im fünften Abschnitt des ersten Kapitels heißt es: „Oktober. Oktober und wer wir selbst sind. Nachts Regen. Manchmal morgens Sibylle ein Stück mit uns mit."[136] Mit dem angeführten Titel des vierten Romans *Oktober und wer wir selbst sind* als Ausgangspunkt, erzählt der Ich-Erzähler, der – wie jeden Morgen – seine Tochter Carina zum Kinderladen bringt, wie sich alle drei an einem Oktobermorgen auf den Weg machen und Sibylle, nachdem sie den Erzähler und Carina begleitet hat, zu ihrer Arbeitsstelle aufbricht. „Und weil [so der Erzähler, MK] sie vorher mit uns und neben mir her ging, muß ich mir jetzt ihren Weg ausdenken und wie sie da geht. Ein Herbstmorgen. Große Schritte."[137] Er beschreibt ihren Weg zum Verlag, ihre dortige Tätigkeit, dass sie dort seit drei Jahren halbtags arbeitet, mit wem sie spricht und beginnt nach einem Abschnittswechsel mit einer erneuten Beschreibung von Sibylles Gang zum Verlag:

> Als ob ich ihr immerfort nachsehen muß. Sie geht von mir weg. Sie geht in den Kinderladen, über den Campus, in die Zweigstelle der Stadtbibliothek in der Seestraße. Geht einkaufen, geht über die Leipziger Straße. Zur Post, durchs Westend und in den Verlag. Sie geht Freunde treffen, geht ihre Mutter besuchen. Sie geht und ich muß mir jeden einzelnen Augenblick für sie ausdenken. Und die Zeit und die Welt um sie her. Erst am Morgen und dann in den Tag hinein. Die Menschen und jeden Schritt Weg. Als ob ich sie selbst erschaffen hätte und immerfort neu erschaffen müßte. Bis sie wieder auf mich zu, mir entgegen, bis sie zu mir zurückkommt. Schon immer näher. Und wirklich. Sie selbst. Ein lebendiger Mensch. Und ich dann wie einer, der die ganze Zeit gezaubert hat. Stundenlang.[138]

Die präsentische Beschreibung ihrer Wege und Tätigkeiten wird mit einem „als ob" eingeführt. Der Grund für den verspürten Drang, Sibylle nachzusehen, wurde einige Sätze zuvor als Zwang begründet und damit angekündigt, sich ihren Weg deshalb auszudenken, weil sie bereits zuvor gemeinsam gegangen waren. Die gemeinsamen Wege, die folglich als Anlass dafür eingeführt werden, den Weg Sibylles weiterzudenken, sind als vergangen markiert – das Verb steht im Präteritum („Und weil sie vorher mit uns und neben mir her ging her ging"). Die Ursache, die durch die kausale Konjunktion *weil* gesetzt wird, ist also bereits vergangen. Der daraus resultierende ausgedachte Weg ist hingegen gleich zweifach als Vorgang einer Gegenwart markiert. Es bleibt also nicht bei der Feststellung, dass der Erzähler sich etwas ausdenken *muss*. Der Vorgang des Sich-Ausdenkens wird als Erzählung *form*uliert, das heißt in Form gebracht. Der Erzähler *muss* sich Sibylles Weg nicht nur unmittelbar in einem gegenwärtigen *Jetzt* ausdenken, er muss sich zugleich ausdenken, wie sie in dieser gegenwärtigen Gegenwart *geht*. Darüber gewinnt sowohl der Weg an Form, als auch Sibylles Gang. Indem der Erzähler seine

---

[136] Kurzeck, *Vorabend,* hier 9.
[137] Ebd.
[138] Kurzeck, *Vorabend,* hier 10.

Strategie des Erinnerns und Ausdenkens benennt, zur Notwendigkeit erklärt und sie zugleich in die Tat umsetzt, erzeugt er eine Erzählbewegung, die ihre Operativität, sozusagen als Praxis ausstellt und damit Gegenwärtigkeit simuliert.

Daran zeigt sich die enge Verschränkung des jeweiligen Weges, der als Distanz Zeit braucht, um begangen zu werden, und jener Bewegung, die sich aus dem jeweiligen Verhältnis von Weg und Zeit ergibt. Teilt man die Strecke des Weges als Distanz durch die Zeitdauer, die benötigt wird, um ihn zu begehen, erhält man die Bewegung als Geschwindigkeit. Indem der Erzähler vollzieht, was er kurz zuvor als kausal begründeten Drang angekündigt hat, erzeugt er ein Verhältnis aus Weg und Zeit, dessen Verbindung als Bewegung und Gang in einer Gegenwart angesiedelt wird, die zumindest als kommunikatives Ereignis vollzogen wird, als Erzählung nämlich, deren mediale Form der literarische Text ist.

Die zunehmende Distanz, die in den Vordergrund tritt, weil sich Sibylle vom Erzähler entfernt, lässt sich auch als zunehmender Zeitraum begreifen, der mit „jede[m] einzelnen Augenblick" ausgefüllt werden muss, damit es diese „Zeit und die Welt um sie her" – hier also Sibylle – als Ausgedachtes beziehungsweise Erzähltes überhaupt geben kann. Der Erzähler markiert die Wege Sibylles als ausgedacht, indem er die räumliche Distanz als Initialmoment des Ausdenkens setzt. Zugleich platziert er die Effekte des Ausdenkens in einer Sphäre, die in einem Möglichkeitsraum des „als ob" angesiedelt sind. Er markiert das Ausdenken als imaginierten Vorgang, bringt das Ausgedachte jedoch in präsentischer Form hervor. Zugleich setzt er sich in ein Verhältnis zum Ausgedachten, indem er sich selbst als zaubernden Urheber in Betracht zieht. Der Erzähler inszeniert das Erzählen folglich als Vorgang des Schöpfens im Sinne eines Zeugens, das hervorgebracht werden muss, um seinerseits Effekte zu erwirken. Entscheidend ist das Bedingungsverhältnis zwischen der Zeit und dem Erzählten, das nur im Erzählen erzeugt werden kann.

Insofern ist auch der vorletzte Satz des angeführten längeren Textabschnittes Programm. Denn der Erzähler identifiziert sich nicht als diejenige Instanz, die das Ausgedachte erzeugt und die zeitliche Distanz so lange überbrückt, bis Sibylle wieder gegenwärtig ist. Er zieht lediglich den Vergleich zwischen sich selbst und einer Instanz, die die „ganze Zeit" gezaubert hat. Ob sich diese *ganze Zeit* auf jene konkrete Zeitspanne bezieht, in der Sibylles Abwesenheit beschrieben wird, oder auf den Vorgang des Ausdenkens, der diese *ganze Zeit* überhaupt erst hervorbringt, kann nicht entschieden werden. Im Grunde bleib die Frage, ob die *ganze Zeit* ein Beobachtungseffekt ist, oder nicht vielmehr umgekehrt, die suggerierte Wirklichkeit ein Effekt der erzeugten Zeit ist, als temporalisiertes Paradox unentscheidbar.

Das Verhältnis von Distanz und Nähe, das zunächst räumlich und insbesondere zeitlich hergestellt werden muss, um als solches an Form zu gewinnen, wird in dem hervorgehobene Textabschnitt als Indikator für Wirklichkeit eingeführt. Denn je näher Sibylle durch den Vorgang des Ausdenkens konturiert wird, desto wirklicher erscheint sie als Mensch. Jedoch lässt sich auch an dieser Textstelle nicht eindeutig festlegen, ob Sibylle tatsächlich „wieder" zu ihm zurückkommt, oder ob es sich um einen Wirklichkeitseffekt handelt, der durch die hergestellte Nähe des Ausdenkens lediglich als besonders wahrscheinlich markiert wird. Insofern erzeugt das Erzählen selbst „die Zeit und die Welt um sie her", die nötig ist, um sich als spezifische Formbildung zu ereignen.

Ermöglicht wird diese Erzählbewegung insbesondere durch die elliptischen Sätze: Die Wegbeschreibung erfolgt im Präsens. Das Subjekt der Einzelsätze ist ausnahmslos das feminine Personalpronomen. Durch den Kommunikationszusammenhang lassen sich die Pronomina durchaus auf Sibylle beziehen. Nach dem fünften Satz, der *ihren* Weg beschreibt, bringt sich der Erzähler in ein direktes Verhältnis zu diesem Subjekt, für das sich das erzählende Ich „jeden einzelnen Augenblick ausdenken" muss. Mit dem darauffolgenden Satz, der durch die Konjunktion *und* eingeleitet wird, lässt sich nicht mehr eindeutig klären, ob sich die zu erfindende Welt auf Sibylle bezieht oder auf die Zeit selbst. Berücksichtigt man die vorgegebenen Satzgrenzen, könnte sich die ausgedachte Welt auch um jene Zeit herum ausbilden, die grundsätzlich nötig ist, um Welt hervorzubringen. Gleichwohl ist der Bezug von Zeit und Welt auf Sibylle überaus naheliegend. Denn sie ist als ausgedachtes Subjekt ebenfalls auf Zeit und Welt – auf das Erzählen also – angewiesen, um sich als Phasenmoment eines Prozessgeschehens zu ereignen. Maßgeblich ist die Verschränkung von Zeit und Welt, die der Text nicht nur zum Gegenstand der Erzählung macht. Der Text präsentiert dieses wechselseitige Bedingungsverhältnis, indem er zugleich als Beobachter und Beobachtetes des Erzählvorgangs erscheint.

Eine weitere Textstelle soll dies verdeutlichen. Der Zeitpunkt, mit dem der Roman *Oktober und wer wir selbst sind* einsetzt, ist ebenfalls der Oktober des Jahres 1983. Im sechsten Abschnitt des ersten Kapitels, das mit den Worten „Wieder Oktober" beginnt, heißt es:

> Morgens jetzt nicht mehr wie früher zur Arbeit ins Antiquariat, sondern mit Carina in den Kinderladen. Und wollen uns Zeit lassen unterwegs. Der Weg lässt sich Zeit. Erzähl, sagt Carina gleich bei der Haustür zu mir und muß an meiner Hand zerren. Erzähl! Oder ist schon auf der Treppe eigenständig ins Trödeln und Träumen geraten. Die Jordan-, die Merton-, die Dantestraße. Und ab und zu komm sagen, komm! Wollen gern über den Campus, aber auch an der Warte vorbei, mein Kind und ich. Am liebsten beides. Es geht auch. Man kann durch die Homburger und die Adalbertstraße zur Warte und dann auf den Campus oder erst durch die Jordanstraße zur Uni und über den Campus zur Warte – nur gleichzeitig beide Wege geht nicht. Wind auf dem Campus. Der Brunnen rauscht. Tropfen sprühen. Der Wind nimmt die Tropfen mit. An der Warte ein Taxistand.[139]

Der zeitliche Rahmen des Abschnitts bleibt zunächst unbestimmt. Das Adverb „immer" deutet in Verbindung mit der adverbialen Markierung „jetzt" lediglich darauf hin, dass der allmorgendliche Gang des Erzählers nun nicht mehr die

[139] Kurzeck, *Oktober und wer wir selbst sind,* hier 12.

ehemalige Arbeitsstelle anstrebt, sondern den Kinderladen, in den er seine Tochter Carina täglich bringt. Die implizierte Regelmäßigkeit stellt dabei sowohl einen Bezug zu vergangenen Morgen, als auch zu zukünftigen her. Auch die nachfolgend bekundete Absicht, sich unterwegs Zeit zu lassen, mutet wie ein allgemeiner Vorsatz an, sich an allen Morgen Zeit zu lassen.

Bemerkenswert ist allerdings die wechselnde Zeitperspektive, die mit den folgenden zwei Sätzen eingeleitet wird. Zwar hegt der Erzähler die Absicht, sich mit Carina Zeit für den Weg zu lassen. Jedoch ist es der Weg, der sich Zeit lässt. Damit ist sowohl ein Tempuswechsel vollzogen – denn auch die nachfolgenden Sätze stehen im Präsens –, als auch ein Perspektivwechsel weg von einem Erzähler als Instanz, der die Zeit und Handlung bestimmt, hin zu einem Weg, der nicht nur rein satzlogisch zum Subjekt wird und bestimmt, wie viel Zeit er sich lässt. Der Appell an den Erzähler wird im Text Carina zugerechnet, deren Ausrufe als Handlungen einer unmittelbaren Gegenwart markiert sind. Der folgende Satz wird jedoch als alternative Handlungsmöglichkeit Carinas präsentiert. Die erste Ereigniskette, die den Eindruck der unmittelbaren Gegenwärtigkeit wahrscheinlich macht, wird mit der Handlungsmöglichkeit des Folgesatzes nicht nur inhaltlich, sondern insbesondere zeitlich relativiert. Die sich anschließende Wegbeschreibung zur Warte, die als Aufzählung begonnen wird, stellt zwei alternative Routen zur Verfügung. Zwar wird im Text akzentuiert, dass es nicht möglich ist, beide Routen gleichzeitig zu wählen. Für welche der beiden Routen sich der Erzähler und Carina – oder vielleicht sogar der Weg, der sich Zeit lässt – in diesem Abschnitt letztlich entschieden haben, wird nicht erzählt. Dennoch gelangt die Erzählbewegung – nachdem beide Routen gleichberechtigt erzählt wurden – schließlich zum Ziel, dessen punktuell detaillierte Darstellung erneut im Präsens erfolgt.

Die Erzählung changiert zwischen einer adverbialen Bestimmungsebene zeitlicher Regelmäßigkeit als zyklisch markierte Wiederkehr, und der präsentischen Darstellung spezifischer Ereignisse, die jeweils in einer Gegenwart angesiedelt sind. Durch die gleichzeitige Präsentation ungleichzeitiger Ereignismöglichkeiten, die sich als gleichberechtigte Alternativen gegenüberstehen, können die präsentischen Ereignisse nur unter Vorbehalt in einen Sinnzusammenhang gebracht werden. Die co-präsenten Ereignismöglichkeiten werden von einer Wiederholungsstruktur gerahmt, die ihrerseits nur dann als zeitlicher Orientierungspunkt dient, wenn bestimmte Ereignisse, die der Text etwa an anderer Stelle zur Verfügung stellt, mit den Ereignissen innerhalb der Wiederholungsstruktur sinnvoll in Relation gesetzt werden können.[140]

Die Textstelle präsentiert die Ausbildung zweier Zeitformen, die ineinandergreifen. Den Rahmen bildet die zyklische Wiederkehr der Morgen, die sich nicht

[140] Durch die Berücksichtigung voriger Textelemente lässt sich als zeitlicher Startpunkt der allmorgendlichen Wege zum Kinderladen etwa der Juni des gleichen Jahres ausmachen Vgl. Kurzeck, *Oktober und wer wir selbst sind,* 7; ders., *Vorabend,* hier 7.

nur als Zeitabschnitte immer wieder ereignen; sie wiederholen sich auch als spezifische Ereigniszusammenhänge. Die Frage, welches Ereignis sich innerhalb dieser Wiederholungsstruktur ereignet, tritt hinter der erwartbaren Wahrscheinlichkeit zurück, dass sich die Gänge zum Kinderladen immer wieder ereignen werden. Die Konstituenten eines Morgens, Weges oder Ganges werden dabei nicht linear angeordnet und bestimmt, sondern von vorne herein in einen Kontext ihrer möglichen Andersartigkeit eingefasst. Entsprechend ist auch das Subjekt des jeweiligen Satzes an einer Stelle der Erzähler, während es an anderer Stelle der Weg ist. Doch ganz gleich, ob sich der Erzähler Zeit lässt oder der Weg, in jedem Fall ist es die Erzählung, die beide Komponenten als oszillierendes Verhältnis ausbildet. Insofern steht der Weg auch für das Erzählen, das sich Zeit lässt, um als Erzählung Weg zu sein. Vorstellungen von Zeit als Rahmen, Dauer, Abschnitt oder Ereignis werden auf diese Weise ebenso zu potenziell austauschbaren Konstituenten der Erzählung, wie räumliche Koordinaten, Abschnitte oder Ereignisse. Wird ein Weg etwa räumlich dargestellt, indem verschiedene Straßen nacheinander genannt werden, ergibt sich daraus auch eine zeitliche Relation, die sich aus der Wegeslänge des räumlich kodierten Weges ableiten lässt und die sich als Erzählbewegung ausbildet.

In *Oktober und wer wir selbst sind* präsentiert bereits der Titel des Romans dieses wechselseitige Bedingungsverhältnis von Zeit und Sinn auf paradigmatische Weise. Dort stehen sich der zyklische Zeitabschnitt Oktober und eine unbestimmte aber überaus andeutungsreiche Identitätsbekundung gegenüber. Relationiert werden die beiden Einheiten mittels Konjunktion. Das Titel-Element findet sich sowohl in *Vorabend,* als auch im Oktober-Roman in gleicher und ähnlicher Form:[141]

> Wieder Herbst. Herbst, Nacht, Oktober und auf dem Dachboden fängt sich der Wind. Oktober und wer wir selbst sind. Neun Jahre mit Sibylle. Ein Kind und mein drittes Buch angefangen. Nachts hört man Züge fahren. Oktober und daß wir jetzt hier sind, sagst du dir. Zum Verwundern. Und mit einem jähen schmerzhaften Stich (das spürst du am Herz): Daß nichts bleibt und wir auch nicht![142]

In diesem Textabschnitt wiederholt sich der Romantitel sowohl in voller Länge, als auch in Teilen. Während „Oktober" als erste Titeleinheit gleich zweimal in gleicher Form wiederholt wird und zweimal in den periodischen Rahmen seiner Jahreszeit eingefasst wird („Herbst"), wiederholt sich die andere Einheit des Titels – „wer wir selbst sind" – nicht wieder in gleicher Weise. Die Wiederholung des gesamten Titels ist in einen iterativen Prozess eingebettet, bei dem einzelne Elemente verändert werden, sich die Wiederholungsstruktur jedoch nach wie vor identifizieren lässt. Die iterative Bewegung der Wiederholungsstruktur ergibt sich durch ihre lineare Anordnung im Text. Die Einzelelemente dieser Iterationsbewegung lassen sich zur besseren Übersicht folgendermaßen darstellen:

---

[141] Vgl. Kurzeck, *Vorabend,* 7.
[142] Kurzeck, *Oktober und wer wir selbst sind,* hier 87.

[1] „Oktober und auf dem Dachboden fängt sich der Wind“
[2] „Oktober und wer wir selbst sind“
[3] „Oktober und daß wir jetzt hier sind“

Um Zeit als Differenz beobachten zu können, müssen Unterscheidungen getroffen werden. Die Grundlage für die Identifikation einer Wiederholung ist die Zuordnung einer Relation, die sich durch Identität auszeichnet. Wird ein spezifisches Element an einer Zeitstelle als Information gehandhabt, weil es als *neu* identifiziert werden kann, wird es mittels dieser Handhabung unterschieden. Ist ein solches Element an einer anderen Zeitstelle erneut verfügbar, wird es als solches nicht mehr als Information unterschieden, sondern in Relation zu jenem spezifischen Element, das bereits unterschieden wurde. Die Identität zwischen dem ersten wiederholten Element und dem zweiten wiederholenden Element bildet die Wiederholungsrelation, die einer dritten Komponente bedarf, die sie als Einheit herstellt.

Die Wiederholungsbewegung des angeführten Textabschnitts weist eine komplexe Struktur ineinander greifender Wiederholungsrelationen auf, die als lineare Sukzession im Sinne einer Iteration innerhalb der periodisch markierten Wiederholungsstruktur prozessieren. Die Wiederholung der ersten Titeleinheit bildet den äußeren Wiederholungsrahmen. Der wiederholte Oktober, der als zyklischer Zeitabschnitt zunächst unmarkiert bleibt und erst in Verbindung mit weiteren Informationen in einen weiteren Sinnzusammenhang gebracht werden kann, verweist dabei immer wieder auf sich selbst. Die identische Wiederholung verleiht dem Textabschnitt eine besondere Rhythmik, die durch die angeschlossene Konjunktion *und* unterstützt wird. Indem sich die Satzelemente „Oktober und“ identisch wiederholen, die jeweils angeschlossenen Elemente jedoch variieren, lassen sie sich in ihrer linearen Anordnung in einen direkten Sinnzusammenhang bringen. Der Oktobermonat bildet den Dreh- und Angelpunkt dieser kommunikativen Ereigniskette, die sich innerhalb der Wiederholung ausbildet. Die eigentliche Wiederholungsrelation des Gesamttitels lässt sich erst herstellen, wenn „Oktober und“ zum ersten Mal wiederholt wird. Die Identität dieser Relation lässt sich jedoch nicht innerhalb des Textabschnittes herstellen, sondern erst vor dem Hintergrund des Romantitels im Klappentext, beziehungsweise wenn die ersten Seiten des *Vorabend*-Romans mit einbezogen werden. Die Textstelle, die den Gesamttitel zuerst zur Verfügung stellt, ist also jene wiederholende und wiederholte Einheit zugleich, die wiederum in die zweifache Wiederholungsrelation der ersten Titeleinheit eingebettet ist.

Der ersten Titeleinheit („Oktober und“) wird zunächst der Wind als semantisches Element gegenübergestellt. In der ersten Wiederholung wird der sich auf dem Dachboden fangende Wind von einer Existenz- beziehungsweise Identitätsbekundung abgelöst. Der zweiten Wiederholung folgt eine Bekräftigung der zuvor getroffenen Identitätsbekundung, die durch eine zeitliche und räumliche Einordnung suggeriert und durch die doppelte Konjunktion („und daß“) mit zusätzlicher Aussagekraft ausgestattet wird. Bemerkenswert ist, dass alle Aspekte, die zur Differenzierung der postulierten Identität beitragen könnten, deiktisch und unbestimmt bleiben. Erst ihre Beziehung zu den übrigen Sinneinheiten dieses Textabschnittes erlaubt eine Zuordnung der implizierten Identitätsbeziehungen.

Der Textabschnitt bildet also auf der einen Seite eine zeitliche Wiederholungsstruktur aus, die als sich wiederholender Ereignisraum einen zeitlichen Rahmen liefert, in dem Identität hergestellt werden kann. Wie diese Identitätsbeziehungen im Einzelnen aus- oder aufgefüllt werden, tritt hinter dem Postulat zurück, dass sich Identität ausbildet. Entsprechend stellt weder die isolierte zeitliche Einordnung des Oktobermonats besondere Interpretationsleistungen in Aussicht, noch die spezifische Zuordnung, wie sich das „wir“, das „jetzt“ und das „hier“ zuordnen lassen.

Durch die Gegenüberstellung des zeitlichem Rahmens (hier Oktober) und den zahlreichen Ereignismöglichkeiten, die zum Teil als gleichzeitig präsentiert werden und die sich häufig nicht eindeutig identifizieren lassen, entsteht eine eigentümliche Zeitstruktur, die sich weder als zyklische noch lineare Beobachtungsbewegung fassen lässt. Indem die Elemente des literarischen Texts in eine komplexe Wiederholungsstruktur eingebunden sind, die iterative Prozesse ausbildet, können sowohl lineare als auch zyklische Sinnzusammenhänge hergestellt werden. Nun bildet das Literaturmedium Komplexität aus und prozessiert als Kommunikation. Die Interpretationsbewegung, die als Differenz von Text und Rezeption gefasst wird, kann ebenfalls als linear und zyklisch zugleich angenommen werden. Da literarische Texte Interpretationen provozieren, weil sie Sinn in dem Maße zur Verfügung stellen, wie sie ihn verschleiern, kann den bisher betrachteten Textelementen ein durchaus hohes Interpretationspotenzial zugerechnet werden. Denn Sinnzusammenhänge werden unmittelbar zur Verfügung gestellt, jedoch genauso unmittelbar – etwa durch die Konjunktion „oder“, beziehungsweise durch vergleichende Konjunktionen wie „als ob“ – zurückgenommen und in einen völlig neuen Sinnzusammenhang gebracht. Dabei stehen sich die angebotenen Sinnzusammenhänge immer wieder gleichberechtigt gegenüber und können – wenn überhaupt – nur im Hinblick auf nachfolgende Sinnzusammenhänge eine sinnvolle Interpretationsleistung in Aussicht stellen.

Diese Unmittelbarkeit, mit der sich diese Sinnzusammenhänge koppeln und entkoppeln, unterstreicht die Flüchtigkeit und Gegenwärtigkeit des jeweils hergestellten Identitätsbezugs, der im Kontext nachfolgender Sinnzusammenhänge unmittelbar in Frage gestellt, verändert oder aufgelöst wird. Dadurch ergibt sich ein stakkatohafter Ereignischarakter, mit dem die kommunikativen Ereignisse einzelner Sätze ausgestattet werden und in eine Vielzahl von Bezugsmöglichkeiten eingebettet sind. Indem der Oktobermonat wiederholt angeführt und jeweils anderen Sinnzusammenhängen gegenübergestellt wird, kommt es zu einer iterativen Verschränkung zwischen der zeitlich markierten Rahmung und den eingebetteten Identität stiftenden kommunikativen Ereignissen. Denn beide Konstituenten sind gleichermaßen auf Zeit und Sinn angewiesen. Der literarische Text – das zeigen bereits die angeführten Abschnitte – behauptet jedoch nicht, dass sich Sinn und Zeit als interdependentes und in sich differentes Verhältnis hervorbringen und prozessual ausbilden, er stellt es vielmehr durch sich selbst dar, indem er sich als vielschichtig ineinander verwobene Erzählstruktur hervorbringt.

Die Tiefenschärfe dieser Erzählstruktur erlaubt nicht nur Sinnzurechnungen, die sich innerhalb des Romans ergeben oder die sich auf literarische Texte beziehen, die der Chronik *Das alte Jahrhundert* zugerechnet werden können. Sie macht auch Sinnzusammenhänge wahrscheinlich, die sich auf andere mediale Formen der *Autopoietik* Peter Kurzeck beziehen lassen. Stellt man solche Sinnzusammenhänge in ein Wechselverhältnis, zeigt sich das autopoietische Prinzip dieses Korpus, und zwar nicht zuletzt deshalb, weil es autoreflexiv verfährt. Dies lässt sich bereits an der soeben angeführten Textstelle aus *Oktober und wer wir selbst sind* zeigen. Nachdem der Gesamttitel des Romans im dargestellten Textabschnitt wiederholt wurde, wird die Identitätsbekräftigung („daß wir jetzt hier sind, sagst du dir") in einen Kontext des Wundersamen gerückt. Das sich daran anschließende, unmittelbare Gespür dafür, dass nichts bleibt, lässt sich in verschiedene Sinnzusammenhänge stellen. Vor dem Hintergrund des Romantitels könnte man die festgestellte Veränderung als Vergänglichkeit im Sinne eines stetigen Verschwindens interpretieren. Während jede Form der Identität austauschbar ist – das zeigen die sich abwechselnden Variationen der zweiten Titeleinheit – ist das einzig Beständige, das mit hoher Wahrscheinlichkeit wiederkehrt, die Zeit. Die Voraussetzung dafür, dass sie wiederkehrt, ist wiederum ihre Einteilung in bestimmte Abschnitte, die garantieren, dass Wiederholungsrelationen als solche identifiziert werden können. Die Bezeichnung der Zeit als Form, nämlich als Monat Oktober ist also vor dem Hintergrund der anderen elf Monate die Voraussetzung dafür, dass die Zeit als Ereignisrahmen wiederkehren kann. Insofern wäre die Wiederholung nichts anderes als ein Resultat ihrer Konstruktion; eine Illusion, in der folglich auch keine Identität Bestand haben kann. Ebenfalls denkbar wären in diesem Zusammenhang die Vergänglichkeit jeder Form im Sinne von Alterungsprozessen und Körperlichkeit.

Dieser Abschnitt lässt sich auch in einen Sinnzusammenhang stellen, der sich aus seiner Relation zu dem Sinnzusammenhang einer anderen medialen Form speist. Initialmoment für diese Relationierung ist der letzte Satz der bereits angeführten Textstelle: „Und mit einem jähen schmerzhaften Stich (das spürst du am Herz): Daß nichts bleibt und wir auch nicht!". In der 2011 erschienen Audio-CD *Mein Wildes Herz* werden insbesondere Ereignisse und Situationen eines bestimmten Tages geschildert.[143] Peter Kurzeck erzählt hier ausführlich davon, dass

[143] „Dann war ein Tag. Ein Freitag, an dem ich dachte, heute Mittag. Wenn Du es jetzt schaffst diesen Absatz zu beenden – man weiß das ja nie, man weiß auch nicht, wie man weiterleben würde, wenn man einen bestimmten Absatz nicht beenden könnte, also wenn man mitten im Satz oder am Ende eines Satzes nicht mehr weiterkann. Und dann dachte

und wie er am Freitag, dem 13. Februar 2004 einen Schlaganfall erleidet. Während dieser Zeit lebt er in Uzés und schreibt gerade das fünfte Kapitel seines vierten Buches *Oktober und wer wir selbst sind.*[144] Das hier angeführte Textelement dieses Romans stammt aus dem letzten Abschnitt eben dieses fünften Kapitels. Detailliert erzählt Peter Kurzeck von den ersten Anzeichen, den konkreten Symptomen, wie er sie zwei Tage lang nicht als Anlass zur Sorge nimmt und dann, nachdem er davon seiner Tochter Carina und Rudi Deuble vom Verlag berichtet hat, doch einen Arzt informiert. Es folgen detaillierte Beschreibungen der Diagnoseverfahren und schließlich der Befund.

Nachdem er den Schlaganfall überlebt hat, berichtet der Erzähler: „Dann bin ich nachts nach Frankfurt zurückgefahren und es war ein sehr schönes Gefühl, wieder mit diesen Befunden, die man vorsichtig trägt, weil man ja auf sein Leben achten will."[145] Hier zeigt sich eine Verschränkung zwischen der körperlichen Existenz als Garantie des Lebens und seiner spezifischen Medialität, die wiederum durch Diagnosedokumente und den entsprechenden Befund bezeugt werden. Denn Abbildungen dieser Diagnoseergebnisse, die Peter Kurzeck hier als Befunde bezeichnet, finden sich zum Teil auf und in der CD-Hülle, sowie als Aufdruck der eigentlichen CDs. Diese Hülle präsentiert mit ihrer Bebilderung sowohl das Datum, an dem die Diagnoseverfahren vorgenommen wurden, als auch den Namen Peter Kurzeck. Der Name ist hier jedoch ohne den Buchstaben C aufgeführt. Auch das in der Erzählung beschriebene Foto, das den Erzähler mit seiner Tochter Carina zeigt, findet sich als Facsimile eines Passfotos auf der Innenseite der CD-Hülle. Gegenüber dem Roman, der sich über die wechselseitigen Bezugsmöglichkeiten durchaus legitimieren lässt, fällt hier insbesondere das Verhältnis von Medium und Form auf. Diese Erzählung liegt als Audio-CD vor. Der Prozess von Produktion und Rezeption ist damit entkoppelt. Die Formbildung ist jedoch an Mündlichkeit geknüpft, an das gesprochene Wort. Die Stimme wird folglich in Echtzeit aufgenommen. Teil der Produktion ist jedoch auch der Schnitt. Von einer Mündlichkeit im Sinne eines flüchtigen Ereignisses, das in dieser spezifischen Kommunikationsform nicht wiederholbar ist, kann also nicht die Rede sein.

Während die mediale Form von *Oktober und wer wir selbst sind* also auf der Basis von Schrift prozessiert, prozessiert die mediale Form von *Mein wildes Herz* auf der Basis von Mündlichkeit. Die Umschlagsgestaltung des Romans enthält – abgesehen von einem Spiegel, der sich als Chiffre unterhalb des Titels erkennen lässt – keine weiteren Bildelemente. Komplementär dazu präsentiert die Hülle der auf

---

ich, wenn du jetzt diesen Absatz beendest bis halb Eins, dann kannst du nach Nimes fahren. Das war Freitag der 13. Februar. Und ich konnte diesen Absatz beenden, war also berechtigt, weiterzuleben und fuhr mit dem Bus nach Nimes." Kurzeck, *Mein Wildes Herz. Peter Kurzeck erzählt,* hier CD 1, Kapitel 3f.

[144] „Ich hab dann weitergeschrieben. Ich wusste, das ist jetzt schon das fünfte Kapitel." Ebd., hier CD 1, Kapitel 5, 7:15f.

[145] Ebd., hier CD 2, Kapitel 6, 11:37.

Mündlichkeit basierenden medialen Form diverse Abbildungen, die wiederum als Erzählung auf der Basis von Mündlichkeit erzeugt werden können und sich vor dem Hintergrund dieses spezifischen Kommunikationszusammenhangs erneut identifizieren lassen. Die spezifischen medialen Formen bilden sich also den Regeln ihres Mediums entsprechend aus, lassen sich jedoch gerade aufgrund der Medienwechsel wechselseitig aufeinander beziehen und in einen übergeordneten Interpretationszusammenhang stellen. Jedes Element dieses Ensembles steht also für sich selbst und zugleich für das Ensemble, dessen Paradigma es ist. Aus diesem Grund sehe ich es als gegeben an, dass sich die literarischen Texte und medialen Formen autopoietisch hervorbringen, differenzieren und in einen Kommunikationszusammenhang bringen, als dessen Zurechnungskategorie immer wieder Peter Kurzeck identifiziert werden kann. Der letzte Satz des hier angeführten Textabschnittes aus *Oktober und wer wir selbst sind* stellt – und damit soll die Interpretation dieser Textstelle abgeschlossen werden – ihrerseits ein performatives Paradox dar: „Daß nichts bleibt und wir auch nicht!“ ist vor dem Hintergrund der spezifischen Medialität dieser Kommunikation eher unwahrscheinlich. Sowohl die literarischen Texte, die sich als spezifisches Verhältnis von Zeit und Sinn (temporalisierte Komplexität) auf der Basis von Schrift hervorbringen, als auch die medialen Formen der auf Mündlichkeit basierenden Kommunikation nebst Bilddokumenten bezeugen ihren wechselseitigen Kommunikationszusammenhang. Denn die *Autopoietik* Peter Kurzeck bringt sich selbst als temporalisierte Welt hervor und beobachtet sich dabei, wie sie Gegenwart und Zeit als Gedächtnis erzeugt, zur Verfügung stellt, reflektiert und differenziert.

3.5.3 „Das sind wir doch selbst, die Zeit!“[146] *– Gedächtnisbewegungen*

Die Beobachtungsbewegung eines solchen Gedächtnisses lässt sich interpretativ nachvollziehen, weil sie als Resultat im Literaturmedium auf der Basis von Schrift als Kette kommunikativer Ereignisse verfügbar ist. Nachfolgend wird eine solche Kommunikationsbewegung entlang eines zusammenhängenden Textabschnitts veranschaulicht, der aus *Oktober und wer wir selbst sind* stammt. Darin beschreibt der Erzähler, wie er gemeinsam mit Sibylle und Carina durch Frankfurts Straßen geht: „Sind in unserem ersten Frankfurter Herbst hier gegangen, Sibylle und ich. Und dann jeden Herbst wieder [...] Wieder Oktober. Dir den Augenblick merken, damit du ihn dann im Gedächtnis wiedererkennst. Damit er für immer bleibt.“[147] Das Vorhaben der erinnerungsfähigen Vergegenwärtigung ist bereits hier, genau zwei Druckseiten vor der nachfolgend fokussierten Textpassage formuliert. Es enthält erneut den zyklisch markierten Zeitrahmen des Oktobermonats, in dem sich Ereignisse als Augenblicke darstellen, die „gemerkt“ werden müssen,

[146] Kurzeck, *Ein Kirschkern im März,* hier 15.
[147] Kurzeck, *Oktober und wer wir selbst sind,* hier 49.

um „für immer" im Gedächtnis wiedererkannt werden zu können. Es wäre allerdings zu kurz gegriffen, den literarischen Text als bloßes Behältnis „gemerkter" Augenblicke zu betrachten, die als erzählte Augenblicke verfügbar sind. Damit würde der Vorgang des Gedächtnisses als sich ereignender Prozess ausgeblendet, und – analog zu allen bereits geschehenden Augenblicken – in einen unmarkierten Bereich des Vergangenen überführt werden. Die Komplexität des zu betrachtenden Gedächtnisses als Kommunikationsbewegung präsentiert die angekündigte Textstelle, die zur besseren Übersicht in drei Abschnitten angeführt wird:

> [1] Und wie der alte Steinkellergeruch aus den Abbruchhäusern dich jedes Mal wieder an die Zeit und an manche Gassen in Prag erinnert, endlich kommst du darauf. Einzelheiten, immer mehr Bilder und alles ganz deutlich. Erst nur in Bockenheim und dann auch im Westend. Im Westend, im Nordend, in Bornheim und in Sachsenhausen. Im Bahnhofsviertel, am Main und am Dom und in Bergen und Rödelheim. Erst noch gedacht, die muß ich jetzt alle suchen, aufsuchen! Atemlos, panisch! Sie finden, sehen, benennen, berühren sogar! Immer wieder berühren! Am liebsten sie einsammeln und mitnehmen! Aber werden immer mehr und flackern als innere Bilder auf, ein Brand und ist nicht zu löschen. Und schon siehst du dich in alle Richtungen gleichzeitig davonstürzen, schreiend und gestikulierend (so also geht Verrücktwerden!).[148]

Zunächst fällt die Kopplung von Sinneswahrnehmung und Erinnerungsbewegung auf. Der Häusergeruch wird als Initialmoment von Erinnerung eingeführt; ein Zusammenhang, der sich durchaus mit der Madeleine-Episode aus *À la recherche du temps perdu* in Verbindung bringen lässt:[149] Der Steinkellergeruch, der den Erzähler „jedes Mal wieder" an bestimmte Orte und Zeiten erinnert, kann als eine Erinnerung betrachtet werden, die unmittelbar und vielleicht sogar unwillkürlich ausgelöst wird.[150] Auch ist der Begriff der Epiphanie in diesem Zusammenhang ein möglicher Ansatzpunkt.[151] Weiterhin könnte man überlegen, ob die Gestaltungsprinzipien des oben angeführten und nachfolgend dargelegten Zitats sich jener Gestaltungsprinzipien bedienen, die mit der *mémoire involontaire* entwickelt wurden.[152] Es stellt sich aber die Frage nach der Tiefenschärfe solcher Vergleiche. Im

---

148 Ebd., hier 53f..

149 Diesen Vergleich zieht auch Jörg Magenau in seinem Beitrag „Die Suche nach der verlorenen Zeit. Peter Kurzecks Romane *Kein Frühling* und *Keiner stirbt*", in: *Deutschsprachige Literatur der 70er und 80er Jahre,* hg. von Delaber, Walter/Schütz, Erhard, Darmstadt, 1997, 236-253.

150 Solche Erinnerungen finden sich häufig, so zum Beispiel im ersten Kapitel des *Oktober*-Romans, hier 13. Oder auch in *Als Gast*, 21f. und *Übers Eis*, 168f.

151 Bezüglich des Erzählverfahrens spricht Rainer Zaiser unter anderem davon, dass Proust „bei der Darstellung der *mémoire involontaire* auf Gestaltungsprinzipien der Epiphanie zurück[greift]". Zaiser, Rainer, *Die Epiphanie in der französischen Literatur. Zur Entmystifizierung eines religiösen Erlebnismusters*, Tübingen 1995, bes. 250f., hier 377.

152 Ein Gegenstand der *Recherche* ist die Entstehung des Romans selbst, in dem unter anderem erzählt wird, wie der Protagonist Schriftsteller wird. Das Ende des Romanzyklus bildet folglich den Anfang der Schriftstellerexistenz. Zwar handelt auch der elfte Roman der auf zwölf Bände angelegten Chronik *Das alte Jahrhundert* von Peter Kurzeck davon – so sieht es jedenfalls der vorgestellte Arbeitsplan vor –, dass der Erzähler beschließt, „nicht zum Ar-

Hinblick auf den ersten Abschnitt der angekündigten Gedächtnisbewegung ist weniger die Suche nach Gestaltungsprinzipien von Interesse, die in oder anhand anderer literarische Texte entwickelt wurden, als vielmehr die Eigentümlichkeit des vorliegenden literarischen Kommunikationszusammenhanges selbst.

Die Einzelheiten, an die sich der Erzähler zu erinnern beginnt, wenn er den Steinkellergeruch der Abbruchhäuser in Frankfurts Straßen wahrnimmt, präsentieren sich als Bilder, die zunächst einer Vielzahl von Frankfurter Stadtvierteln zugeordnet werden können – Bilder, die sich in aller Deutlichkeit zu einem flackernden Brand zusammenfügen, der nicht zu löschen ist, lösen beim Erzähler zunächst das Verlangen aus, sie vollzählig zu suchen, um sie benennen und berühren zu können. Er beschreibt, wie er sich in alle Richtungen zugleich davonstürzen sieht: Ein paradoxer Vorgang, der durchaus als *verrückt* bezeichnet werden kann, und zwar hinsichtlich der Bedingung der Möglichkeit solcher Beobachtungen. Die Gleichzeitigkeit des Ungleichzeitigen kann nur als in sich differente Einheit – als Paradox – kommuniziert werden, sonst würde sie nichts Ungleichzeitiges enthalten können. Der Erzähler beschreibt hier jedoch kein statisches Bild, in dem er sich in einem Moment sieht, wie er davonstürzt. Der Satz markiert den Vorgang des Davonstürzens als Dauer. Auch die angeschlossene Klammer („(so also geht Verrücktwerden!)"), die sich auf diesen gleichzeitigen Beobachtungsvorgang des eigentlich Ungleichzeitigen bezieht, unterstreicht die Verlaufsform der dargestellten Ereigniskette. Der Begriff des Verrücktwerdens wird als Nomen eingeführt. Als solches hält es jedoch verschiedene Deutungsmöglichkeiten parat. Wird jemand als verrückt bezeichnet, handelt es sich um eine adjektivische Zurechnung. Wird jemand verrückt, kann es sich, abgesehen vom Verlauf des Verrückt-Werdens im Sinne einer dauernden Veränderung des psychischen Zustands, auch um eine passive Satzkonstruktion handeln – Eine Person wird von einer Stelle im Raum auf eine andere Stelle verrückt. Dann würde sich der Vorgang des Verrückens buchstäblich deuten lassen. Doch auch eine buchstäbliche Verrückung braucht Zeit, um semantisch oder auch konkret vorgenommen zu werden. Bezieht man die Deutungsmöglichkeit des Verrücktwerdens auf die vorangegangenen Textelemente, lässt sich erklären, wie es möglich ist, dass sich der Erzähler in alle Richtungen gleichzeitig davon stürzen sieht: Sein Beobachtungsstandpunkt muss räumlich und vor allem zeitlich verrückt worden sein.

Entscheidend ist jedoch nicht, in welchem Bezugsrahmen das Verrücktwerden in diesem Zusammenhang besonders plausibel und damit anschlussfähig

---

beitsamt zu gehen, sondern von nun an als freier Schriftsteller zu leben." Dennoch soll die Chronik *Das alte Jahrhundert* nicht mit dem elften Roman abgeschlossen werden, der im Übrigen mit dem gleichen Titel versehen ist wie der gesamte Romanzyklus – *Das alte Jahrhundert*. Der zwölfte Roman der Chronik trägt den Titel *Nach dem Sommer* und ist mit folgenden Informationen skizziert: „*12. Nach dem Sommer* (Epilog) Beginnt vor „Übers Eis" und reicht dann bis zu dem Märzabend mit Jürgen in „Als Gast"." Als handschriftlichen Zusatz fügt Peter Kurzeck folgendes hinzu: „Und jetzt wollen wir in die Stadt gehen!". Vgl. hierzu die bereits angeführte Verlagsvorschau.

erscheint, sondern dass die Interpretationsoptionen nicht nur gleichzeitig präsentiert werden, sondern – analog zu den als gleichzeitig dargestellten Vorgängen – gleichzeitig reflektiert werden. Die Verrückung der zeitlichen und räumlichen Bedingungen des Gleichzeitigen von Ungleichzeitigem wird dabei durch den Erzählvorgang vorgenommen, dargestellt und gleichzeitig im Nomen des Verrücktwerdens gebündelt, reflektiert und in ein direktes Verhältnis zu den vorangegangenen Ereignissen gesetzt. Es folgt nun der zweite Abschnitt dieser Textpassage:

> [2] Und dann auch Straßen und Ecken und Plätze in anderen Städten. In Marburg, Heidelberg, Hamburg. In Wien, in Paris, in Prag, Triest, Dubrovnik, Marseille. Immer weiter. Und gleich auch Stellen in Büchern. Absätze, Seiten, ein einfacher Satz. Du hast sie genau im Gedächtnis. Manche seit deiner Kindheit. Aber wie kannst du jetzt wissen, ob das alles wirklich da steht? Schnell heim! Erst heim und dann in die Bibliothek und rasend die Bücher durchblättern nach diesen Stellen. Die Bücher fangen zu flüstern an. Manche müssen gleich losschreien. An einem anderen Tag hätte es mich verrückt gemacht. Womöglich für immer. Aber weil wir hier mit großen Schritten im Wind gehen alle drei und die Blätter fliegen und Carina muß die ganze Straße entlang Engelchen flieg spielen, deshalb sagt du dir, das hat Zeit! Wird sich finden! Zum erstenmal kannst du dir von etwas sagen, es hat Zeit.[153]

Während die Einzelheiten des ersten Abschnitts von jenem Stadtteil ausgingen, durch das der Erzähler mit Sibylle und Carina hindurchgeht, und von da aus einen Weg durch Frankfurts Stadtteile zeichneten, sind es im zweiten Abschnitt größere Distanzen, die zwischen den erzählten Städten liegen. Auffallend sind dabei die Richtungswechsel, die sich mit der Anordnung der Orte ergeben. Während Marburg in Hessen liegt und es auch nach Heidelberg nicht sonderlich weit ist, geht es fortan von Norden (Hamburg) in süd-östliche Richtung (Wien). Es folgt ein Blick nach Westen (Paris) und im Anschluss daran wiederum nach Osten (Prag) und so fort. Hinzu kommt, dass der Erzähler zwar durchaus Städte aufzählt, sich jedoch dabei auf Straßen, Ecken und Plätze bezieht, die sich in diesen Städten befinden. Diese werden aber, genau wie die spezifischen Zeiten und Gassen in Prag, die in Verbindung mit dem Steinkellergeruch den Ausgangspunkt der Erinnerungsbewegung markieren, nicht erzählt. Erzählt wird hingegen der räumliche Rahmen der Einzelheiten, der aufgrund der Distanz, die zwischen den einzelnen Orten liegt, auch eine zeitliche Tiefenschärfe ausbildet. Diese bleibt aber ebenfalls nur angedeutet und verweist in ihrer Abwesenheit auf die Möglichkeit ihrer Anwesenheit. Den Rahmen dieser Beobachtungsbewegung bilden die Städte als räumliche Koordinaten, die zwischen sich einen Raum entfalten, der aufgrund der Distanzen auch eine zeitliche Dimension impliziert. Innerhalb dieses *zeiträumlich* geschaffenen Ereignisrahmens ist sowohl Zeit als auch Raum für Einzelheiten.

Es folgen erinnerte Einzelheiten als „Stellen in Büchern. Absätze, Seiten, ein einfacher Satz. Du hast sie genau im Gedächtnis.“ Prompt stellt sich dem Erzähler die Frage nach dem Verhältnis zwischen den Einzelheiten in seinem Gedächtnis,

---

[153] Kurzeck, *Oktober und wer wir selbst sind,* hier 53f..

die zum Teil schon seit seiner Kindheit zu existieren scheinen und den Möglichkeiten, sie als wirklich zu wissen. Dem Appell „Schnell heim!" folgt die Beschreibung eines raschen Bibliothekbesuchs, um die entsprechenden Bücher nach den erinnerten Einzelheiten zu durchsuchen. Dabei beginnen diese Bücher zu flüstern, einige sogar zu schreien. Der Vorgang dieses Textabschnittes suggeriert die Gegenwärtigkeit dessen, was erzählt wird. Allerdings lässt sich an keiner Textstelle ein Beleg dafür finden, dass der Erzähler den Gang zur Bibliothek vollzieht, während er ihn erzählt. Auch die flüsternden und schreienden Bücher sind als Ereignisketten einer Gegenwart markiert. Der Bezug zu einem anderen Tag, den der Erzähler schließlich herstellt, ermöglicht die Einordnung des erzählten Ereignisverlaufs in den Bereich einer imaginierten Erinnerung im Sinne einer Beschreibung innerer Wahrnehmungen. Und auch der konjunktivische Verweis auf das Potenzial dieser Situation, die den Erzähler an einem anderen Tag hätte verrückt machen können, impliziert eine ordentliche Unterscheidung von erinnert Erdachtem und sich Ereignendem im Sinne einer äußerlich wahrnehmbaren Handlungskette.

Das eingeräumte Potenzial, *es* hätte den Erzähler verrückt machen können, lässt sich nicht eindeutig festlegen. Die passive Satzkonstruktion ist jedoch ein Indiz dafür, dass das verrückende Potenzial den inneren Bildern zugerechnet werden kann, die sich als Einzelheiten formiert haben. Bemerkenswert ist, dass sich zuerst Einzelheiten in Form von Bildern formieren und dann später Stellen in Büchern. Die erzählte Erinnerungsbewegung integriert einen Medienwechsel, der als Vorgang des Bewusstseins dargestellt wird. Die kommunikativen Ereignisse (der Erzählung) bilden sozusagen einen Erinnerungsvorgang als Prozess kommunikativer Ereignisse ab, der Bewusstsein und Kommunikation auf der Basis von Schrift korreliert. Auf diese Weise wird die spezifische Mediendifferenzierung der Schrift, die Bewusstsein und Kommunikation strukturell koppelt, nicht nur äußerlich kommuniziert, sondern auch als *erinnerter* Kommunikationsprozess abgebildet. Der Vorgang des Erinnerns im Sinne eines sich ereignenden innerkommunikativen Ereigniskomplexes wird hier als Komplement der äußerlichen Erzählung auf der Basis von Schrift gespiegelt.

So werden die erinnerten Einzelheiten, die Zeiten und Orte in ein räumlich-zeitliches Verhältnis setzen, von Einzelheiten in Büchern abgelöst. Erzählt werden aber auch hier nicht die Einzelheiten, sondern der mediale Rahmen, in dem sie sich ausbilden. Die beschriebene Kommunikation dieser Bücher, die sich flüsternd äußern und zum Teil schreien „müssen", präsentiert sozusagen das paradigmatische Potenzial Literaturmedium, das kommuniziert und dadurch weitere Kommunikation provoziert und wahrscheinlich macht, das Bewusstsein jedoch stets Teil dieses Prozesses ist. Die Voraussetzung solcher Kommunikation ist, dass die zunächst im Gedächtnis erinnerten Einzelheiten als Kommunikation erzeugt werden, um Gedächtnis zu sein, das sich flüsternd, schreiend und in jedem Fall kommunikativ hervorzubringen vermag. Ermöglicht wird die Korrelation von Bewusstsein und Kommunikation durch den Erzählvorgang selbst. Diese Korrelation ist zwar ohnehin mit dem Literaturmedium als Prozess gegeben. Hier wird sie jedoch sowohl auf inhaltlicher Ebene dargestellt, indem Erinnerung und Erinnertes ineinandergreifen, kollidieren und auf den Grad ihrer Wirklichkeit hin befragt werden, als auch auf der Ebene der Darstellung, auf der die eigentliche Verrückung zeitlicher und räumlicher Wahrnehmungsmöglichkeiten performiert wird. Dabei stehen sich nicht nur konkrete Städte gleichzeitig gegenüber, die nur um den Preis perspektivischer Einzelheiten – nämlich aus der Ferne – gleichzeitig betrachtet werden können, sondern auch Einzelheiten der Erinnerung, die den auf Schrift basierenden Möglichkeiten der Verifizierung gegenüberstehen. Die Auflösung dieses Spannungsverhältnisses erfolgt jedoch nicht mit einem konkreten Bibliotheksbesuch, sondern mit der Vergegenwärtigung der Ausgangssituation. Die gedoppelte Konjunktion „Aber weil", mit der der Erzähler sich zum ersten Mal sagen kann, dass etwas Zeit hat, bezieht sich auf den gemeinsamen Gang mit Sibylle und Carina, die „die ganze Straße entlang Engelchen flieg spielen" muss.

Der dargestellte Kommunikationszusammenhang gleicht in seiner Anordnung einer Textstelle aus *Vorabend*, die bereits im vorigen Abschnitt betrachtet wurde.[154] Im vorliegenden Textabschnitt erfolgt die Begründungsweise zwar dem gleichen Prinzip. Dennoch unterscheiden sich die Elemente der hergestellten Kausalbeziehung in ihrer zeitlichen Relation. Denn der gemeinsame Gang in *Vorabend*, den der Erzähler als Initialmoment des Ausdenkens angegeben hat, lag bereits in einer Vergangenheit, die der Situation des daraufhin erzählten Ausdenkens vorangegangen war. Die nun betrachtete Erzählsituation geht umgekehrt von einem Vorgang aus, der sich in einer Gegenwart ereignet. Dieser Vorgang einer Gegenwart, der einleitend erzählt wird, bildet Anlass, sich auch weiterhin Zeit zu lassen. In beiden Textabschnitten ist der Erzähler in der jeweiligen Gegenwart angesiedelt, aus der heraus erzählt wird. Entscheidend ist nun der Bezug zur Zukunft, der sich mit der Ereigniskette des zweiten Abschnitts herstellt.

Zunächst sei nochmals daran erinnert, dass jede Kommunikation Zeit braucht, um sich zu ereignen und als solche kommuniziert werden zu können. Die Notwendigkeit der Zeit bedeutet, dass jede Kommunikation entsprechend Zeit hat, um kommunikativ hervorgebracht werden zu können. Kommunikation hat also stets Zeit zur Verfügung. Dieser Vorschuss an Zeit, der vorausgesetzt werden kann, unterhält bereits einen entscheidenden Zukunftsaspekt. Man kann nämlich davon ausgehen, dass etwas – jede Form von Kommunikation – auch tatsächlich Zeit haben wird. Folglich muss aber bereits die Gegenwart vergangen sein, um als solche identifiziert werden zu können. Dennoch suggeriert der Text eine überaus gegenwärtige Gegenwartsebene, die zwischen Vergangenem und Zukünftigen changiert.

---

[154] „Und weil sie [Sibylle, MK] vorher mit uns und neben mir her ging, muß ich mir jetzt ihren Weg ausdenken und wie sie da geht. Ein Herbstmorgen. Große Schritte."[154] Kurzeck, *Vorabend*, hier 9.

Um die Textstelle in angekündigter Vollständigkeit in den Blick zu nehmen, wird nun der dritte und letzte Abschnitt in die Betrachtung integriert:

> [3] Nach und nach wirst du alle diese Stellen nachsehen, die auf den Straßen und die in den Büchern und die in deinem Kopf. Erst in Bockenheim, dann in den anderen Stadtteilen und dann die in fremden Städten. Und auch die in den Städten in anderen Ländern. In Venedig, Istanbul, Kemi und Haparanda. In Bukarest auch. Allein in Bukarest weißt du auf Anhieb wenigsten drei oder vier. Zeit genug. Höchstwahrscheinlich muß man sie zur Sicherheit mehrmals nachsehen. Vielleicht sogar immer wieder. Das nimmst du dir vor und gehst weiter hier mit Sibylle und Carina im Wind. Wenn man Engelchen flieg spielt, muß man bei der Sache sein. Weil wir auch früher schon hier gegangen sind, deshalb gehen wir hier.[155]

Indem der Erzähler erkennt, dass der Vorgang des gemeinsamen Spazierens und Spielens nicht nur Zeit braucht, sondern diese augenscheinlich auch hat, schöpft er Zuversicht, dass auch Folgereignisse Zeit haben werden. Dieser Schluss folgt dem Prinzip der Analogie. Bereits mit der Betrachtung anderer Textstellen ist auf die Austauschbarkeit der Einzelereignisse aufmerksam gemacht worden. Welcher Tag dieses oder jenes Ereignis zugeordnet werden kann, erscheint in den betrachteten Textabschnitten unwichtig. Wichtig ist vielmehr, dass sich bestimmte Ereignisse ereignet haben werden – und sich diese im Gedächtnis immer wieder ereignen lassen. Bedingung dafür ist, dass Ereignisse erzählt werden. Es ist also auch der Vorgang dieses Erzählens, der Zeit braucht. Diese muss erzeugt werden muss, um sich als Form von Sinn auszubilden. Indem immer wieder auf die Austauschbarkeit einzelner Ereignisse hingewiesen wird und verschiedene Ereignisse als mögliche Ereignisse ein und derselben Gegenwart präsentiert werden, die Wirklichkeit dieser Gegenwart wiederum in Frage gestellt wird, weil nicht eindeutig feststellbar ist, ob die Erzählung ausgedachtes Resultat oder Anlass des Ausdenkens ist, verwischen sich die Grenzen zwischen den räumlichen und zeitlichen Unterscheidungsmöglichkeiten.

Die Möglichkeit, räumlich und zeitlich zu unterscheiden, bedeutet nichts anderes als Sinn zu bilden, um sich orientieren zu können. Nur so sind sinnvolle Gegenwartsentwürfe im Sinne des Gedächtnisses möglich. Weil der Erzähler sich und den Erzählvorgang während des Erzählens beobachtet und dabei immer wieder zwischen dem Erzählen-Müssen (Zukunftsbezug), dem Vorgang des Erzählens (Gegenwartsbezug) und dem jeweiligen zeitlichen und räumlichen Bezugsrahmen (Vergangenheitsbezug) wechselt, kommt es nicht nur zu einer Verschränkung ungleichzeitiger Ereignisse, die als gleichzeitig präsentiert werden, sondern auch zu einer Verschränkung der Zeitstellen, die mit der jeweils gegenwärtigen Zeitstelle des Erzählvorgangs zusammenfallen. Die kommunikativen Ereignisse der Textstellen koppeln sich vor dem Hintergrund des zyklisch geschaffenen Zeitraums als gleichberechtigte Ereignismöglichkeiten, die sich im

[155] Kurzeck, *Oktober und wer wir selbst sind,* hier 53f.

Phasenmoment ihrer Kommunikation als Gegenwarten entwerfen – also als Gedächtnis, das die Bedingung seiner eigenen Möglichkeit als Gegenwartsentwurf jeweils mitliefert – und durch ihre unmittelbare Nähe zu vorangegangenen und folgenden Gegenwarten in Konkurrenz stehen.

Bei der sich ereignenden kommunikativen Ereigniskette, die hier unterstellt wird, handelt es sich um jene Eigenkomplexität, die literarische Texte extern und intern ausbilden. Die Aktualisierung der angenommenen Eigenkomplexität als Form von Sinn hängt wiederum von Interpretation ab, die ihrerseits als Differenz von Text und Rezeption zu verstehen ist. Und weil sich jede Gegenwart als Zeitstelle im Moment ihres Ereignisses der Beobachtung entzieht, ist es die Zeit, die als Form von Sinn bleibt und die deshalb erzählt werden kann. Zeit impliziert jedoch immer auch Gegenwart, weil sie sich nur aus ihr heraus als Form von Sinn ausbilden kann. Das Erzählen ist als Vorgang also dasjenige Gedächtnis, das unzählige Gedächtnisse als Ereignismöglichkeiten in sich bündelt, die Zeit und Gegenwart als kommunikative Ereignisse oszillieren lassen.

Vor dem Hintergrund dieser Überlegungen lässt sich die erklärte Zuversicht des Erzählers, dass er die Einzelheiten des Erinnerns als Vorgang einer Vergegenwärtigung nachsehen wird, als Gedächtnisentwurf einer Gegenwart verstehen, der sich kommunizieren muss, um sich selbst als Form der Zeit zu glauben. Erst die Beobachtung dieses Gedächtnisentwurfs, der aufgrund seiner Medialität bezeugt werden kann, macht weitere Gedächtnisse als Entwürfe einer Gegenwart möglich und ist – weil sich der Erzähler immer wieder von ihrer Gegenwart überzeugen kann – mit Zuversicht anzunehmen. Dieses Nachsehen steht dabei sowohl für das Nachdenken im Sinne eines Ausdenkens, als auch für das Erzählen im Sinne der sprachlichen Kommunikation auf der Basis von Schrift. Die Zuversicht, es sei genug Zeit vorhanden, speist sich aus dem, was als Gedächtnis bereits vorliegt, dem Erzählten. Bei diesem Gedächtnis muss es sich um jene literarischen Texte und medialen Formen handeln, die bereits Zeit erzeugt haben, um sie als Mediendifferenzierung auszubilden. Entsprechend programmatisch lässt sich dann auch die folgende Textstelle des betrachteten Abschnitts interpretieren: „Zeit genug. Höchstwahrscheinlich muß man sie zur Sicherheit mehrmals nachsehen. Vielleicht sogar immer wieder." Begreift man diese Aussage buchstäblich, kann sie dergestalt übersetzt werden, dass Zeit stets in den Blick genommen werden muss – dass sie also im übertragenen Sinn erzeugt und erzählt werden muss –, um überhaupt gegenwärtig sein zu können. Nur so ist weitere Kommunikation in Form von kommunikativen Ereignissen, die als interpretative Form/Form-Differenzierung prozessieren, möglich. Damit wird auch die Kausalität erhellt, die der Erzähler zwischen bereits vergangenen Gängen herstellt und jenen, die sich zum Zeitpunkt der Erzählung vollziehen. Diese Kausalität muss ebenso immer wieder erzählt – das heißt: wiederholt, iteriert und variiert – werden, wie auch die Zeit immer wieder nachsehend erzählt werden muss, um zu bleiben.

Bevor der dritte Abschnitt abschließend betrachtet werden kann, sei nochmals an den Ausgangspunkt dieser Kommunikationsbewegung erinnert. Der Steinkellergeruch der Abbruchhäuser erinnert den Erzähler „jedes Mal wieder an die Zeit und an manche Gassen in Prag“. Die sich aufdrängenden Einzelheiten lassen sich jedoch nicht nur auf eine bestimmte Zeit in Prag beziehen, woran sich eine Assoziationskette weiterer städtischer Einzelheiten anschließt, sondern ebenso auf Einzelheiten der Zeit selbst. Die Suche nach den Einzelheiten soll wiederum darin münden, das Gefundene zu benennen, zu berühren, einzusammeln und mitzunehmen. Bereits der Erinnerungsvorgang wird dabei als Prozess einer erzählerischen Schöpfung präsentiert, in dem Elemente des Bewusstseins durch ihre sprachliche und kommunikative Hervorbringung Materialität ausbilden und auf diese Weise bezeugt werden können. Hierdurch wird das Erzeugte (die temporalisierte Zeit des Textes/im Text) selbst sowohl zum Zeugen (Gedächtnis als Gegenwartsentwurf und Selbstbeobachtung), als auch zum Erzeuger weiterer Erzeugnisse, die in Form von Zeit aufgrund der vorangegangenen Elemente als Zeit einer Zukunft angenommen werden können. Entsprechend kann auch im dritten Abschnitt nicht eindeutig zugeordnet werden, was zur Sicherheit mehrmals nachgesehen werden soll – die bereits temporalisierten Einzelheiten, die als kommunikative Ereignisse bereits vorliegen, sich aber bezeugen müssen, um sich auch weiterhin ereignen zu können, oder die Zeit selbst, damit auch weitere Einzelheiten als Gedächtnis erzeugt werden können. Das Vorhaben des Erzählers deutet sich an dieser Stelle zwar nur an, zeichnet sich aber später im Zusammenhang mit dem Erzählvorgang ab und setzt sich sozusagen als Erzähltes um.

Der letzte Satz des Abschnitts ist erneut als kausale Begründungsfigur formuliert und lässt sich aufgrund seiner deiktischen Momente nur vor dem Hintergrund der vorangegangenen Sätze in einen sinnvollen Kommunikationszusammenhang bringen: „Weil wir auch früher schon hier gegangen sind, deshalb gehen wir hier.“ Die implizierte Kausalität lässt sich nach den bisherigen Überlegungen sowohl auf den Vorgang des Gehens beziehen, als auch auf den des Erzählens. Die Gegenwärtigkeit des Erzählten kann nur das Erzählen selbst sein, das sich immer wieder ereignen muss, um Gedächtnis zu sein.[156] Der letzte Teil des dritten Abschnitts, in dem der Erzähler vorgibt, sich das Nachsehen der Einzelheiten (das Erzählen) vorzunehmen, weil er weiß, dass dieses Nachsehen Zeit hat, suggeriert zwei Bezugsmöglichkeiten: Zum einen entsteht der Eindruck, der Erzähler könnte sich nur mit dem Wissen um die Zeit des Nachsehens Sibylle und Carina zuwenden, was bedeuten würde, dass er sich für das Nachsehen Zeit im Sinne einer Unterbrechung des erzählerischen Schreibprozesses einräumen müsste. Zum anderen könnte diese Hinwendung als Akzentuierung des sich gegenwärtig ereignenden

[156] Wie es im Zitat zwei Seiten vorher lautet: „Sind in unserem ersten Frankfurter Herbst hier gegangen, Sibylle und ich. Und dann jeden Herbst wieder [...] Wieder Oktober. Dir den Augenblick merken, damit du ihn dann im Gedächtnis wiedererkennst. Damit er für immer bleibt.“ Kurzeck, *Oktober und wer wir selbst sind,* hier 49.

Erzählvorgangs verstanden werden, der erzählt, was er vollzieht. Denn auch der Vorgang des sich Vornehmens kann als performative Ankündigung im Sinne eines Vergegenwärtigungsprozesses oder eben eines Erzählvorgangs verstanden werden. Damit erweist sich das ausgestellte Wissen um den Vorschuss an Zeit, der das Erzählen überhaupt ermöglicht, als Garant für die autoreflexive Tiefenschärfe, mit der sich die einzelnen *Erzählgänge* in ein kausales Verhältnis zueinander setzen lassen. Damit markieren sie sich als autopoietisches Prinzip schlechthin, das sich als Gedächtnis von Gegenwart und Zeit als Bedingung der eigenen Möglichkeit hervorbringt, legitimiert und als Kommunikation zu erhalten sucht.

Der Erzähler erschreibt sich sozusagen den Zeitraum der verloren geglaubten Einzelheiten, damit ihnen genügend Zeit zur Verfügung steht, um sich darin immer wieder zu ereignen. Während der Steinkellergeruch des ersten Abschnitts als Augenblick eingeführt wird, der zahlreiche Einzelheiten provoziert, werden bis zum Ende des ersten Abschnitts keine Einzelheiten erzählt. Vielmehr wird der Erinnerungsvorgang selbst dargestellt und dabei an das Medium der Schrift gekoppelt. Die eingeräumte Möglichkeit des Nachsehens von Einzelheiten, die erst etwa in der Mitte des Textabschnittes als probates Mittel eingeführt wird – also nachdem das Erzählte die nötige Zeit und den Raum für Einzelheiten geschaffen hat – ist das zielführende Resultat dieser Erinnerungsbewegung. Die eingeräumte Möglichkeit des Nachsehens ist an das Erzählmedium auf Schriftbasis geknüpft, weil nur darüber überprüft werden kann, ob etwas wirklich ist. Die Erzählbewegung dieses Textabschnitts vollzieht eine Selbstvergewisserung. Sie erzählt, beobachtet das Erzählte und nimmt es zum Anlass für das weitere Erzählen.

Ein Effekt dieser autopoietischen Hervorbringung ist die wiederholte Infragestellung der mitgelieferten Kohärenzkriterien der erzeugten Zeit, die sich als temporalisierte Welt im Sinne einer anschlussfähigen Wirklichkeit erweisen muss. Insbesondere die Glaubwürdigkeit von Welt- beziehungsweise Zeitvorstellungen wird deshalb immer wieder reflektiert. So heißt es in *Als Gast:* „Beim Aufwachen gleich alles wiedererkennen. Mich und den Tag, jedes Ding und die Wörter dafür. Wie man ja immer, sagst du dir (sagte ich mir), bereit ist, sich die Welt und die Gegenwart und sich selbst auch zu glauben."[157] Der hier beschriebene Vorgang des Aufwachens, der auch als Schwelle zwischen zwei Bewusstseinszuständen markiert ist, kann auch als Darstellung eines Gegenwartsentwurfs verstanden werden. Das Widererkennen beginnt mit einer zeitlichen Orientierung. Komplexität muss temporalisiert werden, um Sinn zur Verfügung zu stellen. Es folgt eine Orientierung im Raum, die dafür ebenfalls notwendig ist. Selbst das Medium dieses Unterscheidungsprozesses wird in den Gegenwartsentwurf integriert. Die zweifache Form, mit der sich der Erzähler selbst in ein Verhältnis zum Prozess des Wiedererkennens setzt, verweist darauf, dass sich dieser Vorgang bereits zuvor ereignet haben könnte. Der Erzähler verdeutlicht an dieser Stelle, dass er sich

[157] Kurzeck, *Als Gast,* hier 21.

selbst erzählt, indem er sich sagt, dass er sich etwas sagt. Diesen Vorgang stellt er zusätzlich als Vorgang einer Vergangenheit aus. Das implizierte temporalisierte Paradox kann so als Ausdruck von Relativität verstanden werden. Die Bereitschaft, sich, die Welt und die Gegenwart zu glauben wird dabei reflektiert. Zugleich wird diese Bereitschaft jedoch auch als existenzielle Bedingung des Erzählens dargestellt. Das Wiederkennen beim Aufwachen, das sich als Gedächtnis von Gegenwärtigkeit entwirft, ist die Bedingung seiner eigenen Möglichkeit.

Immer wieder wird das wechselseitige Bedingungsverhältnis zwischen der Operativität des Schreibens als Praxis und der damit verbundenen Existenzberechtigung betont. Durch die wiederholte Verschränkung von Existenz- beziehungsweise Identitätsbekundungen und dem Vorschuss an Zeit, der dafür notwendig ist, kommt es immer wieder zu Identitätszuweisungen zwischen dem Erzählen als Vorgang und reine Praxis, dem Erzähler und der Zeit. In *Übers Eis* findet sich der folgende paradigmatische Fall, der diese Wechselbeziehungen verdeutlicht:

> Wie immer kein Geld, aber jetzt hatte ich fristgerecht auch noch meine Halbtagsstelle verloren. Sitzen und schreiben. Mein drittes Buch, ein Buch über das Dorf meiner Kindheit. Staufenberg im Kreis Gießen. Ich schrieb jeden Tag. Ich schrieb, um zu bleiben. Damit ich bei mir selbst und auf der Welt bleiben kann alle Tage![158]

Der Handlungsrahmen dieser Textstelle erschließt sich aus dem Zusammenhang mit den bereits angeführten Textstellen. Der tägliche Schreibprozess des Erzählers bezieht sich auf die Arbeit an seinem dritten Roman *Kein Frühling* und wird als Bedingung dafür eingeführt, dass der Erzähler bei sich und auf der Welt bleiben kann. Dass es sich hierbei nicht um ein reines Vorhaben des Konservierens handelt, ergibt sich aus den bisherigen Betrachtungen. Vielmehr schöpft sich die Erzähleridentität aus dem Prozess des Erzählens selbst, der sich als Welt und Zeit im literarischen Text kommuniziert und erhält. Die Identität des Erzählens bezieht sich auf ihr spezifisches Selbstverhältnis zur erzählenden und erzählten Zeit als Form von Welt. Die Bedingungen der Möglichkeit solcher Sinnzusammenhänge werden stetig auf ihr spezifisches Verhältnis zur Zeit als Form von Sinn befragt. Die Infragestellung der hergestellten Erzähleridentität, die sich aus dem Erzählvorgang und in Differenz zum bereits Erzählten speist – als Gegenwartsentwurf und Gedächtnis –, gilt deshalb nicht nur für den Erzähler, der das Resultat des Erzählten ist, sondern auch für die erzeugte Zeit, die ebenfalls als Produkt des Erzählvorgangs in Frage steht. Das wechselseitige Bedingungsverhältnis von Identität und Zeit, das sich auch mit dem Motto des *Vorabend*-Romans präsentiert[159], kann – und das wird immer wieder als konstitutives Element der literarischen Texte angeführt und reflektiert – nur durch das Erzählen erzeugt werden. Als Effekt dieser Relationen werden Identitätsmerkmale, die auf den ersten Blick dem Erzähler zugeordnet werden können, auch immer wieder der Zeit selbst zu-

---

158 Kurzeck, *Übers Eis*, hier 10.

159 „Die ganze Gegend erzählen, die Zeit" Kurzeck, *Vorabend,* hier 5. Vgl. auch Kapitel 3.2.2

gerechnet, die auf diese Weise zum Erzähler avanciert und umgekehrt. Erzähler, Zeit und Welt werden dadurch zu austauschbaren Konstituenten, die nur in ihrem spezifischen Kommunikationszusammenhang als Erzählung Zeit (als Form von Sinn und Welt) ausbilden können, um sich als Erzählung ereignen zu können. Auch in *Als Gast* finden sich solche Verschränkungen von Identität und Zeit, die durch das Erzählen generiert werden:

> Und also einstweilen vorerst bis auf weiteres nochmal an die Zukunft, die Zukunft, man muß daran glauben! Die Zukunft, das bin doch ich! Für die Abstellkammer Miete, Heizung, Wasser, Strom, Telefon, Abnutzung und die Zeit, den Verbrauch an Zeit, an geheizter bewohnter vergangener Zeit. Fremde Zeit. Eigentum. Leihweise. Muß man schriftlich! Mehrfach und immer wieder! Ganz genau alle Zahlen im Kopf und auf dem Papier! In der Abstellkammer sechs Wochen lang die Luft angehalten![160]

Indem der Erzähler sich als Zukunft formuliert, präsentiert er sich selbst als literarischen Text, der durchaus als Resultat seines täglichen Schreibens betrachtet werden muss. Die autoreflexive Erzählbewegung, die sich als Gedächtnis dabei beobachtet, wie sie beobachtet, ist also auch in der Lage, sich selbst als Zukunft zu entwerfen.

Eine ähnliche Beobachtungsbewegung, die Zeit und Identität korreliert soll mit der folgenden Textstelle aus *Ein Kirschkern im März* präsentiert werden. Darin berichtet der Erzähler, wie er *Als Gast* für einige Zeit bei Freunden unterkommen kann:

> Und jetzt in Gedanken immer wieder zu diesen ersten Tagen zurück, als alles noch neu – und geräumig, hell, leer, unbesudelt die Zeit. Noch nicht angebrochen. Erst nicht und dann kaum. Noch offen. Der helle Mittag. Die Fahrt durch die Stadt, meine Ankunft. Erst packen. Ich seh uns noch einladen. Und wie wir zwei Tage vorher im Kinderladen beim Tor stehen und er sagt zu mir: Du kannst bei uns einziehen! Noch die Stimmen der Kinder im Ohr und lose in meiner Tasche das Geld für Milch, Zigaretten und Brot. Und wie froh ich dann mit mir selbst durch den Morgen ging. Und jetzt auf jedem Weg daran denken, zurückdenken. Die Zeit ein verlorenes Land. Das sind wir doch selbst, die Zeit! Weitergehen und im Gehen zu Carina, die jetzt nicht da ist, nicht bei mir: Die Schneeglöckchen![161]

Auch bei diesem Textabschnitt handelt es sich um eine Erinnerungsbewegung, die aufgrund des einführenden Adverbs „jetzt" in einer Gegenwart angesiedelt ist. Sie ist als Gegenwart zwar nicht näher bestimmt, wird jedoch als Ausgangspunkt gesetzt, von dem aus immer wieder Erinnerungsbewegungen in jene ersten Tage vorgenommen werden, in denen die Zeit noch „unbesudelt" war. Indem der

---

[160] Kurzeck, *Als Gast,* hier 19. Sechs Seiten zuvor erklärte der Erzähler, dass er sich immer wieder vergewissern musste, ob diese sechs Wochen in der Abstellkammer auch tatsächlich stattgefunden hätten: „Zeit zu fahren! Und muß mir immer wieder sagen, daß das wirklich gewesen ist. Sechs Wochen hier und daß ich das war. Und die Zeit meine eigene Zeit. Und auch schon von mir abgefallen die Zeit. Nicht für mich jetzt schon wie nicht gewesen die Zeit? Oder daß ich in Wahrheit immer noch in der Abstellkammer?". Ebd., hier 13.

[161] Kurzeck, *Ein Kirschkern im März,* hier 15.

Erinnerungsraum („jetzt in Gedanken") mit der gedoppelten adverbialen Bestimmung des „immer wieder" ausgestattet wird, ergibt sich ein innerer Wiederholungsraum, in dem sich die „ersten Tage" wieder ereignen können. Die Erinnerungsschritte bilden sich als zeitliche Etappen aus und sind in präsentischer Form gehalten. Der Erzähler beginnt mit dem Verweis auf ein Ereignis, das bereits in *Als Gast* ausführlich beschrieben wird.[162] Es folgt ein weiteres Ereignis, das sich zwei Tage vorher zugetragen hat und das sich ebenfalls in *Als Gast* findet.[163] Die Gefühlsregung, die der Erzähler mit diesen Ereignissen verbindet, stellt sich immer wieder ein, sobald der Weg erneut begangen wird, der zum Zeitpunkt der ausgelösten Gefühle gegangen wurde.

Die Korrelation bestimmter Wege und Zeiten im Sinne von erinnerten Ereignissen zeigt, dass das Zurückdenken stets mit einer Vorwärtsbewegung einhergeht, die durch den begangenen Weg deutlich hervorgehoben wird. Dieses Zurückdenken ist Zeit in Form sich ereignender Erzählung. Während bestimmte Ereignisse als vergangen markiert werden, verspricht der Weg, der stets als Ausgangspunkt und Gegenwart des Erzählzeitpunktes modelliert wird, dass die Bewegung des Gehens als Erzählbewegung jene Zeit ist und garantiert, dass die bleibt. Entsprechend lassen sich auch die letzten Sätze dieses Abschnittes interpretieren, die eine Verschränkung von Zeit und Sinn durch den Vorgang des Erzählens vornehmen. Die Zeit kann – so der Text – stets als ein verlorenes Land identifiziert werden. In diesem Satz stehen sich Zeit und Land gegenüber. Die konstitutiven Elemente dieser Korrelation sind austauschbar. Integriert man jedoch den nachfolgenden Satz in diesen Sinnzusammenhang, lässt sich eine folgenreiche Identitätszuweisung erkennen („Das sind wir doch selbst, die Zeit!"). Durch den adverbialen Abtönungspartikel („doch") und das hinzugefügte Ausrufezeichen lässt sich dieser Aussagesatz auch als Korrektiv für den vorangegangen Satz interpretieren. Denn die Folge dieser durchaus definitorischen Korrektur, wie und mit was Zeit identifiziert werden kann, wird als Initialmoment des Weitergehens präsentiert, das für das Weitererzählen steht. Indem sich das Erzählen hier selbst mit der Zeit identifiziert, appelliert es an sich selbst, um die Erzählbewegung voranzutreiben, sich im Gehen weiterzuerzählen.

---

[162] Die hier skizzierte Fahrt durch die Stadt, die mit der Ankunft des Erzählers endet, bezieht sich auf seinen Einzug in die Eppsteiner Straße, mit denen der Vorgängerroman *Als Gast* seinen Anfang nimmt. Vgl. Kurzeck, *Als Gast,* hier 12.: „Und dann, als mir auch in der Abstellkammer nur noch drei letzte Tage blieben, sagte im Kinderladen ein anderer Vater zu mir: Du kannst bei *uns* wohnen! Auch länger, sagte er. So lang du willst. In der Eppsteiner Straße."

[163] Vgl., ebd., 9f.

3.5.4 *„als ob man die Gegenwart zeitversetzt sieht“*[164] *– Gleichzeitiges vernetzt*

Die wechselseitigen Interpretationsmöglichkeiten, die sich zwischen den Textelementen und medialen Formen der *Autopoietik* aufspannen, weil die einzelnen Elemente mit möglichen Verhältnisbestimmungen ausgestattet sind, wurden mit den bisherigen Betrachtungen bereits angedeutet. Insbesondere der Blick auf einen Textausschnitt aus *Oktober und wer wir selbst sind,* dessen Entstehung in *Mein wildes Herz* teilweise detailliert beschrieben wird, deutete beispielhaft auf die Tiefenschärfe, mit der die Textelemente zueinander in Beziehung stehen.

Um nachfolgend zu veranschaulichen, wie die einzelnen Texte und medialen Formen dieser *Autopoietik* nicht trotz, sondern gerade wegen ihrer Heterogenität vernetzt sind, werden Einzelelemente des Korpus in den Blick genommen und auf ihre Bezugsmöglichkeiten zu weiteren Elementen, beziehungsweise zum Ensemble des Gesamtkorpus hin befragt. Dass diese Vorgehensweise, wie jede Beobachtung, mit Kontingenz verbunden ist und stets auch anders beginnen könnte, ist kein Nachteil, weil die Vielfalt der möglichen Interpretationsansätze als ein Indiz für das hohe Maß an in Aussicht gestellter Beobachtungsleistung verstanden werden kann. Die Selektion paradigmatischer Fälle, die analogisch von einem Besonderen zu einem weiteren Besonderen fortschreitet, muss auch hier möglichst fragmentarisch vorgenommen werden, um die Homogenität des jeweiligen Elements so zur Geltung zu bringen, dass an ihm das Ensemble intelligibel wird, dessen Paradigma es ist.

Den Anfang bildet eine Stelle aus *Vorabend,* dem fünften Band der Chronik. Darin nimmt, wie in allen Romanen der bisher erschienenen Chronik-Bände, die Arbeit am dritten Buch des Erzählers eine zentrale Rolle ein. Bereits auf der ersten Druckseite findet sich der folgende Hinweis: „Meine Arbeit verloren und mit meinem dritten Buch angefangen. Über das Dorf meiner Kindheit. Staufenberg im Kreis Gießen. Anfang Juni“[165] Die Bezüge zum ersten und zweiten Buch des Erzählers werden auf den drei darauffolgenden Seiten hergestellt. Auf der nächsten Seite heißt es: „Vor sechs Jahren nach Frankfurt gekommen, sie und ich. Mit meinem ersten Buch. Damit aus der letzten, vorletzten, allerletzten Reinschrift endlich ein Buch wird.“[166] Der Bezug zum zweiten Buch wird zwei Seiten später hergestellt:

> Sibylle hat vor drei Jahren im Verlag angefangen […] Hat letzten Sommer vor einem Jahr im Verlag mein zweites Bucht gesetzt. Das schwarze Buch. Satz und Umbruch. Und daheim jede Nacht mit mir Korrektur gelesen. Der Rote Stern, der Stroemfeld Verlag, in dem meine Bücher erscheinen.[167]

---

[164] Kurzeck, *Oktober und wer wir selbst sind,* hier 88.
[165] Kurzeck, *Vorabend,* hier 7.
[166] Ebd., hier 8.
[167] Ebd., hier 10.

Zwar handeln die ersten zwei Romane der *Autopoietik* in großen Teilen von Geschichten und Lebensläufen, die nicht dem Erzähler zugeordnet werden können. Dennoch finden sich auch dort Hinweise, die das autopoietische Verfahren erkennen lassen. Bereits der Erzähler des ersten Romans *Der Nußbaum gegenüber vom Laden in dem du dein Brot kaufst,* der die Geschichte von Alexander erzählt und dabei immer wieder Momentaufnahmen der BRD-Nachkriegszeit beschreibt, bekundet ein Vorhaben, das dem paradigmatischen Motto der *Autopoietik* – „Die ganze Gegend erzählen, die Zeit" – auf bemerkenswerte Weise ähnelt:

> Und ich sitze hier und habe noch lang nicht ausgeträumt! („Man muß methodisch vorgehen!") In sonniger Gegenwart: überall Seifenblasen! An diesem Tag blieb die Zeitung aus – wie für immer. Später werden wir „Ein Neues Zeitalter!" diese sture kleinliche Grammatik und dito Chronologie für immer abgeschafft haben und können dann beliebig auf Alles zurückkommen, jederzeit! Auch vorgreifen! Wanderungen. Ganz neue Dimensionen und Kategorien die uns blühen, die sich uns dann auf Schritt und Tritt gern eröffnen; und Alles, was du-ich-jeder (wenn wir dann endlich „Wir" sagen und sogar denken können! Und keine Angst, keine Lügen mehr!) zeitlebens hienieden so schmerzlich vermißt hat, doch vorerst (Zeit drängt) weiter so: eine Einzelheit nach der andern.[168]

Das hier gezeichnete Zukunftsbild enthält zwei zentrale Aspekte der *Autopoietik,* die beispielsweise in *Oktober und wer wir selbst sind* bereits durch den Titel in ein Verhältnis gesetzt werden. Der Wunsch nach einem Zeitalter, das weder auf chronologische Zeitvorstellungen angewiesen ist noch auf die Notwendigkeit von Personalpronomina, kann durchaus als Erzählvorhaben verstanden werden, das sich nur realisieren kann, wenn es sich einer solchen Gegenwart als solches entwirft.[169] Das Ziel des beliebigen Zurückkommens und Vorgreifens, das vor dem Hintergrund einer linearen Chronologie schlecht möglich ist, erfordert periodische Zeiträume, in denen sich Ereignisse immer wieder ereignen können. Hinzu kommt die Metaphorik des Gehens, mit der Wanderungen durch das neue Zeitalter jederzeit und in alle (Zeit)Richtungen möglich sein werden. An dieser Textstelle lässt sich die autopoietische Tendenz erkennen, wonach sich das Erzählen mit „eine[r] Einzelheit nach der anderen" seine Zeiträume schaffen muss, um sich in ihnen zu verwirklichen.

Eine Einzelheit nach der anderen wird auch im zweiten Roman *Das schwarze Buch* erzählt. Zwar wird darin vordergründig die Geschichte einer Figur namens Merderein erzählt, dennoch lauten die ersten beiden Sätze programmatisch: „Zeit zu gehen! Mitten in unabsehbaren mitteleuropäischen Regenwintern eine sibirische

---

[168] Kurzeck, *Der Nußbaum gegenüber vom Laden in dem du dein Brot kaufst,* hier 40.

[169] Wie sich eine solche kollektivierte Erzählperspektive des „Wir" erreichen lässt, findet sich als Beobachtungsbewegung in *Mein Bahnhofsviertel.* Dort heißt es: „Wir sitzen mittlerweise in der Mehrzahl (erst heute, dann damals) in einer angenehm heruntergekommenen Bier und Schnapskneipe für jeden der kommt: erst in der Moselstraße, dann in der Elbestraße, dann in der Münchener Straße, scheints immer die gleiche Kneipe; der Abend zieht mit uns mit und fängt an zu *kreisen.*" Kurzeck, *Mein Bahnhofsviertel,* hier 8.

Kälteperiode; die Zeit kam zum Stillstand, fror ein. Und ich, der Verfasser, kann in der dritten Person seinen symbolischen Mantel nicht finden."[170] Die periodische Einordnung der Handlungszeit kommt nach den bisherigen Betrachtungen ebenso bekannt vor, wie der Appell, dass es Zeit zu gehen ist! Denn der Vorgang des Gehens steht auch hier für den Vorgang des Erzählens. Der Name Merderein wird allerdings nur als Möglichkeitsform vergeben: „er könnte ehemals Merderein heißen [...] Er ist verschollen, stand sogar in der Zeitung."[171] Ob es sich im zweiten Kapitel des Romans aber tatsächlich um Merderein handelt, der *„übers Eis"*[172] geht, einbricht und gemeinsam mit einer Katze ertrinkt, lässt sich nur vermuten, denn „[d]ie Leiche wurde nie identifiziert. Ertrunkene Zwillingsleiche als einzig mögliche logische Erklärung konnte bislang nicht beigebracht noch beschafft werden."[173]

Die Suche des Verfassers zu Beginn des Romans, der in der dritten Person seinen symbolischen – den „Mantel des Dichters"[174] – nicht finden kann, nährt die Vermutung, dass es sich bei der verschollenen Gestalt auch um eine Erzähleridentität handeln könnte. Denn der Erzähler, der *Das schwarze Buch* zu einem Ende bringt, findet den verlorenen Mantel noch zu Beginn der Handlung wieder:

> da hängt er ja, der verlorene Mantel! Unfaßbar, groß und breit und mit leeren Ärmeln, wie ein ausgeweideter Bär ohne Kopf; alle Knöpfe noch dran. Einen Weg finden! Ich fange noch einmal an, mich kennenzulernen. Und hängt, wo er immer hing. Was *erschrickst* du denn so? Das ist bloß die Stille. Jemand, mag sein, hat ihn sich unbemerkt ausgeliehen und jetzt heimlich zurückgebracht.[175]

Der wiedergefundene Mantel, den sich vielleicht jemand ausgeliehen haben könnte, stiftet hier insofern Identität, als er den Anfang eines Weges markiert, der das eigene Kennenlernen ermöglicht. Einen Weg finden – das unterstreicht auch das appellierende Ausrufezeichen – bedeutet hier wiederum den Anfang einer Erzählbewegung in Angriff zu nehmen, die sich als Identität sucht und erzählt. Während die Suchbewegung des Erzählers folglich immer wieder Anhaltspunkte

---

170 Kurzeck, *Das schwarze Buch,* hier 7. Auch der Erzähler in *Übers Eis* spricht von sich in der dritten Person: „Eine Abstellkammer, in der ich als Fremder zu schlafen versuchte. Mit Vorsicht. Auf Widerruf. Sozusagen in der dritten Person." Kurzeck, *Übers Eis,* hier 8. Ein ganz ähnlicher Abschnitt findet sich auch in *Als Gast*: „Eine Abstellkammer, in der ich als Fremder zu schlafen versuchte. Mit Vorsicht. Auf Widerruf. In der dritten Person." Kurzeck, *Als Gast,* hier 12. Vergleiche auch ebd., 14.

171 Ebd., hier 10.

172 Die Formulierung „übers Eis", die zugleich der Titel des fünften Romans (beziehungsweise des ersten Chronik-Bandes) ist, findet sich in diesem Kapitel an vier dicht aufeinander folgenden Textstellen. Vgl. ebd., 22f.

173 Ebd., hier 30. Dass der Verunglückende ausgerechnet eine Katze bei sich hat, lässt sich auch als Verweis auf die Katze *Erinnerung* verstehen, die in der *Autopoietik* Uwe Johnson eine zentrale Rolle spielt. Insbesondere die *Jahrestage* werden in den literarischen Texten der kurzeckschen Chronik immer wieder thematisiert. Vgl. hierzu Kurzeck, *Ein Kirschkern im März,* 9, 25; sowie: Unseld, Siegfried, *Uwe Johnson. „Für wenn ich tot bin"*, Frankfurt, a.M. 1997. 25.

174 Ebd., hier 10.

175 Ebd., hier 9.

für Identifikationsmöglichkeiten findet,[176] bleibt die letzte Frage des Ertrinkenden unbeantwortet:

> Jedoch zahlreiche zuverlässige Zeugenaussagen, die darin übereinstimmen. Vorher hatte er noch eine mindestens sechsköpfige Gruppe unbescholtener Spaziergänger am Flussufer (...) sehr verstört angesprochen und gestikulierend um Uhrzeit Richtung um Himmelswillen eine Zigarette in Gottes Namen Verständnis befragt. Daß die Nacht bald ein Ende! Wer bin ich denn, helft mir doch![177]

Dabei fällt auf, dass sich der Verunglückende von den Augenzeugen Hinweise erhofft zu haben scheint, ihm die Richtung zu weisen und dabei zu helfen, die eigene Identität zu klären. Der Hilferuf nach zeitlicher und räumlicher Orientierung endet mit der Frage, wer er denn selbst sei. Die Antwort bleibt aus, das Eis bricht. Doch der Erzähler, auf dessen Identität im Laufe des Romans – wenn auch auf Umwegen – immer wieder hingewiesen wird, findet einen Weg. Der Roman endet mit dem erklärten Vorhaben: „Lang genug gewartet! Geboren am 10. Juni 1943 in Böhmen, Himmel wolkenlos, laßt mir nur Zeit und ich werde mich sogar noch an meine Geburt erinnern! Und jetzt fang endlich an mit deiner Geschichte."[178]

Dass dieser Roman 1982 veröffentlicht wurde, lässt sich nicht nur über den Verlag ermitteln, sondern auch – wie bereits angeklungen – im Hinblick auf die literarischen Texte selbst.[179] Die Umstände, unter denen einzelne Erzählungen, sowie der erste und vierte Roman *Keiner stirbt* entstanden sind, werden im Vergleich zur Entstehungszeit von *Kein Frühling*, dessen Schreibprozess vor allem in den ersten vier Chronik-Romanen detailliert thematisiert wird, nur fragmentarisch beschrieben.[180] Die Entstehungszeit von *Keiner stirbt* wird teilweise im ersten Teil von „Ach Deutschland, ein Triptychon" mitgeteilt; einer Erzählsammlung, die unter dem Titel *Vor den Abendnachrichten* im Jahr 1996 erschienen ist. Die drei Erzählepisoden aus Locarno, Frankfurt am Main und Edenkoben werden umrahmt von einem Textelement, das sich auch in der ersten Auflage von *Kein Frühling* findet und der Erzählung „Vor den Abendnachrichten", deren zwei Kapitel in die 2007 erschienene zweite und erheblich erweiterte Auflage von *Kein Frühling* Eingang gefunden haben.[181]

---

176 „Was tun? Wer bin ich?". Ebd., hier 16. „Wohin soll ich denn noch gehen? [...] Wer bin ich doch gleich?". Ebd., hier 17.

177 Ebd., hier 31.

178 Kurzeck, *Das schwarze Buch*, hier 329. Die böhmische Herkunft des Erzählers, die auch schon an früherer Stelle erwähnt wird, etwa auf Seite 15, deckt sich, wie das Geburtsdatum mit allen folgenden Identitätszuweisungen des Erzählers.

179 Vgl. bspw. Kurzeck, *Vorabend*, 51.

180 In *Keiner Stirbt* wird aus dem Leben von fünf Figuren erzählt. Handlungszeit sind vier Herbsttage im Jahr 1959. Sie ziehen durch die Gegenden von Gießen und Frankfurt. Erzählt wird episodenhaft, von Kneipenbesuchen, Gelegenheitsarbeiten und zahlreichen Momentaufnahmen.

181 Vgl. Kurzeck, *Vor den Abendnachrichten*, 5, 28-60; Kurzeck, *Kein Frühling (1987)*, 28; Kurzeck, *Kein Frühling (2007)*, 435f.

Die auffällige Rahmung des Triptychons entspricht dem inneren Zustand, den der Erzähler auf der ersten Seite des ersten Teils („Mai 1990, Locarno") beschreibt: „Damit ich nicht aus der Welt falle, zwischen zwei Büchern – das eine fertig (wird gesetzt und braucht mich nicht mehr), das nächste noch nicht recht begonnen, das ist wie Nebel, Glatteis und Schneetreiben ein gefährlicher Zustand."[182] Bei dem fertigen Buch kann es sich nur um *Kein Frühling* handeln, das 1987 erstmals veröffentlicht wurde. Dass der Erzähler im Anschluss daran mit der Arbeit an *Keiner stirbt* begonnen hat, erklärt er mit dem letzten Satz der Locarno-Episode.[183] Der gefährliche Zustand zwischen zwei Büchern, den der Erzähler beschreibt, erinnert nicht zuletzt wegen der damit assoziierten Witterungsverhältnisse an jene Episode aus dem zweiten Roman, in dem eine nicht identifizierte Figur sich und ihren Weg nicht finden kann und beim Gang *übers Eis* scheitert. Indem die drei Erzählepisoden des Triptychons ihrerseits von Textelementen aus *Kein Frühling* eingerahmt sind, entsteht der Eindruck, dass sie – im Gegensatz zum geäußerten gefährlichen Zustand zwischen zwei Büchern – nicht isoliert, sondern immer schon als Teil eines zusammenhängenden Schreibprojekts konzipiert waren. Die Einordnung der drei Erzählepisoden in ein bereits fertig gestelltes Buch fängt diesen gefährlichen Zustand gewissermaßen auf, indem sie den Zustand als integralen Bestandteil dieses und – das wird nachfolgend noch verdeutlicht werden – jedes Buches der *Autopoietik* ausweist.

Die Totalität, mit der sich die einzelnen Textelemente über ihren ordnenden Bezug zu einem erzählende Ich als Welt erzeugen und mit jedem Buch am Leben erhalten, drückt sich sowohl in den ineinander greifenden Bezugsmöglichkeiten der einzelnen Textelemente und deren Anordnung aus, als auch in der wiederholten Akzentuierung des drohenden Todes, der nur durch das Schreiben selbst abgewendet werden kann: „Schon mein ganzes Leben lang will ich gern mehrerlei Dinge *gleichzeitig* tun. In Ruhe. Vielleicht sogar an verschiedenen Orten. Wenigstens ist mein Buch fertig und damit hab ich fürs erste den Tod besiegt."[184] Der Hinweis, dass ein fertig gestelltes Buch vorerst ausreicht, um den Tod zu besiegen, impliziert die existenzielle Notwendigkeit des Schreibens als Lebensgrundlage. Das wiederholt geäußerte Verlangen nach der Gleichzeitigkeit des Ungleichzeitigen als Zustand, das sich mit dem im ersten Roman geäußerten Erzählvorhaben eines neuen Zeitalters deckt, nimmt am Ende der dritten Erzählung des Triptychons („III – November 1989, Edenkoben") Gestalt an:

> Ja, bleibenlernen! Will ich nicht lang schon ein Haus? Wie denn, fragst du dich dann, das Haus als Symbol, ein Spiel, du als Gast und es wäre in der Gegenwart dein fünfter oder sechster Zweiter Wohnsitz auf Erden, du nirgends, nicht da und nicht dort! Oder wie du dir als Kind (ich ging immer schneller) in jeglicher Fremde die schönsten Häuser ausgesucht hast und allerlei Menschenleben dir dazu ausgedacht, mit vielen Türen ein

---

182 Kurzeck, *Vor den Abendnachrichten,* hier 6.

183 *„Keiner Stirbt* heißt mein neues Buch." Ebd., hier 16.

184 Ebd., hier 15.

> Haus für deine Geschichten, meinst du denn so ein Haus? Nein, richtig ein Haus zum Drinleben, Haus und Garten. Land und Himmel und Horizonte, die ich nicht müde werde zu sehen. Bei jedem Wetter. Und ein paar unverdrossene Feldwege, die alle Tage geduldig daherkommen, die mich kennen und grüßen und mit mir zu reden anfangen. Gäste auch, Platz genug und auch jederzeit Zeit. Gern auch fünf Kinder! Du bist ja selbst schon fünf Kinder, hat sie heute zu mir gesagt. Ja also, lebendig fünf Kinder und immer die gleiche Frau. Und natürlich uralt werden. Wie die Bäume, die Bäume gehören dazu. Meinetwegen mit Grundbucheintrag und staatlichem Segen, ein Haus für die Ewigkeit. Ein Haus, wie ich es mir lang schon wünsche, ein Haus mit allen vier Jahreszeiten gleichzeitig ums Haus herum, je eine auf jeder Seite. Frühling, Sommer, Herbst und Winter. Angekommen, gleich da.[185]

Das gewünschte Haus wird zunächst als Symbol und Spiel eingeführt. Es wird als ein Haus für jene Geschichten in Betracht gezogen, die sich der Erzähler schon als Kind ausgedacht hat. Gleichwohl wird es als „Haus zum Drinleben" ausgewiesen, das durch die korrigierende Betonung, „Nein, richtig ein Haus" von der symbolischen Sphäre in einen Bereich täglicher Lebenspraxis überführt wird. Bei der Umgebungsbeschreibung fällt auf, dass die Feldwege nicht nur mit allerhand menschlichen Eigenschaften versehen sind, sondern den Erzähler eigenständig und regelmäßig in Gespräche verwickeln können. So, wie sich der Weg in *Oktober und wer wir selbst sind* Zeit lässt, obwohl es der Erzähler und Carina sind, die sich Zeit lassen wollen, wird der Weg auch hier als Instanz eingeführt, die die Erzählbewegung beeinflusst.[186] Die erzählten Wege werden dadurch zu eigenständigen Erzählwegen, deren weitere Erzählbewegung nicht berechnet werden kann.

Die Voraussetzung für die durchaus erwünschten, aber unberechenbaren Gesprächsverwicklungen ist, dass genügend Raum und Zeit zur Verfügung stehen. Diese Zeiträume müssen jedoch erst erzählt werden, um mit einer solchen Eigenkomplexität ausgestattet werden zu können. Das Haus, das die Zeit in Form der vier Jahreszeiten um sich versammelt, wird bezeichnenderweise nicht als Haus der Ewigkeit bezeichnet, sondern als eines für die Ewigkeit. Es unterhält damit einen expliziten Zukunftsbezug. Es steht für das Erzählen selbst, das sich seine eigene Zeit erzeugt, um darin Haus zu sein. Genügend Zeit und Raum sind jedoch erst vorhanden, wenn alle Jahreszeiten erzählt und erschrieben wurden, damit das Haus Gestalt annimmt und mit Leben bewohnt werden kann. Der Wunsch nach diesem Haus, das nur als temporalisiertes Paradox dargestellt werden kann, lässt sich sowohl als Ausdruck des Mangels oder als Sehnsucht deuten, als auch als Ausdruck des Willens, in dem sich das Erzählvorhaben auf den Begriff bringt.

Das Haus steht sowohl für die literarischen Texte und medialen Formen der *Autopoietik*, die bereits vorliegen, als auch für die, die noch fehlen. Weil die Feldwege, die um dieses Haus führen, mit Eigenkomplexität ausgestattet sind und den weiteren Erzähl- beziehungsweise Schreibprozess in Form von kontingenten

---

185 Kurzeck, *Vor den Abendnachrichten*, hier 27.

186 Vgl. Kurzeck, *Oktober und wer wir selbst sind*, 12.

Erzählwegen maßgeblich beeinflussen können, lässt sich weder berechnen, ob und wann das erzählende Ich dieses Haus finden beziehungsweise fertig erzählen kann noch wie viele Bücher bis dahin das Überleben des Erzählens gesichert haben müssen. Durch die Akzentuierung der unberechenbaren Erzählwege verliert das erzählende Ich an erzählerischer Autorität. Es muss sich mit Hilfe des Blicks auf die fertig gestellten Bücher immer wieder seiner fragwürdigen Identität vergewissern; ein Verfahren, das durch die autoreflexive Beobachtungsbewegung des Gedächtnisses möglich und überaus wahrscheinlich ist. Denn ein Gedächtnis liefert die Bedingungen seiner eigenen Möglichkeit gleich mit und bietet Anlass für weitere Gegenwartsentwürfe, die als Orientierung und Gedächtnis dienen. Und weil sich diese Orientierung in Zeit und Raum dabei beobachten kann, wie sie beobachtet, ist sie in der Lage, sich stets im Verhältnis zu weiteren konstitutiven Aspekten dieses Prozesses zu betrachten. Das erzählende Ich sieht sich entsprechend im Verhältnis zu jenen Konstituenten, die das eigene Überleben ermöglichen, zu jenen Erzählwegen also, die das Erzählen erhalten und dabei immer schon kontaminieren. Insofern ist das Haus von vorne herein als utopischer Zielpunkt konzipiert, der, wenn er gefunden werden sollte, das Ende des Erzähl- beziehungsweise Schreibprozesses bedeuten würde. Der Wille zum Bleibenlernen wird zwar vordergründig immer wieder eingeräumt, steht jedoch der existenziellen Notwendigkeit gegenüber, weiterzugehen, und damit weitererzählen zu müssen – ein geradezu konstitutives Paradox der *Autopoietik*, das sich auch im letzen Satz dieses Textabschnitts zeigt: „Angekommen, gleich da." Hier wird nicht nur das Subjekt ausgelassen, sondern auch das Hilfsverb, das eine zeitliche Zuordnung des elliptischen Satzes ermöglichen würde. Das fehlende Subjekt lässt darauf schließen, dass es die Suchbewegung des Schreibprozesses selbst ist, die das Endziel im Sinne eines Ankommens verfehlen muss, um ihren Erhalt zu sichern. Der Text stellt die Unerreichbarkeit dieses paradoxalen Wunschbildes insbesondere durch die metaphorischen Wechselbeziehungen zwischen der erzählten Gehbewegung des Erzählers und der unberechenbaren Erzählbewegung des Erzählweges aus. Indem sich das erzählende Ich zurücknimmt und stets im Verhältnis zum kontingenten Erzählweg zu identifizieren sucht, wird veranschaulicht, dass es in diesem Zusammenhang keine Instanz geben kann, die unabhängig vom Erzählen ist. Eine solche unabhängige Instanz käme einem realitätsunabhängigen Beobachter gleich, der von außen – also außerhalb der erzählten Welt – überblicken könnte, ob dieses Haus zu finden sei und ob es alle vier Jahreszeiten gleichzeitig um sich herum versammelte.

Dass die Bestimmung einzelner Textgrenzen nicht nur im Hinblick auf die theoretische Ausrichtung dieser Arbeit variabel ist, sondern auch von den literarischen Texten relativiert wird, zeigt der folgende und letzte Abschnitt, der aus dem Triptychon angeführt wird:

> Genau wie als Kind bei meiner Mutter am Küchentisch. Da saß ich und schrieb jeden Abend. Es waren meine ersten Bücher, jede Woche eins oder immer einunddasselbe ewige

> Buch. Ich war zehn-elf-zwölf Jahre alt und wusste längst, das Schreiben ist meine einzige Möglichkeit, auf der Welt zu bleiben. Ich hatte nur diesen einen Platz auf der Welt, eine Ecke am Küchentisch meiner Mutter, eine Ecke, die jedes Mal wieder abgeräumt werden muß.[187]

Das Schreiben, das auch hier als einzig mögliche Existenzform dargestellt wird, bringt zwei Produktvarianten hervor, die durch die disjunktive Konjunktion als gleichmöglich eingeräumt werden. Bei den ersten Büchern, die das erzählende Ich bereits in jungen Jahren allabendlich geschrieben zu haben scheint, kann es sich entweder um zahlreiche Einzelexemplare gehandelt haben, oder um „einunddasselbe" Buch, das sich durch das Prädikat der Ewigkeit auszeichnet. Indem zwei Möglichkeitsperspektiven auf das Resultat des Schreibens eröffnet werden, tritt die Bedeutung des Resultats hinter den Bedingungen seiner Hervorbringung zurück. Die Kopplung von Lebens- und Schreibprozess wird dabei als strukturell ausgewiesen und richtet sich nach den Unterscheidungskriterien, mit denen die einzelnen Formen als solche identifiziert werden können. Begreift man etwa Buchdeckel als Textgrenzen, lassen sich entsprechende Bücher unterscheiden, auch wenn alternative Unterscheidungsmöglichkeiten ein höheres Maß an Interpretationsleistungen in Aussicht stellen. Die Textelemente dieser *Autopoietik* präsentieren sich selbst als spezifische Formen des zugrunde gelegten, für sie „lebensnotwendigen" Medienprozesses und verweisen dabei auf andere Möglichkeiten ihrer formellen Einordnung.

Entsprechend ist es auch in *Ein Kirschkern im März,* als der Erzähler mit dem Schreiben an *Kein Frühling* fortfährt, nicht nur die Arbeit, die ihn ruft, sondern das Leben selbst:

> Heimgehen. Die nächsten Wörter, den Anfang von einem Satz. Manchmal auf dem Heimweg das ganze Buch bis zum Ende im Kopf, Wort für Wort. Und gleich auch die nächsten Bücher. Nur schnell den Tisch abräumen. Espresso, Milchkaffee, Tee, Saft, Mineralwasser, Zigaretten, ein leerer Tisch (ein Tisch, der noch leer ist) und ich hätte sofort damit anfangen können. In einem Atemzug bis zum Schluß das Buch. Alle Bücher gleichzeitig, alle auf einmal. Neben jedem Tisch noch einen leeren Tisch aufstellen. Wem erzählst du die Welt? Am liebsten ist dir jetzt der Morgen. Vorfrühling. März. Wie in Staufenberg vor dreißig Jahren kühl und feucht noch die Luft und von allen Seiten die Morgenvögel. Wieder März. Noch früh und die Arbeit ruft dich, das Leben selbst.[188]

Die Notwendigkeit, die Textgrenzen einzelner Bücher zu bestimmen, tritt auch in dieser Textstelle hinter der Notwendigkeit zurück, den Schreibvorgang in Gang zu halten. Entscheidend ist hier der Ruf des Lebens, das sich nur in der Praxis des Schreibens entfalten kann. Die Frage, wem der Erzähler die Welt erzählt, fällt dadurch immer wieder auf sich selbst, auf das Erzählen als reine Praxis zurück. Denn das Erzählen muss sich die Welt selbst erzählen und erzeugen, um erzählte Welt zu sein. Dabei wird das Verhältnis zwischen Erzählvorgang und dem Resul-

---

[187] Ebd., hier 24.
[188] Kurzeck, *Ein Kirschkern im März,* hier 37f..

tat des Erzählvorganges immer wieder reflektiert. Von besonderem Interesse ist nachfolgend deshalb das Verhältnis zwischen erzählter und erzählender Welt – womit stets die literarischen Texte in ihren Bezugsmöglichkeiten gemeint sind –, das sich insbesondere entlang der Chronik *Das alte Jahrhundert* bestimmen lässt.

Der Schreibprozess von *Kein Frühling* bildet dabei einen Dreh- und Angelpunkt des Erzählens. Die erzählte Handlung von *Kein Frühling*, die als Roman längst vorliegt, wird inder Chronik zu der die Handlung motivierenden Schreibaufgabe schlechthin. Die Handlung der ersten vier Romane bildet dabei einen Erzählzusammenhang, dessen zeitlicher Ausgangspunkt nicht in einer Vergangenheit gesucht werden muss (etwa in der Erzählgegenwart von *Kein Frühling*, dies wäre 1948), sondern in der überwiegend gegenwärtigen Erzählperspektive der Chronik selbst. Dennoch wird die Familienkonstellation der Jahr 1983/43 in allen fünf Chronik-Romanen in unmittelbarer Verbindung mit der zu erzählenden Zeit aus *Kein Frühling* eingeführt; und das, obwohl im nicht erzählten Zwischenraum – zwischen dem Oktober 1983 und dem Januar 1984 die Zäsur eingetreten ist, die den Beginn der Chronik markiert – die Trennung von Sibylle. Während die ersten drei Romane hauptsächlich die Zeit nach dieser Zäsur erzählen und episodenhaft immer auf Passagen zurückgreifen, die zum Teil bis in die Zeit um 1948 und sogar früher zurückgehen, beschreibt der vierte Roman überwiegend den Monat vor der Trennung. Auch in *Vorabend* ist die Ausgangsposition dieser Oktober vor der Trennung; allerdings nur, um von dort aus erzählend zurückzublicken.

Doch bevor die verschiedenen zeitlichen Erzählperspektiven der Einzelbände in einen Interpretationszusammenhang gebracht werden, soll ein Blick auf die jeweiligen Romananfänge geworfen werden, in denen das Verhältnis zwischen der gegenwärtigen Lebenssituation des Erzählers und dem jeweiligen Schreibprozess gleich zu Beginn präsentiert wird.

Im ersten Chronik-Band *Übers Eis* beginnt der erste Abschnitt folgendermaßen: „Erst ein Regen- und dann ein Schneewinter. Als das Jahr 1984 anfing, nach der Trennung, hatte ich von einem zum anderen Tag nix mehr."[189] Bereits der zweite Abschnitt auf der ersten Romanseite stellt den Bezug zur Schreibarbeit des Erzählers her: „Ich hatte ein neues Buch angefangen. Mein drittes Buch. Noch keinen Titel dafür."[190] Im zweiten Chronik-Roman *Als Gast* beginnt der dritte Abschnitt mit den gleichen Worten aus *Übers Eis:* „Erst ein Regen. Und dann ein Schneewinter. Ende November die Trennung."[191] Der Bezug zu *Kein Frühling* tritt zunächst hinter der wiederholten Selbstidentifikation des Schriftstellerdaseins zurück: „wer bin ich? Und warum hier? [...] Und also auch selbst immer noch einen Tag am Leben und auf der Welt, zu Recht auf der Welt. Vater.

[189] Kurzeck, *Übers Eis,* hier 7.
[190] Ebd.
[191] Kurzeck, *Als Gast,* hier 10.

Schriftsteller. Als Vater ein Kind."[192] Auch im dritten Roman der Chronik, *Als Gast*, der ebenfalls aus der zeitlichen Perspektive des beginnenden Jahres 1984 heraus erzählt wird, finden sich die konstitutiven Elemente der spezifischen Konstellation zwischen Schriftstellerdasein und den gegebenen Lebensumständen in ähnlicher Form:

> Als Gast. [...] Wer bin ich? Und warum hier? [...] Carina ist viereinhalb. Ende November die Trennung. Vorher fristgerecht meine Arbeit verloren, eine unersetzliche Halbtagsstelle in einem Antiquariat. [...] Schriftsteller. Letzten Sommer mit meinem dritten Buch angefangen. Das Jahr 1984. Frankfurt am Main. Und als mir auch in der Abstellkammer nur noch drei letzte Tage blieben, sagte im Kinderladen ein anderer Vater zu mir: Du kannst bei uns wohnen. [...] Er heißt Peter wie ich.[193]

Die Gegenwartsebene, aus der heraus erzählt wird, ist auch in *Oktober und wer wir selbst sind* und *Vorabend* der Monat vor der Trennung, also der Oktober des Jahres 1983. Obwohl die Romane in der Chronik laut Arbeitsplan als Folgebände der ersten Romane ausgewiesen sind, entfalten sie ihre Erzählung aus einer vergangenen Gegenwart heraus, die sich noch vor der Handlungszeit der Vorgänger-Romane ereignet hat. So finden sich die relevanten Informationen über die Lebensumstände des Erzählers, wie in den Romanen zuvor, auf der ersten Seite: „Das Jahr 1983. Im Juni vierzig geworden und fristgerecht meine Arbeit verloren, eine unersetzliche Halbtagsstelle in einem Antiquariat, und mit meinem dritten Buch angefangen. Über das Dorf meiner Kindheit. Staufenberg im Kreis Gießen."[194] Ähnlich beginnt auch der zweite Absatz von *Vorabend:* „Im Juni vierzig geworden und fristgerecht meine Arbeit verloren. Eine Halbtagsstelle in einem Antiquariat. [...] Meine Arbeit verloren und mit meinem dritten Buch angefangen. Über das Buch meiner Kindheit. Staufenberg im Kreis Gießen. Anfang Juni."[195]

In beiden Romanen werden – neben den längeren Passagen über das Leben im oberhessischen Staufenberg, das zugleich Gegenstand des dritten Buches *Kein Frühling* ist – auch Passagen aus der jüngeren Vergangenheit des Erzählers beschrieben. Dies gilt auch für die ersten drei Romane. In *Vorabend* tritt jedoch eine neuartige Erzählform auf. Erzählt wird aus der Gegenwartsebene des Oktobermonats 1983. Von diesem Zeitpunkt aus wird wiederum geschildert, wie der Erzähler gemeinsam mit Sibylle und Carina im Sommer 1982 für ein Wochenende zu den gemeinsamen Freunden Jürgen und Pascale nach Eschersheim fährt. Während dieser Zeit arbeitet er an seinem zweiten Buch:

---

192 Ebd., hier 11. Auffällig ist auch die wiederholte Identitätszuweisung des Eigennamens. Denn der Gastgeber heißt ebenfalls Peter: „Er heißt auch Peter. Akademiker. Bart. Doktortitel." Ebd., hier 13; Oder auch: „Ich als Gast. Wir kennen uns aus dem Kinderladen. Er heißt Peter, wie ich." Ebd., hier 15.; „Ein höflicher Gastgeber (er heißt Peter, wie ich)." Ebd. hier 20.

193 Kurzeck, *Ein Kirschkern im März*, hier 7.

194 Kurzeck, *Oktober und wer wir selbst sind*, hier 7.

195 Kurzeck, *Vorabend*, hier 7.

> Mein zweites Buch, das schwarze Buch. Geschrieben vom Januar 1978 bis in den Sommer 1982 […] Dann Carinas Geburt und von da an wußte ich, es bringt mich nicht um, aber wird wohl nie fertig, also kommst du nicht lebend raus. Wie ein Käfig, in dem man sein Leben beenden soll, eine Zelle, ein steinernes Grab.[196]

Das Manuskript trägt er während des Wochenendbesuches bei sich.[197] Dort angekommen erzählt er in langen Passagen von Staufenberg und seiner Umgebung aus der Zeit der 50er, 60er und 70er Jahre. Diese Episoden bilden den Großteil des bisher umfangreichsten Romans. Die dauerhafte erzählerische Rückblende wird immer wieder – wie dies mit dem folgenden Beispiel verdeutlicht werden kann – sprachlich hervorgehoben: „Und, sagte ich, von da an. Und dann. Und jetzt ist Samstagmorgen. Ein Samstagmorgen in Eschersheim."[198] Die wiederholte Akzentuierung dieser Erzählsituation verleiht dem erzählten Wochenendbesuch eine spezifische Form mündlicher Rede, die den Eindruck unmittelbarer Gegenwärtigkeit begünstigt.[199] Der mehrfache Verweis auf die Sprechersituation kann zugleich als erzählerisches Mittel der Selbstvergewisserung verstanden werden.[200] Trotz dauerhafter Rückblende nimmt der Roman seinen Anfang in der Gegenwartsebene des Oktobermonats 1983, in der der Erzähler an *Kein Frühling* schreibt:

---

[196] Ebd., hier 51.

[197] Vgl. Kurzeck, *Vorabend,* 54. Wenige Seiten später werden die letzten Arbeitsschritte am zweiten Roman (*Das schwarze Buch*) beschrieben: „Noch eine Woche frei und jetzt muß ich das letzte Kapitel schreiben. Obwohl das Buch schon gesetzt ist und im Verlag sagen sie, aber es ist doch fertig. Erst das letzte Kapitel schreiben und dann beim Korrekturlesen alles nochmal umstellen und viel ändern und neu dazu. Immer nachts, wenn Carina schläft. Und dazu eine Einteilung. Nicht nur Kapitel, auch Absätze. Beim Schreiben nicht drauf geachtet. Ich dachte, man braucht keine. Aber jetzt geht es nicht ohne." Ebd., hier 59. Indem die Unterteilung in Kapitel und Absätze nachträglich vorgenommen werden und das letzte Kapitel noch nicht fertig ist, obwohl der Roman schon gesetzt wurde, akzentuiert der Erzähler erneut die Notwendigkeit des Schreibens als Existenzsicherung. Nicht umsonst wurde der Zustand zwischen zwei Büchern an anderer Stelle als *gefährlicher* beschrieben. Ein solcher Zustand deutet sich auch an diesem Erzählzeitpunkt an, weil der Erzähler Sibylle verspricht, „vorerst in der nächsten Zeit eine Weile lang nicht zu schreiben." Ebd.

[198] Kurzeck, *Vorabend,* hier 119.

[199] Der Erzähler Peta, wie ihn seine Tochter Carina nennt, beschreibt ab der Mitte des elften Kapitels sehr ausführlich vom Leben der Igel, beginnt zu Beginn des zwölften Kapitels jedoch mit folgender Orientierungsmaßnahme: "Wieso jetzt die Igel? frage ich. Wie komm ich auf die? Eschersheim. Samstag. Muß aufblicken, damit ich weiß, wer ich bin. Warum hier? Über die Lerchen und Maulwürfe, sagt Sibylle. Sollst mir ein-n Maulwurf malen, sagt Carina, und ein-n Igel! Und wie sie sich miteinander begegnen. Sie täten sich aber schon kennen. Und Peta, oben die Vögel drüber." Kurzeck, *Vorabend,* hier 149. Diese unvermittelte Frage nach der eigenen Identität, die sich aufgrund der erzählten Figurenkonstellation schnell beantworten lässt, ist in präsentischer Form gehalten und auch der direkten Rede nachempfunden. Sibylle und Carina, die als Figuren dieser Konstellation erzählt sind, bieten nun Orientierungshilfe für den Erzähler, der für das Erzählen steht.

[200] Häufig ist der Verweis auf die Erzählsituation als Bestätigungskette angelegt. Dabei betont der Erzähler, dass er etwas erzählt und wird darin von den beteiligten Figuren bestätigt: „Igel, sagte ich, gibt es ja noch. Aber man mag sich nicht mehr in ihre Lage versetzen. Man muß es und hält es kaum aus. Käfer und Insekten können hier nur pauschal erwähnt werden. Ungezähligte, sagte ich und Carina nickt." Ebd., hier 769.

> Schreib weiter! Lebendig das ganze Dorf um mich her ausgebreitet. Die Gegend, die Zeit. Das Jahr 48 und von damals die Stimmen in meinem Kopf. Nicht an das Arbeitsamt denken (immer wieder nicht!), aber trotzdem die Post aus dem Briefkasten, auf dem so vertrauensvoll unsre drei Namen stehen, als ob alles immer so bleibt.[201]

Der erzählte Zeitpunkt aus *Vorabend*, an dem die Trennung von Sibylle und dem Erzähler noch bevorsteht, präsentiert eine Zuversicht, die sich aus dem vorangetriebenen Prozess des Schreibens speist. Analog zur implizierten Möglichkeit, dass sich während des Schreibprozesses das zu erzählende Dorf um den Erzähler herum ausbreitet, präsentiert sich auch die dargestellte Familienkonstellation, aus deren Gegenwartsebene heraus erzählt wird, dergestalt, dass sie auch in Zukunft für immer gegenwärtig bleiben könnte. Nur das Geschriebene (die erzählte Welt) ist folglich in der Lage, sich so zu präsentieren, als ob es für immer bliebe, wie es hervorgebracht wurde. Denn die Irreversibilität der Zeit wird auch durch den Text immer wieder reflektiert.[202] Und auch der adjektivische Hinweis auf die drei Namen und das bevorstehende Jahr deuten bereits auf die Vergänglichkeit des Gegenwartshorizontes hin, der zum Erzählzeitpunkt beschrieben wird.

> Und es ist schon Oktober. Und dazu gleich mein Schreck – gleich ein doppelter Schreck. Erstens weil es das Orwell-Jahr ist. Steht vor der Tür. Und weil zweitens schon wieder so viel Zeit vergangen sein soll. Hatten nicht eben noch die Siebziger Jahre kaum erst angefangen? Und jetzt bin ich mit meiner Arbeit, der Zeit und den ungeschriebenen Büchern schon immer mehr in Verzug“[203]

Das zu erzählende Dorf der Kindheit des Erzählers um 1984 muss in der Chronik also ebenso als Erzählzusammenhang entwickelt werden, wie die gegenwärtigen Erzählebenen des Winters und Frühlings 1983, oder die des Oktobers 1983, die in Form der Romane *Vorabend* und *Oktober und wer wir selbst sind* überwiegend erzählt werden. Ein Teil der letzteren Gegenwartsebenen geht den erzählten Gegenwarten der ersten drei Chronik-Romane voraus. Gemeinsam sind diesen jedoch die Ebenen, die von Staufenberg und der Zeit ab 1948 handeln. Und auch in *Oktober und wer wir selbst sind* erzählen einzelne Passagen von der Zeit davor.[204] Abgesehen von den ineinandergreifenden und sich sozusagen parallel ausbildenden Gegenwartsebenen, sind die Romane jedoch – das haben die bisherigen Textbetrachtungen gezeigt – alle durch die semantischen und formellen Wiederholungsmuster eng miteinander verschränkt.

Die Gegenwartsebenen um 1948 und 1984 verhalten sich auf besondere, fast komplementäre Weise zueinander und eröffnen ein Spiegelverhältnis zwischen zwei Erzählwelten, das der Prozess des Schreibens immer wieder herstellt und als Erzählung verschiedener Gegenwartsstränge differenziert. Indem solche Zeiträu-

---

201 Kurzeck, *Vorabend,* hier 15.

202 Vgl. hierzu Kurzeck, *Übers Eis,* 111.: „Als ob die Zukunft in Zukunft die Zukunft bleibt! Wie die Welt mir jetzt schon vor den Augen verschwimmt.“

203 Kurzeck, *Vorabend,* hier 13.

204 Vgl. Kurzeck, *Oktober und wer wir selbst sind,* 122f., sowie 120f.

me durch den Erzählvorgang erzeugt, einander gegenüber gestellt und in sich ausdifferenziert werden, bilden sie sich geradezu wechselseitig als voneinander getrennte Erzählwelten der jeweiligen Gegenwartsebene aus. Diese vielschichtigen Gegenwartsebenen werden wiederum durch das ineinandergreifende Erzählen, die damit einhergehenden wechselnden Zeitperspektiven und die internen Bezugsmöglichkeiten räumlich und zeitlich einander angenähert.

Die erzählten Gegenwartsebenen um 1984 und jene um 1984 verhalten sich dabei auf fast komplementäre Weise zueinander und eröffnen ein zeitliches Spiegelverhältnis zwischen den beiden Erzählzeiten, das den Schreibprozess als reine Praxis immer wieder als zentrales Moment der Erzählung und damit als Dreh- und Angelpunkt der erzählten Zeiten ausstellt. Diese Annäherung ist nur möglich, weil die zeitliche Distanz der unterschiedlichen Gegenwarten erzählend eingeführt und innerhalb der erzählten Welt immer wieder variiert wird. Der Ausgangspunkt der zu erzählenden Chronik ist zwar vordergründig eine Gegenwartsebene, die sich als 1983/84 festlegen lässt. Indem die Erzählperspektiven jedoch beständig zwischen verschiedenen Gegenwartshorizonten hin- und her- wechseln, und diese jeweils in relative Bezugsrahmen einbetten, deren zeitliche Orientierung stets in Frage steht, changiert die Erzählbewegung zwischen nahezu unzähligen gegenwärtigen Erzählgegenwarten, die jeweils eigene Zukünfte und Vergangenheiten ausbilden und erst in ihren jeweiligen Bezugsmöglichkeiten einen komplexen Möglichkeitsraum aufspannen, der die bereits erzählten Welten, Bücher und Tage und damit die noch zu erzählenden Gegenden und Zeiten in Relation bringt. Die erzählte Distanz zwischen der vordergründigen Ausgangsgegenwart und der zu erzählenden Dorf-Gegenwart bildet sich durch die ineinandergreifenden Erzählstränge als erzählter Zeitraum aus, der durch daran angeschlossenes Erzähltes überbrückt und mit temporalisierter Komplexität ausgestattet wird.

Die erzählte Zeit der zu erzählenden Welt spannt sich also durchaus zwischen 1948 und 1984 auf. Dennoch wird sowohl in *Kein Frühling* als auch in *Ein Sommer der bleibt* auch von der Zeit vor 1948 berichtet. Analog dazu ist auch das bereits angeführte Triptychon, das mit einer erzählten Episode aus dem Mai 1990 beginnt, mit einer Episode aus dem Sommer 1982 fortgeführt wird und wiederum mit einer Episode aus dem November 1989 endet, ein Beleg für die Unschärfe dieser zeitlichen Bezugspunkte. Die Textelemente dieser *Autopoietik* präsentieren sich selbst vor dem Hintergrund der Kontingenz, die erst die nachfolgenden Kommunikationsbewegungen für das vorangegangene Textelement ausräumen können. Sie präsentieren sich als Gedächtnisse einer jeweiligen Gegenwart, die als solche mit Vergangenheit und Zukunft ausgestattet sind, deren Fortbestehen aber nur im Zusammenhang mit weiteren Textelementen gesichert werden kann.

Die literarischen Texte und medialen Formen der *Autopoietik*, die bisher vorliegen, bilden einen Kommunikationszusammenhang, der ungleichzeitige Gegenwartsebenen als gleichzeitig erscheinen lassen kann. Ermöglicht wird dieser Effekt durch die ineinander greifenden Erzählstränge. Besonders deutlich wird mit einem Blick auf die Titel, deren Elemente sich wie Puzzle-Teile durch alle erzählten Gegenwartsebenen ziehen. Der Titel der Chronik *Das alte Jahrhundert*, findet sich beispielsweise bereits in *Mein Bahnhofsviertel* und auch in *Als Gast.*[205] Aus dem Kontext der Erzählung, die das Frankfurter Bahnhofsviertel der 50er Jahre beschreibt und 1991 veröffentlicht wurde, geht nicht hervor, welchen Stellenwert diese kursiv gesetzte Überschrift einnehmen könnte. Erst vor dem Hintergrund des hergestellten Gesamtzusammenhangs bieten sich zahlreiche Bezugsmöglichkeiten an, die auch die Textgrenzen der vorliegenden und noch geplanten Chronik-Bände sprengen. So findet sich auch in *Oktober und wer selbst sind* jene Kneipe wieder, die in *Mein Bahnhofsviertel* beschrieben wird.[206] In *Oktober und wer wir selbst sind* finden sich sowohl der Titel *Vorabend,* und umgekehrt, als auch *Als Gast.*[207]

Auch wird bereits auf den siebten Roman der Chronik verwiesen, *Der vorige Sommer und der Sommer davor.*[208] Auf die wiederholte Nennung von *Übers Eis,* die sich in *Das schwarze Buch* findet, wurde bereits an anderer Stelle hingewiesen. In *Übers Eis* wird die Arbeit am dritten Buch zwar unmittelbar eingeführt, allerdings mit dem Hinweis, dass ein Titel noch fehlt.[209] Ausgerechnet im Zusammenhang mit der Zukunft zählt der Erzähler nachfolgend Dinge auf, die scheinbar allgemein für das tägliche Leben gebraucht werden. Inmitten der Aufzählung findet sich der Romantitel *Kein Frühling,* jedoch gerade nicht als Titel des Buches:

> Die Zukunft. Brauchen Handtücher, brauchen Bettbezüge. Bald wieder Schuhe für Carina. Kein Frühling. Eine hohe Bücherrechnung noch offen (warum sie mir auch Kredit geben?). Bald die Gasrechnung wieder und wie immer kein Geld. Oft beim Rasieren geschieht mir, daß ich in einen Furor gerate. Wie für ein Duell. In eine autistische Raserei. Als hätte man bei sich selbst, weil sie so dicht beieinander aufbewahrt werden, die Wörter verwechselt.[210]

In diesem Textabschnitt korrelieren die notwendigen Besorgungen des täglichen Lebens mit der Notwendigkeit des Schriftstellerprozesses als Maßnahmen zur Erhaltung der Lebens- und offensichtlich auch der Erzählgrundlage. Diese Interpretationsmöglichkeit eröffnet sich allerdings nur vor dem Hintergrund der übrigen Texte. Im Hinblick auf das Gesamtkorpus lässt sich die offene Bücherrechnung nämlich als Bringschuld verstehen, die sich der Erzähler aufbürdet, um sein Überleben in Form von noch zu schreibenden Büchern zu sichern. Hier lebt der erzählende Chronist in Form des Erzählprozesses selbst auf Kredit. Denn er ist auf jenen Vorschuss der Zeit angewiesen, der nötig ist, um Zeit und Welt – die

---

205 Vgl. Kurzeck, *Mein Bahnhofsviertel,* 24.; Kurzeck, *Als Gast,* 14.

206 Vgl. Kurzeck, *Mein Bahnhofsviertel,* 5f., 7., sowie ders., *Oktober und wer wir selbst sind,* 102.

207 Vgl. Ebd. Kurzeck, *Oktober und wer wir selbst sind* 167; 187: „Ich als Gast." Kurzeck, *Vorabend,* hier 9.

208 Vgl. Ebd. 23.

209 Vgl. Kurzeck, *Übers Eis,* hier 7.

210 Ebd., hier 278.

Chronik – zu erzählen. So ist er automatisch und immer schon im (zeitlichen)Verzug.[211] Der zeitliche Verzug wird innerhalb der Texte auch anhand konkreter Ereignisse verdeutlicht, wodurch einerseits realistische Ereignismöglichkeiten präsentiert werden. Andererseits wird auch damit auf die Kontignenz eines gegenwärtigen Erzählvorgangs verwiesen. Dabei tritt die Frage, was sich ereignet, hinter der existenziellen Notwendigkeit zurück, dass sich etwas ereigne, dass also erzählt wird. Denn, so heißt es in *Ein Kirschkein im März:* „Solang du schreibst, kann dir nichts passieren."[212] Dass im Zuge des Erzählens jedoch Ereignisse eintreten, die nicht auf konkrete Ereignisse der Handlung verweisen, sondern auf die sprachliche Ausformung ihrer Bezeichnung, verstärkt die Kontingenz des Erzählvorgangs, die immer wieder ausgestellt wird und der sich der Erzähler performativ unterordnet. Geradezu paradigmatisch zeigt sich das an dem oben zitierten Abschnitt aus *Übers Eis.* Der Zusammenhang der autistischen Raserei, die der Erzähler als wiederholte Folge des Rasierens einräumt, ist nämlich nicht zwangsläufig dem Vorgang des Rasierens geschuldet, sondern womöglich der sprachlichen Ähnlichkeit zwischen *Rasieren* und *Raserei.* Das Resultat des Erzählten betrifft folglich auch ihn selbst. Hier zeigt sich in aller Deutlichkeit, dass sich der Erzähler immer auch als Resultat des Erzählprozesses konzipiert.[213]

Der Titel des dritten Chronik-Bandes, *Ein Kirschkern im März,* findet sich bereits im Vorgänger-Roman *Als Gast,* und umgekehrt.[214] In *Als Gast* erscheint im Kontext des expliziten Erzählvorhabens der Titel *Übers Eis:*

> Solang ich nur dafür sorgen kann, daß ihr [hier Carina, MK] die Welt bleibt und ihr und der Welt nichts passiert, kann mir nichts passieren [...] Wo bin ich? Wann mag das sein? Kommt erst noch? Schon gewesen? Mir war, ich müßte den Wind erkennen. Dünen, Sand Ginster, Strandkiefern, Sanddorn. Halten sich fest. Müssen sich ankrallen mit aller Kraft. Und stehen und wehen im Wind. Die ganze Nacht Wind. Über Felsen,

---

211 Entsprechende Hinweise auf den zeitlichen Verzug finden sich an zahlreichen Textstellen: „Soll man sich schon im voraus beeilen? Auf Vorrat. Auf Verdacht? Für den Fall, daß vielleicht einer anruft? Anrufen könnte? Vielleicht? Auf jedem Heimweg jedes Mal zehn Minuten eher dran? Und immer mehr Zeit dazugespart? Vor sich selber her? Immer schon da? Nur noch abwechselnd? Nach Plan?". Kurzeck, *Oktober und wer wir selbst sind,* hier 105.

212 Kurzeck, *Ein Kirschkern im März,* hier 99.

213 Verschränkungen zwischen dem Resultat des Erzählprozesses innerhalb der zu erzählenden Welt und der Wirklichkeit der erzählenden Welt werden durch das Erzählen immer wieder reflektiert und als unvermeidbar ausgestellt. Vgl. hierzu ein Textelement aus *Ein Kirschkern im März:* „Noch Zeit? Du willst einen Espresso und vergisst es gleich wieder. Die Schrift. Ein Glas Milch. Deine Zettel sortieren. Auf dem Tisch der Elektrowecker. Zehn nach elf. Schreib weiter! Beeil dich! Falls Brot da ist, willst du ein Stück Brot? Wenn du beim Schreiben an etwas denkst, gleich wird es wirklich für dich! Deshalb weißt du danach oft nicht mehr, ob du nun wirklich ein Glas Milch und einen Espresso getrunken hast, eine Avocado gegessen und ein Stück Brot – oder nur immer und immer nochmal daran gedacht?". Kurzeck, *Ein Kirschkern im März,* hier 281.

214 In beiden Romanen finden sich sowohl die jeweils anderen Titel, als auch Titelfragmente, die motivisch angeführt werden. Vgl. Kurzeck, *Als Gast,* 8, 15, 19, 22, 31; Kurzeck, *Ein Kirschkern im März,* 7, 9, 16, 18, 142.

durch Wald, Waldheide, Tundra. Durch Vergangenheit, Schnee und Zeit. Übers Eis. Übers Eis![215]

Die im Zuge der Orientierungslosigkeit eingeführte Situation lässt sich auf die Anfangsepisode des *schwarzen Buches* beziehen, in der eine nichtidentifizierbare Figur mit dem möglichen Namen Merderein beim Versuch, *übers Eis* zu gehen, scheitert. Dabei wird hier der Titel *Übers Eis* nicht nur wiederholt angeführt, sondern auch die beschriebene Umgebung des Handlungsgeschehens erinnert an die Episode des zweiten Romans. Zugleich bietet sich der Kontext des ersten Chronik-Bandes *Übers Eis* selbst an, in dem die Familienkonstellation des Erzählers mit der aus *Als Gast* identisch ist. Denn die Übertragung der Titelbedeutung auf die persönliche Situation des frisch getrennt lebenden Erzählers ist ebenfalls denkbar. Entscheidend ist in diesem Kontext, dass mehrere Interpretationsmöglichkeiten angeboten werden und erneut auf die existenzielle Maßnahme zur Erhaltung der Welt abgestellt wird. Auch im Folgeroman heißt es programmatisch: „Solang du schreibst, kann dir nichts passieren."[216] Ob der Schreibvorgang in Gang gehalten wird, um als Welt für Carina, den Erzähler oder für das Erzählen selbst erhalten zu werden, spielt nur eine untergeordnete Rolle. Maßgebend ist, dass sich der Erzähl- beziehungsweise Schreibvorgang als Kommunikationsprozess erhält.

Die dargelegte Verschachtelung einzelner Titel zeigt die Tiefendimension, mit der sich einzelne Textelemente und literarische Texte in Beziehung zueinander bringen lassen, auf paradigmatische Weise. Die Möglichkeiten, solche Kommunikationszusammenhänge herzustellen, um einzelne Textelemente in Wechselwirkung zu weiteren und vor dem Hintergrund des Gesamtkorpus für Interpretationen zu nutzen, gründen in der Eigenkomplexität der *Autopoietik* selbst, deren Elemente sich immer schon als Elemente des Ensembles präsentieren: Sie provozieren ihre Einordnung in einen solchen Interpretationszusammenhang. Indem sich einzelne Textelemente ihrer zeitlichen Einordnung im Sinne einer linear chronologischen Ereignisabfolge verweigern, den Zusammenhang zu ebenfalls zeitlich nicht einzuordnenden Textelementen anderer Gegenwartesebenen aber geradezu provozieren, begünstigen sie ihre Einordnung in einen Gesamtzusammenhang, der ungleichzeitige erzählte Gegenwartsebenen so in einen Kontext bringen kann, dass sie in einem semantischen Raum der Gleichzeitigkeit erscheinen können. Insofern ist das folgende Textelement Programm, weil es zeigt, dass es möglich ist, Ungleichzeitiges in einem Kommunikationszusammenhang als gleichzeitig zu präsentieren, so nämlich „als ob man die Gegenwart zeitversetzt sieht".[217]

215 Kurzeck, *Übers Eis,* hier 215.
216 Kurzeck, *Ein Kirschkern im März,* hier 99.
217 Kurzeck, *Oktober und wer wir selbst sind,* hier 88.

3.5.5 *„Wenn ich schreibe, ist immer jetzt!“*[218] – *Gegenwärtiges*

In *Mein Bahnhofsviertel*, einer Erzählung über das Frankfurter Bahnhofsviertel der späten 50er Jahre, lautet die Überschrift des ersten der vier Kapitel: „Das zeitweilige Nachleben der ehemaligen Gegenwart in vergänglichen Bildern!“[219] Der erste Satz des Kapitels eröffnet folgenden Bezugsrahmen: „*Die Gegenwart, das ist doch* nicht einfach bloß jetzt: die Gegenwart für mich und das Bahnhofsviertel hat ungefähr im August 1958 angefangen.“[220] Die Kapitelüberschrift impliziert zunächst, dass davon ausgegangen werden kann, dass Gegenwart, obwohl sie als ehemalig vergangen sein muss, zeitweilig – also in Form einer Zeitdauer – erneut Gegenwart sein kann. Die Form dieses Nachlebens bildet sich in vergänglichen Bildern aus, die – und darin liegt die Pointe dieses Erzählprinzips – erzählt werden müssen, um Gegenwart nachleben zu lassen. Die Titelankündigung lässt also vergängliche Bilder erwarten, die eine bestimmte ehemalige Gegenwart zeitweilig nachleben lassen. Der erste Satz des Kapitels, dessen erster Teil kursiv gesetzt ist, beginnt als Aussagesatz, der sich bis zum verneinenden „nicht“ durchaus als Definition dessen verstehen lässt, was Gegenwart sein kann. Der Abtönungspartikel „*doch*“ kann sich in diesem Zusammenhang sowohl auf das verneinende „nicht“ verstärkend auswirken, als auch auf das vorangegangene „das ist“, sozusagen als Zustimmung für die nachfolgende Erzählung vergänglicher Bilder. Der definitorischen Ankündigung „*das ist doch*“ steht die Wortfolge „nicht einfach bloß“ gegenüber, die das definitorische Potenzial des Satzanfanges semantisch verwässern lässt. Bereits die Wortanzahl, die hier aufgewendet wird, um erzählerisch zu bekräftigen, dass sich Gegenwart nicht in einem einzigen Adverb („jetzt“) ausdrücken lässt oder sich darin erschöpft, verweist auf das Potenzial kommunikativer Gegenwärtigkeit. Denn Gegenwart ist keineswegs als einfacher Umschlagspunkt zu verstehen. Die Gegenwart des Erzählers, die er mit dem Bahnhofsviertel „ungefähr“ im Jahr 1958 beginnen lässt, wird mit der Erzählung als temporalisierte Erzählwelt erzeugt, die sich als kommunikative Ereigniskette auf der Basis von Schrift sowohl extern, als auch als interne Eigenkomplexität ausbildet.

Eine Möglichkeit des „zeitweilige[n] Nachleben[s] einer ehemaligen Gegenwart“ wird im dritten Kapitel aus *Mein Bahnhofsviertel* angeboten, das mit folgender Überschrift versehen ist: „Am Abend sitzt jeder da und hat eine Geschichte zu erzählen“.[221] Der Abend, der als Tag oder Leben auf ein Ende zugeht, kann dabei als Zeitraum für Selbstreflexion betrachtet werden. Ganz gleich, ob man auf das Tag- oder Lebenswerk zurückschaut, fördert die Erinnerungsbewegung nur das zu Tage, was sich erinnern lässt und verweist damit zugleich auf all das,

[218] Kurzeck, *Vorabend*, hier 21.
[219] Kurzeck, *Mein Bahnhofsviertel*, hier 5.
[220] Ebd.
[221] Kurzeck, *Mein Bahnhofsviertel*, hier 39.

was komplementär und im unmarkierten Bereich noch erinnert werden könnte oder müsste. Auch der folgende Satz des Kapitels lässt sich damit als Gedächtnisbewegungen verstehen: „Die Zukunft ist nicht gekommen! Was bleibt, was du nicht aus dem Kopf kriegst, ob du kommst oder gehst: das ist gestern und heute die Summe der Zeit. Hier ist *die meiste Zeit* Abend."[222] Der Abend steht als Tageszeit für den Gedächtnisentwurf eines Tages, dessen Ereigniskette in Form vergangener Gedächtnisentwürfe erinnert beziehungsweise vergessen werden muss, um als Sinn aktualisiert zu werden. Insofern bleibt die Zukunft als Aspekt eines Gegenwartsentwurfs einer bereits vergangenen Gegenwart hinter jedem gegenwärtigen Gegenwartsentwurf als Vergangenheit zurück. Eine Zukunft kann weder kommen noch eintreten. Sie muss sich als konstitutiver Moment einer Gegenwart hervorbringen und ist in ihrer Vergänglichkeit lediglich Anlass für weitere Gegenwartsentwürfe mit je eigenen Zukünften und Vergangenheiten.

Ein solches „zeitweiliges Nachleben der ehemaligen Gegenwart" wird auch mit der erzählenden Gegenwart um 1983/84 angeboten; und zwar sowohl für die erzählte Gegenwart des Erzählers über das Dorf seiner Kindheit, als auch für die Gegenwart, aus der heraus sich die Erzählung vordergründig hervorbringt. Die Verschränkung und Verzahnung der gegenwärtigen Erzählebenen wird ebenfalls im Modus einer Gegenwärtigkeit vorgenommen:

> Bevor ich neun wurde, der Herbst. Mit uns im Wald mein Hund. Zugelaufen. So ein fröhlicher schwarzer Hund, der immer zu mir hält. Wohin jetzt mit der Geschichte? Am besten sie gleich Carina oder doch ins Buch? Beides? Erst sie Carina jetzt, den Hund kennt sie schon vom Erzählen, und morgen malen wir bunte Blätter. Meine drei Arbeitstische. Die Schreibtischlampe. Das Manuskript. Noch der gleiche Tag? Einundderselbe einzige lange Abend? Immerhin hast du heute einer Verrücktheit und zwar der mit den Straßenecken auf Anhieb widerstanden. Zum erstenmal ist es dir gelungen.[223]

Die einzelnen Textelemente präsentieren sich stets in einem möglichen Bezug zu anderen Textelementen, indem sie sich als Gegenwarten mit je eigenen Vergangenheiten und Zukünften darstellen, deren Fortbestand in Form von weiteren Gegenwartsentwürfen ungewiss ist. Diese Ungewissheit unterstreicht die Gegenwärtigkeit des jeweiligen Bezugsrahmens. Weil die Textelemente als kommunikative Ereignisketten zugleich Gedächtnis sind und sich im Zuge ihrer Hervorbringung nicht nur beobachten, sondern auch mit Anschlusskommunikation ausstatten, gründet in ihnen auch das Initialmoment für den Entwurf weiterer Gegenwarten.

Die Geschichte über den schwarzen Hund findet sich etwa zehn Seiten später als Andeutung, im Detail jedoch beispielsweise in *Ein Sommer der bleibt;* in jener medialen Form also, die nicht als Schrift vorliegt, sondern in Form einer Audio-CD ohne Manuskript entstanden ist. Eine siebenminütige Passage ist darin auch seinem Hund Rolf gewidmet, von dem auch in obigem Textabschnitt die Rede

---

222 Ebd., hier 41.
223 Kurzeck, *Oktober und wer wir selbst sind,* hier 71.

ist.[224] Im Gegensatz zu *Kein Frühling*, das der Erzähler immer wieder als Buch *über* das Dorf seiner Kindheit bezeichnet, erzählt Peter Kurzeck mit jener Audio-CD das Dorf *seiner* Kindheit. Der diffizile Unterschied in der erzählten Titelbezeichnung drückt sich konsequent in der Erzählperspektive der beiden medialen Formen aus. Denn die Erzählperspektive in *Ein Sommer der bleibt* präsentiert sich als Erinnerungsbewegung, in der Peter Kurzeck Episoden aus seiner Kindheit in Vergangenheitsform erzählt. In *Kein Frühling* wird zwar auch aus der Perspektive eines Ich-Erzählers erzählt, allerdings wird diese – wie bei den übrigen literarischen Texten – häufig zugunsten anderer, kollektiver oder entpersonalisierter Erzählperspektiven gewechselt.[225]

Die Tatsache, dass sich die Geschichte über den Hund Rolf in einer anderen medialen Form finden lässt, die sich ebenfalls als Element des Ensembles Peter Kurzeck präsentiert, zeigt zum einen die Konsequenz, mit der sich die literarischen Texte und medialen Formen dieser *Autopoietik* differenzieren. Zum anderen suggeriert die Frage, wie mit dieser Geschichte im Moment ihrer Kommunikation umgegangen werden kann, die Gegenwärtigkeit ihrer vorläufigen Einordnung. Indem verschiedene Möglichkeiten aufgezeigt werden, mit der unerzählten Geschichte fortzufahren, werden ihr überhaupt erst potenzielle Zeiträume beigemessen, in denen sie sich zu einem anderen Zeitpunkt ereignen kann. Damit werden mögliche Bezugsrahmen für eine zu erzählende Geschichte selbst als Erzählung hervorgebracht. In Rückbindung an die Funktion des Gedächtnisses erhöht sich mit der angekündigten Geschichte die Wahrscheinlichkeit, dass sie zu einem anderen Zeitpunkt erzählt werden wird. Zugleich erzeugt die erzählte Ankündigung der zu erzählenden Geschichte Zeit als Ablaufkategorie. Darüber hinaus impliziert die zeitliche Markierung des *jetzt* eine unmittelbare Dringlichkeit,

---

224 Vgl. Kurzeck, *Oktober und wer wir selbst sind,* 82. In diesem Textabschnitt finden sich bereits Hinweise auf einzelne Situationen, die der Erzähler mit dem Hund erlebt hat. Vgl. hierzu vor allem: Kurzeck, *Ein Sommer der bleibt,* CD2, Kapitel 2. Auch in *Kein Frühling* wird an verschiedenen Stellen ein schwarzer Hund beschrieben, mit dem Rolf angedeutet wird. Dies lässt sich allerdings nur vermuten. Vgl. Kurzeck, *Kein Frühling (2007),* 471.

225 Beständig werden Erzählperspektiven gewechselt. Häufig wird die zweite Person Singular oder auch die so genannte vierte Person, die man-Form bemüht: „Du und dein Hund, ihr steht und betrachtet den schlafenden Schreiner; man fragt sich, wer wen träumt [...] Mit deiner Findigkeit und dem guten Willen, mit besserem Werkzeug und ein bißchen mehr Aufwand an Material, Zeit und Licht hättest du gut und gern eine Hütte auch für dich dich selbst bauen können. Am heutigen Nachmittag. Der jetzt rum ist mit seinen Möglichkeiten." Kurzeck, *Kein Frühling,* hier 254. Auch das integrative Personalpronomen, das sich bereits der Erzähler des ersten Romans zu wünschen schien, wird häufig bemüht: „All die Zeit immer kleiner ist uns unser Leben geraten. Sich und dem Zugvieh die Bedrängnis, die Zeit und den Umweg vorbeten, grau und schwer trieft die Luft; gleich werden die Glocken läuten, zum zweitenmal läuten [...] Am heutigen Tag – uns gibt es nicht mehr!" Ebd., 422f. In anderen Abschnitten wird eine perspektivische Zuweisungsmöglichkeit ausgelassen: „Haben ihn wochenlang, diesen Schnee, geduldig zu immer höheren Haufen und Wällen aufgeschippt, Schnee, Schnee, immer mehr Schnee. Die Zeit selbst, die Tage und Jahre, das Leben, die Last und die Mühe auch mit der Zeit zusammengetragen und aufeinandergeschippt." Ebd., 544.

mit der eine Entscheidung zu erwarten ist, wie in diesem Augenblick mit der Geschichte weiter verfahren werden soll.

Möglichkeiten werden mit Blick auf die obige Textpassage aus *Oktober und wer wir selbst sind* zwar aufgezeigt, jedoch nicht umgesetzt. Stattdessen wendet sich der Erzähler seinem Manuskript zu und stellt sich die Frage, ob es sich immer noch um den gleichen Tag handelt, in dem er sich orientiert. Aus dem Textabschnitt geht nicht hervor, auf welchen Tag sich diese Frage bezieht. Die auffällige Schreibweise, die im Zusammenhang mit der Bezeichnung „Einundderselbe einzige lange Abend" auffällt, erinnert jedoch an jene Relativität, mit der der Erzähler an früherer Stelle danach fragte, ob es sich jede Woche um ein einzelnes Buch handelte, das er bereits als Kind allabendlich verfasste, oder um „einunddasselbe ewige Buch."[226] Entscheidend ist bei beiden Kommunikationszusammenhängen, dass die Frage unbeantwortet bleibt. Indem die zeitliche Zuordnungsmöglichkeit des erzählten Erzählens in Frage steht, wird einer Gleichzeitigkeit des Ungleichzeitigen zumindest in Form eines Möglichkeitsraumes stattgegeben. Dies gilt für den *Tag* und das *Buch* gleichermaßen.

Damit wird das wechselseitige Bedingungsverhältnis von Zeit als Erzählung und Welt als erzählter Zeit erneut akzentuiert. Denn es lässt sich nicht zuordnen, um welchen Tag es sich gehandelt hat, an dem der Erzähler „einer Verrücktheit und zwar der mit den Straßenecken auf Anhieb widerstanden hat." Obwohl sich der Tag nicht datieren lässt, es also jeder Oktobertag sein könnte, zeichnet sich keine Beliebigkeit zeitlicher Orientierung ab, sondern vielmehr ein ausgestellter Verzicht auf die Anordnung chronologischer Ereignisfolgen. Denn der Zusammenhang zur widerstandenen Versuchung lässt sich auch ohne chronologische Orientierung unmittelbar herstellen und zwar im Rückgriff auf eine frühere Textpassage desselben Buches.[227] Zwar richtet sich dieser Rückgriff – sofern man ihn als Interpretationsbewegung vornimmt – durchaus nach chronologischen Anhaltspunkten im Sinne der Linearität; er wird allerdings nur als Interpretationsmöglichkeit angeboten und gerade nicht in linearer Form vom Text selbst vorgegeben.

Ähnliche Bezugsmöglichkeiten finden sich auf der letzten Seite von *Vorabend*:

> Ist das jeden Abend wieder, daß dein Leben dir vorkommt wie ein einziger langer Tag? Oder als ob du dir alles selbst ausdenkst und immer wieder selbst ausdenken mußt? Daß wir heim sind, Sibylle, Carina und ich, und im Dunkeln ein leichter Wind. Und daheim Jürgens Anruf. Schläft er jetzt? War das heute Abend oder ist das aus einem Buch? Einmal ein erschrockener Nachtfalter – war das auch heute? Sibylle kommt zu mir. Sie ist wirklich! So spät, sagt sie. Schon nach zwei. Und unser Badewasser rauscht, als ob die Zeit lang still stand und das jetzt wieder aufholen muß.[228]

---

[226] Vgl. *Vor den Abendnachrichten,* 24.

[227] Vgl. Kurzeck, *Oktober und wer wir selbst sind,* 53f. Diese Textpassage wird zu Beginn des vorigen Kapitels interpretiert.

[228] Kurzeck, *Vorabend,* hier 1015.

Dass es sich bei dem Leben, das sich hier in Frage stellt, um einen bestimmten beziehungsweise „einunddenselben ewigen Tag" handeln kann, oder auch um eines der unzähligen Bücher beziehungsweise „einunddasselbe ewige Buch", lässt sich vor dem Hintergrund der bereits angeführten Bezugsmöglichkeiten durchaus behaupten. Denn das Leben, das sich als Erzählung zeugt und ausbildet, kann sein Überleben nur in Form von Büchern sichern.[229] Bezeichnend ist in diesem Zusammenhang die eröffnete Zeitmetaphorik. Denn der Zeithorizont, in den die Reflexion des eigenen Lebens scheinbar eingefasst ist, wiederholt sich täglich. Weil die Reflexion jedoch eine Vertauschung von Leben und Tag in Betracht zieht, stellt sich die Frage, ob sich im Umkehrschluss auch das Leben wiederholen kann. Eine Bezugsmöglichkeit dieser implizierten Frage findet sich in den ersten Sätzen aus *Übers Eis,* also am Beginn der Chronik, der bezüglich der chronologischen Ereignisse des Handlungsgerüsts obiger Textstelle nachgeordnet ist: „Wie es scheint, fängst du dein Leben alle paar Jahre neu und von vorn an. Mitten in der Katastrophe, wie aus der Welt gefallen. Kaum ist es hell, setzt der Tag sein Verhör mit mir fort."[230] Die Möglichkeit, immer wieder ein neues Leben anzufangen, wird also ebenfalls in Betracht gezogen. Den Ereignisrahmen bildet zu Beginn von *Übers Eis* die Trennung von Sibylle. Während diese Katastrophe im Erzähler den Eindruck verursacht, als sei er wie aus der Welt gefallen, wurde genau diese Angst bereits an anderer Stelle mit einem gefährlichen Zustand eingeführt. In der Locarno-Episode, die auf den Mai 1990 datiert ist, beschreibt der Erzähler die Angst, zwischen zwei Büchern aus der Welt zu fallen. Seinen dritten Roman, *Kein Frühling,* an dem er innerhalb der ersten fünf Chronik-Romane arbeitete, hatte er zu diesem Erzählzeitpunkt jedoch schon als fertiges Buch aus der Hand gegeben.[231]

Einschlägige Textelemente, die sich aufeinander beziehen lassen, bezeugen also, dass sich die Erzählung am Leben erhält und – zumindest vorerst – nicht zwischen zwei Büchern aus der Welt gefallen ist. Dass das Trennungsereignis Ende November 1983 eine neue Zeitrechnung markiert, wird an verschiedenen Textstellen explizit erwähnt.[232] Diese Zäsur, die den Beginn des Erzählzeitpunktes der Chronik bedeutet, wird als Begründungsfigur einer neuen Zeitrechnung und damit auch als

---

229 „Schon mein ganzes Leben lang will ich gern mehrerlei Dinge *gleichzeitig* tun. In Ruhe. Vielleicht sogar an verschiedenen Orten. Wenigstens ist mein Buch fertig und damit hab ich fürs erste den Tod besiegt." Kurzeck, *Vor den Abendnachrichten,* 15.

230 Kurzeck, *Übers Eis,* hier 7.

231 „Damit ich nicht aus der Welt falle, zwischen zwei Büchern – das eine fertig (wird gesetzt und braucht mich nicht mehr), das nächste noch nicht recht begonnen, das ist wie Nebel, Glatteis und Schneetreiben ein gefährlicher Zustand." Kurzeck, *Vor den Abendnachrichten,* hier 6.

232 Vgl. hierzu: „Als das Jahr 1984 anfing, nach der Trennung, hatte ich von einem zum andern Tag nix mehr. Auch keine Wohnung, kein Selbstbild, noch nicht einmal Schlaf ist mir übriggeblieben. Weg ist weg." Kurzeck, *Übers Eis,* hier 7. Oder: „Ende November die Trennung. [...] Die Trennung und gleich nach der Trennung eine neue Zeitrechnung. Jeden Tag wieder die Tage zählen." Kurzeck, *Als Gast,* hier 10.

Beginn einer Identitätssuche gesetzt. In Rückbindung an obige Textpassage, die sich am Ende von *Vorabend* findet, zeigt sich jedoch, dass die Bestimmung einer neuen Zeitrechnung nur vorläufig und nur vor dem Hintergrund der Kontingenz des weiteren Erzählweges als solche gesetzt werden kann. Denn das Erzählte wird immer wieder in Frage gestellt und mit verschiedenen Bezugsmöglichkeiten anderer Erzählelemente korreliert. Bereits die ersten Textbetrachtungen haben gezeigt, dass das Erzählte an zahlreichen Stellen als ausgedachtes Resultat ausgestellt wird. Dabei greifen die Vorgänge des Erinnerns als wiederholender Gedächtnisbewegung und des Erzählens als zeugender Hervorbringung von Neuem ineinander.[233]

Indem die Textelemente immer wieder Fragen nach der Zu- und Einordnung bestimmter Ereignisse aufwerfen und dabei in Betracht ziehen, es könne sich auch um Ereignisse anderer Bücher handeln, verweisen sie bereits innerhalb einzelner Textgrenzen auf ihre mögliche Bezogenheit zu anderen Texten der *Autopoietik*. Und tatsächlich finden sich bereits in *Oktober und wer wir selbst sind* die in Frage stehenden Ereignisse aus *Vorabend:*

> Daß man heimgeht am Abend, im Wind, in der frühen Dunkelheit und es ist wieder Herbst. Daß man abends heimgeht mit Frau und Kind. Und denkt, man weiß genau, wer man ist – man muß nichtmal drüber nachdenken. Und daß das auch so bleibt. Ist das jetzt die Gegenwart? [...] Und da war es, der gleiche heutige Abend, daß ich Carina zeigte, wie man mit dem Wind spricht. [...] Schläft er jetzt, mein Freund Jürgen?[234]

Die Frage, ob Jürgen schläft, wird jeweils zu Beginn der darauffolgenden drei Abschnitte wiederholt.[235] Auch am Ende von *Oktober und wer wir selbst sind* finden sich Ankündigungen auf andere Tage und Bücher:

> Und dann wollen wir sehen, wie es mit ihnen weitergeht [mit Jürgen und Pascale, MK]. Mit ihnen, mit uns und der Welt. Aber das ist dann schon wieder ein neuer Tag und das nächste Buch. Muß mir noch ihre Versöhnung ausdenken, sagte ich zu Sibylle. Oder meinst du, sie kommt nicht zurück? Jetzt müßte Sibylle sagen: Klar kommt sie! Oder ist schon! Wie soll sie ohne ihn? Aber sagt stattdessen: weiß nicht.[236]

Der Erzähler erklärt hiermit nicht nur, dass er sich die Versöhnung seiner Freunde ausdenken muss, sondern auch, dass erst der nächste Tag und das nächste Buch zeigen werden, wie es mit ihm und der Welt weitergeht. Wie es mit Jürgen und Pascale weitergeht, erklärt sich jedoch bereits mit den ersten drei Romanen der Chronik, aus denen hervorgeht, dass die Trennung – genau wie bei dem Erzähler und Sibylle – in den erzählten Gegenwarten des vierten und fünften Chronik-Bandes – unmittelbar bevorstand.

---

233 „Und weil [so der Erzähler, MK] sie vorher mit uns und neben mir her ging, muß ich mir jetzt ihren Weg ausdenken und wie sie da geht. Ein Herbstmorgen. Große Schritte." Kurzeck, *Vorabend,* hier 9.

234 Kurzeck, *Oktober und wer wir selbst sind,* 197f.

235 Vgl. Ebd.

236 Ebd.

In *Übers Eis* ist hingegen von einem fertigen Kapitel die Rede – einem Kapitel des dritten Buches *Kein Frühling* also –, das einen „oberhessischen Sonntagsspaziergang" beschreibt, der einerseits:

> nie stattfand, und jetzt (deshalb) kein Ende nimmt. Selbst geschrieben, das lässt sich nicht leugnen, doch schien mir jetzt nahezu unverständlich. So fremd die Wörter. Was heißt denn Oberhessen? Die ganze Gegend und ihre Bewohner mir ausgedacht, vorher gab es die nicht! Das Manuskript zusammengerollt und schon ein bisschen verdrückt. Selbst wie angenagelt jetzt zwischen den Bücherstapeln.[237]

Mit dieser Textstelle betont der Erzähler, dass er sich die ganze Gegend und ihre Bewohner ausgedacht hat, beziehungsweise, dass sie es erst gibt, seit sie von ihm erzählt wurden. Auch hier kann „die ganze Gegend" vor dem Hintergrund des *Vorabend*-Mottos als Zeit begriffen werden, die erzählt werden muss, um Welt zu sein.[238] Das Dilemma des Erzählers, das sich jedoch an zahlreichen Stellen abzeichnet, betrifft die Zukunft des Erzählers selbst. Zwar kann er sich des bereits Erzählten vergewissern und durch weiteres Erzählen bezeugen, dass sich das Erzählen von Buch zu Buch ein Überleben sichert. Dies ist jedoch nur als rekursive Gedächtnisbewegung möglich.

Gerade diese Ungewissheit, die in der Flüchtigkeit jeder autoreflexiven Identitätszuweisung liegt, treibt das Erzählen als Kommunikation an. Denn die Frage, wie sich der Erzähler, oder vielmehr das Erzählen selbst benennen soll, kann nur im jeweiligen Kontext entschieden werden, in dem es sich selbst zeugt und zu erhalten sucht. Die Textelemente dieser *Autopoietik* umspielen die Bedingungen und Möglichkeiten einer solchen autoreflexiven Identifikationsbewegung. Sie präsentieren Bezugsmöglichkeiten zu anderen Textelementen, verweisen auf die Vorläufigkeit ihrer Bedeutungsreichweite, stellen ihre räumlichen und zeitlichen Zuordnungsmöglichkeiten und sich selbst als ausgedachtes Erzähltes oder erzähltes Ereignishaftes in Frage und provozieren Sinnzuweisungen, die ihre Textgrenzen nicht nur räumlich, sondern auch hinsichtlich ihrer zeitlichen Zusammenhänge im Sinne chronologischer Ereignisketten sprengen.

Die Problematik der Selbstidentifikation wird insbesondere im Zusammenhang mit dem fertigen Romankapitel über den oberhessischen Sonntagsspaziergang virulent. Denn auf der folgenden Seite in *Übers Eis* heißt es:

> Und ich, wie soll ich mich benennen? Hier vor ihr und wie für mich selbst? Letzte Woche den Termin ausgemacht, als ginge es um jemand anders. Als ob die Zukunft in Zukunft die Zukunft bleibt! Wie die Welt mir jetzt schon vor den Augen verschwimmt. Einen weiten Weg und schnell durch die Kälte. Wenn ich die Augen zumache, gleich fängt die Stille zu sirren an. Die Zähne zusammen: ineinander verhakt die Zähne! Als solltest du zu keinem je wieder ein einziges Wort. Mantel, Manuskript, die Wolkenwand vor dem Fenster. Und noch dabei, mich und meinen Namen, meine Stimme, die Geistesge-

---

[237] Kurzeck, *Übers Eis*, hier 110f..

[238] Vgl. hierzu erneut das Motto, das *Vorabend* vorangestellt ist. „Die Ganze Gegend erzählen, die Zeit!"

genwart wiederzufinden. Mein Sendungsbewußtsein, denn es soll für den kommenden Sommer, das hast du dir und der Welt auferlegt, deine erste Rundfunksendung! Damit er auch kommt, der Sommer! Und damit du dann weißt, daß du wirklich und auch im Sommer noch auf der Welt bist.[239]

Die Frage nach der Selbstbenennung bezieht sich zwar vordergründig auf einen Besuch beim Zahnarzt, für den der Erzähler telefonisch einen Termin ausgemacht hat. Die verhandelte Problematik liegt jedoch tiefer und hängt offenbar mit dem als Tatsache verstandenen Umstand zusammen, dass die Zukunft in Zukunft als Zukunft eben nicht identisch sein kann.[240]

Entscheidend ist hier jedoch nicht nur, dass die Zukunft – oder vielmehr jeder Gedächtnisentwurf – einem permanenten Wandel unterzogen ist, sondern dass sie überhaupt erst hervorgebracht werden muss, um sich – hier in Form eines Sommers – zu ereignen. Wie es mit dieser Welt weitergeht, hängt einzig davon ab, ob der Erzähler seinen Namen, seine Stimme, seine Geistesgegenwart, das heißt sich als Identität des Erzählens wiederfindet. Dass es sich bei dieser Identifikationsbewegung – die das Erzählen selbst ist – stets um momenthafte Identitätszuweisungen handelt, zeigt der nachfolgende Satz, in dem diese Identität als Sendungsbewusstsein bezeichnet wird. Denn der nächste Sommer kann nur stattfinden, wenn der Erzähler sein Sendungsbewusstsein wiederfindet, das wiederum die Voraussetzung dafür ist, dass die angekündigte erste Rundfunksendung auch tatsächlich stattfinden kann. Daran zeigt sich erneut, dass sich der Erzählprozess permanent selbst identifizieren muss, um in rekursiven Gedächtnisbewegungen – etwa im Hinblick auf vorliegende Textelemente, bereits fertig gestellte literarische Texte oder mediale Formen – weitere Kommunikationen anzuschließen.

Mit Blick auf die Anlage der gesamten Chronik *Das alte Jahrhundert* lässt sich nun folgender Zusammenhang zur obigen Textpassage aus *Übers Eis* herstellen: Bei der angekündigten Rundfunksendung handelt es sich mit großer Wahrscheinlichkeit um diejenige, deren Honorar Peter Kurzecks Verleger in der inhaltlichen Vorschau des elften Chronik-Romans ankündigt („KD ruft an. Das Rundfunkhonorar kommt bestimmt"). Laut Arbeitsplan handelt es sich bei diesem Roman, der den Titel der gesamten Chronik trägt, um den vorletzten Band. Der zwölfte Band – *Nach dem Sommer* – ist als Epilog angekündigt, der wiederum vor der Handlungszeit von *Übers Eis* einsetzt. Bezieht man die Ankündigung des Sommers in *Übers Eis*, dessen Voraussetzung die geplante Rundfunksendung ist, und den Arbeitsplan der gesamten Chronik-Anlage aufeinander, lässt sich eine Wiederholungsstruktur erkennen, die ineinandergreift. Denn der zwölfte Band ist der Handlungszeit von *Übers Eis* nicht nur vorgeordnet, sondern trägt bereits im Titel die Bestätigung in sich, dass sich der Sommer, der nach *Übers Eis* stattfinden soll, bereits stattgefunden

239 Kurzeck, *Übers Eis*, hier 111.

240 Die Relativität verschiedener Zeithorizonte, die irreversibel sind, wir auch an deren Textstellen und insbesondere in *Kein Frühling* deutlich hervorgehoben: „Die Zukunft von damals, die hätten wir gern!". Kurzeck, *Kein Frühling (2007)*, hier 343. Vgl. auch Ebd., 478.

haben muss. Das bedeutet zugleich, dass auch die Rundfunksendung bereits ausgestrahlt werden musste. Dies lässt sich wiederum bestätigen, wenn man auch andere mediale Formen in den Kommunikationszusammenhang integriert, die Peter Kurzeck zugeordnet werden können. Denn der „Sonntagsspaziergang" wurde 1991 als Hörspiel im Hessischen Rundfunk ausgestrahlt und liegt als mediale Form vor.

Doch wie lässt sich diese eigentümliche Struktur literarischer Texte und medialer Formen ihrerseits paradigmatisieren? Eine Möglichkeit besteht darin, zwei der interpretierten Elemente in einen wechselseitigen Bezugsrahmen zu bringen – den Romantitel *Oktober und wer wir selbst sind* und das Motto, das *Vorabend* vorausgeht: „Die ganze Gegend erzählen, die Zeit!".[241] Im Zusammenhang dieser programmatischen Erzählvorhaben wird die Frage, ob so etwas überhaupt möglich ist, vorausgesetzt und durch das Erzählen selbst substituiert. Das bedeutet nicht, dass sich diese Fragen im Zuge des Erzählens aus der Welt schaffen lassen. Denn es ist immer die gleiche Frage, die im Zentrum dieses Erzählens steht: Die Frage nach den Möglichkeiten, Zeit und Welt und damit das jeweilige *Selbst* zu erzählen. Dies zeigt sich an folgender Textpassage:

> Wie soll man die Zeit erzählen? Und wie erzählt man sich selbst, ohne gleich für immer zur Märchengestalt? Bevor du mit dem Aufschreiben anfängst, mußt du dir alles immer wieder vorsagen. Wie ein Lied, ein Gebet. Im Liegen, im Gehen. Wort für Wort. Eine Beschwörung. Immer nochmal und jedes Mal wahrer. Mir Nachsehen, wie ich mit meinem Vater im Wald bergauf gehe und dann weiter mit Carina. Mit ihr, mit dem Dorf, mit mir selbst. Mit den Dorfkindern aus dem Jahr 1950 und mit dem Kind, das ich war. So durch den Tag, durch die Jahre. In Gedanken immer wieder mit der Vergangenheit oder vor dir selbst her und in deiner Vorstellung längst schon dort, wo du in Wirklichkeit erst noch hinwillst. So gehst du und gehst.[242]

Die erste zentrale Frage dieser Passage wird in Form eines vollständigen Satzes gestellt. Bei der Frage nach den Erzählmöglichkeiten des Selbst fehlt hingegen das Hilfsverb. In den literarischen Texten, die der *Autopoietik* Peter Kurzeck zugeordnet werden, fehlen häufig Verben. Zum einen lässt sich das Indefinitpronomen „man", das bereits im Satz zuvor gebraucht wurde, stellvertretend auf eine ganze Reihe möglicher Erzähler beziehen und zum anderen kann ohne das fehlende Hilfsverb nicht eindeutig bestimmt werden, ob die Konsequenz des Sich-Erzählens aktiv konnotiert ist oder passiv. In aktiver Form würde sich die konsekutive Satzkomponente folgendermaßen auffüllen lassen: „ohne gleich für immer zur Märchengestalt [zu werden]?". Als Passivkonstruktion ließe sich Folgendes hinzufügen: „ohne gleich für immer zur Märchengestalt [gemacht zu werden]?". Indem die Auslassung auf eine doppelte Möglichkeit der Identitätskonstruktion verweist, erhöht sich nicht nur das Interpretationspotenzial dieses Textelements, der Text provoziert damit selbst eine Interpretation, die in ihrer Beobachtungsbewegung die Differenz von Text und Rezeption nachvollzieht.

---

241 Vgl. hierzu Kapitel 3.2.2 und 3.2.3.

242 Kurzeck, *Oktober und wer wir selbst sind,* hier 77f.

Dem geforderten Vorhaben des wörtlichen Wiederholens und des mündlichen Beschwörens folgt eine Beobachtungsbewegung, in der sich die erzählende Instanz (hier in Ich-Form) selbst in verschiedene Sinnzusammenhänge bringt. Der Erzähler sieht sich als Kind mit seinem Vater, als Vater von Carina, im Zusammenhang mit dem Dorf seiner Kindheit und mit sich selbst gemeinsam mit den Dorfkindern aus dem Jahr 1950. Bemerkenswert ist, dass sich der Erzähler bei all diesen räumlichen und zeitlichen Konstellationen selbst beobachtet, obwohl sich diese nicht gleichzeitig ereignen können. Er führt sie zwar nacheinander an, dennoch geht er mit ihnen „durch den Tag, durch die Jahre". Indem er sie erzählend einführt, erzeugt er semantische Zeiträume, in denen sie sich in einem Bereich des „Als ob" scheinbar doch ereignen können. Die hier dargestellte Gleichzeitigkeit des Ungleichzeitigen bildet einen Kommunikationszusammenhang, der sich mit allen literarischen Texten und medialen Formen dieser *Autopoietik* in Relation bringen lässt. Entsprechend programmatisch heißt es in *Ein Kirschkern im März:* „Man muß so lange weitererzählen, bis eine einzige große Geschichte draus wird."[243] Im Fall dieser *Autopoietik* vernetzen sich die Elemente des Ensembles als Korpus literarischer Texte und medialer Formen, die sich gerade in ihrer ungleichzeitigen Gleichzeitigkeit präsentieren.

Das Paradigmatische dieser *Autopoietik*, das sollte bisher verdeutlicht werden, ist der Vorgang des Erzählens selbst, der immer wieder in seiner Operativität ausgestellt wird: „Kugelschreiber, Notizzettel, Regenschirm, Zigaretten und wer ich selbst bin! Du suchst dir ein paar Wörter im Kopf zusammen, den Anfang von einem Satz, und machst dich auf den Weg. Aus dem Haus."[244] Dabei bedingt die Erzählbewegung in ihrer Operativität das Erzählte, das wiederum Einfluss auf weitere Erzählelemente ausübt und so fort. Performiert wird dieses wechselseitige Bedingungsverhältnis insbesondere durch die beständige Korrelation mit dem Vorgang des Gehens, das analog zur Figur des Paradigmas von einem Besonderen zu einem anderen Besonderen fortschreitet. An der folgenden Textstelle lässt sich das Verhältnis zwischen Erzählen und Gehen besonders gut darstellen:

> Bis halb zwei geschrieben, dann in den Kinderladen. Das Manuskript nimmst du mit. Die Kinder im Aufbruch und alle mit irgendwas noch nicht fertig. Matratzen und Spielzeug, die Wände bemalt und dazwischen und mittendrin bunt durcheinander die vergangenen Tage und ganze Sommer gestapelt. Immer über den Kindern die Eltern zu grüßen vergessen! Carina schon im Anorak und mit Mütze und Schal. Steht und wartet. Und wie ernst, wenn sie mit sich allein ist. Ins Freie, sie neben mir. Gehen und Gehen, und gleich ist mir leichter. Beinah als hätte ich nun doch mein Leben, die Gegenwart, meinen Körper zurück. Wenigsten vorerst, bis auf weiteres.[245]

Der Verweis auf den Schreibprozess, der dem Gang zum Kinderladen vorangegangen ist, stellt nicht nur den Bezug zum Erzählvorgang im Sinne eines Schrei-

---

243 Kurzeck, *Ein Kirschkern im März*, 195
244 Kurzeck, *Ein Kirschkern im März*, hier 10.
245 Kurzeck, *Übers Eis*, hier 18.

bens her. Das Manuskript wird mitgenommen. Geschildert wird eine Situation im Kinderladen, zwischen dessen Wänden sich „vergangene Tage" und „ganze Sommer" stapeln. Sie lassen sich an diesem Ort also durchaus auffinden, und zwar im Raum des Erzählens. Womöglich handelt es sich dabei um jenes „Nachleben einer ehemaligen Gegenwart in vergänglichen Bildern", das in *Mein Bahnhofsviertel* programmatisch eingeräumt wurde.[246] In diesem Kontext muss offen bleiben, inwiefern der Gang zum Kinderladen und der daran angeschlossene gemeinsame Weg mit Carina den Vorgang des Erzählens im Sinne des Schreibprozesses darstellt, der ein Überleben in Form von Büchern sichert, ob also die beschriebene Handlung, die sich nach „halb zwei" ereignet, das Resultat des Schreibprozesses ist. Dafür spricht die Gehbewegung, die dem Erzähler das Gefühl vermittelt, als hätte er beinahe seine Gegenwart, sein Leben, seinen „Körper zurück. Wenigstens vorerst, bis auf weiteres."

3.5.6 Gedächtnis als Praxis

Während es in den bisherigen Betrachtungen der *Autopoietik* Peter Kurzeck überwiegend um die Darstellung und Einordnung einzelner Textelemente und deren Vernetzung ging, zielt dieser letzte Abschnitt darauf ab, die mediale Vielfalt über die Textgrenzen des Korpus hinaus darzustellen. Denn erst mit der Darstellung dieser Vielfalt lässt sich das Potenzial von Gegenwärtigkeit veranschaulichen, das diese *Autopoietik* auszeichnet.

Zunächst sei nochmals daran erinnert, dass nicht nur der Name des Erzählers Peter mit dem des Autors Peter Kurzeck identisch ist, sondern auch die Namen seiner Verleger – Karl Dietrich (KD) Wolff und Rudi Deuble, die wiederum Figuren der *Autopoietik* sind. KD Wolff kann mit seinem Stroemfeld-Verlag (ehemals Roter-Stern-Verlag) und Engagement als SDS-Vorsitzender der 68er-Bewegung durchaus als öffentliche Person betrachtet werden. KD, wie sich der Name an zahlreichen Textstellen der Chronik findet, ist nicht nur Verleger, sondern für den Erzähler Peter, aber auch für den Autor Peter Kurzeck wichtiger Ansprechpartner und enger Vertrauter.

Zum 40-jährigen Verlagsbestehen veranstaltete der Verlag in der Zeit vom 13. August bis zum 4. September 2010 in der Deutschen Nationalgalerie in Frankfurt eine Ausstellung. Neben zahlreichen Publikationen und Schriftwechseln wurden

---

246 Textelemente, in denen periodische Zeitabschnitte als Stapel in bestimmten Räumen beschrieben werden, finden sich auch andernorts: Etwa in *Als Gast*, hier 10: „Die zwei Männer: der zweite, das bin doch ich! Schrill im Rinnstein eine demokratische Versammlung städtischer Rinnsteinspatzen. In den Vorgärten reglos und schwarz vor den Kellerfenstern. In den Kellern vollzählig die vergangenen Winter gestapelt und aufbewahrt. Vergraben. Eingemauert. In Fässern und Kisten verpackt. Und nach Jahrgängen. Viele Winter. Und sie als Amseln müssen alle diese vergangenen Winter ununterbrochen verwalten. Tun ihr Bestes. Seit Jahren schon. Vollzählig alle Winter. Die ganze Zeit. Die gesamte Zeit. Jeden einzelnen Augenblick."[246] Vgl. auch Kurzeck, *Mein Bahnhofsviertel*, 5.

dort auch der Briefwechsel zwischen Peter Kurzeck und KD Wolff genauso wie Bilder ausgestellt, die in ganz unterschiedlichem Zusammenhang zu Peter Kurzeck stehen. Beispielsweise fand sich dort ein mit Buntstiften von einem Kind gemaltes Bild, auf dem ein großer schwarzer Hund zu sehen war. Der Bildunterschrift zufolge zeigt es den Hund Rolf, von dem unter anderem in *Ein Sommer, der bleibt* oder in *Oktober und wer wir selbst sind* die Rede ist.

Das Bild ging als Zuschrift im Verlag ein, mit der ebenfalls handschriftlichen Botschaft des Kindes an Peter Kurzeck: „So stelle ich mir Ihren Hund Rolf vor". Vom Vorhandensein dieses Bildes, das mir am 26. August 2010 während meines Ausstellungsbesuches auffiel, hatte ich bereits zwei Tage zuvor von Peter Kurzeck erfahren. Doch dazu später mehr. Bei diesem Ausstellungsbesuch lernte ich auch KD Wolff persönlich kennen, der mir bis dato nur als Romanfigur und aus mündlichen Erzählungen von Peter Kurzeck ein Begriff war.

Damals verbrachte ich eine ganze Woche in Frankfurt, um dem öffentlichen Aufruf des Verlags zu folgen, bei der Texterfassung des fünften Chronik-Romans *Vorabend* mitzuwirken. Der Grund für diesen Aufruf sei aus einer finanziellen Notwendigkeit heraus entstanden – so hieß es. Denn das Manuskript des Romans, das letztlich als tausendseitiges Buch in Druck gehen sollte, war von Peter Kurzeck – wie üblich – mit überaus engem Durchsatz auf einer Schreibmaschine verfasst und dann immer wieder handschriftlich verändert, korrigiert und ergänzt worden. Peter Kurzeck hätte das gesamte Manuskript noch einmal abtippen müssen. Jedoch lehnte er diese Option ab, mit der wiederholten Begründung, dass er dieses Vorhaben vermutlich nicht überleben würde. Die Gründe für diese Ablehnung führte Peter Kurzeck immer wieder im direkten Gespräch an; sie lassen sich aber auch in diversen Interviews in der Presse nachlesen. Beispielsweise antwortete er auf Nachfrage des Börsenblatts: „Ich hätte das Manuskript auch selbst abtippen können (...) ich hatte Angst, ich verliere mich in dem Labyrinth und vielleicht wäre dann ein ganz anderes Buch daraus geworden."[247] Eine geradezu exemplarische Erklärung für diese erklärte Kontingenz des Erzählprozesses, die mit der dargelegten Kontingenz des Korpus in Kapitel 3.5.1 korreliert, erhält Ralph Schock in einem Interview für *Sinn und Form*, als er – wie das nachfolgende Zitat zeigt – nach der Entstehung von Peter Kurzecks Romanen fragt:

> Du hast erzählt, daß sich aus einem Nebensatz im zwölften Kapitel des "Oktober"-Romans ein neues Riesenprojekt entwickelt hat, dessen Umfang du noch gar nicht absehen kannst. Vor etwa drei Jahren habe ich dich um einen kurzen Text gebeten, und du hast gesagt: Kann ich schon machen, aber das dauert drei Jahre, weil sechshundert Seiten daraus werden." Peter Kurzeck: „Auf diese Art Wildnis habe ich nur bedingt Einfluß. Es geht mir damit wie mit der Schönheit. Ich wußte schon als Kind, ich bin ihr verfallen. Ich kann ihr nicht widerstehen, weder in Form eines Lieds noch einer Blume, weder eines Menschen noch eines Hauses, nicht mal eines Lichtflecks oder eines Baums. (...) Das

[247] Gab, Sabrina, „Peter Kurzeck bittet zum Diktat. ‚Man weiß über jemanden mehr, wenn man mit ihm gearbeitet hat", www.boersenblatt.net/396481, letzter Zugriff: 30.11.2012.

heißt, ich muß eine Kunstform daraus machen, so wie ich auch Umgangssprache, Erinnerung und freies Assoziieren einbeziehe. Ein großer Teil meiner Arbeit besteht darin, alles erst mal schnell zu Papier zu bringen. Ich schreibe oft ohne Satzzeichen und nur klein, nicht weil ich für Kleinschreibung bin, sondern weil es schneller geht. Auch Schreibfehler korrigiere ich nicht. Manchmal gelingt es mir auf diese Weise, die Arbeit von Wochen an einem Vormittag zu erledigen. Hinterher brauche ich Monate, um es in die Form zu bringen, die mich von der Arbeit erlöst. Sonst kann ich es nicht aus Händen, Kopf und Geist entlassen. Eine andere Art zu arbeiten besteht darin, daß ich zwei oder drei Sätze schreibe oder eher auswendig lerne, beim Gehen, Kaffeetrinken, bei allem was ich tue, und dann sehe, ob ich noch frisch genug bin und vielleicht noch zwei oder drei weitere Sätze hinkriege.[248]

Solche Beschreibungen, mit denen Peter Kurzeck als Person beziehungsweise der Erzähler Peter als Figur der Romane den eigenen Schreibprozess, dessen Notwendigkeit und Kontingenz charakterisiert, finden sich also diesseits und jenseits der Textgrenze der *Autopoietik*, sie entsprechen sich und können geradezu als gegenseitiger Beleg für das Erzählverfahren der gesamten *Autopoietik* herangezogen werden.

Die Texterfassung des *Vorabend*-Romans, zu deren Unterstützung ich mich bereit erklärt hatte, fand also vom 19. Juli bis 29. September 2010 im Frankfurter Literaturhaus statt, dessen Adresse, „Schöne Aussicht", ganz vortrefflich mit der Aussicht korrespondiert, dass sich mit dem öffentlichen Roman-Diktat auch die Aussicht auf eine gewissermaßen gegenwärtige Roman-Entstehung assoziieren lässt. Peter Kurzeck diktierte im Rahmen der gesamten Texterfassung insgesamt 39 Bereitwilligen sein gesamtes Manuskript. Einige von ihnen tippten nur einen Vor- oder Nachmittag, andere immer wieder und auch über längere Phasen hinweg. Während der Zeit des Diktats waren bis zu zehn Zuschauer und Zuhörer gleichzeitig anwesend. Das Diktat selbst wurde weitgehend auditiv aufgezeichnet. Bemerkenswert sind in diesem Zusammenhang die mediale Vielfalt und deren Verstrickung dieses öffentlichen Diktats, an dessen Umfeld Interessierte in jeder möglichen medialen Form teilhaben konnten. Um diese Vielfalt zu verdeutlichen, werde ich nachfolgend einige Beispiele anführen.

Nachdem mir fünf Tage Diktat zur Auswahl angeboten worden waren, schlug ich vor, eine Woche am Stück zu übernehmen. Ein Tag dieser Woche war bereits einer Redakteurin des Hessischen Rundfunks zugesagt worden, die eine Reportage über das „öffentliche Diktat" plante. Die Redakteurin beteiligte sich also aktiv an der Texterfassung, nahm diesen Vorgang auf Tonband auf, befragte im Anschluss daran Peter Kurzeck zu seinem neuen Roman, der Chronik und deren Entstehung und machte daraus einen Rundfunkbeitrag, der wiederum innerhalb des Diktat-Zeitraumes – das heißt parallel zum Diktat und in Echtzeit – gesendet wurde. Die Woche über, in der ich den Text erfasste, kamen auch Redakteure von Tageszeitungen zum Diktat, die Peter Kurzeck während seiner Arbeit interview-

[248] Schock, Ralph, „'Wenn ich schreibe, kann mir nichts passieren'. Gespräch mit Peter Kurzeck", in: *Sinn und Form. Beiträge zur Literatur.* Hg. von der Akademie der Künste, 5/2011, Berlin 2011, 624-633.

ten. Das textliche oder auditive Ergebnis dieser Interviews konnte man in der Regel am nächsten Tag in der Zeitung lesen oder im Radio hören. Auch Florian Balke, der in der *Frankfurter Allgemeinen Zeitung* über das Diktat berichtete und wiederum persönlich die Premierenveranstaltung von *Vorabend* moderierte, wird als Beteiligter der Texterfassung im Impressum desselben Romans aufgeführt.[249]

Indem das Diktierte im Zuge der Texterfassung also durch die Hände derer ging, die Peter Kurzecks mündlichen Vortrag inklusive spontaner Korrekturen abtippten, über dieses Szenario aber zum Teil ihrerseits berichteten oder es teilweise im Originalton aufzeichneten, waren diese nicht nur aktiv Teilhabende des Geschehens und damit Medium der Textwerdung, sondern auch zugleich Akteure des Kommunikationszusammenhanges dieses Diktats: gewissermaßen Wahrscheinlichkeitsverstärker, die medial Teil des Geschehens waren, zu dessen Gelingen also beitrugen und zugleich dafür Sorge trugen, dass durch die Verbreitung in Rundfunk und Medien weitere Akteure davon erfahren konnten oder selbst Teil des Ereigniszusammenhanges werden konnten.

Dieser Form der Texterfassung liegt nicht nur eine pure Operativität zugrunde, sie performiert diese reine Gegenwärtigkeit ihrerseits als Praxis, indem Interessierte dazu aufgerufen werden, nicht nur an ihr teilhaben zu können, sondern selbst Akteure der Texterfassung zu werden und damit Einfluss auf diese Praxis und deren Ergebnis nehmen zu können. In dieser Entstehungsform von Literatur zeigt sich das Potenzial großer Gegenwärtigkeit, das die *Autopoietik* Peter Kurzeck auszeichnet. Denn im Grunde liegt im öffentlichen Aufruf zur Mithilfe bei der Texterfassung auch ein geradezu unerhörtes Versprechen. Zum einen verspricht die aktive Teilnahme, Zeuge dieser reinen Praxis der Literaturentstehung zu werden. Zum anderen verspricht diese Teilnahme, Element des Erzählten zu werden und damit Eingang in den Erzählprozess, Eingang in die Praxis der *Autopoietik* zu finden. Ein Textbeleg dafür findet sich im Impressum des Romans, in dem die Akteure der Texterfassung namentlich aufgeführt sind.

Die mediale Verstrickung, die diese neuartige Form der Literaturentstehung hervorbringt, zeigt sich auch an den Effekten der medialen Aufmerksamkeit. Denn die Nachfrage zur Beteiligung an der Texterfassung stieg. Florian Balke beschreibt die Szenerie folgendermaßen:

> Während diese Vignetten an den Zuhörern vorüberziehen, von Kurzeck mit dem Manuskript in der Hand vorgetragen, begleitet vom Tastengeklacker des Laptops, in dem der Text wieder verschwindet, kommen und gehen die Zuhörer und Helfer wie die Menschen in den Szenen des diktierten Buches. Ganz zu Anfang hat ein Ehepaar mit Kind auf der Durchreise in den Urlaub Rast im Literaturhaus gemacht, neulich war ein Mitarbeiter des Frankfurter Kinderladens da, in den der Erzähler der Chronik seine Tochter regelmäßig bringt. Eines Vormittags hat der Kellner des Literaturhausrestaurants vorbei-

249 Balke, Florian, „Aus erster Hand. Peter Kurzeck diktiert live“, faz.net am 20.07.2010 www.faz.net/aktuell/feuilleton/buecher/peter-kurzeck-diktiert-live-aus-erster-hand-11027889.html, letzter Zugriff am 12.12.2012.

geschaut, in dem Kurzeck meist zu Mittag isst, ein paar Tage später hat sich eine Frau aus dem Nachbardorf von Staufenberg an die Tastatur gesetzt, deren Mutter gemeinsam mit Kurzeck den Kommunionsunterricht besucht hat.[250]

Auch ich fragte nach meinem ersten einwöchigen Aufenthalt in Frankfurt nach weiteren Terminmöglichkeiten, um bei der Texterfassung mitzuwirken. Zu diesem Zeitpunkt waren jedoch bereits alle Termine vergeben. Es scheint, als habe auch der Verleger KD Wolff mit einer solchen Nachfrage nicht gerechnet. So heißt es in einem Beitrag für die *Frankfurter Allgemeine Zeitung* von Lena Bopp zu Beginn des Diktats:

KD Wolff, der langjährige Verleger von Peter Kurzeck, sagt, ihm sei schnell klar gewesen, dass man das Manuskript von „Vorabend" ganz altmodisch vorlesen und abtippen lassen müsse. (...) Wenn es sehr gut läuft, dann werden sich bis dahin vielleicht sogar ein paar freiwillige Helfer finden, die den Stroemfeld Verlag und seinen Autor bei der Arbeit unterstützen und sich einige Passagen diktieren lassen.[251]

Mit der Gelegenheit, eine ganze Woche Teil des Roman-Diktats zu sein, boten sich zahlreiche Möglichkeiten, Peter Kurzeck Fragen zu stellen. Ihn kannte ich zu diesem Zeitpunkt bereits. Nach einer Lesung im Sommer 2009 in Heidelberg hatte ich ihn angesprochen. Ich erzählte ihm von meinem Dissertationsvorhaben und fragte, ob ich gelegentlich ein paar Fragen an ihn richten dürfe. Er bot mir an, ihn jederzeit anrufen zu dürfen. Auch schreiben könne ich ihm gerne, er freue sich über Post. Nur eine schriftliche Antwort könne ich nicht erwarten. Denn wenn er einen Brief anfange, dann fürchte er, niemals mehr damit aufhören zu können. Auch diese Aussage verweist auf die Kontingenz des Erzählprozesses und die zugrunde liegende Operativität. Zugleich eröffnet sie eine zwangsläufige Assoziation und ein unausgesprochenes Versprechen: Gegenwartsbasierte Gespräche mit Peter Kurzeck zeichnen sich durch ein so hohes Maß an Kontingenz aus, dass ihre unmittelbaren und ebenfalls radikal gegenwartsbasierten Ergebnisse maßgeblichen Einfluss auf die *Autopoietik* nehmen können.

Planmäßig diktierte mir Peter Kurzeck also ab Montag, dem 23. August von 10.00 bis 16.00 Uhr im Frankfurter Literaturhaus eine Woche lang Teile seines Manuskripts, die ich in ein offenes Textdokument tippte. Eingewiesen wurde ich von dem Lektor Alexander Losse. Peter Kurzeck diktierte mit Interpunktion, las also auch jedes Komma und jeden Punkt vor. Nach kurzer Eingewöhnungszeit diktierte er mir im typisch kurzeckschen Lesetempo. Hin und wieder korrigierte er sich während des Diktierens, griff in sein eigenes Manuskript handschriftlich ein, kommentierte, dieser oder jener Satz müsse anders lauten, begrüßte neue Zuhörer oder unterbrach sein Diktat, um von Situationen jenseits des Manu-

[250] Ebd.

[251] Bopp, Lena, „Selbst schreiben war gestern. Peter Kurzeck diktiert", faz.net am 20.07.2010, http://www.faz.net/aktuell/feuilleton/buecher/peter-kurzeck-diktiert-selbst-schreiben-war-gestern-11007730.html , letzter Zugriff am 12.12.2012.

skriptes zu erzählen. Häufig verwickelte er die Anwesenden in eine solche Erzählung, fragte, woher der jeweilige Gast käme und nahm dies zum Anlass, sein Diktat mit einer anderen Erzählepisode fortzusetzen. Gegenstand solcher Erzählungen war unter anderem das gemalte Kinderbild, das in der Stroemfeld-Ausstellung Peter Kurzecks früheren Hund Rolf zeigte. Die Erzählung des kleinen Mädchens, das Peter Kurzecks Hörbücher so sehr zu mögen schien, dass es ihm aus einem Urlaub ein Bild seines eigenen Hundes Rolf nach eigener Vorstellung malte, von seinem vierbeinigen Gefährten also, der ihm im oberhessischen Dorf Staufenberg während der Nachkriegszeit zugelaufen war, ging während dieses Diktats über in eine Erzählung über das Dorf seiner Kindheit, die in ganz ähnlicher Erzählweise in *Kein Frühling* und anderen Chronik-Romanen nachzulesen, oder in der Audio-Erzählung *Ein Sommer der bleibt* nachzuhören ist.

Zur täglichen Mittagspause zwischen den Diktat-Einheiten lud Peter Kurzeck in der Regel alle Anwesenden ein. Doch auch während des gemeinsamen Essens unterbrach er sein Erzählen nicht. Die Antwort auf jede Frage war – wie bei Begegnungen mit ihm üblich – eine weitere Erzählepisode, die scheinbar unvermittelt einsetzte, jedoch stets an bereits Bekanntes aus den literarischen Texten oder medialen Formen des Korpus anknüpfte, bekannte Motive wiederholte oder diese iterativ weitererzählte.

An einem Tag fragte mich Peter Kurzeck, ob wir im Anschluss an das Diktat spazieren gehen könnten. Der Spaziergang begann an der Mainpromenade, „Schöne Aussicht“ vorbei am Rathaus, von wo aus wir die U-Bahn zum Palmengarten nahmen. Er zeigte mir das Haus in der Jordanstraße, einem der zentralen Orte der Chronik, erzählte von Situationen, die mir bereits durch Elemente dieser *Autopoietik* bekannt waren. Wir gingen gemeinsam von Schauplatz zu Schauplatz, tranken hier und da einen Espresso – vermutlich genau so, wie es der Erzähler Peter in den Chronik-Romanen erzählt –, währenddessen Peter Kurzeck weitererzählte.

Auf meine Frage, was aus dem Siamkater Bukol geworden sei, jenem Frankfurter WG-Kater also, der ursprünglich einem Freund namens Buchholz gehörte und von Jürgens französischer Freundin aufgrund ihres Akzentes schließlich von allen und besonders von Peters Tochter Carina nur noch Bukol statt Buchholz genannt wurde, erhielt ich ebenso eine Fortführung der Geschichte, wie auf die Frage nach Peter Kurzecks Verbindung zu dem tschechischen Schriftsteller Ludvík Vaculík, für dessen deutsche Übersetzung des Romans *Das Beil* Peter Kurzeck ein Vorwort verfasst hatte.[252] Die Namensgeschichte des WG-Katers Bukol präsentiert nach genauerer Betrachtung einen Bedeutungskomplex, der auf das feingliedrige Beziehungsgefüge des Erzählers Peter zu der Mutter der gemeinsamen Tochter Carina verweist – auf das Verhältnis also zwischen Peter und Sibylle.

---

[252] Vgl. Vaculík, Ludvík, *Das Beil,* übersetzt von Miroslav Svoboda und Erich Bertleff. München 2006.

Nachlesen lässt sich die Namensgebung des Katers exemplarisch in *Oktober und wer wir selbst sind.* Denn als

> Bukol noch keinen Namen hatte, riefen ihn alle mit dem Familiennamen des Besitzers, also Buchholz. Pascale aber (die Lebensgefährtin von Peters bestem Freund Jürgen, MK), obwohl diplomierte Sprachlehrerin (Deutsch für Franzosen und Französisch für Deutsche), Pascale konnte Buchholz nicht sagen, sie sagte Bukol. Dort in der Wohngemeinschaft in der Hamburger Allee haben Jürgen und Pascale sich kennengelernt. Der Winter nach Carinas Geburt.[253]

Vor dem Hintergrund der *Autopoietik* lässt sich rekonstruieren, dass sich Jürgen und Pascale etwa um das Jahr 1980 kennengelernt haben. Das Ende ihrer Liebesbeziehung bildet am Schluss des *Oktober*-Romans eine zentrale Rolle, weil es proleptisch auf das Ende der Beziehung zwischen Peter und Sibylle verweist. Die Zeit nach der Trennung, die überwiegend mit den drei Vorgänger-Romanen von *Oktober und wer wir selbst sind* erzählt wird, hat sich zum Erzähl-Zeitpunkt der hier zitierten Episode noch nicht ereignet. Anstoß der Rekapitulation des Namens Bukol ist ein Restaurant namens Bucolique, das Pascale und Jürgen um die Osterzeit des Jahres 1983 im französischen Barjac eröffnet hatten:

> Also es heißt – Bucolique. Wie? Bucolique! Hat sich Pascale ausgedacht. Er kannte das Wort gar nicht. Und warum Bucolique? Ja, also erstens als Wort, so wie es im Wörterbuch steht. Und außerdem wegen Bukol. Vielleicht muß man Bukol in Zukunft mit c schreiben. Und warum heißt Bukol Bukol? (Du weißt es genau, du hast es gewusst, aber gerade jetzt will es dir nicht einfallen!) Das war so. Zuerst war Bukol der vornehme teure Siamkater von unserem Freund Siggi Buchholz. Fremd unter Menschen, fremd auf der Welt. Ein durch Kauf erstandenes Tier. Lebendig. Und hatte noch keinen Namen. Das war in der Hamburger Allee.[254]

Nun lässt sich Bucolique mit den Adjektiven rustikal oder ländlich aus dem Französischen übersetzen. Zugleich fällt die Nähe zur literarischen Tradition der schäferlichen Liebesdichtung auf, der Bukolik nämlich, die häufig zwischen den Gattungen des Dramas und des Epos verortet wird.[255] Die Namengebung des Siamkaters, die scheinbar ein Zufallsprodukt der zeitlichen und räumlichen Rahmenbedingungen ist, entpuppt sich bei genauerem Hinsehen als raffinierte Prolepse auf die unmittelbar bevorstehende Trennung von Pascale und Jürgen, beziehungsweise Sibylle und Peter. Der hier erzählte Prozess der Namensgebung des Siamkaters bleibt unabgeschlossen. Denn die geänderten räumlichen und zeitlichen Koordinaten von Jürgen und Pascale (und ihrem Restaurant Bucolique) werfen unmittelbar die Frage nach der gültigen Schreibweise Bukols auf, wodurch mit einer erneuten Namensänderung durchaus zu rechnen ist. Zugleich

---

253 Kurzeck, *Oktober und wer wir selbst sind,* hier 167.
254 Ebd.
255 Vgl. hierzu Garber, Klaus (Hg.), Europäische Bukolik und Georgik. Wege der Forschung, Bd. 355, Darmstadt 1976, XXII.

birgt die Konstellation rund um Bukol tragische Elemente. Denn immerhin bleibt sowohl Pascale der Bedeutungszusammenhang zwischen Buchholz, Bukol, Bucolique trotz ihrer Sprachfertigkeiten verborgen, als auch Jürgen – und zum Zeitpunkt der Erzählung – dem Erzähler selbst. Denn Siggi Buchholz steht mit seiner Wohngemeinschaft in der Hamburger Allee Frankfurts für den räumlichen und zeitlichen Beginn der Liebesbeziehung, während das Restaurant in Barjac – ebenfalls räumlich und zeitlich – deren Ende markiert. Den roten Faden dieser Beziehungsgeschichte bildet nicht etwa der durch Kauf erstandene teure Siamkater, der zu Beginn fremd auf der Welt war, sondern die Geschichte seiner Bezeichnung, in deren Zentrum ein entscheidender Schlüssel für das Verständnis der gesamten *Autopoietik* liegt. Es ist die Wechselseitigkeit von Einzelereignissen, Beziehungsgefügen und Bezeichnungen, die im Namen Bukol und seiner Geschichte geradezu paradigmatisch zum Ausdruck kommen. Denn die scheinbare Kontingenz der Namensgebung ist bei genauerer Betrachtung als Bedeutungszusammenhang ebenso komplex angelegt wie die mündliche Erzählung, was aus Bukol geworden ist, deren Zeuge ich im Umfeld des Diktats bei einem der gemeinsamen Mittagessen wurde. Dabei ist weniger von Interesse, was Peter Kurzeck zu welchem Zeitpunkt im Einzelnen auf solche Nachfragen – wie nach Bukol – antwortet, als vielmehr die Tatsache, dass er mit einer weiteren Erzählung antwortet und dass jedes erzählte Element jenes Erzählensemble präsentiert, dessen Paradigma es ist, sich jeder Erzählstrang also in das vorliegende Korpus der *Autopoietik* nahtlos einfügt. Denn die Erzählweise ähnelt nicht nur der aus den Chronik-Romanen oder der Erzählweise, für die Peter Kurzeck während öffentlicher Lesungen besonders geschätzt wird, sie ist in großen Teilen identisch mit der von *Ein Sommer der bleibt* oder *Mein Wildes Herz.*

Hingegen unterliegen die Audio-Erzählungen vor ihrer Publikation im Zuge ihrer Produktion einem Schnitt. Sie folgen also, auch wenn es für sie keine Manuskriptvorlage gab, einer Dramaturgie. Eine Audio-CD fällt dabei jedoch ungeschnitten aus dem Rahmen, denn sie ist als Experiment im Rahmen eines literaturwissenschaftlichen Seminars aufgenommen worden – und zwar ohne gesetztes Thema. Erschienen im März 2012 unter dem Titel *Unerwartet Marseille* erzählt Peter Kurzeck in dieser CD von den langen Sommern der späten sechziger Jahre.[256] Das publizierte Produkt unterliegt keiner technischen Optimierung. Die Folge ist, wie bei den Aufnahmen des öffentlichen Diktats, Gelächter oder Räuspern und einige auffällige Schnitte. Auch die üblichen Unterbrechungen des Erzählflusses durch Peter Kurzeck, der zwischendurch ein Stück selbstgemachten Kuchen zu sich nimmt, den ihm die zuhörenden Studenten mitgebracht haben, sind Teil des Erzählzusammenhangs. Auch hier sind nicht nur die Ähnlichkeiten zu den übrigen medialen Erzählformen in der Erzählweise verblüffend, sondern

---

[256] Kurzeck, Peter, *Unerwartet Marseille. Peter Kurzeck erzählt.* Hg. von Jörg Döring, Frankfurt a. M. 2012.

auch jene Effekte dieser in jeder Hinsicht gegenwärtigen Erzählform, die alle Anwesenden zu Teilhabenden und Akteuren macht.

Element dieser Audio-Aufnahme ist unter anderem die Schilderung des Augenblicks, in dem der Erzähler Peter Kurzeck beschloss, Schriftsteller zu werden. Am 19. August 1971, „ein Donnerstag war es, glaube ich (tatsächlich ein Donnerstag, MK). Du darfst nicht mehr zu deiner Arbeit gehen.“. Über dieses Ereignis und den zugehörigen Handlungsrahmen lässt sich sowohl auf Nachfrage bei Peter Kurzeck genaueres erfahren, als auch durch die Betrachtung verschiedener anderer Elemente der *Autopoietik.* In einem Gespräch mit Achim Stanislawski, das beispielsweise im April 2010 stattfand, das aber erst sehr viel später – und zwar nach dem öffentlichen Diktat veröffentlicht wurde – beschreibt Peter Kurzeck ausführlich, wann und wie er mit dem Schreiben begonnen hat und dass er schon als Kind die Erfahrung gemacht hat, „dass man es ohne es (das Schriftstellerdasein, MK) nicht aushält.“[257] Auch hier findet sich der Verweis auf den 19. August:

> Dann mit 28 bin ich eines Morgens aufgewacht, war Personalchef in einer Abteilung, habe für die Amerikaner gearbeitet – das war der 19. August 1971 – ; ich bin also aufgewacht, um zur Arbeit zu gehen, hab die Vögel gehört und wusste plötzlich, wusste ganz sicher: „Du kannst da nicht mehr hin, du darfst da nie mehr hingehen“.[258]

Die Verstrickung von Leben und Schreiben, die insbesondere mit den vorangegangenen Kapiteln 3.5.1 bis 3.5.5 an literarischen Elementen der *Autopoietik* veranschaulicht wurde, findet wiederum Erklärungen, wenn man weitere Gespräche mit Peter Kurzeck hinzuzieht. Auf die Frage von Wend Kässens, ob das Leben das Schreiben hervorbringe, oder das Schreiben das Leben, nimmt Peter Kurzeck auch hier mit seiner Antwort Bezug auf die Notwendigkeit seines Schriftstellerdaseins:

> Das Schreiben ist das Leben! Ich kann mir ein Leben ohne Schreiben nicht vorstellen. Selbst mit 5 Jahren, als ich gerade anfing, mühsam schreiben zu lernen, musste ich mir Geschichten, also den jeweils heutigen oder gestrigen Tag erzählen. Insofern ist das Leben das Schreiben. Aber sie treiben sich auch gegenseitig an. Ich arbeite immer morgens und abends. Da muss man sehen, dass es abends nicht zu lang wird, damit der nächste Morgen funktioniert. Ich gehe also nachts ins Bett schon mit der Vorstellung: Sobald du morgen aufwachst, kannst du so weitermachen. So ähnlich wie ein Kind, das Weihnachtsgeschenke bekommen hat und damit spielt, aber dann irgendwann ins Bett muss. Es stellt die Weihnachtsgeschenke um sein Bett herum auf. Vielleicht schlafe ich auch deshalb schlecht, weil ich natürlich im Schlaf weiter daran arbeite.[259]

---

[257] Stanislawski, Achim, „Ein Bibliotheksbus, ein eigenartiges Bett, die RAF. Interview mit Peter Kurzeck“, faust-kultur.de, http://faustkultur.de/kategorie/literatur/gespraech-peter-kurzeck.html#.ULt8c0IVnhs, letzter Zugriff am 01.12.2012. Die genauere Datierung des Interviews erfuhr ich auf Nachfrage bei Achim Stanislawski persönlich. Es fand auf Anfrage einer studentischen Zeitschrift in Stanislawskis WG-Küche im April 2010 statt.

[258] Ebd.

[259] Kässens, Wend, „Das Schreiben ist das Leben! Wend Kässens im Gespräch mit Peter Kurzeck“, auf culturmag.de am 14.12.2011, http://culturmag.de/litmag/audio-peter-kurzeck-im-gesprach-mit-wend-kassens/40879, letzter Zugriff am 01.12.2013.

Entsprechend fällt Peter Kurzecks Antwort auf die Frage aus, wie es um das Verhältnis von Erinnerung und Erzählen bestellt sei, ob sein Schreiben der Versuch sei, die gelebte Zeit zu konservieren, oder es ihm darum gehe, etwas nicht nur neu zu beleben, sondern in die permanente Gegenwart zu überführen:

> Beides, denke ich. Das ist ja ein Phänomen, dass die Dinge übermächtig werden, wenn sie weg sind, wenn sie versunken sind. Da wird ein Haus abgerissen. Vorher ist man zehn Jahre lang daran vorbeigegangen und wusste, das steht da. Dann ist es weg. Und dann quält einen die Erinnerung daran. So geht es mir mit jedem einzelnen Augenblick. Und ich glaube, die Augenblicke und auch die Menschen sind nicht ganz verloren, wenn man sie im Gedächtnis behält und als Schriftsteller natürlich versucht, sie so lebendig wie möglich zu gestalten. Ich muss mir immer wieder selbst die Welt erzählen! Auch den gestrigen Tag, damit die nicht ganz und gar vergeht.[260]

Bevor es um die theoretische Einordnung dieser Aussagen in ihren Bezugsmöglichkeiten zur gesamten *Autopoietik* geht, seien zwei weitere Formen medialer Ereignisketten eingeführt. Zum Jahreswechsel von 2010 auf 2011 verfasste ich einen handschriftlichen Gruß an Peter Kurzeck. Wenige Wochen später klingelte mein Telefon und Peter Kurzeck, der sich für meinen Gruß bedankte, erzählte mir, an was er gerade arbeitet. Er sprach von seinen vorliegenden und noch geplanten Romanen der Chronik, als ob sie schon längt vorlägen. Er sprach von seinem Herz, auf das er Acht geben müsse. Bereits während des Diktats erklärte er mir, er habe vor längerer Zeit eine Erkältung verschleppt, habe daraufhin einen leichten Schlaganfall erlitten. Wie es zu diesem Schlaganfall kam und an welchem Roman er während dieser Zeit gerade arbeitete, lässt sich en Detail in der Audio-Erzählung *Mein wildes Herz* erfahren, die im Dezember 2010 veröffentlicht wurde.

Auch ein solches Telefonat, das nicht aufgezeichnet wurde, kann also zu den medialen Formen dieser *Autopoietik* gezählt werden, eine Erzählform, die ein exklusives Versprechen transportiert. Denn mit einem Telefonat wird zumindest potenziell in Aussicht gestellt, von einem Element dieses Erzählkorpus zu erfahren, das sich wie ein Puzzle-Teilchen in das Ensemble einfügt und neuartige Bezugs- und Erkenntnismöglichkeiten nach sich zieht. So erschloss sich der soeben dargelegte Bedeutungszusammenhang um Bukol erst im direkten Gespräch mit Peter Kurzeck, obwohl die Einzelelemente en Detail in *Oktober und wer wir selbst sind* vorliegen. Um diese Wechselwirkungen zwischen den Akteuren im Umfeld dieser *Autopoietik* noch stärker herauszuarbeiten, sei noch ein weiterer Ereignisrahmen um Peter Kurzeck eingeführt.

Durch Alexander Losse erfuhr ich während des öffentlichen Diktats von einer Tagung der Universität Flensburg, die zum Thema Peter Kurzeck veranstaltet werden sollte. Diese fand im Juni 2011 als Vorbereitung für eine Ausgabe der Publikations-Reihe *Text und Kritik* statt. Dort hatte ich Gelegenheit, einen Vortrag zu halten. Anwesend waren neben den Vortragenden aus dem universitären Umfeld auch

---

[260] Ebd.

die Lektoren Alexander Losse und Rudi Deuble, sowie Peter Kurzeck selbst, der während aller Vorträge anwesend war. Das Tagungsprogramm sah zusätzlich zu den wissenschaftlich ausgerichteten Beiträgen auch einen Einblick in die Verlagsarbeit vor. Informationen zu den Produktionsabläufen der kurzeckschen Romane spielten dabei ebenso eine zentrale Rolle wie die Zusammenarbeit mit ihm selbst, der zum Teil einhakte und vor allem so manche Diskussion mit Rudi Deuble anfing oder aufgriff, wenn es um die Richtigkeit einzelner Ereignisse oder deren Einordnung ging. Insgesamt erzählten Rudi Deuble und Peter Kurzeck so manches Detail ihrer langjährigen Zusammenarbeit, die offensichtlich auch tiefe Freundschaft bedeutet. Im Zuge der zahlreichen Telefonate, die die beiden über die Jahre hinweg geführt hatten, fielen wohl auch immer wieder die Namen literarischer Figuren aus Kurzecks frühen Romanen, zu denen es – im Gegensatz zu Rudi Deuble oder KD Wolff – kein Figuren-Pendant gibt, dem man gewissermaßen in Person (als Akteur) begegnen kann, oder die als Akteure Einfluss auf den Fortgang des Erzählens (der *Autopoietik*) nehmen könnten. Die Erklärung von Rudi Deuble und Peter Kurzeck, dass die Zuschreibung von Verantwortlichkeiten auf eben diese literarischen Figuren der frühen Romane seit Jahren fester Bestandteil der Kommunikation zwischen Rudi Deuble und Peter Kurzeck geworden ist, erinnert stark an das Verhältnis von Uwe Johnson zur Figur Gesine Cresspahl. Denn die Figuren aus den frühen Romanen können sich, im Gegensatz zu Rudi Deuble und Peter Kurzeck nicht gegen die ihnen unterstellten Verantwortlichkeiten wehren.

Die Bedeutung der Kommunikation zwischen Peter Kurzeck und Rudi Deuble lässt sich auch fernab konkreter Situationen erahnen – etwa in dem bereits an früherer Stelle angeführten Gespräch, das Wend Kässens mit Peter Kurzeck führte. Denn auf die Frage, ob Peter Kurzeck manchmal Angst habe, das Schreiben könnte sich irgendwann erschöpft haben, antwortet er entschieden:

> Nein, das seltsamerweise nicht. Eher die Gesundheit oder die Kraft, die man braucht, um es zu schaffen. Das Buch, das jetzt erschienen ist, „Vorabend", ist das fünfte von voraussichtlich zwölf Büchern. Ich habe sie alle im Kopf und halte sie auch im Kopf am Leben. Und schon das ist ein Balanceakt, wenn du irgendwo gehst und musst die Straße überqueren und befindest dich in Band 10, der voraussichtlich erst in vierzig Jahren an der Reihe ist… Ich habe darüber hinaus Berge von Notizbüchern mit Stichworten und Ideen für weitere Buchprojekte, zu denen ich wahrscheinlich nie mehr kommen werde. So wie der Rudi Deuble (Roter Stern Verlag, Presse) manchmal lacht, wenn ich sage, es kommt noch das und das. Er sagt dann, wenn du für jedes Buch drei Jahre brauchst, dann wäre das also im Jahr 2098. Dann sage ich: Aber ich könnte ja gar nicht vorher aufhören, mir alles zu notieren, weil mich die Erinnerungen so quälen würden, dass ich überhaupt nichts mehr anderes tun könnte.[261]

Die Publikation von *Vorabend* stand wiederum im April 2010, als Achim Stanislawski sein Gespräch mit Peter Kurzeck führte, auf der Kippe; zumindest

[261] Kässens, „Das Schreiben ist das Leben! Wend Kässens im Gespräch mit Peter Kurzeck", siehe oben.

kann man davon ausgehen, wenn man sich die nachfolgende Aussage vergegenwärtigt:

> „Das Buch an dem ich im Moment arbeite soll „Vorabend“ heißen. Es ist jetzt mittlerweile vielleicht tausend Seiten dick und ich weiß nicht ob ich es jemals fertigbringe, es zu beenden. (...) Vielleicht geht der Verlag ja auch vorher pleite, bevor ich das Buch beendet habe.“[262]

Doch ganz gleich, welche Beweggründe letztlich zu dieser Form der Texterfassung geführt haben: Sie bietet einen Möglichkeitsraum, in dem ein literarischer Text, wie er mit dem Manuskript vorliegt, unter dem Einschluss der Öffentlichkeit und unter Mitwirkung von Interessierten als literarischer Text erfasst wird und damit Gestalt annimmt.

Der öffentliche Raum, in dem die Texterfassung über mehrere Wochen hinweg stattfand, steht also auch für die Offenheit des Textraumes. Denn alle Akteure dieses Diktats nehmen automatisch Einfluss auf das Geschehen und damit unweigerlich auf die *Autopoietik*, ganz gleich ob sie bloß anwesend und etwa in ein Gespräch verwickelt werden, oder ob sie bei der Texterfassung mitwirken und sich das gesprochene Wort Peter Kurzecks vom Autor selbst diktieren lassen.

Ob im Umfeld des öffentlichen Diktats oder bei Lesungen und Tagungen, bei der Lektüre publizierter Interviews oder während exklusiver Gespräche, Spaziergänge oder per Telefon: Es ist also zum Entstehungszeitpunkt dieser Arbeit nach wie vor möglich, das Erzählen dieser *Autopoietik* über die Textgrenzen des vorliegenden Korpus hinaus in ihrer Operativität zu erleben; während des Erzählvorganges also nicht nur anwesend zu sein, sondern daran aktiv teilzunehmen. Denn all diesen medialen Formen des Erzählens ist gemeinsam, dass sie sich praktisch ereignen. Sie zeichnen sich, um die Rückbindung an Nassehis Unterscheidungen in eine Zeitlichkeit des Systems und die Beobachtungszeit vorzunehmen, durch eine Vielzahl von Merkmalen des Gegenwärtigen aus. Während die literarischen Texte dieser *Autopoietik* aufgrund ihrer Medialität gewissermaßen auf Dauer gestellt sind, zeichnen sich die medialen Formen des Erzählens, die mit dem vorliegenden Abschnitt ins Feld geführt werden, durch ein radikal gegenwartsbasiertes Design aus – nämlich durch ihre Operativität. Bezieht man die vielfältigen Bezugsmöglichkeiten der einzelnen Erzählformen und Erzählelemente aufeinander, lässt sich die Unterscheidung zwischen der Zeitlichkeit des Systems als Operativität des Erzählens und die Beobachtungszeit als Handhabung der Temporalisierung, das heißt als interpretative Beobachtung dieser Praxis (Operativität) eins zu eins auf die *Autopoietik* Peter Kurzeck übertragen.

Denn geht man vor dem Hintergrund der so dargestellten *Autopoietik* davon aus, dass Zeit als einwertiger und zweiwertiger Begriff vorausgesetzt und mit den literarischen Texten, beziehungsweise weiteren medialen Erzählformen mitge-

---

262 Stanislawski, „Ein Bibliotheksbus, ein eigenartiges Bett, die RAF. Interview mit Peter Kurzeck.“

führt wird, verschiedene ungleichzeitige Gegenwarten jedoch erst voneinander wissen müssen, um sich sinnvoll in einen Anschlusszusammenhang bringen zu können, dann kann die *Autopoietik*, wie sie mit Peter Kurzeck identifiziert werden kann, als treffendes Beispiel dafür herangezogen werden, wie die Unterscheidung zwischen der Zeitlichkeit des Systems und der Beobachtungszeit literarisch beziehungsweise interpretativ prozessiert, nämlich als reine Praxis. Zwar ist diese reine Praxis in ihrer Operativität nur um den Preis ihrer Gegenwärtigkeit zu haben – das heißt zu beobachten. Dennoch performiert diese *Autopoietik* mit ihrer medialen Vielfalt des Erzählens und deren semantischer Verzahnung eine Operativität, die im Rahmen der angeführten, in jeder Hinsicht auf Kontingenz und Präsenz angelegten Erzählformen zumindest scheinbar *erfahrbar* wird. Die *Autopoietik* stellt nämlich immer wieder eine Teilhabe an ihrer Operativität und damit ihre eigene Kontamination in Aussicht.

Diese praxisorientierte Perspektivierung, die nicht nach Anhaltspunkten sucht, die jenseits dieser Operativität anzusiedeln sind, sondern nur nach solchen, die in ihr gründen, erlaubt es, die vielfältigen medialen Erzählformen als Erfahrungsmöglichkeiten von Gegenwärtigkeit zu betrachten. Mit der Einführung und Etablierung der angeführten Erzählformen und insbesondere mit dem öffentlichen Roman-Diktat als buchstäblich verstehbare, zugängliche und beeinflussbare Texterfassung von Literatur, an der man sich aktiv beteiligen kann, wird eine Möglichkeit in Aussicht gestellt, die „urimpressionale Gegenwarten" verspricht, in denen sich – um mit Nassehi zu sprechen, „Akteure vorfinden und durch die sie zu Akteuren konstituiert werden"[263] Dass sich die 39 Akteure, die sich auf diese Teilhabe und Gegenwartserfahrung der *Autopoietik* eingelassen hatten, als Namen im Impressum des auf solche Weise zustande gekommenen Romans finden, kann für diese Perspektivierung ebenso als Textbeleg angeführt werden, wie die geplante Ausgabe aus der Reihe *Text und Kritik*. Denn in ihr werden ebenso literarische Texte der *Autopoietik* veröffentlicht, wie auch Beiträge jener Akteure, die sowohl Akteure des öffentlichen Diktats waren, als auch Akteure der Tagung, Akteure der Romane und so fort. Paradigmatisch für dieses Erzählgefüge ist das wechselseitige Bedingungsverhältnis zwischen denjenigen, die an den Kommunikationen und der Kontamination der *Autopoietik* beteiligt sind. Dies ist die Praxis, die Operativität, mit der sich die *Autopoietik* Peter Kurzeck in ihrer medialen Vielfalt als Gedächtnis von Gegenwart und Zeit hervorbringt und prozessiert.

Diese Praxis, die Literatur hervorbringt, steht in einem spezifischen Verhältnis zum Funktionsbegriff des Gedächtnisses, das mit sich insofern identisch ist, als es niemals als reine Gegenwärtigkeit identifiziert werden kann, aber immer – weil Gegenwart an Zeit in Form von Sinn maßgeblich beteiligt ist – als spezifische Literatur der Gegenwärtigkeit. Dafür spricht zum einen das wechselseitige Bedingungsverhältnis von Leben und Schreiben, das als Gedächtnis sowohl aus den

---

[263] Nassehi, *Zeit der Gesellschaft*, hier 26.

vorliegenden Betrachtungen der literarischen Texte im Zusammenhang mit dem Erzähler Peter hervorgeht, als auch die angeführten Aussagen des Autors Kurzeck, aus denen ich noch ein weiteres Gespräch anzitieren möchte. Es wurde im Umfeld des öffentlichen Diktats im September 2010 von Walter Fabian Schmid im Frankfurter Literaturhaus geführt. Darin antwortet er auf die Frage, ob Erinnerungsarbeit auch eine Ortssuche sei: „Ja, natürlich. Das Gedächtnis funktioniert ja nicht, wie bei einem Eidetiker, sondern das Gedächtnis ist etwas, an dem man ständig herumarbeitet; nicht mal vorsätzlich, sondern weil man gar nicht anders kann. Und in dieser Form eignet es sich auch am besten für das Schreiben.“[264] Dieses notwendige Herumarbeiten am Gedächtnis, wie es Peter Kurzeck beschreibt, ist identisch mit dem Prinzip der *Autopoietik*, die sich als reine Praxis auf allen ihr zu Verfügung stehenden Ebenen der Mediendifferenzierung als Gedächtnis von Gegenwart und Zeit hervorbringt und inszeniert.

Dafür spricht wiederum nicht nur die Möglichkeit der Teilhabe oder Kontamination der Erzählelemente im Umfeld des Ensembles dieser *Autopoietik*, wie ich sie mit diesem Kapitel dazustellen versucht habe, sondern auch die Reflexion der Textsorten, deren herkömmliche Einordnung vor dem Hintergrund der dargelegten medialen Vielfalt gerade mit Blick auf ihre Kongruenz, schnell an ihre Grenzen kommt. Da mag es kaum verwundern, dass Peter Kurzeck auf Schmids Frage nach dem Anteil des Fiktiven in seinem Schreiben antwortete: „Bei meinen letzten Büchern gar nichts. Seit *Übers Eis* sind meine Bücher ganz wörtlich autobiographisch. Auch die Orte, Namen und Hausnummern stimmen alle.“[265] Jedoch wird gerade der Begriff des Autobiografischen der medialen Vielfalt dieses Erzählens nicht gerecht – schließt es doch jene Erzählformen aus, die sich durch das dargelegte hohe Potenzial von Gegenwärtigkeit auszeichnen. Schmid fasst in seinem Interview genauer nach:

> Sie gehen also von biographischen Erlebnispartikeln aus, die im Schreiben zur Autofiktion werden. Wirkt das auch zurück, insofern dass das Schreiben das Leben erschreibt, und dass einem das wirklich Erlebte wie aus einem Roman vorkommt? P. Kurzeck: Ja, natürlich. Ich habe ohnehin immer den Eindruck, dass ich mir mein Leben selbst ausdenke. Zwischendurch denkt man dann, das hätte dir nicht passieren dürfen. Zum Beispiel als ich sehr krank war, dachte ich, das kann nur eine Verwechslung sein, im Grunde müsste man das umschreiben, so dass nicht ich der bin, der in die Klinik muss. Insofern ist man dann doch irgendwelchen Fakten unterworfen. Aber die meiste Zeit lebe ich in der Vorstellung. [266]

Diese Darstellungen des Schriftstellerprozesses, die unter dem Deckmantel des Autobiografischen kaum verwundern dürften, verlangen jedoch schlüssigere Er-

---

[264] Schmid, Walter Fabian, „'Die meiste Zeit lebe ich in der Vorstellung'. Gespräch mit Peter Kurzeck für den poetenladen “, auf poetenladen.de, http://www.poetenladen.de/wf-schmid-peter-kurzeck.htm , letzter Zugriff: 01.12.2012. Den Angaben Schmids zufolge fand das Gespräch im September 2010 im Frankfurter Literaturhaus statt.

[265] Ebd.

[266] Ebd.

klärungsmodelle, wenn die Frage nach komplexeren Verhältnisbestimmungen zwischen Text und Autorinstanz in den Blick genommen wird, wie es das Textkorpus von Peter Kurzeck offensichtlich verlangt, um es in seiner Komplexität zu fassen und für Interpretationen gewinnbringend nutzen zu können. Um dies zu verdeutlichen, möchte ich ein letztes Mal aus dem Interview zitieren, das Achim Stanislawski mit Peter Kurzeck geführt hat. Darin fragt der Interviewer:

> Aber Erzähler und Autor, Handlungsträger, Sprecherinstanz und Sie als derjenige, der diese Texte geschrieben hat, das sind doch verschiedene, nicht deckungsgleiche Funktionen eines literarischen Textes im Unterschied zu realen Personen aus Ihrem Leben, im Unterschied zu Ihnen selbst? Wie ist aus ihrer Sicht die Beziehung zwischen Ihnen, dem Autor und dem Erzähler aus *Vorabend*?" Peter Kurzeck (sich mehrfach unterbrechend, unwillig den Kopf schüttelnd): „GANZ UND GAR, die ist ganz und gar so ... das ist halt so. Ich brauche zu dem kein Verhältnis."[267]

Das Ich, das hier aufgebracht erklärt, es brauche kein Verhältnis zwischen sich, dem Autor und dem Erzähler des *Vorabend*-Romans, bezieht seine Identifikationsmöglichkeiten mit den angeführten Instanzen eben nicht etwa aus der Unterstellung ontologischer Eigenwerte, sondern überhaupt erst durch jene interpretativen Relationierungen zwischen Element und Ensemble, die sich mit jedem weiteren Erzählelement dieser *Autopoietik*, mit der Beobachtungszeit in Form literarischer Texte und anderen medialen Erzählelementen ergeben. Der erklärte Verzicht auf die Notwendigkeit eines intentionalen Verhältnisses dieses Ich-Erzählers zu einem Autor als Erzähler und einem Erzähler etwa als Figurenpersonal von literarischen Texten, kann auch als dezidierte Ablehnung verstanden werden, dieses *Ich* gegenüber anderen Elementen des Erzählensembles zu überhöhen, es also als erklärende Instanz zu hierarchisieren. Denn wie bei der Namensgebung Bukols, die als scheinbar zufälliges Erzählprodukt ihres spezifischen Ereigniszusammenhangs und dessen weiteren Erzählverlaufs inszeniert ist, bei genauerer Betrachtung jedoch für ein überraschendes Maß an komplexen Beziehungsgeflechten steht, dient der Name Peter Kurzeck, der sowohl für das hier zitierte Ich gelten kann, als auch für den Autor Kurzeck oder den Erzähler Peter als Bezugspunkt weiterer Erzählelemente und interpretativer Formen. Dieses Ich bezieht seine Identitätszuweisungen also überhaupt erst aus der Operativität des Erzählens und der daraus hervorgebrachten Beobachtungszeit. Dass diese Ich-Instanz auf gängige Identitätszuweisungen zu Erzähler oder Autor in diesem Kommunikationszusammenhang verzichtet, kann daher auch als Appell interpretiert werden, eben nicht auf die Identität mit möglichen ontologischen Eigenwerten dieser Instanzen abzustellen, sondern gerade auf das Erzählte und den Erzählprozess des Erzählens, der sich in einer endlosen Erzählbewegung mit jedem weiteren Element in seiner Operativität als Ensemble fortzusetzen sucht – das Gedächtnis als Praxis.

---

[267] Stanislawski, „Ein Bibliotheksbus, ein eigenartiges Bett, die RAF. Interview mit Peter Kurzeck."

4. Beobachtungszeit

Die Fragen nach Literatur der Gegenwart und Literatur in der Gegenwart, mit deren Kopplung diese Arbeit eingeleitet wurde, verweisen nicht nur auf die Bedingungen, nach denen Literatur kanonisiert und damit zu Literaturgeschichte wird, sondern auch auf das Grundinteresse dieser Arbeit, unter welchen Bedingungen es möglich ist, von paradigmatisch gegenwärtiger Literatur auszugehen. Hierfür wurde ein Interpretationssatz entwickelt, mit dessen Hilfe die Gegenwärtigkeit von Gegenwartsliteratur nicht mehr allein im Kontext historiografischer Modelle und historisierender Verfahren als flüchtiges Moment bestimmt werden muss, sondern als geradezu textkonstitutives Prinzip.

Ein komplexer theoretischer Aufbau war insbesondere deshalb erforderlich, weil das Ziel eine Definition von Gegenwartsliteratur beziehungsweise Gegenwärtigkeit jenseits einer zeitlichen oder historischen Bestimmung war. Der systemtheoretische Rahmen bot die notwendigen Elemente, um die Idee einer spezifischen Form von Gedächtnis zu entwickeln, die ihrerseits die Gegenwärtigkeit von Literatur in den Blick zu nehmen in der Lage ist. Hierfür wurde das Gedächtnis radikal als Eigenschaft prozessierender Systeme konzeptualisiert, das Gegenwart und Zeit als Form von Sinn prozessiert und das im Literaturmedium wiederum dabei beobachtet werden kann, wie es sich als Gedächtnis von Gegenwart und Zeit hervorbringt.

Das Gedächtnis wurde mit den theoretischen Elementen des zweiten Kapitels also als Medium des Gegenwärtigen konzeptualisiert, das besonders mit Blick auf solche Textkorpora zu beobachten ist, deren spezifische mediale Formbildung das Potenzial ihrer Gegenwärtigkeit erhöht. Dieses Potenzial sollte sich mit dem Rekurs auf den Begriff des Chronisten in seinem Verhältnis zur Literatur und mit dem daran angeschlossenen selektiv ausgerichteten Blick auf Arno Schmidt, Uwe Johnson und Walter Kempowski skizzenhaft abzeichnen. Denn nicht nur die Rolle des Chronisten steht in einer bestimmten historischen Tradition, deren Umdeutung ein interpretatives Potenzial in Aussicht stellt – nämlich das wechselseitige Bedingungsverhältnis von Chronist und Chronik, das in literarischen Texten vor allem dann genutzt werden kann, wenn der Eigenname des Autors als aposteriorische Zurechnungskategorie konzeptualisiert wird. Sondern auch die Betrachtung ganzer Textkorpora, bei der je nach literaturwissenschaftlicher Ausrichtung entweder per se keine Aussagen des Autors Eingang in die Untersuchung finden sollen oder – als Pendant – alle Kommunikationen (ungeachtet der Textsorte). Um diese interpretativen Verhältnisbestimmungen eben nicht nur vordergründig zu treffen, einen Kurzschluss von Autorperson und literarischen Texten also in einem ersten Schritt auszuschließen, diesen im Zuge der Interpretation dann unter Umständen doch permanent zu vollziehen, wurde ebenfalls das systemtheoretische Begriffsinventar genutzt, um auf die Begründungsinstanz von Literatur mit einem unterstellten unhintergehbaren Bewusstsein auch in der Interpretationspraxis verzichten zu können. Schließlich ist das Medium des Gegenwärtigen, also das textkonstitutive Element literarischer Texte das Gedächtnis selbst, das sich in Form von Literatur im Allgemeinen, in Form von *Autopoietiken* im Besonderen in den Blick nehmen lässt. Weil Gegenwart mit diesem Konzept nicht bloß als Punkt auf dem Zeitpfeil zwischen Vergangenheit und Zukunft begriffen werden kann, sondern vielmehr als reine Operativität, beschäftigte sich das dritte Kapitel dieser Arbeit damit, literarische Elemente und Verfahren herauszuarbeiten, die als Gedächtnis von Operativität und damit als Medien des Gegenwärtigen bezeichnet werden können.

Die Beobachtungen von Arno Schmidt, Uwe Johnson, Walter Kempowski und Peter Kurzeck, die als *Autopoietiken* konzeptualisiert wurden, um ihr spezifisches Verhältnis zu Gegenwart und Zeit als Gedächtnis auf der Basis von Schrift zu untersuchen, zeigen, dass der Eigenname, der dem jeweiligen Korpus zugerechnet wird, durchaus fruchtbar in den Dienst der Interpretation gestellt werden kann. Indem die Grenzen der literarischen Texte und medialen Formen durch ihr *tertium datur* und den übergeordneten Funktionsbegriff der *Autopoietik* nicht final, sondern je nach editionsphilologischer Zuordnung und Betrachtung des Gedächtnis-Begriffs variabel gehalten werden können, wird die Bestimmung oder Einordnung des jeweiligen Korpus stets unter dem Vorbehalt ihrer Vorläufigkeit vorgenommen. Mit einer solchen Anordnung literarischer Texte wird also auf Operativität umgestellt. Der Funktionsbegriff *Autopoietik* kann nämlich – analog zum Gedächtnis – als Relais zwischen den Elementen eines Ensembles und dem Ensemble seiner Zurechnungen in den Dienst von Interpretationen gestellt werden. So kann der Eigenname als Projektionsfläche dienen, die je nach Interpretationszusammenhang so tut, *als ob* sie auf eine realitätsunabhängige Beobachtungsinstanz zurückzuführen wäre.

Wie mit Blick auf das Textkorpus Arno Schmidt gezeigt werden konnte, verweisen gerade wechselseitige Interpretationen heterogener Textelemente auf die interpretative Tiefenschärfe dieses Korpus. Erst wenn keine Hierarchisierung praktiziert wird, mit der erzähltheoretisch markierte Vorgaben eines Autors unterstellt und befolgt werden, um andere Texte danach zu interpretieren, präsentieren sich Bezugsmöglichkeiten der Textelemente, die ihr Ensemble als Gedächtnis von Gegenwart und Zeit besonders am jeweils betrachteten paradigmatischen Fall darstellen und dabei gerade auf eine Einordnung in das Gesamtkorpus beziehungsweise Einordnung in die bereits vorliegende Forschungstradition verzichten können. Die Formbildung des jeweiligen literarischen Gedächtnisses zeigt sich nicht nur in ihrem spezifischen Verhältnis zu unterstellten zeitpolitischen Ereignissen, sondern insbesondere an den spezifischen literarischen Zeitformen, die die Grenzen des Darstellbaren im Hinblick auf Gegenwart und Zeit selbst als Gedächtnis von Operativität betreffen. Denn die Grenzen des Darstellbaren zeigen sich insbesondere dann, wenn Gegenwärtigkeit literarisch simuliert wird, diese jedoch als reine Praxis in ihrer Operativität unhintergehbar bleibt und nur, das wurde immer wieder verdeutlicht, um den Preis ihrer Gegenwärtigkeit als Beobachtungszeit erzählbar ist.

Im Zusammenhang mit der *Autopoietik* Uwe Johnson konnte herausgearbeitet werden, dass sich die einzelnen Textelemente selbst und ausdrücklich als in sich differentes Medium der Arbeit ausstellen, deren Aufgabe es erklärtermaßen zu sein scheint, eine Welt gegen die Welt zu stellen. Dass es sich bei einer Welt um eine Erzählwelt handelt, die einer – man kann sagen – lebenswirklichen Welt gegenüber gestellt werden soll, ist anzunehmen. Ebenso anzunehmen ist jedoch – und um die Betonung dieser Deutungsmöglichkeit ging es in meiner Arbeit –, dass die literarische Komplexität des Gesamtkorpus eine solche Gegenüberstellung einer Welt als Lebenswirklichkeit und einer Welt als Erzählwelt allein durch ihre Erzählelemente als unterkomplex oder sogar überflüssig ausstellt. Denn diese Erzählung eines solchen Gesamtkorpus als Praxis, die immer auch aus ihren Bezugsmöglichkeiten zwischen den einzelnen und textsortentechnisch durchaus heterogenen Erzählelementen besteht, fordert aus sich heraus nicht automatisch Betrachtungen, die sich für das interessieren, was jenseits ihrer je paradigmatischen Praxis liegen könnte. Sie interessiert sich als interpretatives Gedächtnis nur für jene Elemente, die sie hervorbringt und als deren Resultat sie beobachtet werden kann. Um diese literarischen und textuellen Verstrickungen des autopoietischen Hervorbringens zu veranschaulichen, wurden gerade solche Textsorten herangezogen – so zum Beispiel die Frankfurter Vorlesungen, *Die Begleitumstände* –, die in der Forschungsliteratur eben nicht als Literatur gehandelt werden. Auch hier konnten die wechselseitigen Bezugsmöglichkeiten, die durch ihr ordnendes Prinzip, den Eigennamen *Uwe Johnson* legitimiert wurden, verdeutlichen, dass die Eigenkomplexität, mit der sich die Elemente dieses Ensembles präsentieren, ins Auge sticht, wenn eben nicht eine unterstellte Begründungsinstanz mit unterstellten ontologischen Eigenwerten befragt wird, sondern das Textkorpus auf seinen Bezugsmöglichkeiten selbst, und zwar gerade unter Berücksichtigung möglichst unterschiedlicher Textsorten hin untersucht wird. Indem der Eigenname des Autors von seinem Generalverdacht des zwangsläufigen Kurzschlusses von Erzähler und Autor als hochgradig identifikatorische Interpretationspraxis befreit wird, kann er als variable Zurechnungskategorie in den Dienst der Interpretation genommen werden.

Die Hierarchisierung spezifischer Textsorten wird im Zusammenhang mit einem Textkorpus insbesondere dann virulent, wenn Identitätszuweisungen zwischen einzelnen Figuren (Ich-Erzähler) mit dem Eigennamen des Autors provoziert werden. Deutlich wurden die Konsequenzen solcher Identitätszuweisungen mit der Betrachtung von Walter Kempowski, obwohl sich gerade die Elemente dieses Ensembles – das verdeutlicht etwa die in Kapitel 3.3.3 dargelegte Gegenüberstellung der *Deutschen Chronik*, des *Echolot*-Projekts und etwa *Sirius. Eine Art Tagebuch* – in ihrer Komplexität erklärtermaßen ausweisen. Dass in allen drei Interpretationsansätzen kein Textelement aufgrund einer Gattungszugehörigkeit ausgeschlossen werden musste, sondern – im Gegenteil – einzelne paradigmatische Fälle herangezogen werden konnten, die das Ensemble der *Autopoietik* verdeutlichen, bestätigt, dass dieses Konzept für die Interpretation ganzer Textkorpora von Vorteil sein kann.

Während die Beobachtungen der ersten drei *Autopoietiken* skizzenhaft verdeutlichen sollten, dass die angelegten Verhältnisbestimmungen zwischen Element und Ensemble des jeweiligen Gesamtkorpus auch oder gerade vor dem Hintergrund der vorliegenden und ebenfalls skizzenhaft hinzugezogenen Forschungsliteratur neue Interpretationsmöglichkeiten erschließen, sollte die letzte, umfangreichste Beobachtung von Peter Kurzeck die Leistungsfähigkeit des entwickelten Funktionsmodells der *Autopoietik* verdeutlichen.

Diese Beobachtung von Peter Kurzeck (3.5) folgt selbst einer Erzählbewegung. Sie ist ihrerseits Ergebnis einer Praxis, die sich als *Zeitlichkeit eines Systems* hervorgebracht hat und die – als *Beobachtungszeit* – Temporalisierungen handhabt. Demnach könnte man sowohl von einer als Beobachtungszeit angelegten Erzählung bestimmter Ereigniszusammenhänge sprechen, als auch von einem Kommunikationszusammenhang, dessen Elemente ein Ensemble zum Gegenstand haben, das die vorliegende Beobachtungszeit und damit auch die mitgeführte Zeitlichkeit des Systems – die reine Praxis also – maßgeblich kontaminiert. Damit rückt wiederum jene Operativität in den Blick, in der auch die vorliegende Arbeit gründet, die jedoch nur um den Preis ihrer Gegenwärtigkeit in die Zeit geholt werden kann.

Auch diese Arbeit unterliegt dem wechselseitigen Bedingungsverhältnis und der zwangsläufigen Kontamination von Beobachtung und Beobachtetem, wodurch sie nach Maßgabe des angelegten Funktionsbegriff des Gedächtnisses ebenfalls unter dem Vorbehalt ihrer Vorläufigkeit und stets vor dem Hintergrund der ihr eigenen Beobachterkontamination durch den Beobachtungsgegenstand *Peter Kurzeck* begriffen werden muss. Eine Folge dieser Feststellung kann darin liegen, dass sich die vorliegende Arbeit selbst in den Dienst einer Interpretationspraxis gestellt hat, die sich mit der *Autopoietik* Peter Kurzeck kommunikativ hervorbringt und weiterhin zu erhalten versucht. Damit soll keinesfalls eine Nivellierung zwischen Beobachtung und Beobachtetem erreicht werden. Vielmehr ermöglicht diese dezidierte Berücksichtigung der Wechselwirkungen eine konsequente Abgrenzung zwischen der vorliegenden Arbeit und ihrem Beobachtungsgegenstand. Der entscheidende Unterschied zur Praxis der beobachteten *Autopoietik* Peter Kurzeck ist, dass die verschiedenen Erzählformen dieses Gesamtkorpus aufgrund einer genuinen und durchgängigen Literarizität anhand jedes Elementes dieses Ensembles als paradigmatisch gegenwärtige Erzählung erscheinen; dieses Erzählensemble also praktisch und mit jedem Erzählelement so tut, *als ob* es sich in seiner reinen Gegenwärtigkeit als Praxis präsentiert und sich dabei beobachten lässt.

Veranschaulichen und belegen lässt sich diese Behauptung insbesondere mit einem Blick auf die Systematik des Kapitels zu Peter Kurzeck (3.5), das mit der Operativität des Erzählens betitelt ist. Es beginnt mit einer Darstellung des bisher vorliegenden Gesamtkorpus literarischer Texte und medialer Formen, das sich in seiner Offenheit, Vorläufigkeit und Kontingenz ausweist (3.5.1). Es folgen vier Kapitel, in denen einzelne Textelemente, deren Vernetzung und Einordnung in das Erzählensemble den literaturwissenschaftlich abgesicherten Interpretationsrahmen bilden, um das überaus komplexe, in sich stimmige Gesamtgefüge der literarischen Texte und medialen Formen um jene Erzählformen zu ergänzen, die das eigentliche Potenzial ihrer Gegenwärtigkeit stets im Bezug zum Ensemble präsentieren. Denn erst mit der Darstellung der vielfältigen Erzählelemente, die über die Textgrenzen des literarischen Korpus hinaus gehen, lässt sich diese *Autopoïetik* in ihrer medialen Komplexität als paradigmatisch gegenwärtiges Gedächtnis von Gegenwart und Zeit im Medium Literatur identifizieren und damit handhaben.

Das öffentliche Diktat, bei dem der offene Raum des Ereignisrahmens zugleich auch für die Offenheit und Unabgeschlossenheit des Textraumes steht, ist mit all seinen medialen Begleiterscheinungen, die in 3.5.6 ihrerseits als Ergebnis einer Praxis dargelegt wurden, ein neues literarisches Verfahren paradigmatisch gegenwärtigen Erzählens, das die unhintergehbare Operativität urimpressionaler Gegenwarten erfahrbar zu machen verspricht. Und weil jedes Versprechen per Definition davon bedroht sein muss, durch sich selbst gebrochen zu werden, zeigt sich genau darin das Potenzial großer Gegenwärtigkeit auf paradigmatische Weise.[1]

Entsprechend präsentiert das folgende Erzählelement aus *Mein Bahnhofsviertel*, nicht nur das Ensemble, dessen Paradigma es ist, es verweist als Element auf sich selbst als Gedächtnis, es interessiert sich nur für sich selbst, als reine Praxis: „*Die Gegenwart, das ist doch* nicht einfach bloß jetzt.“[2]

1 Vgl. Derrida, *Eine gewisse unmögliche Möglichkeit vom Ereignis zu sprechen*, 54.
2 Kurzeck, *Mein Bahnhofsviertel*, hier 5.

5. Literaturverzeichnis

Agamben, Giorgio, „Was ist ein Paradigma“, in: *Signatura rerum. Zur Methode.* Frankfurt a. M. 2009.

Albrecht, Wolfgang, *Arno Schmidt,* (= Sammlung Metzler 312), Stuttgart 1998.

Augustinus, Aurelius, *Bekenntnisse,* übers. u. hg. von Kurt Flasch/Burkhard Mojsisch, Stuttgart 1993.

Baecker, Dirk, „Unbekannte Zukunft, irritierende Gegenwart.“ [Unveröffentl. Ms. 2008].

Balke, Florian, „Aus erster Hand. Peter Kurzeck diktiert live“, faz.net am 20.07.2010, www.faz.net/aktuell/feuilleton/buecher/peter-kurzeck-diktiert-live-aus-erster-hand-11027889.html, letzter Zugriff am 30.11.2012.

Bohrer, Karl Heinz, „Zeit und Imagination. Das absolute Präsens der Literatur“, in: *Das absolute Präsens. Die Semantik ästhetischer Zeit,* Frankfurt a. M. 1994, 143-183.

– , *Plötzlichkeit. Zum Augenblick des ästhetischen Augenblicks,* Frankfurt. a. M 1981.

Bopp, Lena, „Selbst schreiben war gestern. Peter Kurzeck diktiert“, faz.net am 20.07.2010, www.faz.net/aktuell/feuilleton/buecher/peter-kurzeck-diktiert-selbst-schreiben-war-gestern-11007730.html , letzter Zugriff am 30.11.2012.

Brand, Peter, „Latente Wahrnehmungsschwäche? Die Literaturkritik und Walter Kempowskis Roman *Heile Welt“,* in: *Walter Kempowski,* (=Edition Text und Kritik 169), hg. von Heinz Ludwig Arnold, München 2006, 82-94.

Brown, George Spencer, *Laws of Form,* New York 1979.

Curtius, Mechtild, „Peter Kurzeck ‚Zwangsvorstellung: Dass ich nichts vergessen darf'“ in: ders., *Autorengespräche. Verwandlung der Wirklichkeit,* Frankfurt a.M. 1991, 155-168.

Danto, Arthur C, *Narration and Knowledge (including the integral text of Analytical Philosophy of History),* New York 1985.

de Man, Paul, "Autobiography as De-facement", in: ders., *The* Rhetoric *of Romanticism.* New York 1984, 67-82.

Derrida, Jaques, „Ousia und gramme. Notiz über eine Fußnote in Sein und Zeit“, in: *Die Différance.* Ausgewählte Texte, hg. von Peter Engelmann, Stuttgart 2008, 249-261.

–, „Otobiographien – Die Lehre Nietzsches und die Politik des Eigennames“ in: ders/Kittler, Friedrich A. (hg.): *Nietzsche – Politik des Eigennamens: Wie man abschafft, wovon man spricht.* Berlin 2000, 7-64.

–, *Eine gewisse unmögliche Möglichkeit vom Ereignis zu sprechen,* Berlin 2001.

–, *Grammatologie,* Frankfurt a. M. 1983.

Drews, Jörg, „Die Dämonen reizen – und sich dann blitzschnell umdrehen, als sei nichts. Über Walter Kempowski“, in: *Walter Kempowski,* (=Edition Text und Kritik 169), hg. von Heinz Ludwig Arnold, München 2006, 44-53.

Durzak, Manfred, „Neue Wege und Seitenwege des Erzählens: Das Paradigma Arno Schmidt“, in: *Geschichte der Deutschen Literatur von 1945 bis zur Gegenwart*, hg. von Wilfried Barner/Helmut de Boor/Richard Newald, 2. erweiterte Auflage, München 2006, 389-398.

–, „Dieser langsame Wer zu einer größeren Genauigkeit. Gespräch mit Uwe Johnson (1974), in: ders. *Gespräche über den Roman mit Joseph Breitbach, Elias Canetti, Heinrich Böll, Siegfried Lenz, Wolfgang Hildesheimer, Peter Handke, Hans Erich Nossack, Uwe Johnson, Walter Höllerer. Formbestimmungen und Analysen,* Frankfurt a. M. 1976.

Dürr, Renate/Lenk, Hans, „Referenz und Bedeutung als Interpretationskonstrukte“, in: Sprache denken. Positionen aktueller Sprachphilosophie, hg. v. Trabant, Jürgen, Frankfurt a. M., 1995, 191-223.

Elias, Norbert, Über die Zeit, Frankfurt a. M. 1984.

Esposito, Elena, *Die Fiktion der wahrscheinlichen Realität,* Frankfurt a. M.: Suhrkamp, 2007.

–, *Soziales Vergessen. Formen und Medien des Gedächtnisses der Gesellschaft,* Frankfurt a. M.: Suhrkamp, 2002.

Fahlke, Eberhard (hg), *„Ich überlege mir die Geschichte...“. Uwe Johnson im Gespräch,* Frankfurt a. M. 1988.

Felsner, Kristin, *Perspektiven literarischer Geschichtsschreibung: Christa Wolf und Uwe Johnson,* hg. von Eberhard Fahlke/Ulrich Fries/Sven Hanuschek/Holger Helbig, Göttingen 2010.

Fischer, André, *Inszenierte Naivität. Zur ästhetischen Simulation von Geschichte bei Günter Grass, Albert Drach und Walter Kempowski,* (=Theorie und Geschichte der Literatur und der Schönen Künste 85), München 1992.

Frisch, Max, *Mein Name sei Gantenbein,* Frankfurt a. M. 1964.

Gab, Sabrina, „Peter Kurzeck bittet zum Diktat. ‚Man wweiß über jemanden mehr, wenn man mit ihm gearbeitet hat“, www.boersenblatt.net/396481, letzter Zugriff: 30.11.2012.

Ghaly, Amani, *Die literarische Darstellung von Zeitgeschichte als Familiengeschichte in Walter Kempowskis „Deutscher Chronik“,* Oldenburg/Kairo 1996.

Golisch, Stefanie, *Uwe Johnson zur Einführung,* Hamburg 1994.

Garber, Klaus (hg.), Europäische Bukolik und Georgik. Wege der Forschung, Bd. 355, Darmstadt 1976, XXII.

Gumbrecht, Hans Ulrich, *Unsere breite Gegenwart,* Frankfurt a. M. 2010.

–, *Diesseits der Hermeneutik. Die Produktion von Präsenz*, Frankfurt. a. M. 2004.

Gumbrecht, Hans Ulrich/Pfeiffer, K. Ludwig (hg.), *Materialität der Kommunikation*, Frankfurt a. M. 1995.

Habermas, Jürgen, „Zur Logik der Sozialwissenschaften“, in: *Philosophische Rundschau. Beiheft 5,* Tübingen 1967.

Hage, Volker, „Vom Ende der Kindheit. Walter Kempowski als Zeuge und Chronist des Luftkriegs.“, in: *„Was das nun wieder soll?“ Von „Im Block“ bis „Letzte Grüße“. Zu Werk und Leben Walter Kempowskis*, hg. von Carla A. Damiano/Jörg Drews/Doris Plöschberger, Göttingen 2005, 59-78.

Hanuschek, Sven, *Uwe Johnson*, Berlin 1994.

Hawking, Stephen, *Die kleine Geschichte der Zeit*, Hamburg 2006.

Heidegger, Martin, *Sein und Zeit*, 19. Auflage, Tübingen 2006.

Jahn, Kristin, *„Vertell, vertell. Du lüchst so schön.“. Uwe Johnsons Poetik zwischen Anspruch und Wirklichkeit*, Heidelberg 2006.

Jahraus, Oliver, *Literatur als Medium. Sinnkonstitution und Subjekterfahrung zwischen Bewußtsein und Kommunikation*, Weilerswist 2003.

–, Jahraus, Oliver, „Die Gegenwartsliteratur als Gegenstande der Literaturwissenschaft und die Gegenwärtigkeit der Literatur“, Vortrag auf der Tagung des Literaturbeirats des Goetheinstituts in München am 14.1.2010, veröffentlicht in: *Medienobservationen*, www.medienobservationen.lmu.de/artikel/allgemein/allgemein_pdf/jahraus_gegenwartsliteratur.pdf, letzter Zugriff: 5.5.2011.

Jannidis, Fotis/Lauer, Gerhard/Martínez, Matias/Winko, Simone (hg.): *Rückkehr des Autors. Zur Erneuerung eines umstrittenen Begriffs*, Tübingen 1999.

Johnson, Uwe, „Vorschläge zur Prüfung eines Romans“, in, *Romantheorie. Dokumentation ihrer Geschichte in Deutschland seit 1880*, hg. von Eberhard Lämmert u. a., Köln 1984, 398-403.

–, *Skizze eines Verunglückten*, Frankfurt a. M. 1982

–, *Begleitumstände. Frankfurter Vorlesungen*, Frankfurt a. M. 1980.

–, „Berliner Stadtbahn (veraltet)“, in, *Berliner Sachen. Aufsätze*, Frankfurt. a. M. 1975.

Jung, Werner: „Immer weiter die Zeit aufschreiben. Über Peter Kurzeck und einige andere.“ in: ders.: *Zeitschichten und Zeitgeschichten*, Bielefeld 2008, 156-186.

Kempowski, Walter, „Auszüge aus dem Tagebuch 2001“, in: *Walter Kempowski*, (=Edition Text und Kritik 169), hg. von Heinz Ludwig Arnold, München 2006, 3-32.

–, *Hamit. Tagebuch 1990*, München 2006.

–, *Das Echolot. Abgesang '45. Ein kollektives Tagebuch*, München 2005.

–, *Culpa. Notizen zum „Echolot“ mit Seitenhieben von Simone Neteler und einem Nachwort von Karl Heinz Bittel*, München 2005.

–, *Letzte Grüße*, München 2005.

–, *Das Echolot. Barbarossa '41. Ein kollektives Tagebuch. 21. Juni 1941 bis 8. Juli 1941*, München 2002.

–, *Alkor. Tagebuch 1989*. München 2001.

–, *Das Echolot. Fuga furiosa. Ein kollektives Tagebuch. Winter 1945. 12. Januar bis 14. Februar 1945*, 4 Bde., München 1999.
–, *Das Echolot. Ein kollektives Tagebuch. 1. Januar bis 28. Februar 1943*, 4 Bde. München 1993.
–, *Sirius. Eine Art Tagebuch*. München 1990.
–, *Hundstage,* München 1988.
–, *Herzliche Willkommen*, München 1984.
–, *Schöne Aussicht*, Hamburg 1981.
–, *Haben Sie davon gewusst? Deutsche Antworten*. Nachwort von Eugen Kogon, Hamburg 1979.
–, *Aus großer Zeit*, Hamburg 1978.
–, *Ein Kapitel für sich*, München 1975.
–, *Schule. Immer so durchgemogelt. Erinnerungen an unsere Schulzeit*, München 1974.
–, *Haben Sie Hitler gesehen? Deutsche Antworten*. Nachwort von Sebastian Haffner, München 1973.
–, *Uns geht's ja noch gold,* Roman einer Familie, München 1972.
–, *Im Block. Ein Haftbericht,* Frankfurt a. M. 1972
–, *Tadellöser & Wolff. Ein bürgerlicher Roman*, München 1971.
Kässens, Wend, „Das Schreiben ist das Leben! Wend Kässens im Gespräch mit Peter Kurzeck", auf culturmag.de am 14.12.2011, http://culturmag.de/litmag/audio-peter-kurzeck-im-gesprach-mit-wend-kassens/40879, letzter Zugriff am 01.12. 2012.
Kimmich, Dorothee/Renner, Rolf G/Stiegler, Bernd (hg.), *Texte zur Theorie der Gegenwart,* Ditzingen 2008.
Kneer, Georg/Nassehi, Armin, *Niklas Luhmanns Theorie sozialer Systeme. Eine Einführung,* 4. Aufl., München 2000.
Kurzeck, Peter, *Unerwartet Marseille. Peter Kurzeck erzählt.* Audio-CD, hg. von Jörg Döring, Frankfurt a. M. 2012.
–, *Vorabend*, Frankfurt a. M. 2011.
–, *Mein wildes Herz: Peter Kurzeck erzählt*, Audio-CD, Regie: Klaus Sander, Berlin 2010.
–, *Da fährt mein Zug: Peter Kurzeck erzählt*, Audio-CD, Regie: Klaus Sander, Berlin 2010.
–, *Das Weltbild der Igel. Ein erster Bogen aus Vorabend*, Frankfurt a. M. 2010.
–, *Peter Kurzeck liest Oktober und wer wir selbst sind*, Audio-CD, Frankfurt a. M. 2008.
–, *Peter Kurzeck liest aus Kein Frühling*, Audio-CD, Frankfurt a. M. 2007.
–, *Ein Sommer, der bleibt. Peter Kurzeck erzählt das Dorf seiner Kindheit, Audio-CD, Regie: Klaus Sander*, Berlin 2007.
–, *Oktober und wer wir selbst sind*, Frankfurt a. M. 2007.
–, *Stuhl, Tisch, Lampe*, Audio-CD, Köln 2004.

–, *Ein Kirschkern im März*, Frankfurt a. M. 2004.
–, *Als Gast*, Frankfurt a. M. 2003.
–, *Übers Eis*, Frankfurt a. M. 1997.
–, *Vor den Abendnachrichten*, Heidelberg 1996.
–, *Der Sonntagsspaziergang*, Hörspiel, HR 1992.
–, *Mein Bahnhofsviertel*, Frankfurt a. M. 1991.
–, „Das schwarze Buch", in: *Liebe Tod und Drogen. Literatur aus dem Leben,* hg. v. Doris Lerche/Peter Zingler, Frankfurt a.M.: Brandes & Apsel, 1990.
–, *Keiner stirbt*, Frankfurt a. M. 1990.
–, *Kein Frühling*, Frankfurt a. M. [1987], 2., erheblich erweiterte Auflage, Frankfurt am Main 2007.
–, *Das schwarze Buch*, Frankfurt a. M. 1982.
–, *Der Nußbaum gegenüber vom Laden in dem du dein Brot kaufst. Die Idylle wird bald ein Ende haben*, Frankfurt a. M., 1979.
–, „In Mischas Kneipe", in: *Ausgeträumt. Zehn Erzählungen.* Frankfurt. a. M 1978, 34-52
Kyora, Sabine, „Weltgeschichte in der Nähe". Zur Rolle von Subjekt und Geschichte(n) in Walter Kempowskis *Echolot.*" in: *„Was das nun wieder soll?" Von „Im Block" bis „Letzte Grüße". Zu Werk und Leben Walter Kempowskis*, hg. von Carla A. Damiano/Jörg Drews/Doris Plöschberger, Göttingen 2005, 151-171.
Ladenthin, Volker, „Literatur als Gegensatz. Eine Einführung ins Werk Walter Kempowskis", in: ders. (hg.), *Die Sprache der Geschichte. Beiträge zum Werk Walter Kempowskis,* Eitorf: 2000, 26.
–, „Versuch, Walter Kempowski mit Hilfe Arno Schmidts besser zu verstehen", in: *Wirkendes Wort. 3 (1991),* 436-443.
Lassen, Anne-Güde, „Vom schwierigen Umgang mit Figuren und Kritikern. Poetologische Reflexionen in Uwe Johnsons Frankfurter Vorlesungen *Begleitumstände*", in: *Johnson-Jahrbuch 7,* hg. von Ulrich Fries/Holger Helbig, Göttingen 2000, 97-122.
Leuchtenberger, Katja, *Uwe Johnson,* (=BasisBiographie 47), Frankfurt a. M. 2010.
Luhmann, Niklas, *Die Religion der Gesellschaft*, Frankfurt a. M. 2000.
–, *Die Kunst der Gesellschaft*, Frankfurt a. M. 1997.
–, *Gesellschaft der Gesellschaft* , Bd. 1 und 2, Frankfurt a. M. 1997.
–, *Die Wissenschaft der Gesellschaft*, Frankfurt a. M. 1992.
–, Fuchs, Peter, *Reden und Schweigen*, Frankfurt a. M. 1989.
–, „Wie ist Bewußtsein an Kommunikation beteiligt?", in: *Materialität der Kommunikation.* Hg. von Hans Ulrich Gumbrecht und K. Ludwig Pfeiffer. Frankfurt a. M. 1988. 884-905.
–, „Das Kunstwerk und die Selbstreproduktion der Kunst", in: *Stil. Geschichten und Funktionen eines kulturwissenschaftlichen Diskurselements*, hg. v. Hans Ulrich Gumbrecht/K. Ludwig Pfeiffer, Frankfurt a. M. 1986, 620-672.

–, „Die Autopoiesis des Bewusstseins“, in: *Soziale Welt 36*, Zeitschrift für sozialwissenschaftliche Forschung und Praxis, Göttingen 1985, 402-446.

–, *Soziale Systeme. Grundriß einer allgemeinen Theorie*, Frankfurt. a. M. 1984.

–, „Temporalisierung von Komplexität. Semantik neuzeitlicher Zeitbegriffe“ in: *Gesellschaftsstruktur und Semantik. Studien zur Wissenssoziologie der modernen Gesellschaft. Bd. 1*, Frankfurt a. M. 1980, 235-300.

–, „Gesellschaftliche Struktur und semantische Tradition“ in: ders., *Gesellschaftsstruktur und Semantik. Studien zur Wissenssoziologie der modernen Gesellschaft Bd. 1.* Frankfurt a. M. 1980, 9-72.

–, „Weltzeit und Systemgeschichte. Über Beziehungen zwischen Zeithorizonten und sozialen Strukturen gesellschaftlicher Systeme“, in: *Soziologische Aufklärung 2. Aufsätze zur Theorie der Gesellschaft*, hg. v. Peter Christian Ludz, Opladen 1975, 103-133.

Magenau, Jörg, „Die Suche nach der verlorenen Zeit. Peter Kurzecks Romane *Kein Frühling* und *Keiner stirbt“*, in: *Deutschsprachige Literatur der 70er und 80er Jahre,* hg. von Delaber, Walter/Schütz, Erhard, Darmstadt 1997, 236-253.

Mann, Thomas, „Einführung in den Zauberberg. Für Studenten der Universität Princeton“, in: *Mann, Thomas Schriften und Reden zur Literatur, Kunst und Philosophie Bd. 2*, hg. von Hans Bürgin. Frankfurt a. M. 1968, 326-338.

Martinez, Matías/Scheffel, Michael, *Einführung in die Erzähltheorie.* 5. Auflage. München 2003.

Mersch, Dieter, „Zur Struktur des ästhetischen Ereignisses“, in: *Zur Phänomenologie der ästhetischen Erfahrung,* hg. von Anna Blume, Freiburg u. a. 2005. 44-64.

–, „Performativität und Ereignis. Überlegungen zur Revision des Performanz-Konzepts der Sprache“ in: *Rhetorik. Figuration und Performanz,* hg. von Jürgen Fohrmann, Stuttgart 2004, 502-535.

–, *Ereignis und Aura. Untersuchungen zu einer Ästhetik des Performativen,* Frankfurt a. M. 2002.

Müther, Karl-Heinz, *Bibliographie Arno Schmidt 1949-2001,* Bielefeld 2001.

Nassehi, Armin, *Die Zeit der Gesellschaft. Auf dem Weg zu einer soziologischen Theorie der Zeit,* Wiesbaden 2008.

Plöschberger, Doris, „Der dritte Turm. Die Tagebücher von Walter Kempowski“. in: *Walter Kempowski.* (=Edition Text und Kritik 169), hg. von Heinz Ludwig Arnold. München 2006, 32-44.

Pütting, Lenz, „Die wahre Farbe des Chamäleons. Einige Anmerkungen zu Problemen der Schmidt-Philologie“, in: *Zettelkasten 10. Jahrbuch der Gesellschaft der Arno-Schmidt-Leser 1991, hg.* von Rudi Schweikert, Frankfurt a. M. 1991, 267-293.

–, „Arno Schmidt“, in: *Kritisches Lexikon zur deutschsprachigen Gegenwartsliteratur, hg.* von Heinz Ludwig Arnold. Nachlieferung 35, München 1990, 1-22.

Riedel, Christian, „'Sowieso verlauf ich mich gern!' – Gehen, Fehl-Gehen und Umwege als strukturgebendes Element bei Peter Kurzeck“, in: *Irrwege. Zu Äs-*

thetik und Hermeneutik des Fehlgehens, Studien zur historischen Poetik 5, hg. von Däumer, Matthias, Maren Lickhardt u. a., Heidelberg 2010, 233-251.

Riedel, Nicolai, *Uwe Johnson Bibliographie. 1959-1998,* Stuttgart 1999.

–, „Internationale Uwe-Johnson-Bibliographie Supplement 1: 1999-2005. Nachträge und Ergänzungen", in: *Internationales Uwe-Johnson-Forum Bd.10,* Frankfurt a. M. u. a. 2006, 175-219.

Ritte, Jürgen, *Endspiele. Geschichte und Erinnerung bei Dieter Forte, Walter Kempowski und W.G. Sebald,* Berlin 2009.

Rosa, Hartmut, *Beschleunigung. Die Veränderung der Zeitstrukturen in der Moderne,* Frankfurt. a. M. 2005.

Rutschky, Michael, „Unbelebte Erinnerung" in: *Merkur 55,* Heft 622, Stuttgart 2001, 117-129.

Schardt, Michael M./Vollmer, Hartmut (hg.), *Arno Schmidt. Leben – Werk – Wirkung,* Reinbeck bei Hamburg 1990.

Scheffer, Bernd, *Interpretation als Lebensroman. Zu einer konstruktivistischen Literaturtheorie,* Frankfurt a. M. 1992.

Schilly, Ute Barbara, „*Short Cuts* aus dem Archiv des Lebens. Zur Phänomenologie der ‚Chronik des deutschen Bürgertums' von Walter Kempowski" in: *Walter Kempowski,* (=Edition Text und Kritik 169), hg. von Heinz Ludwig Arnold, München 2006, 59-71.

Schiller, Friedrich, „Was heißt und zu welchem Ende studiert man Universalgeschichte", in: *Friedrich Schiller. Werke in zwei Bänden,* München u. a. 1959.

Schmid, Walter Fabian, „'Die meiste Zeit lebe ich in der Vorstellung'. Gespräch mit Peter Kurzeck für den poetenladen ", auf www.poetenladen.de, www.poetenla den.de/wf-schmid-peter-kurzeck.htm , letzter Zugriff: 01.12.2012.

Schmidt, Arno. *Berechnungen,* Bargfelder Ausgabe, Werkgruppe III,3, Arno Schmidt Stiftung im Suhrkamp Verlag, Frankfurt a. M. 1995.

–, *Seelandschaft mit Pocahontas,* Bargfelder Ausgabe, I,1, Frankfurt a. M. 1986.

–, *Kaff auch Mare Crisium,* Bargfelder Ausgabe, I,3, Frankfurt a. M. 1987.

Schock, Ralph, „'Wenn ich schreibe, kann mir nichts passieren'. Gespräch mit Peter Kurzeck", in: *Sinn und Form. Beiträge zur Literatur.* Hg. von der Akademie der Künste, 5/2011, Berlin 2011, 624-633.

Schönrich, Gerhard, *Zeichenhandeln. Untersuchungen zum Begriff einer semiotischen Vernunft im Ausgang von Ch. S. Peirce,* Frankfurt a. M. 1990.

Schulthess, Peter, *Relation und Funktion. Eine systematische und entwicklungsgeschichtliche Untersuchung zur theoretischen Philosophie Kants,* Berlin u. a. 1981.

Schwab, Sylvia, *Autobiographik und Lebenserfahrung. Versuch einer Typologie deutschsprachiger autobiographischer Schriften zwischen 1965 und 1975,* Würzbug 1981.

Senn, Fritz, „Alltägliche Zeiterfahrung bei James Joyce" in: *Zeit und Roman. Zeiterfahrung im historischen Wandel und ästhetischer Paradigmenwechsel vom sechzehnten Jahrhundert bis zur Postmoderne,* hg. von Martin Middeke, Würzburg 2002, 275-297.

Spinnen, Burkhard, „Kempowskis Abschied“, in: *Die Zeit* (=2003/42).
Stanislawski, Achim, „Ein Bibliotheksbus, ein eigenartiges Bett, die RAF. Interview mit Peter Kurzeck“, faust-kultur.de, http://faustkultur.de/kategorie/ itera tur/gespraech-peter-kurzeck.html#.ULt8c0IVnhs, letzter Zugriff am 01.12. 2012.
Theunissen, Michael, *Negative Theologie der Zeit,* Frankfurt a. M. 1991.
Tröger, Beate, „Gehen, um zu schreiben. Peter Kurzecks autobiographisches Romanprojekt“, in: *Unterwegs. Zur Poetik des Vagabundentums im 20. Jahrhundert,* hg. von Brittmacher, Hans Richard und Klause, Magnus, Köln, 2008, 261-276.
Unseld, Siegfried, *Uwe Johnson. „Für wenn ich tot bin“,* Frankfurt. a.M. 1997.
Vaculík, Ludvík, *Das Beil,* übersetzt von Miroslav Svoboda und Erich Bertleff. München 2006.
Vaihinger, Hans, *Philosophie des Als Ob. System der theoretischen, praktischen und religiösen Fiktionen der Menschheit auf Grund eines idealistischen Positivismus. Mit einem Anhang über Kant und Nietzsche,* neu hg. von Esther von Krosigk, Edition Classic, Saarbrücken 2007.
van Eikels, Kai, *Zeitlektüren. Ansätze zu einer Kybernetik der Erzählung,* Würzburg 2002.
Vogel, Ursula: „Die ehemalige Gegenwart. Zu Peter Kurzecks Wahrnehmungs- und Erinnerungsarbeit am alltäglichen Wahnsinn.“ in: *Neue Generation – Neues Erzählen. Deutsche Prosa-Literatur der achtziger Jahre,* hg. von Delaber, Walter/ Jung, Werner und Pergande, Ingrid, Opladen 1993, 45-55.
Volk, Ulrich, *Der poetologische Diskurs der Gegenwart. Untersuchungen zum zeitgenössischen Verständnis von Poetik, dargestellt an ausgewählten Beispielen der Frankfurter Stiftungsdozentur Poetik.* Frankfurt a. M. 2003.
Voigt, Stefan, *In der Auflösung begriffen. Erkenntnismodelle in Arno Schmidts Spätwerk,* Bielefeld 1999.
Weniger, Robert, *Framing a novellist. Arno Schmidt criticism 1970-1994,* Rochester 1996.
–, „Allegorien der Naturwissenschaft oder Intentionalität vs. Intertextualität als Problem der Arno Schmidt-Forschung“, in: *Arno Schmidt am Pazifik. Deutsch-amerikanische Blicke auf sein Werk,* hg. von Timm Menke, München 1992, 25-48, hier 44.
Weber, Stefan, „Einführung: (Basis-)Theorien für die Medienwissenschaft“, in: *Theorien der Medien. Von der Kulturkritik bis zum Konstruktivismus,* hg. v. ders., Stuttgart: UTB, 2003
Wiefarn, Markus, *Authentifizierungen. Studien zu Formen der Text- und Selbstidentifikation* (=Literatur Kultur Theorie, Bd. 3), hg. von Sabina Becker/Christoph Bode/Hans-Edwin Friedrich/Oliver Jahraus/Christoph Reinfandt, Würzburg 2010.
White, Hayden, „The Historical Text as Literary Artifact” in: ders. *Tropics of Discourse. Essays in Cultural Criticism.* Baltimore 1986, 81.-101.

–, *Metahistory. The Historical Imagination in Nineteenth-Century Europe*, Baltimore 1973.

Zaiser, Rainer, *Die Epiphanie in der französischen Literatur. Zur Entmystifizierung eines religiösen Erlebnismusters*, Habil.-Schrift, Tübingen, 1995.

Zima, Peter, *Geschichte des Subjekts. Subjektivität und Identität zwischen Moderne und Postmoderne* (=UTB 2176), Tübingen u. a. 2000.

Zipfel, Frank, „Autofiktion. Zwischen den Grenzen von Faktualität, Fiktionalität und Literarität?“, in: *Grenzen der Literatur. Zum Begriff und Phänomen des Literarischen*, hg. von Winko, Simone/Janidis, Fotis/Lauer, Gerhard, Berlin u. a. 2009, 287-315.

LITERATUR – KULTUR – THEORIE

ISSN 1869-9030

Herausgegeben von
Becker, Sabina – Bode, Christoph – Friedrich, Hans-Edwin – Jahraus, Oliver – Reinfandt, Christoph

Eine stets aktualisierte Liste der in dieser Reihe erscheinenden Titel finden Sie auf unserer Homepage http://www.ergon-verlag.de

Band 1
Grizelj, Mario
„Ich habe Angst vor dem Erzählen“
Eine Systemtheorie experimenteller Prosa
2008. 508 S. Fb.
€ 58,00 978-3-89913-635-7

Band 2
Mundi, Thorsten
Die Pragmatik des Sinns: Eine Funktionstheorie der narrativen Kunst
2008. 502 S. Fb.
€ 58,00 978-3-89913-662-3

Band 3
Wiefarn, Markus
Authentifizierungen
Studien zu Formen der Text- und Selbstidentifikation
2010. 206 S. Fb.
€ 28,00 978-3-89913-719-4

Band 4
Sauerwald, Lisanne
Mystisch-hermetische Aspekte im Kunstdenken der russischen Dichter des Absurden
2010. XIV/439 S. Fb.
€ 52,00 978-3-89913-812-2

Band 5
Ophey, Bernward
Literatur als Lebens-Kunst
Essays zu Antonio Tabucchi
2011. 121 S. Fb.
€ 25,00 978-3-89913-837-5

Band 6
Prokić, Tanja
Kritik des narrativen Selbst
Von der (Un)Möglichkeit der Selbsttechnologien in der Moderne. Eine Erzählung
2011. 260 S. Fb.
€ 39,00 978-3-89913-844-3

Band 7
Widmann, Adrian
Lob der Vokale – Sprache und Körperbau
Zwei Essays von Ernst Jünger zum Zeitgeschehen. Textkommentar und Fassungsvergleich
2011. 603 S. Fb.
€ 85,00 978-3-89913-813-9

Band 8
Fähnle, Johannes
Krankheit und Tod im deutschsprachigen literarischen Exil des 20. Jahrhunderts
2012. 323 S. Fb.
€ 48,00 978-3-89913-875-7

Band 9
Habermann, Frank
Literatur/Theorie der Unsagbarkeit
2012. 486 S. Fb.
€ 69,00 978-3-89913-876-4

Band 10
Schaub, Gerhard
Hugo Ball – Kurt Schwitters
Studien zur literarischen Moderne
2012. 422 S. Fb.
€ 55,00 978-3-89913-888-7

ERGON VERLAG · WÜRZBURG

LITERATUR – KULTUR – THEORIE

ISSN 1869-9030

Herausgegeben von
Becker, Sabina – Bode, Christoph – Friedrich, Hans-Edwin –
Jahraus, Oliver – Reinfandt, Christoph

Band 11
Benkert, Nina
Paternalisierung – Depaternalisierung: Töchter als literarische Seismografen
2012. 213 S. Fb.
€ 35,00 978-3-89913-926-6

Band 12
Bernhardt, Sebastian
Das Individuum, die Liebe und die gesellschaftlichen Normen im erzählerischen Gesamtwerk Paul Heyses
2013. 250 S. Fb.
€ 38,00 978-3-89913-973-0

Band 13
Denkert, Malte
„Das Wunderbare ist immer das Wahre“
Die Relation von Wundereinwirkung und Selbstfindungsprozessen in Gerhart Hauptmanns späten Dramen und Erzählungen
2013. 560 S. Fb.
€ 52,00 978-3-89913-998-3

Band 14
Kuwilsky, Maria
***Autopoietiken* im Medium Literatur als Gedächtnis von Gegenwart und Zeit**
Beobachtungen von Arno Schmidt, Uwe Johnson, Walter Kempowski und Peter Kurzeck
2013. 231 S. Fb.
€ 38,00 978-3-89913-986-0

Band 15
Tiedtke, Silvia
Poetik des Entzugs
Friedrich Schlegels *Rede über die Mythologie*
Robert Musils *Die Verwirrungen des Zöglings Törleß*
Rainer Maria Rilkes *Die Aufzeichnungen des Malte Laurids Brigge*
2013. 224 S. Fb.
€ 35,00 978-3-89913-992-1

ERGON VERLAG · WÜRZBURG